미술치료 연구 방법

정영숙 · 최은영 · 서종수 · 이우구 · 박지순 · 서정훈 공저

Research Method in Art Therapy

학지사

PREFACE

머리말

　미술치료는 심리치료의 한 분야로 주로 인간의 마음과 무의식에 내재된 그림자나 원형과 같은 추상적인 부분을 다루고 있다. 우리의 마음과 무의식 깊은 곳에 있는 긍정적·부정적인 요소들은 환경적 조건이 맞으면 외부 행동으로 표출, 스스로를 드러낸다. 심리학자 융(Jung, C.)은 인간의 삶은 뿌리를 통해 살아가는 식물과 같다고 하였다. 식물의 삶은 뿌리 속에 감추어져 보이지 않고, 드러내 보이는 부분은 잎과 줄기이다. 우리는 미술치료를 통해 나무의 잎과 줄기의 상태를 보고 마음과 무의식에 내재된 그림자를 읽어 내며, 이를 치료할 수 있는 적합한 방법을 모색하게 된다. 이러한 인간의 내면적인 요소를 개념화하고 측정 가능한 형태로 변환하여 분석하고 결론을 도출하는 일련의 과정을 과학적으로 검증하는 작업은 쉽지 않다.

　그러나 본질적으로 미술치료 분야의 연구 결과가 이론으로 정립되고 일반화되려면 마음이나 무의식 등과 같은 심리학적 요소에 대해 객관성을 토대로 한 과학적 검증을 거쳐야 한다. 그러기 위해 연구 방법에 대한 지식과 정보는 필수적이라고 볼 수 있다. 이론 정립을 위한 연구논문을 쓰는 일뿐 아니라 현장에서 내담자가 직면한 문제의 본질을 이해하고 이를 완화하기 위한 치료 기법을 모색하거나, 적용한 치료 기법이 효과가 있는지, 내담자의 심리적 변화에 영향을 미치는 요인은 무엇인지를 검증하는 것도 연구 방법에 대한 지식과 정보가 있어야 가능하다. 다행히 현대의 통계 기법은 우리가 상상하는 것 이상으로 수준 높게 개발되어, 추상적이고 주관적인 자료도 분석을 통해 내재된 인과관계를 규명할 수 있으며 통찰력 있는 결과를 획득할 수 있다. 이러한 과학적 검증은 미술치료 분야의 저변을 확대하고 지평을 넓히는 이론적 토대가 될 것이며, 인간의 무의식에 내재된 그림자의 본질을 밝히고 내재된 잠재력과 온전함을 발견하게 함으로써 삶의 질을 높이는 데 기여할 수 있을 것이다.

미술치료 분야를 전공하거나 관심이 있는 학부생과 학문적 체계를 추구하는 대학원생이 관련 분야의 연구 방법에 대한 이해도를 높이고 필요한 지식과 정보를 얻는 데 이 책이 도움이 될 수 있기를 기대한다.

작업한 원고를 한 권의 책으로 엮어 주신 학지사 김진환 사장님과 전문적 시각으로 편집 방향을 제시하고 세심한 부분까지 짚어 주신 편집부 김준범 부장님, 그리고 미술치료 연구자이자 독자의 입장에서 도움을 준 손병문, 곽지홍 선생님에게 깊이 감사드린다.

2022년 대표 저자

C O N T E N T S

차례

제11장 통계분석의 실제 291

제1장

미술치료

미술치료 연구를 수행하기 위해서는 미술치료의 본질은 무엇이며, 어떤 효과가 있는지, 구성 요소는 무엇인지 등에 대한 이해가 선행되어야 한다. 이 장에서는 미술치료 개념, 구성 요소 및 이점, 치료 요인을 중심으로 미술치료 연구의 토대가 되는 내용을 살펴보고자 한다.

1. 미술치료의 개념

미술치료는 1930년대 이후 예술가, 심리학자 그리고 정신과 의사 등이 통합적인 차원에서 독립적인 이론과 실제를 개발하면서 전문 영역으로 발전했다. 미국에서는 1940년대에 뉴욕에서 활동했던 나움버그(Naumburg)와 크레이머(Kramer)가 이 분야의 개척자로 알려져 있다. 당시 프로이트(Freud)와 융(Jung)이 제안한 상징화의 토대를 바탕으로, 1940년대에 나움버그가 정신분석 이론과 경험에 입각하여 미술치료의 개척자 역할을 하며 미술치료를 심리치료 양식으로 도입하였다.

나움버그는 "미술치료의 어머니"로 언급되기도 하며, 최초로 미술치료를 정신건강 분야의 전문 영역으로 정의하였다(Junge, 2010). 나움버그는 1914년 뉴욕시에서 월든 스쿨(Walden School)을 설립하였으며, 1941년부터 1948년까지 뉴욕주의 정신의학 시설에서 활동하면서 예술의 상징화와 의사소통 방법을 활용한 정신역동 치료를 적용하였다(Rubin, 1983). 나움버그는 1947년에는 '진단 및 치료 수단으로서 행동 문제 아동의 "자유로운" 표현에 관한 연구(Studies of the "Free" Expression of Behavior Problem Children as a Means of Diagnosis and Therapy)'에서 미술치료 영역을 중점적으로 다루었다. 즉, 내담자의 표현 속에 내재된 무의식 세계를 탐구하고 이를 재경험하는 데 역점을 두는 치료적 관점을 채택했던 것이다(Nguyen, 2015).

나움버그는 정신역동적 심리치료에 미술치료를 적용하였으며 자연스럽게 떠오르는 심상을 그리거나 자유연상을 하도록 격려하였는데, 이러한 시도를 "역동적 접근의 미술치료"라고 불렀다. 나움버그의 역동적 접근의 미술치료에서 비롯된 입장은 미술심리치료로 알려졌다(Ulman, 2001/2012). 그녀는 미술치료 과정은 사람의 근본적인 생각과 감정의 무의식으로부터 나올 때 언어보다 심상에 가까운 상태로 표현된다고 보았다. 그래서 나움버그는 환자의 무의식적 사고와 감정이 그림에 직접적으로 표현된다는 가정을 바탕으로, 미술치료가 회화적인 투사를 통해 내담자와 치료사 간의 상징적 대화를 촉진하며, 작품은 정신분석 과정과 마찬가지로 꿈, 환상, 공상, 공포, 갈등을 다룬다는 측면에서 치료에서의 미술(Art in therapy)을 주장하였다. 또한 미술치료에서 그림에 대한 투사를 통해 "내담자와 치료자 사이에 상징적인 의사소통이 나타날 수 있다."라고 주장하였다(Malchiodi, 2011).

1950년대에 크레이머는 나움버그에 이어서 미술치료 연구를 계속했다. 오스트리아 출신인 크레이머는 뉴욕에 있는 윌트윅 학교(Wiltwyck School for Boys)에서 미술교육자로 활동했다. 크레이머는 1958년에 『아동 공동체에서의 미술치료(Art Therapy in a Children's Community)』를 출판하였고, 크레이머는 특히 미술 창작을 통해 갈등을 표출하고 파괴적 에너지를 창조적 에너지로 전환하는 과정에 주목했다. 미술의 창조성을 강조했던 크레이머의 접근은 치료를 중심에 두었던 나움버그의 관점과는 차이가 있었다(Wilson, 1997).

크레이머는 미술 작품 제작의 치유 가능성이 특정한 심리적 과정을 이끌어 내는 창조적 작업 능력에서 나온다고 보았으며, 미술 작품을 창작하는 행위가 내면적 경험의 변형과 완화, 방향 전환을 포함하여 종합과 통합, 승화를 위한 행동이 될 수 있다고 주장했다(Malchiodi, 2007/2014). 또한 미술치료를 하나의 독립된 분야로 보고 아동을 대상으로 미술치료 실습을 하면서 승화를 중요하게 다루고, 아동 내담자가 미술 작업 과정을 통해 어떻게 자신의 갈등을 표출하고 파괴적 에너지를 전환하는가에 주목하였다. 크레이머는 미술 창작 과정 자체로 치료적 효과를 지닌다는 개념을 치료로서의 미술(Art as therapy)로 명명하였다(Kramer, 1971: Ulman, 2001/2012에서 재인용, 405). 즉, 미술 자체가 치료적이라는 생각에 주안점을 두었으며, 미술 경험은 문제를 해결하는 데 강력한 도움을 주고, 경험 자체를 완전히 자기 것으로 만드는 경향이 있다고 보았다(Kramer, 2000/2007). 또한 초기 정립화 단계에서 미술이 경험을 창조함으로써 인간 경험의 영역을 확장하는 수단이 되며 (Kramer, 1958: Ulman, 2001/2012에서 재인용, 404), 미술치료사는 제3의 눈과 제3의 손을 가지고 있어야 한다고 강조하였다(Kramer, 2000/2007).

1960년대에는 미술치료가 독립된 분야로 발달하여 전문적인 체계를 갖추었다. 울만(Ulman)은 1961년『The Bulletin of Art Therapy』창간호에서 미술치료라는 용어를 처음 사용하였고, 무의식적 갈등과 승화와 같은 중요한 개념을 미술치료에 도입하면서 미술치료의 이론적 토대를 발전시켰다(원희랑, 2015). 울만(2001/2012)은 미술치료 분야가 미술이나 치료 중 어느 측면에서만 지나치게 강조되어서는 안 되며, 미술심리치료와 치료로서의 미술은 공존할 수 있으며, 같은 치료자라 할지라도 시간에 따라 접근 방식을 바꿀 수 있다고 보았다. 실제로 다수의 미술치료 연구자는 "울만이 정의한 대로 '미술치료는 미술과 치료, 두 부분을 성실하게 포괄해야 한다(Ulman, 1961, 13)'는 데 동의하고 있다"(Rubin, 2010, 479).

또한 말키오디(Malchiodi, 1998)는 "미술치료는 누구나 창의적인 표현을 할 수 있는 능력을 가지고 있으며 작품 자체보다는 그 안에 포함된 치료적 과정이 더 중요하다. 치료사의 초점은 미술 작품 창조에서의 미적 우수성에 있는 것이 아니라 표현하는 사람의 치료적 요구에 있다. 여기서 중요한 점은 한 사람이 작품에 참여하면서 자신에게 도움이 되는 활동을 선택하고 이를 촉진하는 과정이다. 또한 창조적 과정에서 의미를 찾고자 하는 사람들을 돕고 치료사와 내담자 사이에 공유하는 심상 창작 경험을 촉진하는 것 역시 중요한 과제이다."라고 하였다(Nguyen, 2015에서 재인용, 30).

루빈(Rubin, 2005) 역시 병합파로서 다양한 접근 간에 차이점보다는 공통점을 더 찾고자 하였으며, 미술치료에 관해 다음과 같이 정의했다.

"미술치료가 다른 방식의 예술과 갖는 차이점 중 하나로 치료사와 내담자의 관계가 동등한 중요성이 있다고 보았다. 치료적 관계 내에서 미술 활동을 수행하는 것은 스스로 그림을 그리거나 수업 시간에 미술을 하는 것과는 차이가 있다. 미술치료와 다른 방식의 접근의 차이점 중 하나는 치료사와 내담자의 관계가 동등하게 중요하다는 것이다. 미술치료는 한 사람이 미술을 통해 자신을 완전히 탐구하고 확장하며 스스로 이해할 수 있도록 하는 물리적이고 심리적인 환경을 조성하는, 일종의 안정적인 상황을 마련하는 일이다. 이러한 치료적 관계에서 내담자는 자발적으로 자신을 타인에게 노출하고 자기만의 창조적인 방식으로 타인과 함께하는 방법을 배운다. 미술치료에서는 언어적 표현이 거의 또는 전혀 없기도 하지만, 미술 작품을 창조하는 과정에서 함께 존재하고 그 과정을 공유함으로써 유약하고 상처받기 쉬운 자기 노출의 경험에 보호와 유용감 그리고 영속성까지 제공할 수 있다"(p. 359).

김동연(2002)은 미술치료가 인간의 심리적 문제 해결을 도와주며, '미술', '심리' 그리고 '치료'라는 세 가지 속성이 담긴 치료 기법이라고 정의했다. 또한 정현희(2006: 정현희, 2017에서 재인용, 13-14)는 미술치료가 심리치료를 하는 데 있어 미술을 치료적으로 활용하는 심리치료의 한 분야이며, 심리치료를 하는 데 있어 미술 활동 과정, 미술 매체, 미술 작품의 심리치료적 요소인 심상, 승화 및 창조성, 매체에 의한 심리 촉진, 심리 통제 및 표현의 다양성, 미술 작품의 시각성, 구체성, 대화 가능성을 심리치료 이론(정신분석, 인지행동, 게슈탈트, 현상학, 행동주의 등), 심리치료 기술(해석, 직면, 반영, 질문 등) 및 심리치료 태도(민감성, 허용성, 수용성, 인내성 등)와 통합하는 것이라고 정의했다.

이처럼 미술치료의 정의에 관해서는 연구자 간 다양한 견해가 있다. 미술치료에 대해 학자들이 어떠한 견해를 지니는가는 미술치료 연구 방향에도 반영되므로, 연구자는 미술과 치료를 어떤 시각과 관점으로 바라볼 것인지에 대해 숙고할 필요가 있다.

2. 학회별 미술치료 정의 및 추후 방향

미술치료는 1960년대 중반까지 미국에서 임상적 접근으로 적용되었으며, 임상에서의 효과를 사회적으로 인정받고 있다. 이후 1969년에는 미국미술치료학회가 창립된 이래, 미국미술치료학회(American Art Therapy Association: AATA)는 미술치료를 개별 치료에서 부부와 가족 치료로 확장하였고, 다양한 목소리를 포함한 문화 역량을 함양하였다. 최근에는 신경과학과의 연계성을 규명하고 미술치료와 예술치료 이론의 결합을 목표로 다양한 영역이 교차할 수 있는 방향으로 나아가고 있다(Masters, 2018).

유럽에서는 영국의 아드리안 힐(Hill)이 미술치료를 적용한 창시자로 알려져 있다. 힐은 1945년에『미술 대 질병(Art Versus Illness)』에서 미술치료 분야를 처음 소개했다. 또한 "영국 미술치료의 아버지"로 불리는 화가 에드워드 아담슨(Adamson, E.)은 제2차 세계대전 이후 힐과 협력하여 미술치료를 영국의 장기 체류 병원 현장에 도입하였다. 이들을 포함한 영국의 다른 초기 지지자들에 힘입어 1964년에 영국미술치료사협회(The British Association of Art Therapists: BAAT)가 설립되었다(Henzell, 2009).

미국과 영국 외에도 독일(Deutscher Fachverband für Kunst-und Gestaltungstherapie: DFKGT), 일본(Community of Japanese Creative Arts Therapists: CJCAT), 네덜란드(Nederlandse Vereniging van Beeldende Therapie: NVBT), 캐나다(Canadian Art Therapy Association: CATA), 브라질(Brazilian Union of Art Therapy Associations: UBAAT), 루마니아(Asociatia Romana de Terapii Expresive: A.R.T.E.), 이스라엘(Israeli Association of Creative and Expressive Therapists: I.C.E.T.) 등 다양한 국가에 각국을 대표할 수 있는 미술치료 전문 단체가 구성되어 있다. 우리나라에서도 심리치료 및 심리적 지원 영역에서 미술치료의 필요성이 인식되기 시작하면서, 이 분야에 관심을 가진 전문가들이 연구나 치료에 미술치료 연구 방법 및 실제를 도입하여 미술치료가 활성화되기 시작하였다. 우리나라의 경우, 1980년대 한국임상예술학회가 창립되어 임상예술지가 발간되었다. 1992년에는 한국미술치료학회가 창립(초대 회장: 김동연 교수)되었고, 1994년에 미술치료연구지가 창간되었다. 1997년에는 대구대학교 재활과학대학원에 미술치료 전공이 신설·운영됨으로써 국내에서 최초로 석사 과정이 도입되었다. 이후 여러 대학의 일반대학원, 특수대학원 등에서 석·박사 과정이 운영되면서 미술치료의 이론과 실제가 활발하게 연구되고 있다.

미술치료에 관해 각국의 미술치료학(협)회에서 제시하는 정의는 〈표 1-1〉과 같다.

〈표 1-1〉 각국 미술치료학(협)회의 미술치료 정의

구분	정의	QR 코드
미국미술치료학회 American Art Therapy Association (https://arttherapy.org/ about-art-therapy/)	미술 매체와 창작 과정 그리고 완성된 작품을 활용하여 감정을 탐구하고, 정서적 갈등을 조정하며, 자기인식을 높이고 행동 및 중독을 관리하며, 행동 관리 및 중독 치료, 사회적 기술 개발, 현실 지남력 향상, 불안 감소, 자아존중감 향상을 목표로 수행되는 치료적 활동이다.	
영국미술치료사협회 British Association of Art Therapists (https://www.baat.org/ About-Art-Therapy)	미술 매체를 표현과 의사소통의 기본 양식으로 활용하는 심리치료의 한 형태이다. 미술을 진단 도구로 활용할 뿐만 아니라, 혼란스럽고 고통스러울 수 있는 정서적 문제를 해결하는 매개체로 활용하여 아동, 청소년, 성인 및 노인과 함께 그들의 다양한 어려움, 장애를 극복할 수 있도록 하며, 세부적으로 정서적 · 행동적 · 정신적 건강 문제, 정신 또는 신체적 장애, 신경학적 상태와 질병을 포함한 문제를 다루는 활동이다.	
독일 미술-조형치료 전문가협회 Deutscher Fachverband für Kunst-und Gestaltungstherapie (DFKGT) (https://www.dfkgt.de/ page.cfm?id=1458&)	감각을 통해 자신의 환경을 직접 인식하고 이해하는 인간의 능력을 촉진하며, 창조적으로 자신을 표현하고 타인과 접촉하고자 하는 인간의 근본적인 욕구에서 출발하는, 신뢰할 수 있는 치료 관계를 바탕으로 시각적 미술 재료와 매체를 통해 내면적 흐름을 가시화하고 색과 형태의 특성으로 자신만의 경험과 개인적인 삶의 동기를 연결하는 활동이다. 창조적 과정뿐만 아니라 완성된 결과물 모두 치료적 과정 내에서 일어나는 행동과 사고방식을 관찰하고, 그것을 더 발전시키고 의미 있는 변화로 이끌어 주는 "관조와 연습 공간(Anschauungs-und Proberaum)" 역할을 담당한다.	
독일미술치료학회 Deutsche Gesellschaft für künstlerische Therapieformen(DGKT) (https://dgkt.de/ kuenstlerische- therapien/)	창조적인 과정에서 자신의 자원을 발견하여 적용하고 정착시키는 것을 의미할 뿐만 아니라, 내적인 심리적 갈등을 인식하고 처리하거나 필요에 따라서는 그것(심리적 갈등)으로부터 거리를 두게 하는 활동이다. 창조적인 예행 과정을 통해 인간은 새로운 내부와 외부의 치유적 관계를 개발하고 인식하고 통합할 수 있다.	

〈표 1-1〉에서 보듯이, 미술치료에 대해 각 단체는 공통적으로 미술 매체의 활용과 창조적 과정을 미술치료의 정의 요소로 언급하고 있으며, 미술치료가 다양한 개인과 집단의 신체적·심리적 안녕을 위한 과정으로 보고 있음을 알 수 있다.

미술치료는 이론적 접근, 미술과 치료에 대한 강조점 등에서 다소 차이가 있을 수 있으나, 치료자와 내담자의 관계를 바탕으로 내면세계와 외부세계를 미술을 매개로 연결함으로써 인간을 전인적으로 성장시키기 위한 것이라 할 수 있다. 미술치료 연구자는 미술과 치료에 대한 견해와 다양한 내담자 및 상황 등에 따라 자신의 지향성을 염두에 두면서, 내담자의 변화를 위한 최적의 환경과 지향성을 찾아가기 위해 인간에 대한 가치관, 심리치료 이론, 미술 작업 과정, 미술 작품 등을 이해해야 한다.

추후에는 미술치료 연구가 다음과 같은 미래지향적 관점을 고려하여 정의될 필요가 있다.

첫째, 시대적 변화와 요구에 부응하는 미술치료가 필요하다. 우선, 미술 작업, 미술 매체, 서비스 제공 방식의 확장 등을 포함하여 시대적 변화와 요구가 반영되어야 할 것이다. 최근 코로나 사태 등으로 인해 비대면 방식과 자기치료 방식의 서비스 제공 및 디지털 전시와 감상 등의 활용이 고려될 필요가 있다. 서비스 제공 및 공유 등에 따른 특별한 가치와 더불어 효율적인 전문적 접근법, 기술적 안정성 그리고 관련 윤리적 측면 또한 심도 깊게 고려되어야 할 것이다. 또한 미술치료 연구 윤리 원칙, 미술치료사의 윤리 덕목 함양 방안, 딜레마 해결을 위한 모델 연구 등 미술치료 연구 윤리 등에 대해서도 다양한 차원에서 고려될 필요가 있다.

둘째, 뇌과학적 접근의 미술치료가 고려될 필요가 있다. 미술 작품은 개인의 신경생리학적 경로를 통과한 소산 작용의 구체적 결과물로서(김교옥, 2016), 뇌 가소성 원리에 따라 뇌신경계를 자극할 수 있다. 미국국립위생연구소는 미술치료를 마음-신체 중재로 규정하였으며(NCCIH, 2021, https://www.nccih.nih.gov/about/strategic-plans/introduction),[1] 이에 따라 신경과학적 접근의 미술치료로 뇌과학적

---

1)

기제를 밝히고자 하는 노력이 이루어지고 있다(Kaplan, 2000/2013). 따라서 뇌신경학적 영향을 고려한 신경과학적 기제 및 특정 매체, 기법, 접근 등을 활용할 수 있는 미술치료가 고려되어야 할 것이다.

셋째, 공학적 접근의 미술치료가 고려될 필요가 있다. 미술치료에서 디지털 기술은 "치료 과정의 일환으로 내담자가 미술 작품을 창작할 때에 치료사가 활용하는 디지털 콜라주, 일러스트 삽화, 영화, 사진을 포함하여, 내담자의 예술 창작 과정에 도움을 주는 데 사용되는 모든 형태의 IT 기술 기반 매체"로 정의할 수 있다(Malchiodi, 2018). IT 기술을 활용하여 미술 활동을 하면 실패에 대한 두려움을 줄일 수 있으며, 처음부터 미적으로 완성된 작품을 만드는 데 대한 압박과 흰 종이를 채워야 한다는 두려움을 줄일 수 있다(손창배, 2020). 이와 같은 장점은 미술에 대한 숙련도가 낮거나 미술 활동 참여 동기가 부족한 내담자의 참여를 원활하게 할 수 있으며, 미술치료의 적용 가능성을 넓혀서 보다 다양한 환경에서 다양한 내담자가 미술치료에 참여할 수 있도록 돕는다. 따라서 미술치료사는 새로운 기술의 사용법을 배우고 기존에 익숙한 도구와 일반 대중이 활용하는 도구 사이의 격차를 메울 필요가 있다(Gussak & Orr, 2005). 이때 햅틱 기술(촉각과 힘, 운동감 등을 느끼게 하는 기술)을 활용한 가상 조각 및 모델링, 햅틱 피드백 펜의 활용, 적응 미술(adaptive art) 등을 고려하여 미술치료의 적용을 넓힐 수 있다(이근민, 2019). 또한 세대, 편견, 기술에 대한 지불 능력(affordability)과 접근성(access), 근시 저항(myopic resistance)과 표면적 적응(gullible adaptation) 등의 문화적 차이를 고려하여 미술치료에 디지털 매체를 도입하여야 한다(Carlton, 2014). 추후에는 미술치료 정의를 위해 공학적 접근 가능성 및 실천적 측면이 통합적 차원에서 함께 고려되어야 할 것이다.

넷째, 다문화적 접근의 미술치료에 관한 고려가 필요하다. 미술은 인류 보편적 속성을 가지고 있으나 인종이나 민족 간의 문화적 특성에 따라 차이가 있을 수 있다. 동서양 문화가 우주 안에서의 인간의 위치, 선악의 문제, 언어의 역할에서 차이가 있으며(한재남, 2011), 동서양 예술은 사상적 기반에 본질적 차이가 있다(신나경, 2011). 추후 연구에서는 미술치료를 진행할 때 고려해야 할 문화적 에티켓 등의 차이뿐 아니라 문화적 차이에 의한 감성과 수용성의 차이, 색채관, 감상법 등을 고려하여 연구할 필요가 있을 것이다. 또한 소수 집단의 인권, 권익 차원에 대해서도 함께 고려될 필요가 있을 것이다.

3. 미술치료의 특성

　미술치료는 비언어적 의사소통, 치료적 방법으로서의 상징, 관계지향적이라는 특징을 지닌다(Nguyen, 2015). 그림은 언어적 표현에 한계를 가진 복잡한 생각과 감정을 비위협적으로 표현할 매체를 제공한다(Glaister, 1994).

　카플란(Kaplan, 2000/2013)은 미술치료 선행 연구 결과를 바탕으로 미술이 제공하는 이점을 다음과 같이 도출하였다.

① 미술이나 미술과 관련된 활동에 참여하는 것은 무언가 우리 안에 있는 깊은 부분을 만족시킨다.
② 공동으로 하는 미술 활동은 우리 선조의 경우에는 생존이라는 가치를 지녔던 대인관계의 유대감을 더욱 굳건하게 해 준 반면, 오늘날 사람들의 경우에는 건강하게 살 수 있는 삶의 조건을 촉진시킨다.
③ 기회가 주어진다면 대부분의 아동에게서 자발적으로 일어나는 미술 놀이는 마음-뇌의 발달을 촉진시킨다.
④ 발달적으로 이득이 있을 뿐만 아니라 작품 창작과 미술 감상을 통하여 시각 지능을 훈련시키는 것은 감각적인 즐거움을 불러일으키며, 따라서 위에서 언급한 대로 만족감을 증대시킬 수 있는 건설적 만족감의 자료를 제공한다.
⑤ 시각미술의 표현은 문제해결 능력과 다른 형태의 창조성을 촉진시킨다.
⑥ 시각미술을 창조하는 것은 특정한 인지적 손상을 입은 이들에게 성공적으로 기능할 수 있는 기회 중 하나를 제공한다.
⑦ 미술 작업을 할 때 관여하는 시각적 사고는 미술이 인지적 발달과 인지적 결함을 평가하는 비언어적 접근을 제공한다는 것을 제시한다.
⑧ 미술은 치료 경험을 더욱 깊어지게 할 수 있는 잠재력을 지니고 있다.
⑨ 미술은 미술 활동을 하는 사람들의 삶의 질을 향상시키는 활동이다.

미술치료의 특별함은 어디에서 오는가? 이와 관련하여, 언어적 심리치료사와 내담자와의 관계와 더불어, 미술을 매개로 한 3자 관계에 관해 살펴볼 수 있다. 미술치료에서 '예술가/내담자-치료자/관찰자-그림'은 삼각형의 3자 관계를 나타내며([그림 1-1] 참조), 이 관계는 다양한 상황과 내담자 등에 따라 다양한 방식으로 구성될 수 있다(Schaverien, 2000).

[그림 1-1] 미술치료의 3자 관계

출처: Schaverien, J. (2000). The triangular relationship and the aesthetic countertransference in analytical art psychotherapy. In A. Gilroy & G. Mcneilly (Eds.), *The changing shape of art therapy: New developments in theory and practice*. London: Jessica Kingsley, p. 56.

한국미술치료학회에서는 2020년 제39차 추계 학술대회를 기념하며 3자 관계에 대한 이미지를 학술대회 참가자들에게 메일로 제공하였는데([그림 1-2] 참조), 이를 통해서도 미술치료에서 3자 관계의 중요성을 확인할 수 있다.

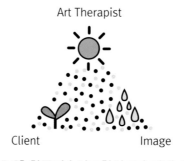

[그림 1-2] 한국미술치료학회 3자 관계 이미지

치료사와 내담자 관계에서, 미술 작품 창작 활동이 3자 관계에 추가됨으로써 직접적인 접촉의 위협과 대면 활동의 거부감이 줄어들고 상호 교류 공간을 발전시키게 된다(Robbins, 1998). 에드워즈(Edwards, 2001/2012)에 따르면, 내담자는 재료 및 미술 작품과 상호작용하는데, 이 대화는 미술치료사와의 관계와 별도로 혹은 대등하게 일어나는 것으로 보고 내담자와 미술 작품 그리고 미술치료사와의 관계를 [그림 1-3]과 같이 제시하였다.

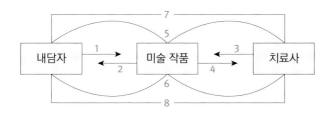

미술 작품	1. 내담자의 표현 2. 내담자의 인상(시각적 피드백) 3. 치료사의 기대 4. 치료사의 지각
매개물로서의 미술 작품	5. 미술 작품을 통해 치료사에게 의사소통 6. 미술 작품에 대한 반응을 통해 내담자에게 의사소통
직접적 관계	7. 내담자에 대한 치료사의 지각 8. 치료사에 대한 내담자의 지각

[그림 1-3] 내담자, 미술 작품과 미술치료사 관계

출처: Edwards, M. (2012). 융 학파의 분석적 미술치료. In J. A. Rubin (ed.), 이구동성 미술치료. (주리애 역). (2001), p. 125.

4. 미술치료의 치료 요인

미술치료는 누구나 할 수 있는 미술 작품을 제작하고 자신이 직접 새로운 미술 작품을 창작하는 것으로, 시각적 사고를 하고, 말로 할 수 없는 것을 표현하게 하고, 감정적 해방을 가져다주며, 상호관계를 형성하고, 인식 방법이 된다는 점에서 도움이 된다(Malchiodi, 2007/2014). 미술치료 효과는 다양한 내담자, 상황에 따라 매체와 기법, 미술 작업 과정, 치료자의 역할과 자극, 개입 정도 등이 어떻게 기능하는지에 대해 구체적으로 연구되어야 할 것이다. 이에 이 절에서는 미술치료의 치료 요인에 관해 살피고자 한다.

인간의 치료적 변화는 복잡한 과정을 거치게 된다. '치료 요인'은 이러한 치료적 변화 과정에서 인간이 경험하는 복잡한 상호작용을 의미한다(Yalom, 2005). 치료 요인은 치료적 기법, 변화 조건과 함께 내담자의 치료적 변화를 위한 3가지 조건으로 제시되고 있어(Bloch & Crouch, 1985: 전종국, 2007에서 재인용, 579), 치료 요인 연구는 미술치료 영역에서도 매우 중요하다.

초기 미술치료의 치료 요인 연구는 얄롬(Yalom, 1975: Shechtman & Gluk, 2005 재인용, 127)이 분류한 12개의 집단상담치료 요인(대인관계 학습-투입, 정화, 응집성, 자기이해, 실존 요인, 대인관계 학습-산출, 보편성, 희망의 고취, 이타주의, 가족 재구조화, 지도, 동일시)을 바탕으로 시도되었다. 최선남과 전종국(1997), 최선남(2010), 송은경(2014) 등은 집단상담의 치료 요인 분류 체계에 따라 미술치료의 치료 요인으로서의 중요도에 관해 연구하였다.

최근에는 미술치료 고유의 치료 요인 도출 연구들이 이루어지고 있다. 이들 연구에서 도출된 미술치료 치료 요인을 이영숙(2016)이 정리한 내용을 보완하여 제시하면 〈표 1-2〉와 같다.

〈표 1-2〉 미술치료 치료 요인

연구자(연도)	범주 수	미술치료 치료 요인
Shectman, Perl-dekel (2000)	10	의사소통을 위한 대안적 방법, 미술치료: 환경을 촉진하기, 외부적-내부적 차원: 가면으로서의 미술, 양극을 연결하는 다리로서의 미술, 창조성-자발성-놀이, 만질 수 있는 성질: 거울로서의 미술, 욕구와 창조: 창조를 통한 통제 획득, 선택하고 책임지기, 다면적 관계: 내담자-작품-치료자, 경험을 통합하는 미술
권준범 (2003)	5	무의식의 표현에 의한 자기이해, 창의적 표현에 의한 잠재능력의 실현, 감성 발현에 의한 정서적 안정감, 조형 활동에 의한 심리적 만족감, 자기표현에 의한 자아존중감 증대

Sholt, Gavron (2006)	6	정서적 표현의 촉진, 카타르시스, 풍부하고 깊이 있는 표현 촉진, 언어적 의사소통 촉진, 무의식적 재료를 드러내기, 형상화와 상징화
Collie et al. (2006)	7	기억의 재통합, 점진적 노출, 외현화, 각성의 감소, 긍정적 정서의 재활성화, 정서적 자기효능감 증진, 자아존중감 향상
남정현 (2008)	4	자기이해와 통찰, 긍정적 관계 형성, 상호작용을 통한 도움, 미술 매체
Christina et al. (2013)	7	자기탐색, 자기표현, 의사소통, 이해−설명, 통합, 상징적 사고, 창조성
김미진 (2014)	10	자기이해, 친밀감, 자기표현, 카타르시스, 의사소통, 용이성, 창조성, 이완−퇴행, 통합, 상징화
Sporild, Bonsaksen (2014)	4	지지와 집단응집성, 자기−노출, 대인관계 학습, 심리학적 작업
이모영, 김은영(2015)	5	즐거움, 통찰, 정서, 사고 촉진, 표현
이영숙 (2016)	5	상징을 통한 표현의 용이성, 시각적 외현화를 통한 자기이해, 창조적 치료 경험, 안전한 치료 환경, 내담자−작품−치료자 관계
최은영, 이영숙, 손병문, 오지은 (2019)	6	치료 촉진을 위한 안전한 치료 환경, 상징화를 통한 다양하고 새로운 문제해결 시도, 시각적 외현화를 통한 자기이해, 창조적 치료 경험, 치료자와의 미술 작품 공유, 감각기억 활성화를 통한 문제 접근 용이성

〈표 1−2〉에서 살펴볼 수 있듯이, 미술치료의 치료 요인으로 정서적 측면, 사고적 측면, 자기탐색/표현/이해/존중감/효능감, 상징화, 미술 작품을 포함한 3자 관계, 창조성, 시각적 외현화(형상화), 감각적 측면, 이완, 의사소통, 경험적 측면, 환경적 측면 등이 제시되고 있다.

이 외에도 원희랑(2007)은 석고를 활용한 기법들은 주로 미술에 대한 호기심과 흥미, 자존감과 성취감, 집중, 실물 재현, 견고함과 다짐, 결합과 유대감, 흰색의 의미 면에서 치료적으로 기능한다고 보았다. 김미진과 이근매(2015)는 미술치료의 치료 요인별 미술 매체 활용 정도와 적합한 미술 매체에 대해 연구하였다. 즉, 카타르시스와 이완/퇴행 요인에는 습식 매체, 인지적 영역에 포함되는 요인에는 평면건식 매체, 정서적 자극을 포함한 요인에는 평면, 입체습식 매체가 주로 활용되고 있는 것으로 나타났다.

베데노크(Badenoch)는 창의적 개입이 뇌가 작동하는 방식에 기반한 치료로서 외현화, 감각 처리 과정, 우반구 우세, 각성 감소와 정서 조절, 관계적 측면 촉진의 역할을 한다고 제안하였다(Badenoch, 2008: Malchiodi, 2015/2017에서 재인용, 15). 최근 특정 장애와 관련하여, 김정미와 박은선(2020)은 미술치료사가 인식하는 자폐스펙트럼장애 아동과의 치료 관계 형성 요인을 수용과 존중의 태도로 접촉, 안전하고 일관된 환경, 작업에서의 몰입과 변형, 정서적 교감과 상호작용, 작업 결과물을 통한 소통으로 범주화하였다.

이상에서 보듯이 미술치료 치료 요인에 관한 연구는 언어적 상담·심리치료 요인 중요도에서부터 미술치료의 독특한 치료 요인 등에 관해 이루어지고 있음을 알 수 있다. 추후에는 미술치료 치료 요인이 미술과 치료에 관한 관점, 이론적 모형, 다양한 매체, 대상 및 목표에 따른 치료 효과 등에 관해 심화 연구될 필요가 있다.

참고문헌

권준범(2003). 미술활동에 내재된 심리치료 요인에 대한 연구. 사향미술교육논총, 10, 21-42.

김교옥(2016). 미술치료에 대한 뇌 과학적 이해. 인문사회, 21(7), 117-138.

김동연(2002). 한국미술치료학회의 발전 과정과 당면과제. 한국미술치료학회 제9회 한·미·일 국제학술대회 자료집, 3-32.

김미진(2014). 미술치료의 치료적 요인별 미술매체 분석. 평택대학교 대학원 박사학위논문.

김미진, 이근매(2015). 미술치료의 치료적 요인별 효과적인 미술 매체에 관한 질적 연구: 전문가 인터뷰를 중심으로. 미술치료 연구, 22(4), 1085-1110.

김정미, 박은선(2020). 미술치료사가 인식하는 자폐스펙트럼장애아동과의 치료관계 형성 요인에 관한 개념도 연구. 예술치료 연구, 20(1), 185-207.

남정현(2008). 집단미술치료의 치료요인 척도개발. 경성대학교 대학원 박사학위논문.

손창배(2020). 미술치료사의 디지털 매체 체험을 통한 디지털 미술치료 적용 가능성 탐구. 차의과학대학교 대학원 박사학위논문.

송은경(2014). 집단미술치료 치유 요인에 대한 인식 조사 연구. 동국대학교 문화예술대학원 석사학위논문.

신나경(2011). 글로벌시대에 있어서 동양예술의 의미 재고-전통예술의 매체 융합을 중심으로. 동양예술, 17, 111-144.

원희랑(2007). 미술치료에서 석고의 치유적 요인과 임상적 적용. 미술치료 연구, 14(1), 151-172.

원희랑(2015). 4인4색 미술치료. 서울: 시그마프레스.

이근민(2019). 보조공학과 미술치료. 한국미술치료학회 2019년 춘계학술대회, 25-56.

이모영, 김은영(2015). 미술의 치료요인에 대한 고찰. 예술심리치료연구, 11(2), 1-19.

이영숙(2016). 미술치료의 치료요인 범주화 연구-수련감독 미술 미술치료전문가를 대상으로-. 대구대학교 대학원 박사학위 논문.

전종국(2007). 집단미술치료와 치료적 요인의 연구 경향과 향후 과제. 미술치료 연구, 14(3), 577-596.

정현희(2006). 실제 적용 중심의 미술치료. 서울: 학지사.

정현희(2017). 미술치료 연구 방법. 서울: 학지사.

최선남(2010). 집단미술치료 치료적 요인: 집단 경험 유형과 만족도를 중심으로. 상담학 연구, 11(1), 139-152.

최선남, 전종국(1997). 집단미술치료의 치료적 요인에 관한 연구: 청소년 동료 집단을 중심으로. 미술치료 연구, 4(2), 161-174.

최은영, 이영숙, 손병문, 오지은(2019). 미술치료의 치료요인 범주화 연구-미술치료서비스 제공자를 대상으로-. 특수교육재활과학연구, 58(2), 513-530.

한재남(2011). 문화적 관점에서 본 동서양 문화의 차이. 인문과학 연구, 17, 149-164.

AATA, [웹사이트]. (2021년 10월 25일). https://arttherapy.org/about-art-therapy/

BAAT, [웹사이트]. (2021년 10월 25일). https://www.baat.org/About-Art-Therapy

Badenoch, B. (2008). *Being a brain-wise therapist: A practical guide to interpersonal neurobiology.* New York: Norton.

Bloch, S., & Crouch, E. (1985). *Therapeutic factors in group psychotherapy.* London: Oxford University Press.

Carlton, N. R. (2014). Digital culture and art therapy. *The Arts in Psychotherapy, 41*(1), 41-45.

Christina, B. A., Birgitta, G., Suzanne, G., & Anita, B.(2013). A realist review of art therapy for clients with depression. *The Art in Psychotherapy, 40,* 322-330.

Collie, K., Backos, A., Malchiodi, C., & Spiegel, D.(2006). Art therapy for combat-related PTSD: Recommendation for research and practice. *Journal of American of Art Therapist, 23*(4), 157-164.

DFKGT, [웹사이트]. (2021년 10월 25일).https://www.dfkgt.de/page.cfm?id1458&

DGKT, [웹사이트]. (2021년 10월 25일). https://dgkt.de/kuenstlerische-therapien/

Edwards, M. (2012). 융 학파의 분석적 미술치료. In J. A. Rubin (ed.), 이구동성 미술치료 (주리애 역). 서울: 학지사. (2001).

Glaister, J. A. (1994). Clara's story: Post-traumatic response and therapeutic art. *Perspectives in Psychiatric Care, 30*(1), 17-22.

Gussak, D. E., & Orr, P. (2005). Ethical responsibilities: Preparing students for the real art therapy world. *Art Therapy, 22*(2), 101-104.

Henzell, J. (2009). Creating art psychotherapy training in Australia: Missing years 1959-1989 Conference paper, Melbourne.

Junge, M. B. (2010). *The modern history of art therapy in the United States.* Illinois: Charles C Thomas Publisher.

Kaplan F. F. (2013). 미술, 과학, 미술치료. (장연집 역). 서울: 시그마프레스. (2000).

Kramer, E. (1971). *Art as therapy with children.* New York: Schocken Books.

Kramer, E. (2007). 치료로서의 미술. (김현희, 이동영 역). 서울: 시그마프레스. (2000).

Kramer, E. (1958). *Art therapy in children's community*. Illinois: Charles C Thomas.

Malchiodi, C. A. (1998). *Understanding children's drawings*. New York: Guilford Press.

Malchiodi, C. A. (2011). *Handbook of art therapy*. New York: Guilford Press.

Malchiodi, C. A. (2014). 미술치료. (최재영, 김진연 역). 서울: 조형교육. (2007).

Malchiodi, C. A. (2018). *The handbook of art therapy*. New York: Guilford Press.

Malchiodi. C. A. (2017). 트라우마 경험 아동과 함께 하는 창의적 예술치료. (김선희 역). 서울: 시그마프레스. (2015).

Masters, H. L. (2018). *Art therapy and art history 3 theories, an inquiry*. Loyola Marymount University, Master of Arts research paper.

NCCIH, [웹사이트]. (2021년 10월 25일). https://www.nccih.nih.gov/about/strategic-plans/introduction

Nguyen, M. A. (2015). Art Therapy—A Review of Methodology. *Dubna Psychological Journal, 4*, 29−43.

Robbins, A. (1998). *Therapeutic presence: Bridging expression and form*. London: Jessica Kingsley Publishers.

Rubin, J. A. (1983). DAYENU: A tribute to Margarget Naumburg. *Art Therapy, 1*(1), 4−5.

Rubin, J. A. (2005). *Child art therapy*. New York: John Wiley & Sons.

Rubin, J. A. (2010). *Introduction to art therapy: Sources & resources*. Oxford: Taylor & Francis.

Schaverien, J. (2000). The triangular relationship and the aesthetic countertransference in analytical art psychotherapy. In A, Gilroy, & G, Mcneilly (Eds.), *The changing shape of art therapy: New developments in theory and practice*. London: Jessica Kingsley.

Shechtman, Z., & Gluk, O. (2005). *An Investigation of Therapeutic Factors in Children's Groups. Group Dynamics: Theory, Research, and Practice, 9*(2), 127−134.

Shechtman, Z., & Perl-dekel, O. (2000). A comparision of therapeutic factors in two group treatment modalities: verbal and art therapy. *The Journal for Specialistsin Group Work, 25*(3), 288−304.

Sholt, M., & Gavron, T. (2006). Therapeutic qualities of clay-work in art therapy and psychotherapy: A review. *The American Art Therapy Association, 23*(2), 66−72.

Sporild, I. A., & Bonsaksen, T. (2014). Therapeutic factors in expressive art therapy for persons with eating disorders. *Groupwork, 24*(3), 46−60.

Ulmam, E. (2012). 프로이트 이론의 변용: 3명의 미술치료 이론가. In J. A. Rubin (ed.), 이구동성 미술치료. (주리애 역). 서울: 학지사. (2001).

Ulman, E. (1961). Art therapy: Problems of definition. *Bulletin of Art Therapy, 1*(2), 10–20.

Wilson, L. (1997). Edith Kramer Honored at AATA conference. *American Journal of Art Therapy, 35*, 102–105.

Yalom, I. D. (1975). *The theory and practice of group psychotherapy*. New York: Basic Books.

Yalom, I. D. (2005). *The theory and practice of group psychotherapy* (3rd ed.). New York: Basic Books.

제2장

미술치료 연구

Research Method in Art Therapy

카플란은 예술의 주관성과 과학의 객관성이 주관적인 것에서 객관적인 관점에 이르는 연속적인 선상에 있으며, 이 두 분야는 분리되는 것이 아니라 연구를 통해 연결된다고 보았다. 미술치료 연구의 역할과 관련하여, 미술이 과학과 함께할 때 미술치료 가치가 입증된다(Kaplan, 2000/2013). 따라서 이 장에서는 과학적 미술치료 연구의 목적·연구 분야, 연구 접근, 연구 윤리 측면에서 살펴보고자 한다.

1. 미술치료 연구 목적 및 연구 분야

과학의 기본적인 목적은 인간을 중심으로 한 사회현상과 자연현상을 설명하는 이론을 제시하고 증명하는 것이라 할 수 있다. 즉, 연구자는 특정 현상에 대해 왜 그러한 현상이 발생했는지, 무엇이 원인으로 작용하고 있는지, 그러한 원리에 따라 무엇을 예측할 수 있는지 등에 관해 연구하게 된다.

미술치료 연구 또한 같은 맥락에서 미술치료를 대상으로 이론적·실제적 측면에서 이루어지는 것이라고 볼 수 있다. 즉, 미술치료를 통해 나타나는 변화는 어떠한지, 그 변화는 어떠한 요인과 관련되어 발생되는지, 그 변화가 또한 어떠한 치료적 과정을 통해 나타나는지, 같은 개입이 제공될 때 예측되는 효과는 어떠한지 등에 관해 연구할 수 있다. 미술치료 연구는 미술치료사들이 미술치료 경험을 통해 얻게 되는 발견에 신뢰성을 부여하고, 미술치료의 유익한 효과에 대한 경험적 증거를 제공할 수 있다(Wadeson, 1980). 또한 미술치료 연구를 통해 미술치료 실제의 개선을 시도할 수 있다(Deaver, 2002). 즉, 미술치료 연구를 통해 미술치료에 관한 지식을 추구하고, 연구 결과는 미술치료를 위한 지식 축적의 기반이 된다. 미술치료 연구는 미술치료 이론을 보다 정교하게 정립화하고, 내담자의 변화를 위한 최적의 미술치료 중재를 제안하기 위한 것이라고 할 수 있다.

미술치료 연구 분야와 관련하여, 부볼츠, 밀러와 윌리엄스(Buboltz, Miller, & Williams, 1999)는 상담 영역 연구를 성과 연구 범주, 과정 연구 범주, 과정과 성과 연구 범주, 상담자 훈련 및 슈퍼비전 연구 범주, 상담자/상담 서비스/정신건강 서비스에 대한 태도와 신념 연구 범주, 다문화주의/다양성 연구 범주, 성격과 적응 연구 범주, 학업적 성취 연구 범주, 직업적 행동 연구 범주, 검사의 개발과 평가 연구 범주, 연구 방법과 통계적 연구 범주, 연구 고찰 범주, 이론적 연구 범주, 기타 연구 범주로 분류하였다.

미술치료 연구는 치료적 관계, 사정, 중재, 전문 분야로서의 미술치료에 대해 다양하게 연구될 수 있다(Deaver, 2002). 정현희(2017)는 미술치료 연구 분야를 심리치료 이론 적용 미술치료 연구, 미술심리 진단 연구, 미술치료 과정 연구, 미술치료 성과 연구, 현장 연구로 분류하였다. 김수영과 홍은주(2019)는 치료 성과 연구, 치료 과정 연구, 치료 과정 및 성과 연구, 치료사 특성/훈련 및 슈퍼비전 연구, 성격 특성 및 적용 연구, 치료사 및 미술치료에 대한 지각 연구, 검사 도구 개발 및 관련 연구, 개관 연구, 이론(개발) 연구, 기타 유형의 연구로 분류하였다.

이를 바탕으로 미술치료 연구는 〈표 2-1〉과 같이 분류할 수 있다.

〈표 2-1〉 미술치료 연구 분야별 내용

연구 분야	내용
미술치료 과정	미술치료 과정의 자료 보고, 미술치료 관련 요인, 미술치료 치료 요인, 미술치료 회기 과정 등에 관한 연구
미술치료 성과	직접적 효과 보고, 정서, 인지, 행동, 학업, 직업 등 영역 변화 보고 등에 관한 연구
미술치료 과정-성과	특정 성과와 관련된 미술치료 특정 과정 등에 관한 연구
미술치료 교육 및 훈련	미술치료 교육, 훈련, 슈퍼비전 등에 관한 연구
미술치료 관련 지각	미술치료, 미술치료 서비스, 미술치료사, 매체 등에 대한 지각 연구
미술심리 진단 및 평가	미술심리평가 도구 개발, 미술심리평가 도구 반응 특성 등에 관한 연구
미술치료 연구 방법 및 윤리	미술치료 연구 방법 개발, 효과성, 연구 윤리 등에 관한 연구

미술치료 정책	미술치료 기회비용, 미술치료 서비스 체계 등에 관한 연구
융합	신경과학 기반 미술치료, 공학 기반 미술치료 등에 관한 연구
기타	이상의 연구에 해당되지 않는 다양한 연구

미술치료 연구 분야에서의 핵심 연구 우선순위 설문조사 연구 결과, 다양한 내담자 집단에 대한 미술치료 절차 및 매체의 효과성 탐색, 언어적 치료와 미술치료의 효과성 비교, 미술치료에서의 신경과학 그리고 미술치료 진단의 타당성과 신뢰성이 미술치료 연구의 우선순위에 있는 것으로 나타났다. 또한 미술치료 연구에서 우선순위에 두어야 할 대상 집단에는 주요 정신질환, 자폐스펙트럼장애, 외상후 스트레스를 경험하고 있는 사람들로 나타났다(Kaiser & Deaver, 2013).

미술치료는 다양한 상황에서 다양한 집단을 대상으로 연구되면서, 미술치료 문헌분석 및 메타분석 연구가 보고되고 있다. 안정아와 정여주(2021)는 메타분석을 수행한 미술치료 연구에 대한 체계적 고찰에서, 24편의 연구 대상 논문 중 17편의 평균크기가 코헨(Cohen, 1988)의 기준으로 효과크기가 큰 것으로 나타나 미술치료 중재 효과가 상당히 크다고 보고하였다.

2. 미술치료 연구 접근

미술치료 연구는 연구 목적에 따라 다양한 방법으로 수행될 수 있다. 이 장에서는 양적·질적 연구 방법 및 다양한 연구 접근에 관해 간략히 살펴보고자 한다.

1) 양적 연구 방법

양적 연구는 실증주의에 입각한 접근으로 인간의 실재를 형성하는 인간의 특성과 본질이 존재한다고 가정하며, 복잡한 패러다임에 관계된 변인들에 관해 연구할 수 있다고 본다(성태제, 2005). 양적 연구에서 연구는 연구 결과에 영향을 미치는 다양한 현상의 변인을 통제 및 배제하거나 단순화시켜서 연구자가 선택한 변인으로 가설을 설정한 후 변인들의 관계를 확률적으로 규명하고자 한다(정진주,

조정진, 2008).

연구자는 조사의 전 과정에서 객관성을 유지함으로써 연구자의 개인적인 개입을 제거하기 때문에 같은 조건이라면 다른 연구자들도 동일한 연구 결과를 도출할 수 있다. 즉, 양적 연구는 객관화된 자료를 이용하기 때문에 대체로 양적 연구의 결과는 일반화 가능성이 높다. 그러나 연구 설계를 벗어난 현상에 대해서는 결과를 적용하기 어려우며, 연구에 필요한 변인을 제외한 외부 변인이나 오염 변인에 대한 통제가 어렵다는 한계점이 있다.

2) 질적 연구 방법

질적 연구는 양적 연구의 한계를 비난하면서 대안적 접근으로 모색된 것이다(조용환, 1999). 질적 연구는 객관적 실재라는 일반화 가능한 인간의 속성과 본성이 없다고 가정하며, 단편적인 연구가 아닌 총체적인 연구의 필요성을 주장한다(성태제, 2005). 따라서 질적 연구는 인간 삶의 의미를 현실 세계라는 조건에서 연구하며, 연구에 참여한 사람들의 견해와 관점을 연구를 통해 제시한다. 또한 이들이 살고 있는 맥락적 조건을 연구에 반영하며, 인간의 사회적 행동을 설명하는 데 도움이 될 수 있는 기존의 개념 또는 새로 등장하는 개념에 대한 통찰을 제공하고자 한다. 또한 단일한 자료 출처에 의존하기보다는 다양한 출처를 확보하려고 노력하는 특징을 갖는다(Yin, 2011/2013). 질적 연구에서는 단순화와 한계 설정을 최소화하고 현상의 복잡성을 최대한 '있는 그대로' 파악하려는 입장을 취한다(장희정, 2017).

질적 연구에서는 행위자들이 모종의 사회현상에 대하여, 어떠한 가치와 가정을 바탕으로 개인의 경험으로 해석하고 있는지 이해하고자 한다(유기웅, 정종원, 김영석, 김한별, 2012). 질적 연구는 연구자가 연구하고자 하는 현상 또는 대상과 직접적인 상호작용을 통한 참여로 연구가 이루어지므로, 이를 고려하여 연구 대상의 설정과 진행 방법에 대한 세밀한 설계가 요구된다. 연구 대상의 특이성과 연구자의 주관적 개입 가능성 등으로 연구 결과의 일반화 가능성은 대체로 낮은 편이다. 따라서 질적 연구의 일반화 가능성을 높이기 위해서는 자료의 객관화 작업이 필요하다.

질적 연구는 일반적으로 가설의 설정 없이 연구의 진행 과정에 따라 융통성 있게 진행되어 그 결과에 따른 가설을 도출하며, 연구 대상에 대해 시간적 흐름에 따른 지속적인 관찰을 통해 자료를 수집하고 귀납적으로 분석하며, 수집된 자료를 이용한 비교분석의 방법으로 분석할 수 있다.

3) 다양한 연구 접근 방법론

양적 연구와 질적 연구는 서로 이질적이라고만 볼 수는 없으며, 연구 상황 및 자료의 특성에 따라 연속선상에 존재하고 있는 것으로 보아야 한다(성태제, 2005). 따라서 연구 접근을 선택할 때는 다양한 연구 접근 방법론의 특성을 이해하고 연구 목적에 적합한 방법론을 선택하거나, 다양한 연구 접근의 장점과 차이를 이해하며 이를 통합한 절충적 접근을 채택할 수도 있어야 한다.

질적 연구와 양적 연구의 한 가지 중요한 차이는 단순화와 한계 설정의 정도와 방식에 따른 것이다. 또한 질적 연구가 '발견'을 중시할 때, 양적 연구는 '설득'에 치중한다고 말할 수 있다(Glaser & Strauss, 1967: 장희정, 2017에서 재인용, 12). 이는 질적 연구가 세상의 복잡한 양상을 개방적인 상태에서 이해하고자 할 때, 양적 연구는 제한된 맥락에서 연구자가 가설적으로 설정한 관계, 특히 상관관계나 인과관계의 타당성을 입증해 보이는 데 치중하기 때문이다(장희정, 2017).

이와 같이 서로 다른 연구 목적에 적합한 연구 접근을 선택하는 데에는 연구자의 철학적 세계관, 탐구 전략에 대한 고려, 특정 패러다임에 대한 연구 문제의 적합성, 자료 수집 절차와 관련된 연구 설계 요소, 결과 해석 및 분석 기법, 대상 독자와 같은 요인을 고려해야 한다(Creswell, 2021). 연구 접근 방식은 양적 접근에서 질적 접근까지의 연속선상에 다양한 유형으로 형성되어 있으며, 각 접근 방식은 특정 패러다임과 연관이 있다. 연구 패러다임은 연구 주제에 접근하는 방식을 결정할 때 기준을 제시하는 일련의 근본적인 가정과 신념을 특징으로 하는 세계관이라고 할 수 있다. 패러다임은 존재론, 인식론, 가치론, 방법론적 개념에 따라 철학적으로 규정된다(Ponterotto, 2005).

베츠와 데버(Betts & Deaver, 2019)가 제시한 양적 연구와 질적 연구 그리고 혼합 연구의 패러다임과 각 철학적 기준의 특성은 〈표 2-2〉와 같다.

〈표 2-2〉연구 접근별 비교

구분	양적 연구	질적 연구	혼합 연구
패러다임	• 후기 실증주의	• 구성주의	• 실용주의
존재론	• 불완전하게밖에 알 수 없는 객관적인 현실이 존재함	• 현실은 보편적이라기보다는 주관적이고 맥락적임	• 단일 현실과 다중 현실이 모두 존재함
인식론	• 지식은 관찰된 현상에 기초함	• 지식은 개인의 다중 현실을 통해 사회적으로 구성됨	• 앎에는 다양한 방식이 있으며, 관찰과 주관적 경험을 모두 포함함
가치론	• 연구는 가치에서 자유롭고, 연구자는 연구 자료와 분리되어 객관성을 유지함	• 연구자의 가치는 연구 과정과 분리될 수 없으며 주관성을 가짐	• 가치에 대해 다양한 입장을 취하며, 편향적이면서도 가치중립적임
목적	• 요인의 상호관계 설명	• 현상이나 경험에 대한 심도 깊은 이해	• 깊이와 넓이를 모두 갖는 귀납적·연역적 접근을 논리적으로 결합
방법론	• 연역적 방식 • 실험, 준실험, 비실험	• 귀납적 방식 • 문화기술지 연구, 근거 이론 연구, 사례 연구, 현상학적 연구, 내러티브 연구	• 연역적·귀납적 접근의 결합 • 순차적·동시대적·변혁적
연구자-참가자 관계	• 객관적, 거리두기	• 주관적·관계적·협력적	• 객관적 접근과 주관적 접근의 결합
기준 설정 방법	• 기술통계, 추론통계	• 삼각법, 구성원 검증, 외부적 감사, 동료 보고	• 통계적 접근과 질적 기법을 모두 활용하여 신뢰성을 확보

출처: Betts, D. & Deaver, S. (2019). *Art therapy research: A practical guide*. Oxford: Routledge, p. 10.

    연구 접근을 선택하기 전에 추가적으로 미술 기반 연구를 살펴볼 수 있다. 미술은 언어로 표현하지 못하는 내용을 다루며, 같은 맥락에서 미술 기반 연구는 미술이 연구에 기여하는 표현적 · 심미적 · 감성적 형식과 통찰력을 이용하여 현상이나 사회적 행동을 이해하고자 하는 연구 접근법이며(신승렬, 2015: 이미정, 2017에서 재인용, 49), 연구 관점 내에서 시각적 수단을 사용하는 지식 창조(Sullivan, 2005: Kapitan, 2010/2012에서 재인용, 222–223)로 볼 수 있다. 미술 기반 연구는 사회 연구의 모든 단계에서 연구자가 사용하는 일련의 방법론적 도구로 예술적 원리를 채택한다(Leavy, 2015/2018). 이는 미술 과정과 결과물을 통해 참여자가 생각과 정서를 재경험하는 기회를 제공하여 인식의 경계를 더 넓히는 역할을 할 수 있다 (Eisner, 1997).

미술 기반 연구의 핵심 목적은 지식을 확증하거나 공고히 하기보다 자극하고 도전하고 밝히는 것, 복잡한 전체 내에서 미묘한 관계를 인식하기 위해 지각과 생각 · 감정을 넓히는 것, 신지식을 창출하는 새로운 가능성 또는 혁신을 지각하고 상상하거나 구성된 지식을 변화시키는 것, 미술과 미술치료의 경험에서 연구 성과로서 미술 지식의 개인적 사회적 변화를 이해하는 것이다(Kapitan, 2010/2012). 즉, 미술 기반 연구는 실증적 지식을 넘어서 포착하기 어려운 무언가를 드러내는 데 그 목적이 있다(Leavy, 2015/2018).

미술 기반 연구에서는 미술 과정에 포함되는 다양한 요소의 관계적 의미를 탐구할 수 있고, 미술 기반 연구의 자료 수집은 미술에 대한 관찰에서 시작하며 과정에 참여한 사람들이 협력하여 미술을 통해 도출할 수 있는 의미와 결론을 이해하고자 노력하는 과정으로 진행된다. 미술 기반 연구는 다음과 같은 경우에 중요한 의미를 지닐 수 있다(Kallos, 2021).

① 맥락을 통해 개념을 탐색할 때
② 두 가지 별개의 요소를 연결할 필요가 있을 때(예: 건강의 사회적 결정 요인이 프로그램 효과를 매개하는지 검증)
③ 말로 표현하기 어려운 감정과 경험을 탐구할 때, 미술 기반 연구 방법은 말과 글을 넘어서 사물이 시공간적으로 연결되어 있고 만질 수 있는 구체적인 방식으로 표현될 수 있도록 하는 다양한 앎의 방식을 제공

이러한 미술 기반 연구는 크게 두 가지 입장으로 나뉜다. 전자는 기존 연구 전

통이 지니는 언어 재현의 한계를 지적하면서 새로운 연구 패러다임으로 받아들여야 한다고 주장하는 입장이며, 후자는 연구자들에게 자료 수집과 해석에 관한 새로운 시각을 제시하여 기존의 질적 연구법을 풍요롭게 한다는 입장이다(신승렬, 2015: 이미정, 2017에서 재인용, 47-52). 양적 연구와 질적 연구의 관계에서 언급한 것과 마찬가지로, 미술 기반 연구 역시 연구 상황 및 자료의 특성에 따라 다양한 방식의 연속선상에서 활용될 수 있다. 미술치료 연구에서도 가장 적합한 연구 접근과 방법을 선택하기 위한 노력이 필요하다. 연구자는 자신의 인간관과 철학 그리고 윤리의식에 따라 자신의 연구 주제를 탐구하기에 적합하면서도 설득력 있는 방법을 고안해야 한다. 기존의 연구 방법은 다수의 연구자를 거치며 검증된 방법이라는 장점이 있지만, 미술치료 연구자는 다양하고 풍부한 예술적 표현을 이해하고 탐구하기 위한 과학적이면서도 창의적인 방법론을 찾기 위한 노력을 계속해야 할 것이다.

3. 미술치료 연구 윤리

1) 연구 윤리의 필요성 및 기본 원칙

1947년에 등장한 Nuremburg Code, 1964년에는 헬싱키 선언, 1979년 Belmont 보고서를 바탕으로 국내에서도 「생명윤리 및 안전에 관한 법률」(법률 제17472호, 2020. 8. 11, 타법개정)이 2020년 9월 12일 개정되어 시행되고 있다. 동법 제1장 제1조에서, 생명윤리 및 안전에 관한 법률은 인간과 인체유래물 등을 연구하거나, 배아나 유전자 등을 취급할 때 인간의 존엄과 가치를 침해하거나 인체에 위해(危害)를 끼치는 것을 방지함으로써 생명윤리 및 안전을 확보하고 국민의 건강과 삶의 질 향상에 이바지함을 목적으로 하고 있음을 밝히고 있다(https://www.law.go.kr/법령/생명윤리및안전에관한법률). 「생명윤리 및 안전에 관한 법률」에서는 다음과 같은 기본 원칙을 제시하고 있다.

제3조(기본 원칙)

① 이 법에서 규율하는 행위들은 인간의 존엄과 가치를 침해하는 방식으로 하여서는 아니 되며, 연구 대상자 등의 인권과 복지는 우선적으로 고려되어야 한다.

② 연구 대상자 등의 자율성은 존중되어야 하며, 연구 대상자 등의 자발적인 동의는 충분한 정보에 근거하여야 한다.

③ 연구 대상자 등의 사생활은 보호되어야 하며, 사생활을 침해할 수 있는 개인정보는 당사자가 동의하거나 법률에 특별한 규정이 있는 경우를 제외하고는 비밀로서 보호되어야 한다.

④ 연구 대상자 등의 안전은 충분히 고려되어야 하며, 위험은 최소화되어야 한다.

⑤ 취약한 환경에 있는 개인이나 집단은 특별히 보호되어야 한다.

⑥ 생명윤리와 안전을 확보하기 위하여 필요한 국제 협력을 모색하여야 하고, 보편적인 국제기준을 수용하기 위하여 노력하여야 한다.

https://www.law.go.kr/법령/생명윤리및안전에관한법률

2) 미술치료 연구 윤리

미술치료사들은 연구를 수행할 경우 대부분 인간을 대상으로 하기 때문에 연구 과정에서 제기될 수 있는 윤리적 문제를 민감하게 다루어야 한다. 또한 미술치료사들은 임상 현장에서 다양한 내담자를 접하고 연구 과정에서도 장애아동, 노인 및 정신질환자들과 같은 사회적 약자를 대상으로 하는 경우가 많기 때문에 보다 높은 윤리의식이 필요하다(최세민, 오승주, 2019).

미술치료 연구를 윤리적으로 수행하기 위해서는 윤리 원칙을 우선 살펴야 할 것이다. 미국미술치료학회에서는 Belmont 보고서에서 제시한 인간존중, 수혜성, 정당성의 3가지 원칙에 더불어 비해성, 충실성, 창의성을 추가하여, 인간존중, 비해성과 수혜성, 정당성, 충실성, 창의성의 5가지 윤리 원칙을 제시하고 있다. 인간존중의 원칙에서는 개인이 연구에 참여하거나 참여를 거부할 때 스스로 결정을 내릴 수 있는 능력이 있으며, 이러한 결정을 내리기 힘든 상황에서는 적절한 결정을 내릴 수 있는 보호를 받을 자격이 있다고 강조한다. 수혜성의 원칙은 연구자들이 연구 참가자의 안전과 안녕을 보장할 의무가 있음을 시사하는 원칙이며, 비해성의 원칙은 "해를 끼치지 않는 것"을 의미한다. 정당성과 관련하여, 연구자는 현재 연

구에 참여한 참가자의 안녕을 보호하고 연구의 혜택이 충분히 이어지도록 해야
하며, 연구 참가자를 선정하는 과정에서 착취적이거나 계층적인 방식을 추구하지
않고 모든 잠재적 참가자를 공정하게 선정할 수 있는 모집 절차를 준용해야 한다.
충실성은 연구 참여자에 대한 연구자의 신뢰와 과학적 연구 절차를 수행하는 데
있어서의 성실성과 관련이 있다. 창의성의 원칙에서 미술치료사는 의사결정과 문
제해결뿐만 아니라 의미 있는 창작과 치유를 위한 창의적 과정을 지원해야 한다
고 강조한다(Sieber, 2000: Betts & Deaver, 2019에서 재인용, 18-22).

이와 같은 윤리 원칙과 관련하여, 미술치료 연구 윤리는 한국미술치료학회
(KATA) 윤리강령, 미국미술치료학회(AATA) 미술치료사 윤리 원칙, 미술치료 인준
위원회(ATCB) 윤리, 품행, 징계 절차에 관한 강령, 영국미술치료사협회(BAAT) 전
문가 윤리 강령 및 원칙, 독일 미술-조형치료 전문가협회(DFKGT) 윤리지침 등 각
국의 미술치료학(협)회 윤리강령에 명시되어 있다. 우리나라, 미국, 영국, 독일의
미술치료학회 윤리강령에서 제시하고 있는 항목은 〈표 2-3〉과 같다. 문(Moon,
2006/2011)은 미술치료사가 윤리적 임상을 수행하기 위해서는 내담자의 의무, 일
하는 장소에 대한 책임, 미술 작품의 권리, 미술치료사(예술가, 치료사 그리고 인간),
미술치료 슈퍼비전, 직업적 경계를 유지하기, 미술치료 연구자의 의무, 미술치료
계에 대한 미술치료사의 의무, 윤리적 위반 다루기, 광고와 홍보 등에 대한 이해가
선행되어야 한다고 제안하였다.

미술치료 서비스 제공자는 미술치료 현장에서 윤리적 측면과 관련된 딜레마를
경험할 수 있다. 미술치료 전문가들이 경험하는 윤리적 딜레마는 치료사, 내담자,
미술 작품, 치료사 간의 관계 그리고 외부 환경적 요인으로 인해 발생한다(이혜선,
2015). 또한 미술치료사는, ① 미술치료사 윤리교육 부재로 인한 갈등, ② 미술치
료 시 제작된 내담자의 미술 작품에 대한 명확한 윤리규정 부족, ③ 비밀 보장과
사례 발표 시 경험하는 윤리적 갈등, ④ 학교 미술치료 시 내담자의 욕구 존중과
자율성 보장 부족, ⑤ 치료사들 간의 미술치료 내용이나 작품 공유 요구, ⑥ 시설
기관장과 치료사의 관점 차이에서 오는 갈등, ⑦ 미술치료사 개인이 치료 과정에
서 겪는 윤리적 갈등, ⑧ 역할 혼동과 이중관계로 인한 치료 경계의 모호성에 의해
윤리적 갈등을 경험한다고 보고되고 있다(최선남, 이혜선, 2014).

미술치료 연구와 실제에서 의사결정을 할 때 미술치료의 기본 윤리 원칙은 유용

〈표 2-3〉 미국, 영국, 독일의 미술치료학회 윤리강령 항목

KATA 윤리강령(2022년 1월)	AATA 윤리강령(2013/12월)	BAAT 윤리강령(2019년)	DFKGT 윤리강령(2017/6월)
1. 전문가로서의 태도 　가. 전문적 능력 　나. 성실성 　다. 교육과 연수 　라. 자격 2. 사회적 책임 　가. 사회와의 관계 　나. 고용기관과의 관계 　다. 미술치료기관의 운영자 　라. 다른 미술치료와의 관계 　마. 자문 　바. 홍보 3. 내담자 복지와 권리 　가. 내담자 복지 　나. 다양성 존중 　다. 내담자의 권리 4. 치료관계 　가. 다중관계 　나. 미술치료 작품 전시 　다. 성적관계 　라. 비밀보호의 한계 5. 정보 보호 　가. 사생활과 비밀보호 　나. 기록 　다. 내담자의 작품보호 　라. 미술치료와 사진과 영상 녹화 　마. 비밀보장의 한계 6. 전자기술 사용 및 전자정보 비밀보호 　가. 전자기술 사용 　나. 전자정보의 비밀보호 　다. 비밀보호의 한계 7. 미술치료 연구 　가. 연구 계획 　나. 책임 　다. 연구 대상자의 참여 및 동의 　라. 연구 결과 및 보고 7. 심리평가 　가. 기본 사항 　나. 검사를 사용하고 해석하는 능력 　다. 사전 동의 　라. 유능한 전문가에게 정보 공개하기 　마. 검사의 선택 　바. 검사 시행의 조건 　사. 검사 점수화와 해석, 진단 　아. 검사의 안전성 8. 윤리 문제 해결 　가. 윤리위원회의 구성과 운영 　나. 윤리위원회와의 협력 　다. 위반 　라. 회원의 의무	1.0 내담자에 대한 책임(RESPONSIBILITY TO CLIENTS) 2.0 비밀 보장(CONFIDENTIALITY) 3.0 평가 방법(ASSESSMENT METHODS) 4.0 내담자의 미술 작품(CLIENT ARTWORK) 5.0 내담자 작품 전시(EXHIBITION OF CLIENT ARTWORK) 6.0 전문 능력과 청렴성(PROFESSIONAL COMPETENCE AND INTEGRITY) 7.0 다문화/다양성 능력(MULTICULTURAL/DIVERSITY COMPETENCE) 8.0 학생들과 슈퍼바이지에 대한 책임(RESPONSIBILITY TO STUDENTS AND SUPERVISEES) 9.0 연구 참가자에 대한 책임 규정 준수(RESPONSIBILITY TO RESEARCH PARTICIPANTS) 10.0 직업적 책임(RESPONSIBILITY TO THE PROFESSION) 11.0 비용 합의(FINANCIAL ARRANGEMENTS) 12.0 광고(ADVERTISING) 13.0 독립개업(INDEPENDENT PRACTITIONER) 14.0 미술치료의 시작과 종결(INITIAL AND ENDING PHASES IN ART THERAPY) 15.0 인터넷, 사회관계망 서비스, 그리고 기타 다른 전자 및 디지털 기술을 기반으로 한 전문적 활동(PROFESSIONAL USE OF THE INTERNET, SOCIAL NETWORKING SITES AND OTHER ELECTRONIC OR DIGITAL TECHNOLOGY) 16.0 전자 마케팅을 통한 미술치료 제공(CONDUCTING ART THERAPY BY ELECTRONIC MEANS) 17.0 미술치료사를 위한 윤리 규정 준수(ABIDING BY THE ETHICAL PRINCIPLES FOR ART THERAPISTS) 18.0 문의 및 불만 사항(INQUIRIES AND COMPLAINTS)	1. 구성원(Membership) 2. 일반원칙(General principles) 3. 전문 능력과 청렴성(Professional competence and integrity) 4. 관리감독(Supervision) 5. 내담자 수락(Accepting clients) 6. 평가(Assessment) 7. 정보에 근거한 동의(Informed consent) 8. 책임감 및 치료의 일관성(Accountability and consistency of care) 9. 임상적 판단(Clinical judgement) 10. 비밀 유지(Confidential) 11. 미성년 내담자(Clients who are minors) 12. 상호관계(Dual Relationships) 13. 실습 환경(Practice Environment) 14. 기록(Records) 15. 작품 재생산과 전시(Reproduction and Exhibition of Clients Artwork) 16. 학생들과 슈퍼바이저에 대한 책임(Responsibilities to students and supervisees) 17. 연구 거버넌스(Research governance) 18. 직업적 책임(Responsibility to the Profession) 19. 재정준비(Financial Arrangement) 20. 광고(Advertising) 21. 서비스 종료(Termination of services) 22. 담당 사례 건수(Caseload) 23. 개업(Private practice) 24. 개인 전문가의 의뢰(Referral and acceptance in private practice) 25. 개업 전문가의 치료와 계획(Treatment and planning in private practice)	1. 직업 및 자격 명칭 부여(Berufsbezeichnung und Titelführung) 　1.1 학위(Akademische Grade) 　1.2 회원에 관한 사항(Hinweise auf Mitgliedschaften) 2. 예술 및 창의적 치료 전문 분야에 대한 전문가 능력과 행동 태도(Professionelle Kompetenz und Verhalten gegenüber dem Berufsstand der Kunst- und Gestaltungstherapie) 3. 동료 및 다른 전문집단과의 전문적 관계(Berufliches Verhältnis zu Kollegen und anderen Berufsgruppen) 　3.1 전문 동료와의 전문적 관계(Berufliches Verhältnis zu Berufskollegen) 　3.2 다른 전문 그룹과의 전문적 관계(Berufliches Verhältnis zu Angehörigen anderer Berufsgruppen) 　3.3 직원, 프리랜서 및 인턴에 대한 책임(Verantwortung gegenüber Angestellten, freien Mitarbeitern und Praktikanten) 　3.4 학생 및 감독 대상 학생에 대한 책임(Verantwortung gegenüber Studierenden und Supervisanden) 4. 자료, 문서 및 예술적 표현 매체에 대한 취급(Umgang mit Daten, Dokumentationen und künstlerischen Ausdrucksmedien) 　4.1 기밀(성)(Schweigepflicht) 　4.2 환자 문서(Patientendokumentation) 　4.3 저작(재)(Urheberschaft) 5. 내담자 권리 보호 조항(Bestimmungen zur Wahrung des Patientenrechtes) 　5.1 일반 조항(Allgemeine Bestimmungen) 　5.2 치료 계약 또는 상담 계약(Therapievereinbarung oder Beratungsvertrag) 　5.3 기술적 역량(Fachliche Kompetenz) 　5.4 환자 보호(Patientenschutz) 　5.5 전문성(Professionalität) 6. 프리랜서 상담과 개업, 개업에 대한 지침(Beratung in freier Tätigkeit und Ausübung des Berufs in eigener Praxis) 　6.1 프리랜서 업무 컨설팅(Beratung in freier Tätigkeit) 　6.2 자신의 치료 활동범위에 따라 자신의 예술치료 활동의 실행(Ausübung der künstlerischen Tätigkeit in eigener Praxis gemä 8 dem Heilpraktikergesetz) 　6.3 업무 지정(Praxisbezeichnung) 　6.4 전문실 자체 홈페이지 디자인 지침(Richtlinien zur Gestaltung einer praxiseigenen Homepage) 7. 광고와 공적 진술(Werbung und Öffentlichkeit) 　7.1 특별 자격 및 우선순위에 대한 참고 사항(Hinweise auf spezielle Qualifikationen und Schwerpunkte) 　7.2 전문 협력에 대한 언급(Hinweise auf berufliche Zusammenarbeit) 　7.3 직원 광고(Direkte Werbung) 　7.4 간행물(Veröffentlichungen) 　7.5 공공 및 공공 매체에서의 등장(Auftreten in der Öffentlichkeit und in öffentlichen Medien) 8. 미술치료 연구와 교육(Kunsttherapie in Forschung und Lehre) 　8.1 일반 정보(Allgemeine Hinweise) 　8.2 연구 결과 발표(Darstellung der Forschungergebnisse) 　8.3 표절(Plagiat) 　8.4 간행물에서 연구 직업에 대한 기여 확인(Kennzeichen des Leistungsanteils an einer Forschungsarbeit in Publikation)

한 지침이 될 수 있다. 또한 미술치료사는 딜레마를 해결하기 위해 슈퍼비전을 포함한 다양한 의사결정 모델이나 선행 사례의 고려 사항에 따라 의사결정을 할 수 있다. 연구에서 윤리적 딜레마 해결을 위해서는 의무 사항인 윤리강령을 통해 윤리 원칙이 구현되는 동시에, 미술치료사의 개인적·내적 도덕 규범을 요구하는 권장 사항인 윤리 덕목이 함께 요구된다(Betts & Deaver, 2019). 전문가는 실용적 지혜, 성실성, 존중, 자비 또는 연민의 4가지 덕목을 갖출 필요가 있으며, 덕목을 갖춘 전문가는 선을 행하는 동기, 직업적 상황에서 윤리적 측면을 식별하는 능력, 판단에 대한 감정의 영향에 대한 인식, 훌륭한 자기인식(이는 연구 과정 전반에 걸친 성찰을 통해 달성됨), 지역사회 가치와 관습에 대한 깊은 이해와 인식이라는 5가지 특성을 나타낸다(Meara, Schmidt, & Day, 1996: Betts & Deaver, 2019에서 재인용, 30).

참고문헌

김수영, 홍은주(2019). 예술심리치료 연구동향분석: 한국예술심리치료학회지 게제논문 (2014-2018)을 중심으로. 예술심리치료 연구, 11(4), 67-87.

성태제(2005). 교육 연구 방법의 이해. 서울: 학지사.

신승렬(2015). 연구방법론의 탈중심성: 예술 기반 연구의 방법론적 이해와 적용. 제16회 한국국제미술교육학회 추계 발표집, 11-19.

안정아, 정여주(2021). 메타분석을 수행한 미술치료 연구에 대한 체계적 고찰. 예술심리치료 연구, 17(1), 51-73.

유기웅, 정종원, 김영석, 김한별(2012). 질적 연구방법의 이해. 서울: 박영스토리.

이미정(2017). 예술 기반 연구 방법에서 바라보는 예술의 가치. 미술교육논총, 50, 47-72.

이혜선(2015). 미술치료 전문가의 윤리적 딜레마와 실천행동 연구. -근거이론 중심으로-. 미술치료연구, 22(4), 1063-1084.

장희정(2017). 미술치료사의 질적 연구 경험에 관한 해석학적 현상학 연구. 영남대학교 대학원 박사학위논문.

정진주, 조정진(2008). 보건의료 분야에서의 질적 연구의 적용. *Korean Journal of Family Medicine, 29*(8), 553-562.

정현희(2017). 미술치료 연구 방법. 서울: 학지사.

조용환(1999). 질적 연구: 방법과 사례. 서울: 교육과학사.

최선남, 이혜선(2014). 미술치료사의 윤리적 갈등에 대한 체험 연구. 미술치료 연구, 21(2), 191-214.

최세민, 오승주(2019). 예술치료사와 예술치료 전문가의 연구 윤리에 대한 인식 및 요구. 한국예술치료학회지, 19(1), 191-210.

Betts, D., & Deaver, S. (2019). *Art therapy research: A practical guide*. Oxford: Routledge.

Buboltz, W. C., Miller, M., & Williams, D. J. (1999). Content analysis of research in the Journal of Counseling Psychology (1973-1998). *Journal of Counseling Psychology, 46(4)*, 496-503.

Cohen, J. (1988). *Statistical power analysis for the behavioral sciences*. New Jersey: Lawrence Erlbaum Associates.

Creswell, J. W. (2021). 질적 연구방법론: 다섯 가지 접근. (조흥식 역). 서울: 학지사. (2018).

Deaver, S. (2002). What constitutes art therapy research. *Art Therapy, 19*(1), 23-27.

Eisner, E. W. (1997). The new frontier in qualitative research methodology. *Qualitative Inquiry, 3*(3), 259-273.

Glaster, B. & Strauss, A. (1967). *The discovery of grounded theory: Strategies for qualitative research.* California: Sociology Press.

http://www.law.go.kr/법령/생명윤리 및 안전에 관한 법률.

Kaiser, D., & Deaver, S. (2013). Establishing a research agenda for art therapy: A Delphi study. *Art Therapy, 30*(3), 114-121.

Kallos, A. (2021). Arts-Based Data Collection Techniques. Eval Academy Online Article, https://www.evalacademy.com/articles/arts-based-data-collection-techniques.

Kapitan, L. (2012). 미술치료학 연구법. (장연집, 안경숙, 장윤정, 최호 역). 서울: 시그마프레스. (2010).

Kaplan, F. F. (2013). 미술, 과학, 미술치료. (장연집 역). 서울: 시그마프레스. (2000).

Leavy, P. (2018). 예술 기반 연구의 실제. (김정희, 신승렬 역). 서울: 학지사. (2015).

Meara, N. M., Schmidt, L. D., & Day, J. D. (1996). Principles and virtues: A foundation for ethical decisions, policies, and character. *Counseling Psychologist, 24*(1), 4-77.

Moon, B. L. (2011). 미술치료 윤리와 실제. (이윤희, 오종은, 임나영, 홍윤선, 권민경 역). 서울: 학지사. (2006).

Ponterotto, J. G. (2005). Qualitative research in counseling psychology: A primer on research paradigms and philosophy of science. *Journal of Counseling Psychology, 52*(2), 126-136.

Sieber, J. (2000). Planning research: Basic ethical decision making. In B. Sales & S. Folkman(Eds.), Ethics in research with human participants. Washington, DC: American Psychological Association.

Sullivan, G. (2005). *Art paractice as research: Inquiry in the visual arts.* California: Sage.

Wadeson, H. (1980). Art therapy research. *Art Education, 33*(4), 31-34.

Yin, R. K. (2013). 질적 연구: 시작부터 완성까지. (박지연, 이숙향, 김남희 역). 서울: 학지사. (2011).

제3장

미술치료의 과학적 연구 과정

Research Method in Art Therapy

1. 연구 문제 설정

미술치료 연구를 수행하기 위해서는 가장 먼저 연구 주제가 있어야 한다. 연구가 잘 진행되고 유의미한 결론을 얻었다 하더라도, 연구 주제가 의미가 없다면 연구의 가치가 없기 때문이다. 유의미한 연구 주제를 선정하였다면, 연구 주제에 따른 연구 문제를 도출해야 한다. 연구 주제에 근거하여 연구 문제가 설정되기 때문에, 연구 주제가 있다는 것은 연구 문제가 도출된 것과 다르지 않다. 연구 문제는 논문 및 보고서에서 다루는 주요 문제 및 중심이 되는 내용을 말하며, 연구 주제와 연구 문제가 일치하는 경우도 있고, 좀 더 세분화되는 경향도 있다.

연구 문제는 일반적으로 두 변수 이상의 관계에 대해 진술하며, 의문문의 형태로 진술을 한다. 그리고 검증이 목적이므로 검증이 가능하게 진술되어야 한다. 양적 연구의 경우, 연구자가 선정한 연구 주제에 따른 다양한 변수를 활용하여 연구 문제를 진술하게 된다. 예를 들어, "미술치료사의 전문성이 이용자의 서비스 만족에 미치는 영향은 어떠한가?"와 같이 미술치료사의 전문성, 서비스 만족의 두 변수를 활용하여 기술할 수 있다. 문헌 연구의 경우도 역시 마찬가지이다. "청소년을 대상으로 한 미술치료 연구의 연도별, 주제별, 연구 방법별 동향은 어떠한가?"와 같이 청소년 그리고 연도, 주제, 연구 방법 등의 변수들을 활용하여 기술하게 된다.

연구 문제를 설정할 때는 너무 광범위하게 설정하지 말고, 실행 가능성에 초점을 두어 구체적으로 설정해야 한다. 좀 더 구체적으로 설명하면 변수들에 대한 명확한 개념 정의가 이루어져야 하며, 이러한 개념들이 측정 가능한지를 검토해야 한다. 더불어 시간과 비용의 제약, 연구 대상자의 확보 가능성을 고려해야 하며, 미술치료의 경우 대부분 사람을 대상으로 하기 때문에 피실험자의 권리와 복지를 보호하기 위하여 IRB(Institutional Review Board) 사전 승인 등에 대한 전반적인 검토가 이루어져야 한다.

미술치료의 학문적 특수성을 배제하고, 일반적으로 연구 문제의 원천이 될 수 있는 것은 일상생활에서의 개인적 관심이나 경험, 기존 이론(의 검증), 관련된 기존 연구 결과의 상충, 기존 지식의 미비, 연구 문제의 실용성, 연구자의 가치, 사회적 요청 등 매우 다양하다. 연구자는 이러한 다양한 원천으로부터 연구 주제 및 연구 문제의 아이디어를 얻게 된다. 구체적으로 살펴보면 다음과 같다.

1) 일상생활에서의 개인적 관심과 경험

연구자는 일상생활에서의 개인적 관심과 경험에 근거하여 연구 문제를 선정할 수 있다. 즉, 지금 경험하고 있는 일상적 생활에서 연구 문제를 발견할 수도 있으며, 과거 경험에서도 연구 문제를 발견할 수 있다. 혹은 앞으로의 모습을 예측하고, 그에 따라 연구 문제가 도출될 수도 있다. 특정한 경험이나 사건이 있다고 해서 반드시 연구 문제가 도출되는 것은 아니며, 연구 주제를 발견하기 위해서는 연구자의 강한 호기심, 예민한 관찰력과 과학적 태도 등이 전제되어야 한다. 예를 들어, 이웃집 장애인 가족이 일상적 생활 사건에 대해서 민감하게 반응하여 이웃끼리 불편한 관계로 지내고 있었고, 연구자는 이것이 스트레스로 인한 것임을 신문기사를 통해 알게 되었다. 이때 연구자는 '가족미술치료가 장애인 가족의 스트레스 감소에 도움이 될 수 있을까?'를 떠올릴 수 있을 것이다. 미술치료 중재 효과는 각 가족 구성원 혹은 가족 하위 체계(부부 체계, 부모 체계, 형제자매 체계 등)에 따라 미치는 영향이 다를 수 있다. 이때 세부적인 하위 연구 문제가 도출될 수 있는 것이다.

2) 문헌 및 기존 이론

연구자는 문헌이나 기존 이론에서 연구 문제를 발견할 수 있다. 연구자가 특정 현상이나 상황을 정확히 이해하기 위해서는 특정 현상 및 상황과 관련된 지식이 요구된다. 따라서 관련 책, 학술지, 보고서 등을 통하여 관련된 배경지식을 습득할 뿐만 아니라, 특정 현상이나 상황과 관련하여 밝혀진 사실이 무엇인지를 파악할 수 있다. 따라서 현재 밝혀진 내용을 확장하여 연구 문제로 삼거나, 현재 밝혀지지 않은 내용을 주요 연구 문제로 삼을 수 있다. 특히 대부분의 논문에서는 후속 연구를 위한 제언에서 진행된 연구의 문제점이나 후속 연구를 위한 제언들을 포함하고 있기 때문에, 초보 연구자들에게는 중요한 참고 자료가 될 수 있다. 예를 들어, 정신장애인을 대상으로 한 '빗속의사람그림검사(Person In The Rain: PITR)' 연구가 있다고 전제할 경우, 일반인을 포함하지 않았기 때문에 연구 결과의 일반화에 한계가 있다. 따라서 제언에는 일반인을 대상으로 한 연구가 이루어질 필요가 있다고 제시될 것이다. 그렇다면 초보 연구자는 '빗속의사람그림검사'를 일반 성인에게 적용해 볼 수 있다. 또한 대학생, 외국인 유학생, 중·고등학생 등에게도 적용해 볼 수 있을 것이며, 나아가 군인이나 소방관과 같은 스트레스가 높은 직업군에 적용해 볼 수도 있을 것이다.

3) 기존 지식의 미비

특정 현상이나 상황 혹은 문제가 발생하였을 때, 연구자는 기본적으로 기존의 이론이나 개념적 틀을 활용하여 이러한 현상 및 상황 혹은 문제를 이해하고자 한다. 그러나 연구자가 관심을 가지고 있는 특정 현상, 상황이나 문제들이 기존의 이론 혹은 개념적 틀과 연결되지 않을 경우, 새로운 연구 문제가 발생하게 된다. 즉, 어떤 분야에 대한 지식의 갭(gap)이 있거나 기존의 지식 체계로 어떤 새로운 사실들을 설명할 수 없을 때 연구 문제가 도출되는 것이다(김석용, 2018). 예를 들어, "우리가 노인의 자아통합에 어떤 이론적 기반을 둔 미술치료가 가장 효과적인가?" 또는 "아동의 학교생활 적응을 위해 가장 효과적인 미술치료 기법은 무엇인가?" 등의 질문에 대해 해답을 내려 줄 수 있는 연구 결과가 없다면 여기에 대한 지식이 다소 미비하거나 결여되어 있음을 알 수 있으며, 따라서 이와 관련된 연구 문제를 도출할 수 있다.

4) 선행 연구 결과의 상충

연구자는 기존에 이루어진 선행 연구들을 분석함으로써 연구와 관련한 배경지식을 습득할 수 있다. 그러나 연구자는 선행 연구의 탐색 과정에서 선행 연구 간의 결과가 불일치한 부분을 발견할 수 있다. 선행 연구 결과가 불일치할 때, 인과관계를 명확히 밝히기 위한 연구 문제를 설정할 수 있다. 즉, 기존의 연구를 반복해서 연구하는 것이다. 선행 연구 결과가 상충되게 나타나는 것은 조사 설계, 표본 선정, 개념 정립 및 조작화 등에서 차이가 나거나 오류를 범하였을 경우 등의 이유 때문이며, 실험 연구에서는 외생변수를 통제하지 못하는 경우 나타날 수 있다(정영숙, 2006). 예를 들어, A 연구에서는 분석심리학에 기반한 집단미술치료가 대학생의 자기개념 향상에는 도움이 되는 것으로 나타났다. 그러나 B 연구에서는 분석심리학에 기반한 집단미술치료가 대학생의 자기개념 향상에 도움이 되지 않는 것으로 나타났다. 이 경우, 선행 연구 A와 B의 결과가 불일치하기 때문에 이를 재검증하는 것도 하나의 연구가 될 수 있다. 또 다른 예로, 일부 연구에서는 노인의 행복에 인지행동 미술치료 프로그램이 가장 효과가 크다고 나타난 데 비해 다른 연구에서는 인간중심 미술치료 프로그램이 가장 효과가 크다고 나타났다면, 이는 새로운 연구를 통해 진정한 인과관계를 규명해 볼 필요가 있다.

5) 새로운 현상과 기존 지식과의 연결

인간의 마음 그리고 사회적 환경은 끊임없이 변화하고 있으며, 그러한 과정에서 새로운 사실이나 현상이 발생하기도 한다. 예를 들어, 스마트폰 과몰입은 기존에 없던 새로운 현상이라 할 수 있다. 이 경우, 기존 관련 지식인 인터넷 중독과 관련된 지식을 기반으로 스마트폰 과몰입 현상을 이해하려고 할 수 있다. 즉, 새로운 연구 문제가 도출되는 것이다. 그러나 스마트폰 과몰입에 대한 해석이나 중재에 기존의 지식 체계가 유용하지 않을 수 있다. 이 경우에는 또 다른 새로운 연구 문제가 발생하게 된다.

더불어 오늘날 연구 방법의 발달로 인하여 새로운 방법 및 다양한 접근을 통한 연구들이 가능하게 되었다. 예를 들면, 신경과학, 뇌과학의 발달은 뇌의 역할과 미술치료와의 관계에 대한 연구를 가능하게 하였다. 따라서 미술치료가 뇌기능지수에 미치는 영향이라던가, 임상미술치료에서 나타난 뇌손상 환자의 성심리와 같은 뇌과학과 연결된 연구들이 나타나고 있다. 이처럼 미술치료와 뇌과학의 연계는 심리치료 분야에 새로운 영역을 개척하고 있다. 뇌과학의 발달에 따라서, 뇌과학에 기반을 둔 다양한 미술치료 연구들이 접목되고 있다.

6) 연구자의 가치

연구자의 가치는 연구 주제의 선정 및 연구 문제 설정에 영향을 미칠 수 있다. 예를 들면, 만약 연구자가 문제 행동의 원인을 초기 아동기 경험, 무의식적 동기를 중요시한다면 정신분석학적 미술치료에 관심을 두고 연구 문제를 설정할 것이며, 내담자의 인간적 성장에 관심을 두고 잠재력 실현에 초점을 맞춘다면 인간중심적 미술치료에 관심을 두고 연구 문제를 설정할 것이다.

연구 문제를 설정할 때 연구자의 가치가 영향을 미칠 수는 없고 무엇보다도 과학적 조사 연구는 객관적이어야 하므로, 연구가의 가치가 너무 깊이 영향을 미치지 않도록 경계하며 과학적 태도를 견지해야 한다(정영숙, 2006; 정영숙, 최은영, 공마리아, 2015).

7) 사회적 요청

사회적 문제가 나타나는 경우 그 문제에 대한 사회의 관심이 증대되고, 그에 따라 자연스럽게 그 문제를 해결하기 위한 방안에 대한 사회적 요구가 나타나게 된다. 이러한 사회적 요구나 요청은 연구 문제로 연결될 수 있다.

오늘날 급속한 고령화에 따른 노인 인구의 증가와 이에 따른 각종 노인성 질환, 특히 치매가 증가하고 있다. 이에 따라 치매에 따른 문제 행동을 조절할 수 있는 다양한 중재 방안에 대한 사회적 요구가 증가하는 것이다. 그렇다면 치매에 따른 문제 행동을 조절하는 하나는 중재 방안으로서 "미술치료의 중재적 개입이 노인성 치매에 유의미한 영향을 미치는가?"는 연구 문제가 될 수 있다.

2. 개념 정립과 가설 설정

연구 문제는 검증이 가능해야 한다. 따라서 연구자는 연구 문제를 해결하기 위해서 예상되는 결과, 가설의 사실 여부를 확인하는 절차를 거쳐야 한다. 가설은 잠정적 해결 방안으로, 연구 결과에 따라 가설을 채택하거나 기각한다. 따라서 미술치료 연구에서의 두 번째 단계는 바로 개념을 정립하고, 개념들 간의 관계를 나타내는 가설을 설정하는 것이다.

1) 개념 정립

개념(concept)은 특정 현상이나 사건 또는 사람과 관련된 속성을 일반화시켜 나타내는 추상적 표현으로, 가설과 이론의 구성 요소이다(Bhattacherjee, 2012; 정영숙, 2006; 정영숙 외, 2015). 미술치료와 관련된 연구들의 주제는 대부분 추상적인 개념이나 생각으로 이루어져 있다. 예를 들어, 나이, 키, 성별, 국가 등과 같은 개념은 누구에게나 동일하게 이해될 수 있으며 오해의 소지가 적다. 그러나 미술치료와 관련된 주요 주제들, 예를 들어 전문성, 행복, 사랑, 스트레스와 같은 개념들은 상당히 추상적이며, 사람마다 이러한 개념들에 대한 해석과 내용이 달라질 수 있다. 따라서 주제와 개념이 정확치 않은 경우, 잘못된 개념을 측정할 수밖에 없고 좋은 연구 결과를 도출할 수 없다. 그러므로 과학적 연구를 위해서는 개념을 잘 정의해야 하며, 추상적인 개념을 경험적 개념으로 전환해야 한다. 이러한 과정을 개념화(conceptualization)라고 한다.

개념화는 선행 연구, 즉 문헌 고찰을 통해 얻을 수 있다. 예를 들어, 연구 목적이 '미술치료사의 전문성이 내담자의 행복에 미치는 영향'을 규명하는 것이라면, 미술치료사, 스트레스, 행복이 정립되어야 할 개념이다. 가령, 미술치료사를 어떻게 개념화할 것인가? 현장에서 미술치료 업무를 보는 사람을 미술치료사로 개념화할 수 있으며, 미술치료와 관련된 자격을 취득한 사람을 미술치료사로 개념화할 수 있다. 행복은 긍정 정서, 긍정 기분, 안녕감, 웰빙, 주관적 웰빙, 심리적 웰빙, 생활만족, 삶의 질 등의 용어를 사용할 수 있다. 이처럼 각각의 개념에 대해 각기 다르게 개념화하고 있기 때문에 연구자는 다양한 개념적 정의 중 연구 목적에 부합하는 정의를 선택해야 하며, 어떤 정의를 선택하는가에 따라 조사 설계와 측정의 방향도 달라질 수 있다. 또한 주요 변수들, 연구 주제의 개념화가 잘 이루어졌다고 하더라도 이를 직접관찰이나 측정이 가능한 형태로 바꾸어야 한다. 개념적 정의를 경험적으로 측정할 수 있도록 절차와 방법을 규정해야 하며, 이러한 과정을 조작적 정의(operational definition)라 한다. 조작적 정의는 연구자가 개념을 측정하거나 조작 가능한 형태로 표현해 놓은 것을 말한다.

연구 수행에 있어 현실 세계를 측정하기 위한 조작화가 그리 쉽지만은 않다. 왜냐하면 미술치료에서 다루는 개념인 사랑, 행복, 전문성에 대해 특정 조작적 정의가 이를 완벽하게 표현할 수 없기 때문이다. 따라서 특정 개념에 대한 측정은 어느 정도 제한된 측면에서 다루어지게 되고, 여러 가지 방식으로 표현될 수 있으며, 하나의 개념에 대해 여러 가지 조작된 정의로 구성된 측정 도구를 사용할 수 있다(채서일, 김주영, 2017).

조작적 정의를 내릴 때 다음과 같은 문제점을 갖고 있지는 않은지 살펴볼 필요가 있다(김구, 2020). 첫째, 개념적 정의와 조작적 정의가 일치하는가의 문제이다. 둘째, 원시어와 같이 근본적으로 조작적 정의가 불가능한데도 불구하고 조작화해야 한다는 데 몰입한 나머지 엉뚱한 다른 개념으로 대체시키고 있지는 않은지 살펴보아야 한다. 셋째, 조작적 정의의 속성상 현상의 일부만을 설명해야 하는데 전체인 것처럼 설명하고 있지 않은지를 검토해야 한다.

2) 변수

변수(variable)는 개념을 측정 가능한 형태로 변화시킨 것으로(Bhattacherjee, 2012), 자료 형태에 따라서 연속변수와 불연속변수로 구분될 수 있다. 연속변수는 계량적 혹은 수량적으로 나타낼 수 있는 변수(연령·소득 등)를 말하며, 불연속변수는 특성이나 종류에 따라 구별되는 변수(성별·종교·지역·직업 등)를 말한다.

또한 변수의 역할에 따라 독립, 종속, 매개, 조절, 외생변수 등으로 구분될 수 있다. 가장 기본적으로 독립변수는 다른 변수를 변화시키는 원인이 되는 변수를 말하며, 종속변수는 영향을 받아 결과가 변화되는 변수를 말한다. 매개변수는 독립변수와 종속변수 간의 관계에 개입하여 영향을 미치는 변수를 말하며, 조절변수는 독립변수가 종속변수에 미치는 영향력을 조절하는 변수를 말한다. 외생변수는 독립변수와 종속변수 간에 인과관계가 있는 것처럼 보이게 하는 제3의 변수를 말한다.

[그림 3-1]은 부모애착이 행복에 미치는 영향에서 또래관계의 매개 효과를 살펴본 연구 모형이다. 부모애착이 행복에 영향을 미친다고 가정할 경우, 부모애착은 독립변수이고 부모애착에 영향을 받는 행복은 종속변수가 된다. 부모애착이 행복에 영향을 미치는 가운데, 부모애착이 또래관계를 거쳐 행복에 영향을 미친다면 또래관계는 매개변수가 된다. 부모애착이 행복에 미치는 영향력을 또래관계가 감소시키는 경우, 부분매개, 완전히 감소시키는 경우는 완전매개라고 한다.

[그림 3-1] 매개변수의 영향

출처: 서종수(2017). 부모애착이 아동의 행복에 미치는 영향: 또래관계의 매개 효과를 중심으로. 복지상담교육 연구, 6(1), p. 154.

조절변수란 독립변수가 종속변수에 미치는 영향을 조절하는 변수를 의미한다. 예를 들어, 학업 스트레스가 행복에 영향을 미치는지 알아보고자 한다면 학업 스트레스는 독립변수이고, 행복은 종속변수이다. 여기에서 대인관계 유능감에 따라 학업 스트레스가 행복에 미치는 영향의 효과가 다를 수 있다고 가정한다면 대인관계 유능감은 조절변수로 작용한다([그림 3-2] 참조).

[그림 3-2] 조절변수의 영향

출처: 서종수(2018). 청소년의 학업 스트레스와 행복의 관계에서 대인관계 유능감의 조절 효과. 한국아동가족복지학, 23(4), p. 601.

3) 가설 설정

(1) 가설의 개념 및 종류

연구하고자 하는 현상을 일반화하고 보편적 언어로 정의하는 개념적 정의 과정과 측정 가능한 형태로 변형시킨 조작적 정의의 과정을 거친 다음, 가설을 설정하게 된다. 가설(hypothesis)은 주요 변수 간의 관계에 대한 잠정적 해답(Bhattacherjee, 2012)으로, 변수들 간의 관계가 어떠할 것이라는 추측을 말한다. 가설은 아직 검증되지 않았기 때문에 과학 이론이라 할 수 없으며, 거부될 수 있다. 가설은 어디까지나 추측한 진술이므로 잠정적이며, 검증되어 타당성이 입증된 경우에만 과학 이론으로서 자격을 갖추게 된다.

가설은 크게 영가설과 연구가설로 구분된다. 영가설(null hypothesis: Ho)은 흔히 귀무가설이라고 불리기도 하며, 변수들 사이에 관계가 없다거나 집단들 간에 차이가 없다는 식의 진술이다. 연구가설(research hypothesis: HA)은 이와 반대로 현상들 사이에 나타난 변수들 간의 관계나 집단들 간의 차이가 있다는 식의 진술이다.

- 영가설 Ho: $\mu_1 = \mu_2$
  (예 1: 부모의 직업 스트레스와 아동의 불안정한 애착은 관계가 없을 것이다.)
  (예 2: 부모의 직업 스트레스에 따라 아동의 불안정한 애착은 차이가 없을 것이다.)
- 연구가설 HA: $\mu_1 \neq \mu_2$
  (예 1: 부모의 직업 스트레스와 아동의 불안정한 애착은 관계가 있을 것이다.)
  (예 2: 부모의 직업 스트레스에 따라 아동의 불안정한 애착은 차이가 있을 것이다.)

영가설과 연구가설은 각기 독립된 개념이 아니라 상호 연관성을 가지고 있다. 즉, 연구가설은 영가설의 논리적 대안으로, 연구의 궁극적 목적은 영가설을 부정하고 연구가설을 받아들이는 데에 있다. 연구가설은 영가설의 채택 여부에 따라 받아들여지기도 하고 부정되기도 하므로 대체가설(alternative hypothesis) 혹은 대립가설이라고 한다. 이러한 영가설과 연구가설의 관계로 인하여 조사 연구에서는 주로 연구가설을 설정하고, 영가설은 묵시적으로 연구가설과 관계를 가지게 된다.

가설이 나름의 창의성과 통찰력을 갖추기 위해서는 다음의 과정을 거치는 것이 바람직하다. 첫째, 연구자는 세심한 관찰을 통해 획득한 여러 근거와 규칙성을 토대로 가설을 제기한다. 둘째, 제기된 가설로부터 검증 가능한 명제들을 도출한다. 셋째, 이 명제들을 일정한 절차를 통해 객관적으로 검증한다. 넷째, 검증 결과에 따라 가설의 채택 여부를 결정한다. 만약 가설이 참으로 입증된 경우에는 이론으로 정립될 수 있으나, 그렇지 않을 경우에는 제기된 가설에 대해 기각 결정을 한다.

연구 문제가 변수들 간의 관계에 대한 의문을 제기하는 것이라면, 가설은 그러한 의문에 대한 잠정적인 해답을 제시하는 것이다. 따라서 가설이 될 문장은 조건문 형태로 선행 조건과 결과 조건이 명시되어야 한다.

> 만약 …하면 …할 것이다.
>> (예 1: 스마트폰 중독이 심해지면 자살 생각에 정적인 영향을 미칠 것이다.)
>> (예 2: 또래관계가 높아지면 행복이 증가할 것이다.)
>> (예 3: 미술치료 중재는 아동의 자아존중감을 향상시킬 것이다.)
> …와 …는 관계가 있을 것이다.
>> (예 1: 스마트폰 중독과 자살 생각은 관계가 있을 것이다.)
>> (예 2: 또래관계와 행복은 관계가 있을 것이다.)
>> (예 3: 미술치료 중재와 아동의 자아존중감은 관계가 있을 것이다.)

이 가설에서 스마트폰 중독, 또래관계, 미술치료 중재는 선행 조건이고, 자살 생각, 행복, 아동의 자아존중감은 선행 조건의 변화에 영향을 받아 나타난 현상, 즉 결과 조건이다. 검증 결과 가설이 진실이 아닌 것으로 판명되면 가설은 기각되고, 연구 문제에 대한 해답을 제공할 수 없다. 가설의 채택 여부는 연구 문제와 직결되는 부분이므로, 가설이 채택될 수 있도록 가설 설정 전에 주요 개념과 관련된 선행 연구 고찰, 보편적 신념 탐색, 탐색 연구를 위한 자료분석, 기존 이론, 전문가 자문 등의 선행 연구 탐색이 충실히 이루어져야 한다.

(2) 가설의 조건
좋은 가설이 되기 위해 갖추어야 할 조건은 다음과 같다(정영숙, 2006; 정영숙 외,

2015). 첫째, 검증이 가능해야 한다. 둘째, 가설은 표현이 간단명료해야 한다. 셋째, 논리적으로 간결해야 한다. 따라서 한 가설에는 두 개 정도의 변수 간의 관계를 간결하게 설명한다. 넷째, 연구 문제를 해결할 수 있어야 한다. 다섯째, 관련 분야의 이론과 부합되어야 한다. 여섯째, 개념을 계량화할 수 있어야 한다. 일곱째, 모집단에 일반화할 수 있어야 한다.

3. 연구 설계

연구 설계(research design)란 연구를 수행하여 연구 문제에 대한 답을 얻기 위하여 연구에 대한 계획을 수립하고 구조를 완성하는 것이다. 연구 설계는 연구의 전반적인 그림을 의미하며, 연구 구조는 연구 대상들의 관계에 대한 모형을 의미한다. 연구 목적에 따라 탐색 연구, 기술 연구, 인과 연구 또는 가설 검증 연구로 구분할 수 있고, 연구자의 개입 여부에 따라 개입 연구와 비개입 연구, 변수의 조작 가능성에 따라 실험 설계와 비실험 설계로 구분할 수 있다. 또한 연구 장소에 따라 현장 연구와 비현장 연구로 구분할 수 있고, 조사 시점에 따라 종단 연구와 횡단 연구로 구분할 수 있다.

1) 자료 수집 방법 결정 시 고려해야 할 사항

가설을 검증하기 위한 자료를 수집하기에 앞서, 연구 대상이 되는 모집단과 표본 범위를 정해야 한다. 모집단(population)이란 연구하고자 하는 대상 집단 전체를 의미하며, 표본(sample)은 측정 대상으로 선택된 모집단의 일부를 말한다. 집단미술치료가 아동의 스마트폰 과몰입에 미치는 효과에 대해 연구할 경우, 모집단은 아동 전체를 말하고 표본은 아동의 스마트폰 과몰입을 반영할 수 있는, 연구에 참여할 수 있는 일부 집단이다.

또한 표본 추출 과정을 여섯 단계에 따라 살펴야 한다(정영숙, 2006). 첫 번째 단계는 연구 결과를 일반화하고자 하는 모집단을 구체적으로 규정한다. 즉, 모집단에 대한 표본 단위, 표본 범위, 표본 크기, 표집 시기 등을 결정해야 한다. 두 번째 단계는 표본의 대표성을 확인해야 한다. 모집단의 분포 특성과 표본 분포 특성이 유사한지 비교하여 분포 차이를 검토해야 한다. 모집단의 분포 특성에 대한 정보나 자료는 가능한 한 최근의 것을 확보해야 한다. 세 번째 단계는 표본 프레임을 확보하는 것이다. 모집단에 대한 정보가 수록된 표본 프레임을 확보해야 하며, 표본 프레임은 가능한 한 가장 최근의 것을 확보하는 것이 중요하다. 네 번째 단계는 표본 추출 방법을 선정해야 한다. 모집단에 대해 알려져 있는 정도에 따라 확률 추출 방법과 비확률 추출법으로 구분할 수 있다. 확률 추출법은 모집단에서 표본으로 표집될 확률을 알 수 있는 방법으로, 단선무선표집, 체계적 표집, 층화표집, 군집표집 등이 있다. 비확률 추출법은 모집단에서 표본으로 추출될 확률을 알 수 없는 방법으로, 편의표집, 할당표집, 의도적 표집, 눈덩이표집이 있다. 다섯 번째 단계는 표본 크기를 결정해야 한다. 표본 크기는 모집단 특성이 동질적인지, 이질적인지에 따라 다르다. 모집단이 이질적일수록, 분석 유목의 수가 많을수록 표본의 크기가 커야 대표성이 유지된다. 여섯 번째 단계는 표본 추출을 실시한다. 즉, 표본을 체계적으로 선정하는 작업을 실시한다.

2) 자료 수집 방법 결정

표본 추출 방법이 결정되었으면, 다음으로 자료 수집 방법을 정해야 한다. 2차 자료는 그 자료를 발간하거나 보유하고 있는 개인이나 기관에서 쉽게 구할 수 있어 별 문제가 없으나, 1차 자료는 연구자가 다양한 방법을 통해 직접 수집해야 한다(김렬, 2012). 예를 들어, 1차 자료를 위한 수집 방법으로, 질문지법, 면접법, 관찰법 등을 통하여 자료를 수집할 수 있다. 자료 수집 방법의 선택 기준은 현지 상황 특성, 타당성과 신뢰성 그리고 자료 수집 비용 등을 고려해야 한다(김구, 2020). 현지 상황의 특성은 시간적 여유, 자료 수집 현장의 복잡성, 모집단의 크기, 조사 대상자의 분포, 조사 대상자의 참여 의욕, 조사 대상자의 자료 제공 능력 등이 포함된다. 예를 들어, 시간적 여유가 없거나 자료 수집의 복잡성이 높다면 2차 자료를 선택하는 것이 유용하다. 또한 모집단의 크기가 작거나 조사 대상자의 참여 의욕이 낮은 경우, 조사 대상자의 자료 제공 능력이 낮은 경우, 조사 대상자의 분포가 분산되어 있기보다 집중되어 있다면 관찰법이 유용하다. 또한 질문의 내용과 유형, 자료의 특성에 따라서도 달라질 수 있다. 질문 내용이 복잡하고 심층적이고 개방형으로 구성된 경우에는 면접법이 효과적이며, 질문 내용에 그림, 색채, 시각적 자료가 포함될 경우에는 면접법이나 설문지법 중 우편조사법이 적합하다(정영숙, 2006; 정영숙 외, 2015). 또한 자료 수집 시 고려할 요인으로 비용을 들 수 있다. 일반적으로 면접법은 비용이 많이 들고 설문지법 중 우편법과 전자 서베이는 비용 면에서 상대적으로 비용이 적게 드는 편이며, 가장 저렴한 방법은 2차 자료를 활용하는 방법이다.

3) 측정 도구의 작성

연구에 필요한 자료를 수집하기 위해서는 측정을 위한 도구가 제작되어야 한다. 측정(measurement)이란 추상적 생각이나 개념을 경험화시키는 것이고, 질적 속성을 양적 속성으로 연결시키는 수단이며, 측정 도구란 현상을 측정하는 데 적용되는 도구를 말한다(정영숙 외, 2015). 연구 문제와 가설 그리고 연구 대상자가 적절하게 선정되었다 하더라도 측정 도구가 적절하지 않으면 연구 결과는 받아들일 수 없게 된다. 따라서 측정 도구는 적절하게 구성해야 하며, 적절하게 구성한다는 것은 측정 도구의 타당도와 신뢰도가 있어야 한다는 것을 의미한다.

측정 도구는 일반적으로 검사(test)나 척도(scale)로 불린다. 가장 일반적인 측정 도구는 설문지이다.

설문지(questionnaire)는 어떤 문제나 사물에 관해 필요한 사항을 알아보기 위하여 만든 일련의 문항들을 체계적으로 조직하여 작성한 도구를 말하며(이종승, 2009), 일반적으로 조사 대상자에게 배포하여 자료를 수집하게 된다. 이를 자기기입식 설문지라 하며 때로는 면접원이 설문지를 읽기도 하는데, 이를 면접조사표라 한다. 정확하고 객관적인 자료를 수집하기 위해서는 무엇보다도 측정 도구인 설문지를 잘 작성하여야 한다. 바람직한 측정 도구는 원래 알아보고자 의도한 내용이 충분히 담겨져야 하며, 조사 대상자의 응답 능력을 고려해야 한다(정영숙 외, 2015). 또한 수집된 자료는 연구 설계 시 고려한 통계 방법으로 분석이 가능하도록 분석 방법에 맞는 척도의 내용으로 구성되어야 한다. 설문지법 외에도 미술치료 연구에서는 인물화검사(DAP), 집·나무·사람 검사(HTP), 동적 집·나무·

사람 검사(K-HTP), 동적가족화(KFD), 동그라미가족화(FCCD/PSCD), 동물가족화(AFDT), 풍경 구성법(LMT), 별·파도그림검사(SWT), 빗속의사람그림검사(PITR) 등과 같은 다양한 그림검사 도구들을 사용할 수 있다

측정 도구는 표준화된 검사가 유용하다. 표준화검사(Standardized Test)는 누가 사용하더라도 검사의 실시와 채점 그리고 결과의 해석이 동일하도록 모든 절차와 방법을 일정하게 만들어 놓은 검사를 말한다(김대현, 2020). 표준화검사는 제작 규모와 절차가 전문적이고 체계적이며, 검사 내용이 표준화되어 있을 뿐만 아니라 채점 과정과 해석이 표준화되어 있는 검사를 말한다(김대현, 2020). 그러나 모든 변수를 측정할 수 있도록 표준화된 검사가 제작되어 있지 않기 때문에, 모든 연구에 표준화된 검사가 사용될 수 있는 것은 아니다(정영숙 외, 2015).

척도(scale)는 넓은 의미로 측정 도구를 의미하며, 좁은 의미로는 측정 도구 중에서도 둘 이상의 지표(설문)로 구성된 도구를 말한다(김석용, 2018). 척도를 사용하기 위해서는 개념의 조작화가 이루어져야 한다. 연구에서 사용하는 추상적인 개념을 경험적 개념으로 전환하는 과정을 개념화라고 한다면, 개념적 정의를 현실 세계에서 측정할 수 있도록 더 세분화하여 조작적 정의를 내리는 것을 조작화라 한다. 조작화 후, 이를 측정하기 위한 도구는 선행 연구 탐색을 통해 발견할 수 있다. 선행 연구에서 발견한 측정 도구의 신뢰도와 타당도를 살펴본 후 사용할 수 있는데, 기존의 척도를 임의로 수정하거나 일부 문항을 임의로 추출하여 사용해서는 안 된다.

척도는 속성에 따라 양적 척도와 질적 척도로 구분할 수 있으며, 유형에 따라 명목척도, 서열척도, 등간척도, 비율척도로 구분할 수 있다. 명목척도는 질적 척도로, 변수 간 내용 및 질에 차이가 있으며 수학적 의미를 갖지 않는다. 반면, 서열척도, 등간척도, 비율척도는 양적 척도로 범주 비교가 가능하다. 등간척도는 각 범주 사이의 거리를 계산할 수 있으며, 비율척도는 곱하기와 나누기 같은 산술적 계산이 가능하다.

미술치료 영역에서는 연구 대상이 주관적이고 추상적 개념을 다수 포함하고 있기 때문에 그러한 개념을 객관적 수치로 표현하는 과정에 오류가 있을 수 있으며, 이러한 개념을 측정하는 데 있어 척도의 신뢰성과 타당성이 검증되어야 한다(정영숙 외, 2015). 신뢰도는 측정된 수치의 안정성과 일관성 정도를 의미한다. 즉, 동일

대상에 반복 적용했을 때 매번 같은 결과를 산출해 내는 정도를 말한다. 예를 들어, 행복이란 개념을 동일한 대상자에게 동일한 도구를 사용하여 수차례 반복 측정하였을 경우, 매번 측정치가 다르게 나타난다면 그 측정 도구는 신뢰도가 떨어진다고 말할 수 있다. 반대로, 여러 차례 측정한 결과 비슷한 결과를 얻었다면 그 수치는 신뢰도가 높다고 할 수 있다. 그러나 신뢰도가 높다고 해서 무조건적 사용이 가능한 것은 아니다. 신뢰도와 함께 타당도가 검증되어야 한다. 타당도는 어떤 변수나 개념을 측정하고자 하였을 때 그 변수나 개념을 얼마나 정확히 측정하였는가를 의미한다. 예를 들면, 타당도는 미술치료가 아동의 행복감에 미치는 영향에 관해 연구를 하고자 할 때, 행복이라는 측정 도구가 정말 '행복'을 측정하고 있는가를 말한다. 즉, 타당도가 높은 측정 도구는 측정 결과가 측정하고자 했던 개념을 얼마나 정확하게 반영하는가를 의미한다.

측정 도구가 선정되었다면, 본 조사에 앞서서 측정 도구를 실제로 적용해 보아야 한다. 이를 예비조사나 파일럿 조사(pilot study)라고 하는데, 예비조사를 통하여 측정 도구가 가설을 검증하기에 적합한지 또는 연구 대상자들이 측정 도구나 질문의 내용을 제대로 이해할 수 있는지를 파악할 수 있다.

4. 자료 수집

연구의 네 번째 단계는 연구 목적에 부합되는 자료(data)를 수집하는 것이다. 자료는 경험적으로 검증하는 데 이용될 수 있도록 직접적 또는 간접적으로 제공되는 일체의 정보를 말한다(김구, 2020). 앞서 간단히 살펴본 바와 같이 자료는 성격에 따라 1차 자료와 2차 자료로 구분할 수 있으며, 일반적으로 1차 자료의 경우 2차 자료에 비해 많은 시간과 경제적 비용이 요구된다. 자료 수집에 관해서는 8장에서 구체적으로 살펴보고, 이 장에서는 간단히 언급하고자 한다. 자료 수집 방법은 크게 서베이, 관찰 그리고 실험 등으로 나누어 살펴볼 수 있다.

일반적으로 미술치료 분야에서 가장 많이 사용하는 방법은 실험법이라고 할 수 있다. 1994년부터 2010년까지 한국미술치료학회지에 게재된 논문을 분석한 기정희 등(2011)의 연구 결과를 보면 실험 연구(37.9%)가 가장 많았고, 다음으로 조사 연구(26.1%), 사례 연구(23.6%), 기타(13.5%) 순으로 나타났다.

1) 서베이

서베이(survey)는 크게 질문지법(questionnaire survey)과 면접법(interview survey)으로 나눌 수 있다. 질문지법은 측정하고자 하는 주요 변수들로 구성된 척도들로 구성된 질문지를 조사 대상자에게 배포하여 조사 대상자들이 직접 응답하도록 하는 자료 수집 방법이다. 따라서 한 번에 많은 응답자로부터 대답을 얻을 수 있을 뿐만 아니라, 많은 변수에 대한 정보를 수집할 수 있다.

면접법은 연구자나 훈련된 면접원이 직접 응답자를 찾아가 질문하여 응답을 얻어 조사하는 방법이다. 질문지법은 글자에 기반한 정보를 수집하지만, 면접법은 언어와 시각에 기반한 정보를 수집한다. 질문지는 시간이 지나도 정보가 남지만, 면접의 경우 생산과 즉시 사라지기 때문에 면접 상황, 시간, 장소, 녹음 방법 등을 사전에 잘 계획하고 조사 대상자에게 공지해야 한다. 또한 시각에 기반하여 상황적 정보를 더 많이 수집할 수 있다.

2) 관찰법

관찰법(observation)은 관찰을 통한 조사 연구 방법을 의미한다. 관찰은 연구자의 참여 정도에 따라 연구자의 역할과 대상자의 관계를 조정할 필요가 있다. 연구 대상자가 자신들이 관찰 대상이라는 사실을 알게 되었을 때, 원래 행동 패턴과 다른 행동 패턴을 나타내는 반응성(reactivity) 문제가 나타날 수 있기 때문이다. 따라서 관찰법은 공개적 관찰과 비공개적 관찰, 참여관찰과 비참여관찰, 준참여관찰, 통제관찰과 비통제관찰 등으로 구분될 수 있다.

면접이나 설문조사 등은 자료 수집이 전적으로 응답자에 의해 결정되지만, 관찰은 관찰자의 관찰 행태나 자세에 따라 달라질 수 있다. 따라서 주관적 관찰 내용을 양적으로 객관화시킬 수 있는 특별한 자료 수집 절차와 체계를 갖추어야 하며, 관찰 목적에 따른 구체적 관찰 절차가 필요하게 된다(정영숙 외, 2015).

3) 실험법

실험법(experiment)은 둘 이상의 변수(독립변수와 종속변수)들 간의 인과관계 (causation relationship)를 밝히기 위한 연구 방법으로, 이를 위해 연구 대상이 되는 현상과 관련 있는 실험 대상 변수들 사이에 일정한 상호작용을 집중적으로 분석 한다.

인과관계는 원인과 결과 사이의 관계로, 이 관계를 통해 나온 결과를 기반으로 현상을 설명하고 예측한다. 인과관계를 위해서는 다음의 조건이 충족되어야 한 다(김구, 2020). 첫째, 원인이 되는 독립변수가 먼저 발생하거나 변화해야 한다. 둘 째, 공동변화(covariation) 또는 연관성(association)이 있어야 한다. 즉, 상관관계가 존재해야 한다. 상관관계가 존재해야 인과관계를 따질 수 있는 것이다. 셋째, 진 실한 관계(non-spuriousness)가 있어야 한다. 두 변수의 관계가 제3의 변수(허위변 수)에 의해 설명되지 않거나, 다른 변수의 영향을 배제하여도 두 변수의 관계가 유 지되면 그 관계는 진실한 관계라 할 수 있다.

실험법을 적용하기 위해서는 다음과 같은 전제가 필요하다(이주열, 이정환, 신승 배, 2013). 첫째, 변수들 간의 상호작용이 전제되어야 한다. 둘째, 실험 과정에서 조작 가능한 변수가 존재해야 한다. 셋째, 실험은 외생변수의 통제가 가능해야 한 다. 넷째, 연구 결과의 신뢰성에 영향을 줄 수 있는 내적 타당도와 외적 타당도에 영향을 미치는 변수들에 대한 고려가 필요하다.

미술치료 분야에서 실험 연구를 설계하는 경우, 두 가지 기본 목적에 근거한다 (정영숙 외, 2015). 첫 번째 목적은 특정 상황하에서 발생하는 현상이나 개인의 행 동 변인에 대한 과학적 설명을 얻는 데 있다. 두 번째 목적은 문제가 되는 특정 현 상이나 행동 및 태도에 필요한 변화 요인을 실험 변인을 통제한 가운데 밝히고자 하는 데 있다.

5. 자료 입력 및 분석

연구의 다섯 번째 단계는 자료를 입력 및 분석하는 것이다. 자료의 분석을 위한 통계 패키지로는 SPSS, SAS, R, STATA, minitab, mplus, HLM, AMOS 등이 개발되어 있다. 각각의 패키지는 장단점이 있기 때문에, 연구의 목적이나 변수의 특성에 따라 선택적으로 사용하면 된다. 자료의 정리와 분석 단계에서는 수집된 자료를 검토해야 한다. 부실하게 응답하였거나 잘못된 것은 제외시키고, 적절한 자료만을 분석 대상으로 삼아야 한다. 자료의 정리가 끝나면 자료를 적절하게 코딩(coding)한 후, 통계분석을 실시한다. 이때, 바로 분석에 들어가기 전에 데이터 클리닝(data cleaning) 과정을 거치는 것이 중요하다. 데이터 클리닝은 데이터 전처리, 데이터 클렌징(data cleansing) 또는 스크러빙(scrubbing)으로 불리기도 하는데, 데이터에 존재하는 결측값이나 오류를 수정 보완하는 작업을 말한다. 데이터 클리닝 과정을 거친 후 통계적 분석에 들어간다.

자료분석은 수집된 자료를 어떻게 분석하였는가를 밝히는 것으로, 일반적으로 자료의 특성에 따라 양적 분석과 질적 분석으로 나누어 볼 수 있다. 미술치료에서 연구하고자 하는 대상이나 현상이 양적 방법으로 측정하기에는 부적합하거나, 양적 분석을 보완해야 하는 경우가 있다. 내담자의 내면세계 변화, 내담자의 미술 활동 과정과 작품 등의 변화가 중요하기 때문이다. 따라서 질적 연구만으로 진행되는 경우도 있으며 양적 연구만으로 진행되기도 하지만, 최근에는 이 두 방법을 한 연구에서 모두 사용하기도 한다.

질적 분석은 정확한 측정을 통한 변수 간의 인과관계를 밝히거나 예견하는 것이 아닌, 체험의 의미를 이끌어 내어 이해를 증진시키는 것이다. 질적 분석은 현상의 이해와 의미를 조명하기 위하여 문장으로 기술한 행동의 관찰, 면접 내용, 문서, 작품, 기록물 등에 대하여 어떤 준거와 기준에 따라 분석하는 것이다. 질적 연구는 현상학적 접근, 근거 이론, 포커스 그룹, 내러티브 탐구, 내용분석, 담화분석 등으로 구분할 수 있다.

양적 분석은 수집된 자료를 수량화된 자료로 통계적 분석을 하는 것이며, 이때 사용되는 분석 방법은 변수의 척도 형태에 의해 결정된다. 연구 목적이 단순한 욕구 조사 보고서와 같은 수준의 실태 파악이 목적인 기술 연구인지, 아니면 현상에 대해 예측하고 설명하여 변수 간의 관계를 검증하려는 인과관계 검증 연구인지에 따라 분석 방법은 달라진다. 현상을 반영하는 변수들이 명목척도로 사용된 경우, 실태 파악이 목적인 기술 연구라면 빈도분석과 백분율 산출이 이루어지며 교차분석 등의 방법을 적용하게 된다. 그러나 비율 변수가 사용되어 있다면, 집단 간 평균 차이 검증이 가능하기 때문에 t-검정 또는 분산분석(ANOVA)을 적용할 수 있다. 만약 연구의 목적이 단순 실태 파악을 넘어서 인과관계를 규명하는 것이라면, 회귀분석(regression analysis)을 적용하여 검증할 수 있다.

6. 논문 및 보고서 작성

연구가 완성되고 나면 연구의 결과 보고서를 작성해야 하며, 보고서는 논문으로 작성된다. 논문의 목적은 과학적 정보의 발견 및 전달이므로 체계적이고 논리적으로 작성되어야 한다. 보통 논문은 서론, 이론적 배경, 연구 방법, 연구 결과, 결론 및 논의, 참고문헌 등으로 구성된다. 그러나 최근 들어 이론적 배경이 제시되기보다는 서론에 선행 연구의 탐색이 포함되어 기술, 이론적 배경이 생략되는 경향이 있다. 다만, 학회마다 각 특성이 다르기 때문에 발간하고자 하는 학회의 규정을 참조하여 기술하면 된다.

1) 서론

서론의 경우에는 연구의 목적과 필요성, 연구 내용, 연구 문제를 제시한다. 연구의 내용이나 문제를 제시하기 위해서는 논리적으로 구성되어야 하며, 이를 위해서 선행 연구에 대한 고찰이 이루어진다. 서론이 명확히 기술되지 않는다면 연구의 필요성에 대해 이해하기 어려우며, 연구 결과나 결론을 예측 및 이해하기가 어렵다. 따라서 서론에서는 연구의 필요성, 학문적 가치 그리고 기존에 이루어진 다른 연구와 구별되는 본 연구의 가치 등이 충분히 드러나도록 기술하여야 한다.

2) 연구 방법

연구 방법은 연구를 어떻게 진행했는지에 대해서 설명하는 것이다. 보통 연구 방법에는 조사 대상, 측정 도구, 자료의 수집 기간, 자료 수집 방법과 분석 방법 등에 대해 기술한다. 연구 방법을 통하여 과학적 연구가 이루어졌는지에 대해 평가할 수 있으며 과학적 연구의 특성, 재검증이 가능하도록 구체적이고 상세하게 기술하여야 한다.

조사 대상에는 조사 대상의 특성, 조사 대상 수, 조사 방법 등에 대해 기술한다. 측정 도구는 어떤 도구를 사용했는지를 밝히는 것으로, 타당도와 신뢰도가 제시되어야 한다. 기존의 측정 도구를 원안대로 사용하되, 만약 수정·보완하여 사용한 경우에는 그 이유와 수정 내용이 명확히 제시되어야 한다. 실험 연구의 경우에도 타당도와 신뢰도를 위해서 실험 도구와 절차들이 명시되어야 한다. 분석 방법에는 통계 프로그램을 활용한 경우에는 활용한 프로그램을 제시하고, 구체적으로 분석에 사용한 방법들을 제시한다.

3) 연구 결과

조사된 자료를 분석한 결과를 연구 문제나 가설의 순서에 따라 서술한다. 최대한 객관적이고 명확하며 간결하게 기술해야 한다. 특히 분석 방법에 따른 해석의 오류를 범하지 않아야 한다. 가령, 상관관계분석의 경우는 둘 사이의 상관관계에 대해 파악하는 방법임에도 불구하고 인과관계처럼 해석하는 경우를 종종 보게 된다. 즉, 미술치료사의 스트레스와 행복의 관계에서 부적 상관관계로 나타난 경우, "미술치료사의 스트레스가 낮을수록 행복은 높은 것으로 나타났다."와 같이 인과적으로 기술되어서는 안 된다. "미술치료사의 스트레스가 낮은 경우 행복은 낮은 것으로 나타났다."로 기술되어야 한다.

또한 필요에 따라서 표나 그림을 사용할 수 있다. 표나 그림을 제시하고 그에 따른 설명을 해야 하며, 표나 그림에는 제목을 붙여야 한다. 또한 통계치를 제시할 때는 중요한 통계분석의 결과를 중심으로 기술해야 하며, 통계치를 기술함에 있어 소수점 자릿수를 맞추어야 한다. 표나 그림과 같은 통계와 관련된 결과의 해석에 있어서 이를 전적으로 독자에게 넘겨서는 안 된다. 그렇다고 해서 표나 그림에 담겨 있는 모든 결과값을 해석할 필요는 없다. 만약 그렇다면 표는 필요가 없어지기 때문이다. 따라서 표나 그림을 제시할 때는 통계적으로 유의한 부분을 중점적으로 해석해야 한다.

4) 결론 및 논의

논문이나 보고서와 같은 글은 처음부터 끝까지 객관적으로 기술해야 한다. 그러나 논의 부분은 연구자의 주관적 해석이나 추론이 어느 정도 허용되는 유일한 부분이다. 따라서 선행 연구와의 비교분석 혹은 이론에 비추어 해석을 실시하고, 만약 기존의 선행 연구 및 이론과의 결과가 불일치하는 경우에는 그에 따른 해석이 제시되어야 한다.

결론은 연구 결과를 기반으로 연구자의 견해를 덧붙여 분석하고 해석하는 것이다. 결론은 결과의 단순 요약이나 재정리가 아닌, 연구 문제에 대한 연구자의 최종적 의견이 제시되어야 한다. 또한 연구자의 견해를 덧붙일 때는 논리적 근거가 충분해야 한다. 결론은 연구 주제 및 연구 문제에 대한 최종적인 답을 기술하는 것이다. 그리고 결론에서는 연구의 제한점을 분명히 밝혀야 한다. 연구의 범위와 한계를 고려하여, 해당 연구에서 얻은 연구 결과나 결론의 적용 범위에 제한점이 있음을 반드시 언급해야 한다. 나아가 후속 연구를 위한 제언 등을 제시할 수 있다.

5) 참고문헌

참고문헌(reference)은 연구에서 인용한 모든 서적·논문 혹은 기사 등에 대한 출처를 밝히는 것이다. 논문에서 인용된 모든 자료는 참고문헌에 기술되어야 하며, 그 내용이 일치되어야 한다. 참고문헌의 경우, 각 논문을 발간하는 단체들마다 규정이 다르기 때문에 각 단체가 제시한 규정에 맞게 기술되어야 한다.

참고문헌

기정희, 이숙미, 김춘경, 정종진, 최웅용(2011). 한국 미술치료의 연구동향 ―한국미술치료학회지 게재논문(1994~2010)을 중심으로―. 미술치료 연구, 18(2), 463-483.

김구(2020). 사회과학 연구조사방법론: 양적 연구와 질적 연구의 접근(3판). 서울: 비앤엠북스.

김대현(2020). 교육과정 및 교육평가. 서울: 학지사.

김렬(2012). 사회과학도를 위한 연구조사방법론. 서울: 박영사.

김석용(2018). INTRO조사연구방법론. 서울: 탑북스.

서종수(2017). 부모애착이 아동의 행복에 미치는 영향: 또래관계의 매개 효과를 중심으로. 복지상담교육 연구, 6(1), 595-611.

서종수(2018). 청소년의 학업 스트레스와 행복의 관계에서 대인관계 유능감의 조절 효과. 한국아동가족복지학, 23(4), 145-165.

이종승(2009). 교육 · 심리 · 사회 연구방법론. 서울: 교육과학사.

이주열, 이정환, 신승배(2013). 조사방법론. 경기: 군자출판사.

정영숙(2006). 사회복지조사방법론. 경기: 공동체.

정영숙, 최은영, 공마리아(2015). SPSS를 활용한 미술치료 자료 분석. 서울: 학지사.

채서일, 김주영(2017). 사회과학조사방법론. 서울: 비앤엠북스.

Bhattacherjee, A. (2012). *Social science research; Principles, method, and practices*. Georgia: Global Text Project.

제**4**장

측정과 척도

1. 측정의 개념

측정(measurement)이란 일반적으로 측정 대상의 크기나 무게 또는 부피 등을 규준된 측정 도구를 사용하여 객관화된 수치를 도출해 내는 것으로, 시간을 재거나 몸무게를 재는 등 우리의 일상에서 수시로 일어나는 일상적 행위이며 의사결정을 위한 과정이다. 건강관리 등의 목적으로 매일 아침 체중계를 이용해 체중을 측정하거나 혈압계를 이용해 혈압을 측정하는 행위는 일상에서 매우 흔한 행위이며, 이러한 측정에는 체중계나 혈압계 등 측정하고자 하는 목적에 적합한 측정 도구가 있어 우리는 그 결과를 매우 정확하고 객관적인 방법으로 확인할 수 있다. 그러나 우리의 사회적 행동에서는 측정 도구 없이 오롯이 각 개인의 주관적인 기준으로 측정을 하는 경우가 더 흔하다. 가령, 결혼을 위한 맞선을 보는 자리에 나온 상대방에 대해 키가 큰지, 잘생겼는지, 예쁜지 아니면 사람이 좋아 보인다든지 하는 평가도 측정의 한 방법이고, 일을 잘한다거나 성격이 불같다거나 하는 평가도 측정의 한 방법이며, 이러한 측정을 바탕으로 사회적 행동의 다음 과정을 위한 의사결정을 내린다.

하지만 일상의 개인적 측정에서 키가 크다든지 날씬하다든지 하는 평가의 측정은 상대방의 동의만 얻을 수 있다면 측정 도구를 이용하여 정확히 측정 가능하므로 측정자가 누구라도 결과가 같게 나타나지만, 예쁘다거나 사람이 좋아 보인다는 것은 측정할 수 있는 객관화된 도구가 없기 때문에 측정자에 따라 결과가 수시로 달라질 수 있는 것과 같이, 사회적 행동에 따른 이해와 의사결정은 대부분 일상에서 주관적인 측정을 통한 평가에 의해 이루어진다. 이러한 이유로 측정은 결과의 정확도를 불문하고 전문가뿐만 아니라 일반인들의 일상에서도 흔한 일이지만, 측정의 결과는 측정 도구와 방법에 따라 차이가 있다. 그러나 학문적인 측면에서 다루어지는 미술치료 연구는 길이나 넓이, 부피 등의 표준화된 측정 도구를 이용하는 자연과학적 측정보다는 스트레스나 자아존중감 또는 사회성 등 측정하는 사람과 대상에 따라 결과가 달라질 수 있는 사회과학적 측정을 주로 하게 된다. 이 장에서는 미술치료 연구를 위한 사회과학적 측정 행위가 과학적 연구에서 어떤 의미를 지니는지 알아보고, 객관적이고 정확한 측정을 위해 사용하는 방법들과 필요성을 알아보고자 한다.

측정은 숫자나 문자 등에 의한 경험적 데이터를 이론에 근거한 개념적이고 추상적인 데이터로 변환시켜 주는 도구이다. 즉, 현실 세계에서 관찰되는 현상적 숫자를 조작적 정의를 통해 반복적이고 검증이 가능한 이론적 숫자로 변환시키는 과정으로 볼 수 있다.

하지만 측정에 대한 개념은 학자들에 따라 조금씩은 그 정의를 달리한다. 캠벨과 스텐리(Campbell & Stanley, 2005)는 과학적 연구에서 '측정'이란 "사물의 속성을 나타낼 수 있도록 속성을 지배하는 법칙에 따라서 숫자를 부여하는 것"이라고 정의하였다. "연구 대상이나 사물에 대해 일정한 규칙에 따라 숫자나 기호 같은 상징적 수치를 부여하는 과정"으로 본 커링거(Kerlinger, 1999)와 "현상과 개념을 기호나 숫자로 표시하는 절차"라고 본 디렌조(DiRenzo, 1990)의 측정에 대한 정의도 사물의 속성을 수치화시킨다는 개념이다. 이러한 학자들의 측정에 대한 정의를 요약하면 "사물이나 현상에 대해 숫자를 부여하는 것"이라고 할 수 있다.

숫자를 부여하는 일은 우리의 일상이다. 주민등록 번호, 핸드폰 번호, 주소, 시험성적, 지능지수 등 우리 삶에서 사물이나 현상에 대해 수치화시키지 않고서 개념을 이해하기는 매우 불편하다. 수치화는 사칙연산에 의한 실질적인 숫자의 연산이 의미를 가지는 것뿐만 아니라 성별이나 학력, 지역, 직업 등과 같이 구분적 숫자를 부여하여 대상의 특성을 나타내는 명목적 분류의 의미를 갖는 목적으로 부여된 수치도 있다(Conover, 1980). 예를 들어, 나무 그림에서 나무의 기둥이 굵으면 1, 보통이면 2, 가늘면 3으로 나눈다고 가정하자. 이 경우, 나무의 굵기는 1, 2, 3에 의해 구분은 되지만 1+2+3=6의 결과는 아무런 의미가 없다. 즉, 개념적 필요에 의해 구분적 의미는 가지나 평균과 합계가 나타내는 의미는 없다. 또한 이러한 나무 그림의 굵기는 범주화된 수치 자료로 통용될 수도 없다. 같은 나무의 굵기라도 그림을 그리는 용지의 크기에 따라 다르며, 측정자에 따라 달리 측정될 수도 있기 때문이다. 그러므로 측정에는 개념은 물론이거니와 기준과 절차가 분명하게 규정되어야 하며, 개념에는 단순한 수량적 표현은 물론이고 질적 표현까지 포괄하는 차원에서 정의를 내려야 한다. 베일리(Bailey, 1994)는 "측정이란 조사 대상의 속성에 대한 질적 또는 양적인 값(value)을 규정하는 과정으로, 일정한 규칙(rule)에 따라 대상, 사건, 상태 등의 속성에 숫자를 부여하는 과정"으로 정의하였다.

그러므로 측정은 측정하고자 하는 실체적인 사물 또는 사람에게 직접 실시하는 외현적 측정보다는 그 측정 대상(objects)이 가지고 있는 속성을 측정하는 것이 일반적이다. 예를 들어, 아동의 행복을 측정한다고 가정할 때 아동은 대상이고, 행복은 속성이다. 마찬가지로 미술치료사의 전문성을 측정한다고 할 때 대상은 미술치료사이고, 속성은 전문성이다.

앞에서 나타난 바와 같이 측정은 서로 다른 두 차원, 즉 개념적·추상적 세계를 경험적·실증적 세계로 연결시켜 주는 역할을 한다. 이러한 연결이 정확하게 이루어지면 바람직하지만, 이는 이상일 뿐 그렇지 못한 경우가 더 많다. 측정하고자 하는 개념의 속성을 정확하게 규명하는 것이 어려울 뿐만 아니라, 측정 도구를 완벽하게 개발하기 어려우면 또한 측정 과정상에서 오차가 발생할 수밖에 없기 때문이다.

측정 시 발생하는 오차에는 여러 가지 원인이 있으나, 그 특성에 따라 체계적 오차와 비체계적 오차로 구분된다.

- 체계적 오차(systematic error): 체계적 오차는 측정 대상에 대하여 어떠한 영향이 체계적으로 미침으로써 그 오차가 항상 일정한 방향으로 일어나 측정 결과가 전체적으로 높아지거나 낮아지는 경향성을 보이는 것(채서일, 김주영, 2017)으로, 오차가 일정하게 한쪽 방향으로 치우쳐 있는 것이 특징이며 측정의 타당성에 밀접한 영향을 미치고 오차의 원인 파악이 비교적 용이하여 통제가 가능한 오차이다.
- 비체계적 오차(non systematic error): 비체계적 오차는 오차 발생이 무작위적으로 발생하여 원인에 대한 추종이 어려운 특징이 있기에 무작위적 오차(random error)라고도 한다. 비체계적 오차는 측정자의 상태(피로나 흥분 도는

기억력 문제 등)나 측정 과정이나 방법 등 측정과 연관된 요인들에 의한 것으로, 인위성이나 체계성으로 파악할 수 없는 오차이다. 그러므로 이 오차는 발생이 되어도 오차의 통제가 어렵기 때문에 측정을 하기 전에 오차를 줄일 수 있는 방법에 대한 많은 고민이 필요하며, 비체계적 오차는 신뢰도에 밀접한 영향을 미친다.

2. 신뢰도: 측정의 일관성

연구를 위해 측정하고자 하는 개념이 정확하였는가 하는 타당성이 확보되고 나면, 신뢰도를 고려해야 한다. 신뢰도(reliability)란 측정하고자 하는 어떤 속성에 대해 동일한 측정 도구를 사용하여 반복측정하였을 때, 동일하거나 유사한 측정값을 얻을 수 있는 가능성을 의미한다. 미술치료의 경우, 연구자가 관련 기법을 한 번 적용한 결과로 개인의 심리나 정서 상태를 정확하게 측정했다고 할 수 없으며, 같은 기법을 다양한 대상에게 여러 차례 적용하였을 때 측정 결과가 일관되게 나오면 관련 기법은 신뢰성이 있는 것이다(정영숙 외, 2015). 측정에 있어서 측정오차가 얼마나 존재하느냐는 도구의 정확성에 따라 정의되기도 하는데, 신뢰도는 측정 도구가 갖는 측정오차의 크기에 반비례하고, 동일 대상을 반복측정할 때 측정오차가 클수록 신뢰성이 떨어지게 된다. 신뢰도를 추정하는 방법은 검사 도구의 안정성을 측정하는 재검사법, 두 검사 간의 유사성을 측정하는 동형검사법, 진점수 분산의 비율 개념에 의한 내적 일관성 분석법 등이 있다(성태제, 시기자, 2014).

1) 재검사법

재검사법(test-retest)은 "동일한 상황에서 동일한 측정 도구를 사용하여 동일한 대상을 일정한 기간의 간격을 두고 두 번 반복측정하여 최초 측정치와 재측정치를 비교하여 신뢰도를 평가하는 방법"이다(정영숙 외, 2015). 반복측정한 값들의 차이가 크면 측정 도구의 신뢰성이 낮은 것이며, 반대로 차이가 작으면 측정 도구의 신뢰성이 높은 것이다. 만약 모든 사람이 두 시점에 같은 응답을 했다면 재검사법의 신뢰도 계수는 1이 될 것이지만, 측정의 불완전성 때문에 완벽한 신뢰도를 나타내는 경우는 거의 없다(김외숙 외, 2008). 따라서 일반적으로 측정 결과의 상관계수가 0.8 이상 수준이면 그 측정 도구는 신뢰도가 있다고 말할 수 있다(김구, 2020). 측정의 시간 간격이 너무 긴 경우에는 두 측정 시점 사이에 경험과 학습 효과로 인한 성장이나 역사 요인과 같은 외생변수의 영향 등으로 측정하고자 하는 속성 자체가 변화하게 되고, 이는 재검사 측정치에 영향을 주게 된다. 따라서 측정 시간의 간격이 크면 클수록 신뢰성이 낮아진다는 한계점이 있기 때문에, 첫 번째 검사와 두 번째 검사의 시간 간격은 보통 2주에서 4주 정도의 간격을 둔다(정영숙, 2006). 재검사법은 한 측정 도구를 가지고 신뢰도를 평가할 수 있다는 적용의 간편성 측면에서는 장점이 있으며, 실제 현상에 적용시키기에 용이하다는 장점이 있으나 다른 여러 가지 문제점도 있다(성태제, 시기자, 2014; 이훈영, 2012; 정영숙 외, 2015). 우선 검사 효과가 발생할 수 있다는 문제점이 있다. 다음으로 처음 검사와 동일한 환경과 참여자의 태도 등을 구성해야 하는데, 이는 쉽지 않다. 또한 시간이 지남에 따라 실제 값이 변화하는 것을 통제할 수 없다는 것이다. 특히 미술치료 연구는 인간의 내면을 다루는 것으로, 심리·정서·태도·성격 등은 시간의 흐름이나 상황, 개인이나 집단이 처한 조건에 따라서 언제든지 변화될 수 있는 변수이다.

2) 동형검사법

동형검사법(equivalent-form)은 재검사법의 문제점을 보안하기 위해 고안된 기법으로, 유사양식법 혹은 대안양식법 그리고 복수양식법이라 부르기도 한다. 동형검사법은 재검사법이 가지는 한계, 즉 "같은 검사를 두 차례 실시하여 신뢰도를 측정함에 있어서 두 번 검사의 시간 간격이 너무 짧거나 길면 측정 내용을 암기하거나 측정 대상의 속성 자체가 변할 수도 있다는 문제점을 보완"하기 위하여(정영숙, 2006) 두개의 동형(유사)검사를 제작한 뒤 동일 피험자 집단에 검사를 실시하며, 이때 얻은 두 검사 점수 간의 상관관계 계수로 신뢰도를 추정한다. 따라서 동형검사 신뢰도는 두 검사 간의 유사성을 측정하며, 평행검사 신뢰도라고도 한다(성태제, 시기자, 2014).

동형검사의 장단점은 다음과 같다(김구, 2020; 성태제, 시기자, 2014; 정영숙 외, 2015). 동형검사의 장점은 서로 다른 측정 도구를 사용함으로써 조사 대상자의 기억력을 통제할 수가 있어 보다 객관적인 자료를 구할 수 있다는 것이다. 즉, 조사 간격이 문제되지 않는다. 뿐만 아니라 신뢰도 계수의 추정이 쉽다. 이에 반해 단점은 비슷한 측정 도구를 구하기가 어렵고, 그로 인해 신뢰도 계수가 재검사법에 비해 낮은 경향이 있다. 또한 두 가지 측정 도구가 동일한지 여부를 평가할 수 있는 객관적 방법이 없다. 그리고 재검사법처럼 검사를 두 번 시행하는 데 따른 현실적인 문제(동일한 검사 환경, 피험자의 동일한 검사 동기와 태도 유지 등)가 있을 수 있다.

3) 반분법

반분법(split-half)은 동일한 개념을 측정하기 위한 문항들을 임의로 반으로 나누어, 이들을 각각 독립된 척도로 보고 두 측정치 간의 상관관계를 비교하여 신뢰도를 측정하는 방법이다. 반분법은 절반으로 나뉜 측정 도구를 사용하기 때문에 검사-재검사 방법의 단점을 보완할 수 있을 뿐만 아니라, 서로 측정 시간을 달리함으로써 개입될 수 있는 외생변수의 영향을 통제할 수 있으며, 반복 검사에서 나타나는 검사 효과를 배제할 수 있다(김구, 2020).

반분법을 사용하기 위해서는 전반으로 나뉜 측정 도구가 같은 개념을 측정해야 하며, 반분법의 한계점은 두 개의 설문지로 나눌 수 있을 만큼 문항 수가 충분해야 한다(김구, 2020). 반분법은 항목을 나누는 방식에 따라 신뢰도 계수의 측정치가 달라질 수 있기 때문에, 하나의 측정 도구를 어떤 기준과 방법으로 두 개의 검사 도구로 나누는지가 중요하다. 두 개의 검사 도구로 나누는 방법은 "측정 도구를 전반부와 후반부로 나누는 계속적 반분법과, 기수 문항과 우수 문항을 묶어 두 개의 검사 도구로 나누는 기우수 반분법"이 있다(정영숙 외, 2015).

계속적 반분법은 하나의 측정 도구를 전반부와 후반부로 나누어 전·후반부의 상관계수를 비교하여 신뢰도를 평가하는 것이다(정영숙, 2006). 예를 들어, 하나의 개념을 측정하는 문항 수가 20개라고 가정할 경우에 1번부터 10번까지, 11번부터 20번으로 나누어서 측정한 다음, 각각의 상관계수를 비교하여 상관계수가 높으면 신뢰도가 높다고 할 수 있다는 것이다. 기우수 반분법은 계속적 반분법의 단점을 보완하기 위한 방법으로, 전반부와 후반부가 아닌 짝수 문항과 홀수 문항으로 나누어서 두 개의 검사를 측정하는 방법이다. 측정 후 각각의 상관계수를 비교하여 신뢰도를 평가하는 방법으로, 구체적인 예를 들자면 20개의 문항이 있을 때 1, 3, 5, 7, 9, 11, 13, 15, 17, 19 등의 홀수 문항 10개와 2, 4, 6, 8, 10, 12, 14, 16, 18, 20 등의 짝수 문항 10개로 나누는 것이다.

4) 내적 일관성 분석법

내적 일관성(internal consistency) 분석법은 동일한 개념을 측정하기 위해 여러 개의 항목을 이용하는 경우 그 측정 결과에 일관성이 있어야 한다는 것으로(김구, 2020), 신뢰도를 저해하는 항목을 찾아내어 측정 도구에서 제외시킴으로써 측정 도구의 신뢰도를 높이는 방법이다(정영숙, 2006). 내적 일관성 분석법의 장점은 개별 항목들의 신뢰도 평가가 가능하며, 신뢰도를 저해하는 항목을 제거함으로써 내적 일관성을 높일 수 있다는 것이다. 신뢰도는 크론바흐 알파(Cronbach's α) 계수를 기준으로 측정하며, 일반적으로 항목 전체의 알파 계수가 0.6 이상이면 비교적 신뢰도가 높다고 할 수 있다(채서일, 김주영, 2017).

5) 신뢰도를 높이는 방법

신뢰성은 비체계적 오류와 관련된 것이므로 비체계적 오류가 발생할 가능성을 최대한 줄임으로써 신뢰도를 높일 수 있다. 비체계적 오류는 측정 도구를 구성하는 과정과 자료 수집 시 다음 사항을 고려한다면 신뢰도를 높일 수 있다(김구, 2020; 김외숙 외, 2008; 정영숙, 2006; 정영숙 외, 2015).

첫째, 문항을 분명하게 작성하고 모호하게 작성된 문항을 제거한다. 질문이 모호하면 응답자마다 다르게 해석함으로써 다른 응답을 하게 되어 측정오차가 커지고 결국 신뢰도를 떨어트린다. 둘째, 항목 수를 늘린다. 항목의 수를 늘리면 늘릴수록 신뢰도는 높아진다. 이는 표본 수를 늘리면 측정된 값이 평균을 중심으로 정규분포를 이루게 되는 것과 같은 원리로, 측정 항목이 많으면 측정값의 평균치는 측정하고자 하는 개념의 실제 값에 가까워지게 되어 오차가 줄어들기 때문이다. 셋째, 조사 대상자가 인지하지 못하거나 관심이 없는 내용은 이해할 수 있는 형태로 변환하거나 측정하지 않는 것이 바람직하다. 또한 조사 대상자가 응답하는 내용을 인지하고 있는지, 일관성이 있는 응답을 하는지를 알아보기 위해 동일하거나 유사한 질문을 2회 이상 물어보는 것도 좋은 방법이다. 넷째, 조사자(면접자)가 조사 대상자를 대할 때의 면접 방식과 태도에 일관성이 있어야 신뢰성 있는 자료를 획득할 수 있다. 일관성이 없는 면접 방식, 예를 들면 조사자의 외모, 태도, 언어, 면접 기술 등에 따라 응답 내용이 달라져 오류가 개입될 여지가 있으므로 조사자는 신중하게 일관성을 가지고 자료 수집에 임해야 한다. 따라서 이러한 측정 상황 자체를 분석함으로써 측정의 신뢰도를 떨어뜨리는 요인을 찾는 것도 신뢰도를 높일 수 있는 방법이 된다. 다섯째, 이미 신뢰도가 검증된 기존의 표준화된 측정도구를 사용한다. 여섯째, 검사 결과 낮은 신뢰도가 나오도록 영향을 미치는 항목은 제외한다. 일곱째, 응답자가 잘 모르거나 관심 없는 내용은 측정하지 않는 것이 좋다. 모르는 것이나 관심이 없는 경우는 무성의하게 응답하여 전혀 다른 결과를 나타낼 수 있기 때문이다. 여덟째, 예비조사 및 사전조사를 실시한다. 예비조사를 통해 설문 문항에 대한 사전조사를 해 본다. 이를 통해 설문 문항이 명료하게 서술되었는지, 문항이 모호하여 응답자가 해석상에 어려움을 경험하지 않는지 등을 통해 문항을 개선한다.

3. 타당도: 측정의 정확성

신뢰도가 "측정하려고 하는 개념을 '어떻게' 측정하느냐에 관계되는 것"이라면, 타당도(validity)는 "측정하는 것이 '무엇'인지, 그리고 측정하고자 했던 개념이나 속성을 얼마나 정확하게 측정하였는지를 나타내는 것"이다(정영숙, 2006). 미술치료의 연구 대상 혹은 연구 주제들은 직접적으로 측정할 수 없는 것이 많다. 사랑, 전문성, 스트레스, 불안, 우울 등은 직접 측정하는 것이 힘들거나 불가능하다. 이러한 경우 "질문지나 검사지 등을 통해 간접적으로 측정되는데, 이때 사용된 측정도구가 실제로 그 개념과 속성을 얼마나 정확히 측정하느냐를 말하는 측정의 정확성(accuracy)을 반영하는 개념이 타당도"이다(정영숙, 2006). 결국 타당도는 측정 개념이나 속성에 대한 개념적·조작적 정의의 타당성을 의미한다. 아무리 측정값의 신뢰도가 높게 나타났다 하더라도 측정된 값 자체가 다른 속성이나 다른 개념을 측정한 것이라면 연구자가 원래 측정하고자 의도한 것이 아니기에 쓸모가 없게 되는 것이 된다. 그렇기 때문에 측정 도구의 타당도를 확인해야 하며, 측정의 타당도를 평가하는 방법은 내용타당도, 기준타당도, 구성타당도 등이 있다. 다시 기준타당도는 예측타당도와 동시타당도로 구분될 수 있고, 구성타당도는 이해타당도, 수렴타당도, 판별타당도 등으로 구분될 수 있다.

[그림 4-1] 타당도의 이해

1) 내용타당도

내용타당도(content validity)는 측정 도구 자체가 측정하고자 하는 속성이나 개념을 얼마나 정확하게 잘 측정할 수 있도록 되어 있는지를 평가하는 것이다(정영숙 외, 2008). 다시 말해, 측정 도구가 우리가 생각하고 있는 개념을 진정으로 측정하고 있는가, 그리고 측정 도구가 그 개념을 대표하는 문항의 적절한 표본을 제공하고 있는가를 의미한다. 내용타당도의 평가는 "조사를 수행할 때 해당 분야의 전문가들이 조사 목적에 필요한 내용이 모두 질문지에 포함되어 있는지, 조사에 관련 없는 내용이 포함된 것은 없는지 등을 체계적으로 검토한 결과"에 기초한다(김외숙 외, 2014). 따라서 기존 지식이나 이론 등을 판단 기준으로 하는 방법과 패널 토의, 워크숍 등을 통해 전문가들의 의견을 활용하는 방법이 제시되고 있다(김구, 2020).

　　내용타당도는 3가지 단계로 이루어진다(김구, 2020). "첫째, 개념의 정의에 대한 내용을 상세히 기술한다. 둘째, 상세히 기술된 모든 영역의 정의를 단순화한다. 셋째, 정의에 대한 모든 다양한 부분이 포함될 수 있도록 문항을 개발한다." 예를 들어, '행복'에 대한 측정 도구를 제작하고자 할 때 행복에 대한 정의를 내린 다음 각 구성 요인을 고려해야 한다. 행복의 구성 요인을 삶의 만족, 긍정정서, 부정정서로 구성하였다면, 각 영역에 따른 문항을 개발해야 한다. 이때 하위 영역별 비중과 변별력 등이 고려되어야 한다. 내용타당도를 도식화하면 [그림 4-2]와 같다. 연구의 대상이 되는 추상적 개념(전체적 개념)이 있다고 하면 내용타당도는 측정 내용을 통해 추상적 개념을 이해하는 것인데, 이때 측정 내용이 추상적 개념에 대한 모든 내용에 대해 대표성을 갖고 있느냐를 말하는 것이다.

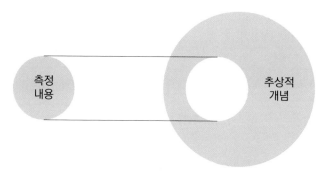

[그림 4-2] 내용타당도의 도식화

출처: 김석용(2018). INTRO 조사연구방법론, p. 133.

　　이렇게 내용타당도는 타당도를 확인하는 방법으로서 가장 기본적인 방법이라 할 수 있지만, 전문가의 주관적인 판단에 의존하므로 편견이나 오류의 가능성들이 있다. 따라서 다양한 외부적인 시각을 포함하여 주관성의 소지를 줄이는 것이 필요하다. 구체적으로 측정하고자 하는 개념에 대한 전문가, 측정 도구 개발에 관한 전문가, 예비 측정 대상자들을 통해 측정 도구의 항목과 내용들이 타당한지, 포괄적인지, 비중에 맞게 균형 있게 이루어졌는지 등을 고려해야 한다.

2) 기준타당도

기준타당도(criterion validity)는 경험적 근거에 의해 타당도를 확인하는 방법으로 경험적 타당도(empirical validity)라고도 한다(정영숙, 2006). 기준타당도를 도식화하면 [그림 4-3]과 같다. "기준타당도는 검증하고자 하는 측정 도구(측정 A)와 이미 타당도를 확보하고 있는 다른 표준화된 측정 도구(측정 B)를 비교하여 산출한 결과 사이의 상관관계를 통해 타당도를 확인하는 방법으로, 두 도구 간에 상관관계가 높게 나타나면 기준타당도가 있다"고 말할 수 있다(정영숙, 2006). 기준타당도는 내용타당도에 비해 측정 도구의 정확성에 좀 더 풍부한 수치적 정보를 제공해 준다(김외숙 외, 2008). 기준타당도는 측정과 기준 간의 시간적 관계에 따라 예측타당도와 동시타당도로 구분된다.

[그림 4-3] 기준타당도의 도식화

출처: 김석용(2018). INTRO 조사연구방법론, p. 134.

예측타당도(predictive validity)는 어떤 측정 도구를 이용하여 측정한 결과가 미래의 사건, 행위, 태도나 결과 등을 얼마나 잘 예측할 수 있는가에 대한 내용이다(김외숙 외, 2008). 즉, 예측타당도는 한 시점을 기준으로 시간 간격에 대한 예언적 기능을 가진다. 예를 들어, 실천 현장에서 미술치료사를 선발하거나 관련 기관의 인적자원을 관리할 때 예측타당도 기법을 적용하여 평가할 수 있다(정영숙 외, 2015).

예측타당도는 상관관계에 의하여 추정되며, 추정 절차는 다음과 같다. "첫째, 피험자 집단에게 새로 제작한 검사를 실시한다. 둘째, 일정 기간 후 검사한 내용과 관계가 있는 피험자들의 행위를 측정한다. 셋째, 검사 점수와 미래 행위의 측정치와 상관 정도를 측정한다. 일반적으로 0.7보다 크게 나타나면 높은 타당도를 갖는 것으로 인정된다"(성태제, 시기자, 2014).

어떤 측정 도구의 예측타당도가 확보되는지를 확인하려면 예측 결과를 확인하는 추후 조사 때까지 시간을 두고 기다려야 한다. 다시 말해, 예측타당도는 검증하는 데 시간이 많이 소요된다고 볼 수 있는데, 이에 반해 동시타당도는 시간 차이를 두지 않고 동시에 서로의 타당도 관계를 알아보는 방법이다. 동시타당도(concurrent validity)는 타당도를 검사하고자 하는 측정 도구와 이미 타당도가 확보된 측정 도구를 동일 대상에게 적용하여, 산출한 측정 결과를 비교하여 상관관계가 높으면 타당도가 높다고 판단하는 방법이다. 예를 들어, 우울을 측정하기 위해 개발된 A 척도의 타당도를 평가하기 위해 동일한 대상자에게 A 척도와 이미 타당도가 검증된 B 척도를 함께 측정한 후, 척도점수 간 상관관계를 확인하여 상관관계가 높으면 A 척도가 우울을 타당하게 측정한다고 판단하는 것이 동시타당도에 해당한다.

3) 구성타당도

구성타당도(construct validity)는 흔히 개념타당도라고 불리며, 내용타당도나 기준타당도로 설명하기 어려운 감정과 같은 추상적 개념이나 속성을 가진 측정 도구가 얼마나 적절하게 측정하였는가를 나타내는 타당성을 말한다(이훈영, 2012). 구성타당도는 이론 혹은 이론적 관련성을 토대로 측정 도구의 타당도를 판단하는 방법으로, 가장 수준이 높은 타당도라고 할 수 있다. 개념타당성은 측정으로 얻는 측정값 자체보다 측정하고자 하는 속성에 초점을 맞춘 타당성으로, 논리적인 분석과 이론적 체계 아래 개념 간의 관계를 밝히는 데 중점을 두고 평가된다(채서일, 김주영, 2017). 구성타당도의 검증 방법은 다음과 같다(정영숙, 2006). "첫째, 측정하고자 하는 개념을 포함한 관련 이론들을 수집하고 체계적으로 정리하여 분석한다. 둘째, 정리된 이론으로부터 하위 개념을 논리적으로 설정한다. 셋째, 개념들을 측정 가능한 형태인 변수로 만든 다음 자료 비교를 통한 검증 과정을 거친다." 측정 결과, 이론적 예측 사이의 일치도가 높을수록 측정 도구의 타당도가 확보된 것으로 판단할 수 있다.

구성타당도는 [그림 4-4]와 같이 도식화할 수 있다. 예를 들어, 미술치료사의 전문성(개념 1)을 측정하려는 경우, 먼저 전문성에 관한 이론적 틀을 형성해야 한다.

미술치료사의 전문성과 학력(개념 2) 간의 관계에 있어 학력이 낮을 때 전문성 수준이 낮게 나타난다는 이론적 설명이 가능하다면, 실제 측정에 있어서 미술치료사의 전문성(개념 1에 대한 측정값)과 학력(개념 2에 대한 측정값) 간에 유의미한 상관관계가 발견된다면, 미술치료사의 전문성에 대한 측정 도구는 구성타당성을 가지고 있다는 증거가 된다. 반대로, 유의미한 상관관계가 나타나지 않는다면 미술치료사의 전문성에 대한 측정 도구의 구성타당성에 대해서는 의문이 제기될 수 있다.

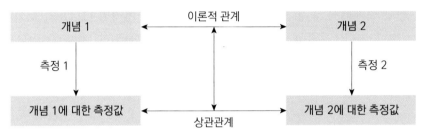

[그림 4-4] 구성타당도의 도식화

출처: 김석용(2018). INTRO 조사연구방법론, p. 136.

이러한 구성타당도는 측정 방법에 따라 이해타당도, 수렴타당도, 판별타당도 등으로 구분된다. 이해타당도(convergent validity)는 특정 개념을 어떻게 이해하고 있는가에 관한 것으로(이훈영, 2012), 측정하고자 하는 특정 개념과 관련이 있는 모든 개념을 포함하여 측정할 수 있는 방법일수록 이해타당성이 높다고 할 수 있다. 수렴타당도(convergent validity)는 동일한 개념을 측정하는 상이한 두 개의 측정 도구를 개발하고, 두 측정 도구의 측정값들 간에 상관관계가 높아야 하며, 이를 확인함으로써 타당도를 검증하는 방법이다. 즉, 서로 다른 척도를 사용하여 측정한 결과, 이들 개념 간에 상관관계가 높게 나타나면 수렴타당도가 확인된 것이다. 예를 들어, 행복을 측정하기 위해 A라는 측정 도구와 B라는 측정 도구를 개발하여 동일한 방법으로 측정한 경우, 측정 결과값들 간에는 상관관계가 높게 나타나야 한다. 판별타당도(discriminant validity)는 서로 다른 개념을 측정하는 측정 도구의 측정값들 간 상관관계가 낮아야 하며, 이를 확인함으로써 타당도를 검증하는 방법이다. 즉, 서로 다른 척도를 사용하여 측정한 결과, 이들 개념 간에 상관관계가 낮게 나타나면 판별타당도가 확인된 것이다. 예를 들어, 행복과 사랑을 동일한 측정 방법으로 측정한 경우, 결과값들 간에는 상관관계가 낮게 나타나야 한다.

4. 측정 오류와 신뢰도 / 타당도 사이의 관계

측정에서 신뢰도와 타당도를 동시에 확보하는 것은 매우 중요하다. 그러나 신뢰도와 타당도는 상호 연계되어 있어 신뢰도와 타당도를 동시에 높이기는 쉽지 않다. 연구 설계에서 일정 수준 이상으로 신뢰도를 높이려면 타당도가 낮아지고, 반대로 타당도를 높이려면 신뢰도에 문제가 종종 발생하지만, 신뢰도와 타당도를 동시에 높이기 위한 노력이 필요하다.

신뢰도와 타당도 사이의 관계를 정리하면 다음과 같다.

① 신뢰도가 높다고 해서 타당도가 높은 것은 아니다. 측정 도구에 신뢰도가 있더라도 타당도는 결여될 수 있다는 것이다. 연구 결과가 일관되게 나타나면 신뢰도는 높으나, 연구자가 측정하고자 한 개념을 정확하게 측정하지 못한 경우 타당도는 낮을 수 있다.

② 그렇지만 신뢰도가 떨어지는 척도는 타당도 또한 떨어질 수밖에 없다. 신뢰도는 타당도가 성립되기 위한 필요조건이 된다.

③ 타당도가 낮다고 해서 반드시 신뢰도가 낮은 것은 아니다. 연구자가 측정하고자 하는 개념을 정확하게 측정하지 못하더라도, 연구 결과가 일관되게 나타난 경우에는 타당도는 낮으나 신뢰도는 높다고 할 수 있다. 따라서 타당도가 낮아도 신뢰도는 높을 수 있다.

④ 타당도가 높다는 말에는 이미 신뢰도 또한 높다는 전제가 내포되어 있다.

⑤ 타당도는 신뢰도의 충분조건이고, 신뢰도는 타당도의 필요조건이다.

신뢰도 ○, 타당도 ×　　　　신뢰도 ×, 타당도 ×　　　　신뢰도 ○, 타당도 ○

[그림 4-5] 신뢰도와 타당도의 관계

출처: Rubin, A. & Babbie, E. (2005). *Research Method for Social Work* (5th ed.). Belmont, CA: Brooks/Cole Thompson Learning, p. 198.

　타당도와 신뢰도의 관계를 [그림 4-5]로 살펴볼 수 있다. 우선 신뢰도가 높다는 것은 반복 검사를 실시했을 경우 일관성이 있는 결과를 의미하므로, 측정값이 좁은 범위에 집중되어야 한다. 한편, 타당도란 맞추어야 할 측정하고자 하는 개념을 정확히 측정하였는가를 나타내므로, 측정하고자 하는 개념(정중앙)에 주요 결과들이 모였는지 여부로 판단할 수 있다. 첫 번째 그림은 신뢰도는 있으나 타당도는 없다. 왜냐하면 측정값들이 원의 제일 안쪽에 있는 측정하고자 하는 개념으로부터 다소 거리를 두고 있기에 타당도는 없으나, 모두 밀집해 있어 일관성을 보이기 때문에 신뢰성은 있다고 볼 수 있다. 두 번째 그림은 측정값들이 측정하고자 하는 개념으로부터 떨어져 있을 뿐 아니라 모두 분산되어 있어 신뢰도와 타당도 모두 없는 경우이다. 세 번째 그림은 측정값들이 측정하고자 하는 개념에 모두 모여 있어 신뢰도도 있고 타당도도 있는 경우이다.

　체계적 오류가 발생하는 경우에는 오류에 일정한 패턴이 있기 때문에 신뢰도는 크게 문제되지 않지만 타당도는 문제가 될 수 있다. 그리고 비체계적 오류는 일정한 유형을 갖지 않는 오류가 무작위적으로 나타나는 것이므로 신뢰도에 문제를 야기할 수 있다. 앞에서 언급한 것과 같이 신뢰도가 떨어지는 척도는 타당도 또한 떨어질 수밖에 없음을 보았을 때, 비체계적 오류로 신뢰도에 문제가 생긴다는 것은 동시에 타당도 또한 문제가 있음을 의미한다.

5. 측정의 원칙

연구의 의도대로 측정의 결과를 얻으려면 지켜야 할 원칙이 있다. 먼저, 측정의 대상이 결정되면 측정 대상으로부터 측정하고자 하는 측정의 속성을 규명해야 한다. 측정 대상의 속성 규명 작업을 분류(classification) 작업 또는 범주화(categorization) 작업이라고 하며, 대상의 속성에 따라 범주화된 속성은 "다른 범주와의 관계에서 '상호 배타적'이어야 하고, 동일한 범주 내에서는 '포괄적'인 속성을 나타내도록" 하여야 한다(정영숙, 2006). 측정을 위한 범주화 작업은 '상호 배타성'과 '포괄성'의 두 가지 원칙을 반드시 지켜야 한다.

1) 상호 배타성의 원칙

상호 배타성 원칙이란 측정 대상의 속성이 한 가지 속성만을 가지도록 범주를 명확히 하여, 한 가지 이상의 속성을 가지는 범주로 구성되면 안 된다는 뜻이다. 성별 구분의 범주를 예로 들면 '1＝남성', '2＝여성'으로 구분하고, 이 외의 구분은 인간의 성별을 구분하는 타당한 속성이 아니므로 성별의 범주에 표현될 수 없다. 학력을 구분할 때도 '1＝무학', '2＝초졸', '3＝중졸', '4＝고졸', '5＝대졸 이상' 등으로 여러 속성 중 하나의 학력 구분 집단에만 속하게 속성을 구분하고 범주화해야 한다.

다음의 [예 1]은 상호 배타성의 원칙을 위반한 것을 보여 주는 예시이다. [예 1]에서 8세는 구분 ①과 구분 ②에 모두 속하기 때문이다. 같은 논리로 12세는 구분 ②와 구분 ③에 모두 속한다. 그러나 [예 2]는 분류가 상호 배타적으로 되어 있어 연령이 8세인 사람은 구분 ①에만 속하고, 12세인 사람은 구분 ②에만 속하게 된다.

예 1	예 2
① 8세 이하	① 8세 이하
② 8~12세	② 9~12세
③ 12~15세	③ 13~15세
④ 15~18세	④ 16~18세
⑤ 18세 이상	⑤ 19세 이상

2) 포괄성의 원칙

포괄성의 원칙은 분류된 대상의 속성을 포괄적으로 표현하되 반드시 한 가지 속성은 구분되어야 한다는 것이다. 예를 들어, 상담사가 가지고 있는 자격증의 종류를 분류하여 측정하고자 한다고 가정하고 다음 예시와 같이 두 가지의 예를 제시할 수 있다. 하지만 제시된 [예 1]은 포괄성의 원칙을 위반하고 있다. 왜냐하면 응답자는 미술치료사, 놀이치료사, 음악치료사, 심리상담사 중에서 선택할 수밖에 없어 재활심리사 등 제시된 자격 이외의 자격을 가지고 있다면 응답을 할 수 없기 때문이다. 포괄성의 원칙을 지키면서 자격증을 분류하려면 [예 2]와 같이 ⑤ 기타가 포함된 제시문을 추가하여 측정할 수 있게 해야 한다.

> **예 1** ① 미술치료사 ② 놀이치료사 ③ 음악치료사 ④ 심리상담사
> **예 2** ① 미술치료사 ② 놀이치료사 ③ 음악치료사 ④ 심리상담사 ⑤ 기타 (   )

6. 미술치료 연구에서 측정이 어려운 이유와 측정의 효용적 가치

1) 측정이 어려운 이유

(1) 측정 대상이 추상적인 개념이 많다

미술치료 영역은 물론이고 사회과학적 영역에서의 측정 대상은 대부분 추상적인 개념들이다. 특히 미술치료 영역은 미술이라는 개념 자체가 추상적이며, 미술에 의한 심리치료가 목적이기에 내담자가 가지는 심리적 및 사회 환경적 요인인 스트레스, 자아존중감, 자기효능감, 가치관, 대인관계 대응 전략, 박탈감, 고독감, 우울, 심리적 안녕감, 삶의 질 등의 개념은 모두가 주관적이고 추상적인 개념들이다. 그리고 미술치료에서 다루는 이러한 개념들은 심리학적 개념들과 함께 미술치료 연구에서 중요하게 살펴보는 개념들이고, 이러한 개념들을 이용하여 미술치료의 효과성을 검증한다. 그러므로 이러한 개념들의 측정에 대한 명확한 이해가 필요하다.

따라서 미술치료 연구에서 연구자가 관심을 가지고 연구하고자 하는 주제가 결정되면 주제에 관련된 요인들에 관해 선행 연구들을 잘 검토하여 각 요인들의 개념적 정의를 잘 이해하여야 하며, 요인의 측정에 사용된 이론과 측정 방법에 대해서도 정확한 근거를 확보해야 한다. 특히 하나의 요인이 하위 요인들을 다수 포함하고 있는 경우, 하위 요인들 중 일부만 측정하여 사용할 수밖에 없는 경우도 있기 때문에 하위 요인과 상위 요인 간의 관계도 이론적으로 명확히 알고 있어야 한다. 아동의 자아존중감을 측정할 경우, 측정하고자 하는 자아존중감의 개념에 따라 사회적 자아존중감, 가정적 자아존중감 등으로 분리하여 사용할 수 있기 때문이다.

(2) 표준화된 측정 도구가 부족하다

미술치료 연구를 포함한 "사회과학 연구에서는 자연과학 연구에서 정의하여 사용하는 측정을 위한 일정한 규칙이나 표준화된 도구를 거의 이용할 수 없다"(정영숙, 2006). 사회과학 연구에서 사용하는 개념들은 대부분 추상적인 것들이며 심리사회적 요인 등과 밀접하게 관련되어 있어 객관적인 수치화가 어렵기 때문이다. 인간 행동과 사회심리적 환경은 속성상 개념적 요인들이 역동성을 지니고 있으므로 측정의 결과를 예측하거나 예단하기가 어렵다. 그러므로 측정 대상의 속성과 더불어 인간의 심리환경적 특성도 수시로 변화하기 때문에 특정 대상과 요인에 적합한 도구를 표준화시켜 사용하기가 어렵다. 그러나 인간의 사회심리적 환경을 대상으로 한 사회과학 연구에서, 표준화의 어려움은 있지만 이론적 배경과 선험적으로 축적된 수치를 바탕으로 다양한 방법과 시행착오를 거친 연구의 결과들이 축적되어 조금씩 명료화된 측정 도구들이 개발됐으며, 이를 바탕으로 현재는 표준화된 도구들이 어느 정도는 만들어져 있다.

2) 측정의 효용적 가치

(1) 객관적인 표현이 가능하다

측정은 "현실이나 현상에 대한 이론적 근거하에 수치로서 객관적인 표현을 가능하게 한다"(정영숙, 2006). 예를 들어, 성적 관심이 범죄자의 유형에 따라 다른지를 수치화시키기 위해 일반범죄자나 성범죄자의 비교를 통해 일반범죄자보다 성범죄자가 성적인 관심이 과도하거나, 성문제에서 부적합하거나 감정적 고통을 유발하는 성몰입이 높을 것이라는 예측에 대해 두 집단의 성몰입도를 측정하여 수치화함으로써 객관화시킨 자료로 예측의 가부를 결정할 수 있다. 또한 일반남성과 일반범죄자 및 성범죄자 간의 성몰입도 차이는 어떠한지도 측정을 통해 세 집단 간 차이를 객관적 수치로 확인할 수 있다.

집단 간 성몰입을 측정한 결과인 〈표 4-1〉을 살펴보면, 성범죄자와 일반범죄자 그리고 일반남성을 대상으로 K-HTP에 나타난 성몰입을 측정한 결과 성범죄자와 일반범죄자의 경우는 평균 3.01개가 나타났으며, 일반남성은 평균 2.20개가 나타났다. 즉, K-HTP에 성범죄자나 일반범죄자는 일반남성에 비해 성몰입이 더 많이 나타난 것으로 파악되었다. 이와 같은 통계치를 근거로 집단 간 성몰입 차이를 객관적으로 비교할 수 있는 것도 측정을 통해 가능하다.

〈표 4-1〉 집단 간 성몰입에 대한 차이

구분	구분	평균	표준편차	F	사후 검증
성몰입	성범죄자(A)	3.01	2.08	7.229***	A=B>C
	일반범죄자(B)	3.01	1.60		
	일반남성(C)	2.20	1.45		

***$p < 0.001$

출처: 공마리아, 최은영(2015). 성인 남성의 성몰입, 공격성 및 적대감, 철회에 관한 연구- 성범죄, 일반범죄, 일반 성인 집단간 비교를 중심으로. 미술치료 연구, 22(3), p. 13.

(2) 정확한 의사소통을 위한 객관적 자료를 제공한다

측정에 의해 수치화된 자료는 의사결정을 위한 명확한 기준을 제시한다. 예로서, 우리가 감기로 열이 나고 두통이 발생하면 해열진통제를 복용하게 된다. 해열진통제 포장에는 진통과 해열을 위해 그 약을 얼마나 복용해야 하는지에 대해 기준을 제시해 두었다. 기준에는 복용 대상의 몸무게와 최소 및 최대 복용량을 제시해 두어, 해열진통제의 부작용을 최소화하는 범위 내에서 약의 효과를 최대화시킬 수 있는 복용량에 대해 임상실험의 결과에 따른 효능이 나타나도록 복용자에게 정확한 지침을 제시하는 것이다. 만일 복용량의 기준치 미만으로 복용한다면 효과는 나타나지 않을 것이고 초과한다면 부작용에 노출될 것이므로, 복용자의 처지에서는 원치 않는 결과를 보게 된다. 그러므로 해열진통제 복용에 대한 기준치 제시는 이를 사용하고자 하는 사람들 누구에게나 사용과 결과에 따른 명확성을 제시하는 것이다. 이처럼 의도에 따른 측정의 결과가 정확하다면, 이 결과의 수치 자료는 누구에게나 통용될 수 있는 것이므로 객관성이 확보된다.

(3) 다양한 통계 기법을 적용할 수 있다

측정을 통해 수집된 자료는 수치화하여 다양한 통계 기법을 적용할 수 있다(채서일, 김주영, 2017). 통계적 기법을 적용함으로써, 자료의 산술적 연산의 결과부터 변화의 유의성, 측정 대상들 간의 상관관계와 인과관계, 측정 집단 간의 차이 분석, 대상의 특성 분석, 변화량 예측, 시계열 분석 등 다양한 분석과 해석을 할 수 있다.

7. 척도 유형

측정은 측정 대상에 대해 "일정한 규칙을 부여하고 규칙에 따른 대상이나 사건의 속성을 수치화하는 것이다"(정영숙, 2006). 대상이나 사건의 속성에 따라 측정할 수 있는 수준은 달라진다. 단순히 남녀의 성별처럼 숫자만 부여할 수 있는 속성부터 온도나 무게처럼 속성에 부여된 수치가 차이뿐만 아니라 비율의 의미를 가질 수도 있는데, 이렇게 측정의 대상에 따라 속성의 차이를 나타내는 것을 측정의 수준이라고 한다. 이러한 측정에는 일정한 규칙이 명시된 척도(scale)를 사용하며, 측정의 수준은 연구자들이 자료를 분석할 때 분석 방법에 영향을 미친다. 척도는 측정의 수준에 따라 명목척도, 서열척도, 등간척도 및 비율척도로 구분한다.

1) 명목척도

명목척도(nominal scale)는 가장 기본적이고 단순한 척도로, 측정 대상을 분류하거나 확인 또는 구분하고자 할 목적으로 속성에 대해 숫자를 부여한 척도이다 (Stevens, 1946). 흔히 볼 수 있는 예는 운동선수의 등 번호로, 등 번호가 큰 숫자를 가지고 있는 선수라고 하여 운동 기량이 더 좋다는 것을 의미하지는 않으며, 단지 선수들을 확인하기 위한 구분적 기호일 뿐이다. 우리가 자주 접하는 설문조사에서도 남자와 여자를 1과 2로 응답하게 하지만, 여기서 기호화된 1과 2에 대한 합계와 평균은 아무런 의미가 없다. 이처럼 어떠한 대상의 구분적 확인을 위한 수치 할당을 명목 할당이라 하며, 이러한 할당으로 척도를 만드는 것이 명목척도이다.

명목척도는 측정 대상을 상호 배타적으로 어느 한 집단에 속하게 만들어 구분 짓는 것으로, 척도의 네 가지 유형 중 측정 대상이 가지는 정보 중 가장 적은 양의 정보를 제공한다. 따라서 이 척도의 구성은 비교적 간단하지만, 통계분석 시에는 많은 제한이 있다. 미술치료에서 나타나는 내담자들의 그림에 대해 특성을 분석하고자 한다면 그림에서 나타난 인물의 크기, 화지의 여백, 나무의 굵기 등 알아보고자 하는 속성을 분류한 후 기호화시켜 분석할 수 있다.

미술치료 연구에서 연구 참여자의 사회인구학적 정보를 파악하고자 할 경우, 주로 사용하는 명목척도의 예를 들면 다음과 같다.

예 1 다음 중에서 해당되는 사항에 '✓' 표시를 해 주세요.

성별	① ___ 남자　　② ___ 여자
종교	① ___ 불교　② ___ 천주교　③ ___ 기독교　④ ___ 없음　⑤ ___ 기타( )
직업	① ___ 관리직　② ___ 사무직　③ ___ 금융보험직 ④ ___ 교육직　⑤ ___ 법률직　⑥ ___ 종교직 ⑦ ___ 의료직　⑧ ___ 예술직　⑨ ___ 기타( )
배우자	① ___ 미혼　② ___ 배우자 있음　③ ___ 배우자 없음(사별, 이혼, 기타)
주거 상태	① ___ 자가　② ___ 전세　③ ___ 월세　④ ___ 영구임대　⑤ ___ 기타( )
주거 형태	① ___ 단독주택　② ___ 다세대/연립　③ ___ 아파트　④ ___ 기타( )

또한 단순히 유무(有無)만을 확인하는 명목척도의 예를 들면 다음과 같다.

예 2 다음의 영화 중 본 것에 표시하시오.

　1) 미나리　　　　　　① 보았다　　② 안 보았다

　2) 극한직업　　　　　① 보았다　　② 안 보았다

3) 명량	① 보았다	② 안 보았다
4) 신과 함께	① 보았다	② 안 보았다
5) 겨울왕국	① 보았다	② 안 보았다
6) 알라딘	① 보았다	② 안 보았다

예 3 다음 영화 중에서 좋아하는 영화 4개를 골라 번호를 쓰시오.

① 미나리   ② 극한직업
③ 명량   ④ 신과 함께
⑤ 겨울왕국   ⑥ 알라딘

*좋아하는 영화＝(,   ,   ,   )

예 4 (미술치료 경험이 있는 경우) 어디에서 미술치료를 경험하였는가?
해당하는 것에 모두 표시하시오.

① 학교   ② 미술치료센터   ③ 청소년상담복지센터
④ 가족센터   ⑤ 정신건강복지센터   ⑥ 지역아동센터
⑦ 기타 (   )

2) 서열척도

서열척도(ordinal scale)는 명목척도와 같이 측정 대상을 분류할 수 있고, 측정하고자 하는 속성의 구성을 측정 대상이 가지는 크기 순서나 높이의 높낮이 또는 측정 대상 간의 순위나 순서 등으로 하여 측정 대상을 비교할 수 있다(Stevens, 1946). 하지만 측정 대상들이 가지는 속성의 양적인 비교를 위한 정보는 확인할 수 없다. 예를 들어, 미술치료에서 아동이 좋아하는 그리기 매체를 가장 좋아하는 순서대로 골라 보라고 한 물음에, 크레파스(1), 사인펜(2), 연필(3)이라고 순서대로 표기하였다고 하자. 이때 크레파스가 사인펜보다는 선호되고 사인펜이 연필보다 선호되며 크레파스는 연필보다 선호됨을 의미하지만, 크레파스가 사인펜보다 얼마나더 선호되는지는 양적으로 설명이 불가능하다. 따라서 이 척도는 단지 명목과 순위만을 나타낼 뿐이다. 그러므로 서열척도를 만들 때는 순위가 의미를 가질 수 있도록 매우 만족하는 쪽이나 매우 동의하는 쪽에 큰 숫자를 부여하고, 매우 불만족하는 쪽이나 매우 동의하지 않는 쪽에 작은 숫자를 할당하여 척도의 특성이 일관

되게 반영될 수 있도록 숫자를 체계적으로 부여해야 한다. 또한 반대로 작은 숫자부터 할당하여 큰 숫자로 순차적 서열 순위가 지켜지도록 일관되게 부여해도 상관없다. 다만, 이렇게 할당된 숫자는 절대적인 양이나 크기를 의미하지 않고, 측정 범주 사이의 거리가 동일하다고 볼 수 없으므로 통계적 기법의 적용과 결과 해석에 유의해야 한다.

다음은 미술치료 연구에서 변수를 서열척도로 만들어 사용하는 예로, 서열척도는 주로 대상자의 사회경제적 지위나 태도, 특정 대상의 이용 만족도, 안정도, 대상자의 삶의 질 등을 측정하는 경우 등에 사용한다.

예1 미술치료 서비스와 관련하여 아래의 항목에 어느 정도 만족하는지를, 기관별로 빈칸 안에 표시해 주십시오.

[응답 범주]

매우 불만족	불만족	약간 불만족	보통	약간 만족	만족	매우 만족
①	②	③	④	⑤	⑥	⑦

문번	구분	미술치료센터	청소년상담복지센터	심리치료 전문기관
1	시설 만족도			
2	프로그램의 내용			
3	프로그램의 시간			
4	미술치료사의 전문성			
5	전반적 만족도			

예2 아래는 미술치료의 치료 요인에 대한 물음입니다. 각 요인의 중요 정도가 해당하는 곳에 표기하여 주세요.

[응답 범주 1]

매우 중요하다	중요하다	보통이다	중요하지 않다	전혀 중요하지 않다
①	②	③	④	⑤

	①	②	③	④	⑤
• 치료 촉진을 위한 안전한 환경	①	②	③	④	⑤
• 상징화를 통한 다양한 새로운 문제해결 시도	①	②	③	④	⑤
• 시작적 외현화를 통한 자기이해	①	②	③	④	⑤
• 창조적 치료 경험	①	②	③	④	⑤
• 치료자와의 미술 작품 공유	①	②	③	④	⑤

• 감각기억 활성화를 통한 문제 접근 용이성   ①   ②   ③   ④   ⑤

*위 미술치료의 치료 요인은 [최은영 외(2019, pp. 522-523)의 미술치료의 치료요인 범주화 연구-미술치료 서비스 제공자를 대상으로-]의 연구 결과를 활용한 것임.

3) 등간척도

등간척도(interval scale)는 "어떤 대상의 속성에 대해 숫자를 부여하는 것은 서열척도와 같지만 숫자 사이의 간격을 동일하게 하여 측정하는 것을 뜻한다"(채서일, 김주영, 2017). 이 척도는 측정 대상이 가지는 속성에 대해 양(量)적으로 나타나는 정도의 차이를 보여 주기 때문에 해당 속성이 전혀 없는 '영점' 상태를 나타내지는 못하므로, 임의로 설정한 영점으로 측정한 값의 비율 계산 결과는 통계적 의미가 없다. 예를 들어, 섭씨로 10도와 20도, 50도, 100도로 측정되었을 때 100도는 10도보다 10배가 뜨겁다는 의미가 아니며, 마찬가지로 50도와 20도도 10도보다 5배나 2배가 더 뜨겁다는 의미가 아니다. 그리고 0도도 온도가 없음을 나타내는 것이 아니라, 척도의 구분 간격 중 한 부분임을 뜻한다.

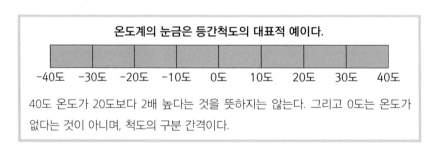

온도계의 눈금은 등간척도의 대표적 예이다.

-40도   -30도   -20도   -10도   0도   10도   20도   30도   40도

40도 온도가 20도보다 2배 높다는 것을 뜻하지는 않는다. 그리고 0도는 온도가 없다는 것이 아니며, 척도의 구분 간격이다.

온도계의 예가 등간측정의 대표적인 예이며, 주가지수나 물가지수, 생산성지수 등 사회과학의 지수측정에서 주로 사용된다. 등간측정에 의해 얻어진 데이터는 합계나 평균, 표준편차, 최대최소 및 상관계수 등의 연산 결과를 이용하여 통계적 분석을 시행할 수 있다.

4) 비율척도

　비율척도(ratio scale)는 등간척도가 갖고 있는 특성에 더하여 측정값들 사이에 비율 계산이 가능하도록 만들어진 척도이다. 즉, "비율척도는 산술적인 계산과 실재적 의미의 영(零)점을 갖춘 척도이다"(채서일, 김주영, 2017). 비율척도의 대표적인 예는 물체의 질량, 즉 무게를 측정하는 것으로, 2Kg은 1Kg보다 2배 무겁고 10Kg은 1Kg보다 10배 더 무겁다고 해석할 수 있다. 그러므로 무게는 비율측정이라고 할 수 있다.

　비율척도는 합계와 평균 및 표준편차 등 등간척도가 가지는 특성에 비율 계산에 의한 정보까지 의미 있게 사용할 수 있으므로 다양한 통계 기법의 적용이 가능하다. 그러므로 척도에 의한 자료의 수집은 가능한 한 비율척도의 형태로 구성하여 사용하는 것이 좋다. 비율척도의 대표적인 예는 소득, 연령, 생계비, 임금, 신장, 체중, 이자율, 투표율, 생산원가, 인터넷 사용시간, 참여 횟수 등 다양하다.

　예1 **당신의 연 평균 소득(세전)은 얼마입니까?**
　（　　　　　）원

　당신의 나이는 어떻게 되십니까?
　만 （　　　　　）세

　예2 **아래 내용은 「미술치료사의 치료 요인」에 대한 내용입니다. 각 항목별 치료 요인에 대해 읽어 보고 당신이 인정된다고 생각하는 점수를 기록해 주세요.**

　치료 요인 1 치료 촉진을 위한 안전한 환경
- 미술치료에서 내담자는 충동적이거나 공격적인 욕구를 안전하고 수용적인 방법으로 다룰 수 있다.
- 미술치료에서 언어 사용이 불편하거나 힘든 내담자도 자신의 이야기를 할 수 있다.
- 미술치료에서 내담자는 자기표현이 보다 용이하다.

[질문 1] 치료 요인 1에 대한 중요도에 점수를 준다면 100점 만점에 몇 점을 주겠습니까?
（＿＿＿＿＿＿＿）점

　치료 요인 2 상징화를 통한 다양하고 새로운 문제해결 시도
- 미술치료에서 내담자는 강한 정서를 표출하고 수용될 수 있는 완충지대를 제공받는다.

- 미술치료에서 내담자는 자신의 이미지를 새롭게 창조해 볼 수 있다.
- 미술치료에서 내담자는 변화를 위한 새로운 사고와 방법을 시도해 볼 수 있다.

[질문 2] 치료 요인 2에 대한 중요도에 점수를 준다면 100점 만점에 몇 점을 주겠습니까?
(_____)점

치료 요인 3 시각적 외현화를 통한 자기이해

- 미술치료에서 내담자는 치료적 변화 과정을 시각적으로 탐색할 수 있다.
- 미술치료에서 제3자의 입장에서 자신을 객관적으로 바라볼 수 있다.
- 미술치료에서 내담자는 자신이 당면한 문제를 외현화할 수 있다.

[질문 3] 치료 요인 3에 대한 중요도에 점수를 준다면 100점 만점에 몇 점을 주겠습니까?
(_____)점

*위 미술치료의 치료 요인은 [최은영 외(2019, pp. 522-523)의 미술치료의 치료 요인 범주화 연구—미술치료 서비스 제공자를 대상으로—]의 연구 결과를 활용한 것임.

예 3 지난 1년간 다음 치료들에 몇 번(회기)이나 참여해 보았습니까?

- 미술치료   (   )번
- 놀이치료   (   )번
- 독서치료   (   )번
- 음악치료   (   )번
- 모래놀이치료   (   )번

5) 척도별 비교

각 척도가 가지고 있는 특성에 대해 살펴보았는데, 명목척도, 서열척도, 등간척도, 비율척도의 순서로 척도로부터 얻을 수 있는 정보의 양이 많아진다. 그러므로 측정 대상의 속성과 연구의 목적에 따라 분석에 적합한 척도를 선택하여 측정하여야 한다.

각 척도에 내포된 가정을 척도의 특징에 따라 비교해 보면, 명목척도에 근접할수록 통계적 검증력과 분석 결과의 해석이 까다로워지는 단점이 있으나 연구 대상의 속성을 측정하기는 쉬운 장점이 있다. 반면, 비율척도의 유형에 근접할수록 통계적 검증력과 분석 결과의 해석이 용이해지는 장점을 가진다. 하지만 비율척도는 척도의 구성과 측정이 다른 척도에 비해 까다롭다. 즉, 비율측정은 많은 정

보를 얻을 수 있어 분석에는 유리하지만 척도의 구성과 측정이 어렵고, 명목척도는 제한된 정보로 분석에는 불리하지만 척도의 구성과 측정이 쉽다.

〈표 4-2〉 척도의 측정 수준에 내포된 가정

척도	범주 (category)	순위 (order)	등간격 (equal interval)	절대영점 (absolute zero)
명목척도	○	×	×	×
서열척도	○	○	×	×
등간척도	○	○	○	×
비율척도	○	○	○	○

출처: 채서일, 김주영(2017). 사회과학조사방법론, p. 135를 기반으로 수정함.

연구자가 얻고자 하는 연구 결과는 연구 대상에 실시한 측정의 결과에 따른다. 목적에 적확한 척도의 사용에 따른 수치화된 측정 결과는 연구 목적에 적합한 통계분석 기법의 사용으로 연구자는 얻고자 하는 결과를 확인할 수 있으며, 이러한 통계분석의 결과 제시는 연구의 신뢰성과 타당성을 객관적으로 확보하는 방법이다. 그러므로 연구자는 자신의 연구 주제에 적용할 대상과 측정 방법 및 통계분석법 등에 대한 세심한 주의가 필요하다. 잘못된 척도와 분석법의 적용으로 산출된 연구 결과는 연구의 신뢰성과 타당성을 훼손한다. 예를 들어, 명목척도로 분류되는 종교와 같은 변수에 대해 산출한 평균이나 표준편차는 수량적 의미를 가지지 못하며 미술치료에서 HTP 검사에 나타난 집과 나무 및 인물의 특성은 모두 명목척도에 의해 측정되지만, 이러한 측정의 결과를 이용하여 종속변수로 사용한 변량분석이나 회귀분석법의 적용은 결과가 산출되기는 하지만 통계적으로 아무런 의미가 없다. 따라서 이러한 잘못된 분석법을 적용한 결과를 논문 등에 제시한다면 연구의 진실성을 크게 상실시킬 것이다. 각 척도에 따른 특성과 분석 방법 및 측정 대상의 예시는 〈표 4-3〉과 같다.

〈표 4-3〉 각 척도의 특징

척도	비교 방법	평균 측정	분석 가능 방법	예
명목척도	확인 및 분류	최빈값	빈도분석 비모수통계 교차분석	성별, 분류, 직업, 종교, 거주 지역, 주거 형태, 존재 유무
서열척도	순위 비교	중앙값	서열상관관계 비모수통계	사회계층, 후보자 선호 순위, 만족도, 지지도
등간척도	간격 비교 임의적 영(零)	산술평균	모수통계	온도, 인지도, 주가지수, 물가지수
비율척도	절대크기 비교 절대적 영(零)	기하평균 조화평균	모수통계	소득, 연령, 실업률, 최저임금, 최저생계비, 경제성장률

출처: 채서일, 김주영(2017). 사회과학조사방법론, p. 136을 기반으로 수정함.

6) 측정의 종류

같은 방법으로 측정하더라도 측정값의 차이가 발생하는 이유는 측정의 종류에 따라 차이가 나타나기 때문이다. 측정 방법이란 측정 대상에 대해 어떻게 측정하는지를 말하는 것으로, 본질측정과 추론측정 및 임의측정으로 나뉜다. 본질측정은 측정하고자 하는 대상의 본질적인 속성에 규칙에 따라 숫자를 부여하는 것으로, 키나 몸무게 또는 소득액 같은 측정을 말한다. 추론측정은 측정 대상의 본질적인 속성에 대해 규칙 부여 등이 어려운 경우에 측정 대상과 밀접한 관련이 있는 다른 측정 대상에 대해 측정을 실시하여 원래 측정하고자 하는 대상의 측정값을 대체하는 측정 방법으로, 자연과학에서 법칙에 의해 속성이 결정되는 대상에 흔히 사용되는 방법이다. 하지만 자아존중감이나 사회성 같은 요인 등을 측정하는 사회과학 분야의 측정도 추론측정이지만, 사회과학의 추론측정은 확고한 이론적 배경을 바탕으로 검증된 가설을 이용한다. 임의측정은 측정 대상의 속성에 대해 임의로 측정값을 부여하여 측정하는 것으로, 연구자는 측정 대상의 속성이 임의값을 가지고 있다는 가정에 따른 측정이다. 이러한 가정은 연구자가 측정 대상의 속성에 대해 조작적 정의를 적용한 것에 따른 척도를 사용하는 것으로, 선호도 조사나 지적 능력 조사 등이 그 예이다.

측정값에 차이가 나는 이유는 응답자에게 어떤 응답 방법을 적용했는지에 따라 설명할 수 있다. 응답자에 대한 측정 방법은 응답자중심 접근법과 자극중심 접근법 및 반응중심 접근법으로 나뉜다. 응답자중심 접근법은 응답자들에게 동일한 자극을 주어 측정하는 방법으로, 주어진 자극 이외에는 응답자들에게 영향을 주지 못하도록 하여 단순히 응답자 간의 특성 차이만 보는 것이다. 장미꽃 사진을 좋아하는 정도를 점수로 표기하게 하여 측정하면 장미꽃 사진 자체에 대한 응답자들의 개인 차이를 확인할 수 있다. 자극중심 접근법은 응답자들이 가지고 있는 개인적 특성에 따른 응답치의 차이를 제거하고 주어진 자극의 차이만을 확인하는 방법으로, 주관적 특성은 제거하고 객관적인 사실만 판단하게 하는 방법이다. 숫자 '1'과 '2' 중 어떤 것이 큰 숫자인지에 대한 물음에 응답자의 '2'가 크다 라는 응답은 객관적인 사실에 입각한 응답이다. 반응중심 접근법은 개인 특성의 차이와 자극 특성의 차이를 같이 알아보려고 할 때 실시하는 방법으로, 응답자중심 접근법과 자극중심 접근법을 같이 실시하는 것이다. 예를 들어, 앞의 자극중심 접근법에서 사용한 '1'과 '2' 중 어떤 것이 큰 숫자인지라는 물음 대신에 어떤 것을 좋아하는지에 대한 물음을 제시한다면, 이를 응답한 결과는 제시된 두 숫자에 대한 개인적 선호도와 자극 자체에 대한 차이까지 분석할 수 있다.

8. 척도의 종류

연구 대상으로부터 정확한 정보를 얻기 위해서는 연구 대상과 속성에 적합한 척도를 사용해야 하므로 다양한 종류의 척도가 사용된다. 척도는 연구 결과의 신뢰성과 타당성을 확보하는 중요한 도구이므로 다음과 같은 특성을 지니고 있어야 한다. 첫째, 척도는 과학적 조사 방법에 입각한 측정 도구로서 어떤 개념에 대해 개념의 추상화를 통해 단순한 개념의 측정부터 복합적인 개념의 측정까지 할 수 있으며, 측정된 자료는 통계적 분석에 적합한 구조로 되어 있어야 한다. 둘째, 통계분석에 필요한 변수를 양적으로 측정함으로써 객관성과 신뢰성을 높이고 분석 방법에 따른 통계적 조작이 가능하다. 셋째, 한 개의 요인에 대해 한 개의 문항으로 측정하기 어려운 개념은 하위 개념을 사용하거나 여러 개의 문항으로 구성하여 측정함으로써 측정치의 오차를 줄이고 신뢰성과 타당성을 확보할 수 있다. 참고로, 한 개의 문항으로 한 요인을 측정하는 경우에는 응답의 신뢰도를 산출할 수 없고 타당도를 확보하기 어렵기 때문에 하나의 요인에 대해 적어도 2문항 이상으로 측정하며, 같은 요인에 대해 너무 많은 문항을 사용하면 타당성에 문제가 발생할 수 있다. 넷째, 연구에 필요한 측정 요인을 하나의 동일 지표(등간척도 등)로 사용하여 측정된 점수는 통계분석 결과를 일목요연하게 나타낼 수 있어 연구 결과의 전달력을 높일 수 있다.

그러므로 척도 구성을 위해서는 연구의 목적에 적합한 유형의 선택과 함께 다음과 같은 몇 가지 유의점을 고려해야 한다. "첫째, 척도를 구성하고자 하는 모집단 또는 표본집단의 크기와 성격 등 통계적 특성을 파악하여 적용 가능한 척도를 선택해야 한다. 둘째, 구성된 척도는 이론적으로 탄탄한 배경이 있어야 한다. 셋째, 한 요인을 측정하기 위해 사용된 여러 문항은 단일 차원으로 수렴되어야 한다"(정영숙, 2006). 다시 말해, 한 요인을 여러 개의 문항으로 측정하는 경우, 이들 문항의 통계적 결과는 단일 문항을 측정한 것과 같은 결과를 나타내야 한다. 넷째, 문항에 가중치를 주어야 한다면 척도 구성을 위한 이론적 바탕에 충실하여야 한다.

척도의 종류는 측정하고자 하는 연구 대상의 측정 속성에 따라 구분되는데, "응답자중심 접근법은 응답자들의 개인적 차이가 어떠한지를 측정하고자 할 때 적용하며, 리커트 총화평정척도법이 대표적이다. 자극중심 접근법은 각 응답자들이 자극에 느끼는 차이가 어느 정도인지를 측정할 때 적용하며, 써스톤 척도법, 의미분화 척도법, 리커트 형태척도법 등이 사용된다. 반응접근법은 조사자가 응답자의 개인적 차이와 개인의 자극 차이를 모두 측정하고자 할 때 적용하며, 거트만 척도법이 대표적이다"(정영숙, 2006).

1) 평정척도

(1) 척도의 특성과 구성 방법

평정척도(rating scale)는 응답자나 제3의 평정자가 주어진 문항에 대하여 일정한 간격으로 주어진 어느 한 점을 선택하게 하여 측정 요인의 속성을 평정하는 방법이다. 제시된 모든 문항의 평정 결과는 문항별 또는 여러 문항의 특성에 따른 그룹별 평정값의 합계나 평균값을 척도의 결과값으로 사용한다. 평정척도의 세 가지 요소는, ① 평정을 하는 평가자, ② 평정의 대상이 되는 현상, ③ 현상의 연속성이다(Benjamin & Geofferey, 1982). 평정척도의 구성 방법은 "그림을 이용하는 그림평정법과 문항을 측정에 필요한 몇 가지 범주로 나누어 제시하고 응답자의 생각과 가장 유사한 항목을 선택하도록 하는 문항평정법, 비교할 기준을 미리 제시한 후 기준에 따라 평정을 하는 비교평정법, 응답자 스스로 자신을 평가하는 자아평정법 등이 있다"(Benjamin & Geofferey, 1982).

> **예** **친화력에 대한 평가 문항**
>
> (1) 친화력에 대해 수치화를 이용한 평정척도
>   ① 통솔력이 매우 약하다.
>   ② 통솔력이 약한 편이다.
>   ③ 통솔력이 보통이다.
>   ④ 통솔력이 강한 편이다.
>   ⑤ 통솔력이 매우 강하다.
> (2) 친화력에 대해 그래프를 이용한 평정척도
>
>
>
> 매우   약한   보통   강한   매우
> 약하다   편이다   이다   편이다   강하다

(2) 평정척도의 장·단점

사회과학 연구에서 많이 사용되는 평정척도의 장점은 다음과 같다. "첫째, 만들기가 간단하고 사용하기 쉽다. 둘째, 다른 척도에 비해 상대적으로 척도의 구성 시간과 비용이 적게 든다. 셋째, 이론적 배경만 견고하다면 적용 범주가 넓다"(정영숙, 2006).

단점으로는, 첫째, 후광 효과(halo effect)로 척도 평정자의 편견에 영향을 받는다. 평정해야 할 항목이 두 가지 이상인 상황에서 평정자가 개인적 경험에 의한 특성으로 한 항목을 평정했다면, 유사한 다른 문항에 대해서도 같은 개념의 잔상이 남아 다른 특징을 묻는 항목임에도 유사하게 인식하여 결과적으로 같은 수준의 평정 결과를 나타내는 경향을 보인다. 즉, 후광 효과는 평정하는 항목을 일관성 있게 평정하지 못하고 특정한 항목의 특징에 대한 주관적 인식에 기인하여 유

사 항목들에 대해서도 일괄적으로 편향된 인식 결과에 따른 평정을 하게 되는 것을 말한다. 둘째, 관용의 오류가 발생할 수 있다. 관용의 오류란 평정자가 측정 대상의 사실에 기반한 평정을 하지 못하고 측정 대상이 가지는 장점이나 또는 측정 대상이 사회적으로 요구되는 바람직한 방향성을 기대하고 평가하는 경향을 말한다. 셋째, 평가의 결과가 중간화로 수렴하는 결과를 나타내기 쉽다. 평가의 중간화란 다섯 개의 평정 점수로 평가되는 항목에 대해 잘 알지 못하는 항목이라도 중간인 세 번째를 선택하여 평가 기준의 중간을 유지하려는 경향으로, 이는 평가 점수가 중간 점수에 집중화되어 편차가 거의 발생하지 않을 수 있다(Benjamin & Geofferey, 1982). 넷째, 같은 문항이라도 평정자의 인식 수준이나 지적 수준 등 평정자의 개인적 사고 수준 특성에 따라 물음의 의미가 다르게 해석될 가능성이 높아 평정자 간 인식 수준 차이에 따른 평정의 객관성 유지가 어렵다.

2) 총화평정척도: 리커트 척도

(1) 척도의 특성과 구성 방법

리커트 척도(Likert scale)는 "리커트 형태척도와 리커트 총화평정척도로 구분된다. 리커트 척도는 측정 대상의 속성을 일정한 간격으로 구분하여 응답자가 자신의 느낌과 거의 일치하는 곳에 응답하게 하는 것으로, 각 문항은 개별적으로 분석되며 각 문항 내에서 합산을 통한 분석은 할 수 없다"(Spector, 1992). 하나의 요인을 측정하기 위해서는 2개 이상의 문항으로 요인의 개념을 충분히 측정할 수 있도록 척도를 구성하며, 측정된 결과는 합계 또는 평균을 이용하여 통계분석을 한다. 리커트 형태척도의 예는 다음과 같다.

총화평정척도(summated rating scale)는 사회과학에서 보편적으로 사용되는 척도로, 실용적이면서 측정의 결과도 비교적 신뢰도가 높다. 문항 구성은 응답자의 태도나 인식하고 있는 수준을 묻는 것이므로 보편적인 용어로 구성하는 것이 좋으며, 모호한 개념이나 극단적 어휘의 사용은 피해야 한다(Spector, 1992).

(2) 총화평정(리커트) 척도의 장ㆍ단점

리커트 척도의 장점은 다음과 같다. "첫째, 측정의 결과는 조사 대상자들의 응답에 따른 것이므로 평가자의 주관이나 편견을 배제할 수 있다. 둘째, 평정자에 의한 평가가 필요하지 않으므로 분석 시간과 비용이 적게 든다. 셋째, 분석 과정에서 상호 관련성이 낮은 문항은 배제할 수 있으므로 분석 결과의 신뢰성이 높아진다"(Spector, 1992).

리커트 척도의 단점은, 첫째, 응답 범주 간의 간격이 이론적으로는 동일하지만 실질적으로는 동일하다고 보기 어려우므로 통계 결과의 해석에 제한이 있을 수 있다. 둘째, 문항이 많거나 어려운 질문이 포함된 문항 또는 방어기제의 작동 등의 이유로 응답자가 각 항목에 대한 응답을 적절하게 하지 않을 수 있다. 셋째, 응답자는 자신이 모르거나 응답할 수 없는 문항에도 표기된 응답 번호에 중간 번호 응답 또는 임의적 응답에 표기하여 적당한 응답을 함으로써 응답자의 임의성이 개입될 수 있다.

3) 써스톤 척도

(1) 척도의 특성과 구성 방법

연구 대상으로부터 측정하고자 하는 속성에 대하여 가능한 한 많은 설명을 문장으로 만들어 제시한 후 각 문항이 척도상의 어디에 위치할 것인가를 평가자들이 판단하게 한 다음, 이 결과를 바탕으로 연구자가 대표적인 문항들을 선택하여 척도를 구성하는 방법이다. 써스톤 척도(Thurston scale)는 측정 항목 간의 거리가 일정하다고 가정되기 때문에 응답자가 지닌 태도의 차이 또는 태도 변화 수준의 비교가 가능하다. 측정된 태도를 객관적인 수치로 나타내어 평균값이나 중앙값을 계산할 수 있기 때문이다. 써스톤 척도는 써스톤이 "인간의 사회적 태도를 측정하기 위하여 고안해 낸 척도로 인간의 태도를 처음으로 측정할 수 있게 만들었다는 점에 의의가 있으며, 이 척도는 연구자가 자극들의 차이에 초점을 두고 척도값을 할당한다는 측면에서 자극중심 척도법이라고도, 등현등간 척도(유사등간 척도)라고도 한다"(Robert, 2003). 척도의 구성 절차는 다음과 같다.

① 이론적 근거를 바탕으로 측정하고자 하는 개념에 따른 측정변수를 명확히 규정한다.
② 측정 개념과 관련된 속성 측정 문항을 50개 이상 작성한다.
③ 측정된 문항에 대해 다수의 평가자로부터 각 문항의 강도를 여러 단계의 점수로 나누어 평가받는다.
④ 평가에 따른 문항들을 범주화시킨 다음, 범주화된 문항들의 평균값과 중위값을 이용하여 각 문항의 척도값으로 산정한다.
⑤ 평가 점수 분포가 극단적인 문항은 제거하며, 평가자들로부터 각 문항의 강도에 대한 일치도가 높은 문항들을 선정한다.
⑥ 선정된 문항들을 이용하여 본 조사를 실시한다.

(2) 써스톤 척도의 장 · 단점

써스톤 척도의 장점은 다음과 같다. "첫째, 측정 범주 간의 간격이 동일하다는 가정을 내포하고 있으며, 응답자의 실질적인 태도와는 상관없이 응답한 객관적인 문항을 이용하므로 평정척도보다 객관적으로 신뢰성 있는 측정을 할 수 있어서 통계분석에 제한이 적다. 둘째, 많은 평가자의 의견에 따른 척도의 구성과 극단적인 문항의 배제로 측정의 공정성을 높일 수 있다"(Robert, 2003).

단점으로는 "첫째, 척도 구성을 위한 문항 구성과 평가 작업에 많은 인원과 시간이 필요하므로 비용과 시간이 많이 소요되며 번거롭다. 둘째, 문항 평가자들이 문제와 관련된 전문가가 아니므로 문항 평가에 대한 오류를 범할 수 있기에 완전한 평가 문항의 구성이 어렵다"(채서일, 김주영, 2017). 셋째, 평가자의 태도와 판단이 완전히 객관적이어야 한다는 전제에 기초한 척도이기에 평정 결과의 신뢰성을 수긍하기 어렵다.

〈표 4-4〉 써스톤 척도의 예: 영화 관람

척도값	문항	동의
5.5	1. 영화 관람은 유용한 정보를 제공한다.	○
7.7	2. 영화 관람은 스트레스를 해소해 준다.	○
4.8	3. 영화 관람은 개인의 사고를 편향시킨다.	
3.7	4. 영화 관람은 시간 낭비이다.	

예에서 응답자가 문항 1과 문항 2에 동의했다고 가정하면 측정값은 (5.5+7.7)/2 =6.6이다.

4) 어의차이 척도

(1) 척도의 특성과 구성 방법

어의차이 척도(semantic differential scale)는 측정하고자 하는 "개념에 대한 문항을 척도로 구성할 때 척도의 양극점에 서로 상반되는 문장을 표현한 후 응답자가 인식하는 의미적 차이를 측정하기 위한 방법"(Osgood, 1971)으로, 의미분화 척도법이라고도 한다. 구성 방법은 척도의 양극점에 상반되는 표현을 제시하고 양극점의 연속선상에서 응답자가 5~7점에 응답할 수 있도록 구성한다. 이렇게 구성된 척도에 응답자는 일렬로 나열된 의미 대안(semantic alternatives) 중에서 한 점을 선정하여 해당란에 표시를 하게 된다.

다음에 제시된 예는 대통령에 대해 느끼는 정치적 감정을 측정한다고 가정한 것이다. 개인이 현재 대통령의 정치 전반에서 느끼는 감정을 '유능하다 → 무능하다', '정직하다 → 부패하다', '소신이 있다 → 우유부단하다', '믿음이 간다 → 믿을 수 없다', '희망적이다 → 비관적이다', '만족스럽다 → 불만족스럽다'의 6가지 어의차이 척도로 구성하여 느끼는 정도를 리커트 5점상에 표기하도록 하여 느낌의 수준을 측정한다. 어의차이 척도에 포함된 문항들은 상호 간에 유의한 상관관계와 내적 일관성이 있어야 한다.

> **예** 대통령에 대해 느끼는 당신의 기분이 어떠한지를 아래 척도에 표시해 주십시오.

보통

유능하다	• — • — • — • — •	무능하다
정직하다	• — • — • — • — •	부패하다
소신이 있다	• — • — • — • — •	우유부단하다
믿음이 간다	• — • — • — • — •	믿을 수 없다
희망적이다	• — • — • — • — •	비관적이다
만족스럽다	• — • — • — • — •	불만족스럽다

(2) 어의차이 척도의 장·단점

어의차이 척도의 장점은 척도의 구성과 사용이 쉽고, 측정하고자 하는 다양한 개념에 대해 여러 개의 문항으로 신속하게 평가할 수 있으며, 척도를 시각적으로 표현하여 응답자의 응답 선택에 대한 직관성을 높일 수 있다는 것이다(채서일, 김주영, 2017; Osgood, 1971). 그러므로 소비자가 인식하고 있는 기업의 이미지나 광고 이미지 등에 대해 소비자 태도의 방향이나 인식 정도를 측정하는 데 사용된다. 단점은 "응답 문항의 중심에 대한 양극점을 이루는 용어의 표현이 쉽지 않고, 일정한 수 이상의 응답자를 확보해야만 결과의 신뢰성을 확보할 수 있다"(Osgood, 1971).

5) 사회적 거리 척도: 보가더스 척도

(1) 척도의 특성과 구성 방법

사회적 거리 척도(sociometry)는 개인이 느끼는 사회심리적 거리감을 측정하기 위한 것으로, 가족이나 사회 또는 민족 등에 대해 인식하고 있는 심리적 정도를 측정하며 보가더스 척도(Bogardus scale)라고도 한다. 측정 문항의 구성은 "응답자가 인식하고 있는 사회심리적 거리가 먼 것으로부터 가까운 순서대로 배열시켜 측정하며, 이 순서를 수치화하는 것으로 구성한다"(채서일, 김주영, 2017). 문항으로 만들어지는 문장은 가능한 한 문맥적으로 일정한 간격을 유지하여 응답자가 표시할 응답 기준의 구분적 차이가 일정한 간격이 유지된다고 느낄 수 있도록 작성해야 한다.

〈표 4-5〉 사회적 거리 척도 예

중요도	문항
1	결혼하여 가족으로 받아들인다.
2	친구로 사귄다.
3	이웃으로 같이 지낸다.
4	직장 동료로 일한다.
5	우리나라의 국민으로 받아들인다.
6	우리나라의 방문객으로만 받아들인다.
7	우리나라에서 추방한다.

앞의 문항으로 한국인 100명에 대해 조사한 결과가 다음과 같이 나타났다고 가정하자.

문항	미국인	중국인	일본인	베트남인
1	70			
2		30		
3				
4				
5				
6				
7				

70명이 문항 1에서 미국인을 받아들이겠다고 하고, 30명이 문항 2에서 중국인을 받아들이겠다고 응답했다면 중요도 1과 2를 배정하여,
국가 간의 거리계수 = {(1×70)+(2×30)}/100=1.30이다.

출처: 정영숙(2006). 사회복지조사방법론, p. 189의 내용을 기반으로 수정함.

(2) 사회적 거리(보가더스) 척도의 장·단점

사회적 거리를 측정하기 위해서 척도에 연속적인 개념을 적용한 이 척도의 장점은 소속 집단 간의 심리적 거리를 측정하는 데 최적화되어 있으며, 사회적으로 인

식되는 범주에 대한 적용 범위가 넓고, 인종이나 국가에 대해 느끼는 사회심리적 차이와 친밀성의 민감성 정도를 측정할 수 있다(Bogardus, 1933). 단점은 사회심리적 범주에 대한 적용 범위가 넓지만, 척도로서 인위적 조작성이 강해 실제로 사용하고자 할 때는 명확한 이론적 바탕에 기인하여야 하며 통계분석의 결과 해석에 여러 가지 제한점이 있을 수 있다(Bogardus, 1933).

6) 거트만 척도: 누적 척도

(1) 척도의 특성과 구성 방법

거트만 척도(Guttman scale)는 루이스 거트만(Louis Guttman)이 제창한 태도 측정 척도로 응답자의 반응 패턴을 중심으로 응답자 태도를 측정하는 반응중심적 접근법이다. 이 척도의 특징은 재생 가능한 계층에서 순서에 따라 정렬이 가능한 경우 항목의 집합에 따라 형성되는 누적 척도이다. 예를 들어, 수능시험에서 수학 과목 시험을 치르는 사람이 특정 난이도의 항목(예: 2개의 세 자리 숫자의 총합을 구하는 문제)에 성공적으로 답변할 수 있다면 그 이전의 문제(예: 2개의 두 자리 숫자의 총합을 구하는 문제)에 답변할 수 있을 것이라는 사람과 자극을 동시에 누적하여 척도화 하는 방법이다. 누적의 개념을 간단히 말하자면, 누군가에게 자신의 자존감을 물었을 때 높은 수준의 자존감을 나타내는 항목에 '그렇다'라고 응답한 사람은 낮은 수준의 자존감을 나타내는 항목에도 '그렇다'라고 답할 것으로 추정하여 처리한다는 것이다. 즉, 상위 개념에 대한 수용은 하위 개념의 수용을 당연히 포함한다는 전제에 기초한 것으로, 측정 개념의 속성이 실제로 단일 차원으로 구성되어 있는지를 확인할 수 있는 척도이다(Rosow & Breslau, 1966).

척도의 구성에 대해 예를 들면, 쓰레기 처리 시설 설치에 대한 응답자의 태도를 측정하기 위해 다음과 같이 문항을 구성하여 물었다고 가정하자.

문항	찬성	반대
1. 쓰레기 처리 시설을 우리 도에 설치하는 것에 대한 귀하의 생각은?		
2. 쓰레기 처리 시설을 우리 시에 설치하는 것에 대한 귀하의 생각은?		
3. 쓰레기 처리 시설을 우리 구에 설치하는 것에 대한 귀하의 생각은?		

4. 쓰레기 처리 시설을 우리 동에 설치하는 것에 대한 귀하의 생각은?	○	
5. 쓰레기 처리 시설을 우리 집 옆에 설치하는 것에 대한 귀하의 생각은?		

앞의 물음에서 응답자가 4번에 찬성했다고 가정하면 이 응답자는 1~3번에도 찬성했다고 볼 수 있다. 하지만 5번에 찬성한다고 생각하기에는 문제가 있다. 이처럼 거트만 척도는 문항 간에 서열이 존재한다.

(2) 거트만 척도의 장·단점

거트만 척도의 장점은 측정 대상의 속성을 단일 차원에서 측정할 수 있고, 모집단을 단일 차원으로 가정하여 분석하므로 통계분석에서 측정오차를 고민할 필요가 없다. 또한 문항 구성이 실제로 단일 차원으로 구성되어 있는지 검증할 수 있다. 하지만 현실적으로 사회과학 연구에서 단일 차원의 속성을 지닌 측정 대상의 선정은 불가능하다. 단점은 문항을 측정 강도에 따라 일관성 있게 구성하기 어렵고, 문항이 많아지면 절차가 복잡해지므로 시간과 비용이 많이 든다(Rosow & Breslau, 1966).

참고문헌

공마리아, 최은영(2015). 성인 남성의 성몰입, 공격성 및 적대감, 철회에 관한 연구― 성범죄, 일반범죄, 일반 성인 집단간 비교를 중심으로. 미술치료 연구, 22(3), 819-836.

김구(2020). 사회과학 연구조사방법론: 양적 연구와 질적 연구의 접근(3판). 서울: 비앤엠북스.

김석용(2018). INTRO 조사연구방법론(3판). 서울: 탑북스.

김외숙, 이태림, 이기재(2008). 가정관리학 연구법. 서울: 한국방송통신대학교 출판부.

성태제, 시기자(2020). 연구방법론(3판). 서울: 학지사.

이훈영(2012). 이훈영교수의 연구조사방법론. 서울: 청람.

정영숙(2006). 사회복지조사방법론. 경기: 공동체.

정영숙, 최은영, 공마리아(2015). SPSS를 활용한 미술치료 자료 분석. 서울: 학지사.

채서일, 김주영(2017). 사회과학조사방법론. 서울: 비앤엠북스.

최은영, 이영숙, 손병문, 오지은(2019). 미술치료의 치료 요인 범주화 연구―미술치료서비스 제공자를 대상으로―. 특수교육재활과학 연구, 58(2), 513-530.

Bailey, K. D. (1994). *Methods of Social Research*. New York: The Free Press.

Benjamin, D. W., & Geofferey, N. M. (1982). *Rating scale analysis*. Chicago: MESA Press.

Bogardus, E. S. (1933). A social distance scale. *Sociology & Social Research 17*, 265-271.

Campbell, D. T., & Stanley, J. C. (2005). *Experimental and Quasi-Experimental Designs for Research*. New York: SAGE Publications.

Conover, W. J. (1980). *Practical nonparametric statistics* (2nd ed.). New York: Wiley.

DiRenzo, G. J. (1990). *Human Social Behavior: Concepts and Principle of Sociology*. New York: Harcourt School.

Kerlinger, F. N. (1999). *Foundations of Behavioral Research*. New York: Holt, Rinehart & Winston.

Osgood, C. E. (1971). Commentary on "the Semantic Differential and Mediation Theory." *Linguistics, 9*(66). 88-96.

Robert, F. D. (2003). *Scale development: Therapy and applications* (2nd ed.). New York: Sage Publications.

Rosow, I., & Breslau, N. (1966). A Guttman health scale for the aged. *Journal of*

Gerontology, 21, 556−559.

Rubin, A., & Babbie, E. (2005). *Research Method for Social Work* (5th ed.). California: Brooks/Cole Thompson Learning.

Spector, P. E. (1992). *Summated Rating Scale Construction: An instruction.* Sage Publications.

Stevens, S. S. (1946). On the Theory of Scales of Measurement. *Science, New Series 103* (2684), 677−680.

제5장

조사 연구

1. 조사 연구의 목적과 유형

1) 조사 연구의 개념

조사(survey)는 상황, 연구 분야 등을 일반적으로 혹은 포괄적으로 보거나 평가하는 것을 의미하며, 연구(research)는 사실, 이론, 응용 및 적용을 발견하거나 수정하기 위해 주제에 대해 체계적으로 조사하는 것을 의미한다. 레드맨과 모리(Redman & Mory, 1923; Kothari, 2014에서 재인용, 1)는 연구를 새로운 지식을 얻기 위한 체계화된 노력이라 하였다. 이러한 개념들을 조합하면 조사 연구(survey research)는 특정 상황이나 관심을 가지는 연구 분야와 관련된 사실, 이론, 적용점을 발견하거나 수정하기 위해 체계적으로 살펴보고 평가하는 조사 과정을 의미한다고 볼 수 있다. 공식적인 조사 방법으로서의 조사는 1930~40년대 사회학자 폴 라자스펠드(Paul Lazarsfeld)에 의해 미국의 정치적 견해 형성에 대한 라디오의 영향을 조사하기 위해 실시되었다(Bhattacherjee, 2012). 조사 연구는 오늘날 가장 흔히 이루어지고 있는 연구의 형태로, 모집단 전체를 대상으로 할 수 있으나 시간과 비용 등의 어려움으로 인하여 일반적으로 모집단을 대표할 수 있는 대상만 뽑아서 하는 표본조사를 많이 한다.

2) 조사 연구의 유형

조사 연구의 유형은 연구의 목적에 따라서 탐색, 기술, 설명, 검증, 평가, 예측 등으로 구분할 수 있다(Bhattacherjee, 2012; DeCarlo, 2018; Kothari, 2014; Yin, 1994; 김렬, 2012; 김외숙 외, 2014). 탐색 연구(exploratory research)는 선행 연구가 거의 없

는 문제를 다룰 경우, 즉 연구에 필요한 지식의 수준이나 정보가 적거나 낮은 경우 이 문제를 규명하고 탐색하기 위해 실시하는 조사 방법으로, 주로 질적 자료를 사용한다. 따라서 연구자의 통찰력과 창조력이 중요하며, 차후의 체계적인 연구를 위한 예비적 성격을 갖고 있다. 기술 연구(descriptive research)는 연구의 대상 혹은 현상을 정확하게 파악하기 위해 실시하는 조사 방법이다. 기술 연구는 양적 연구와 질적 연구로 다시 구분할 수 있으며, 양적 연구는 체계적이고 과학적인 방법으로 추출된 표본을 대상으로 표준화된 질문지를 사용해 조사하여 모집단의 특성을 파악하는 것을 말한다. 반면, 질적 연구는 연구의 대상 혹은 현상이 의미하는 바를 고찰하는 것을 말하며, 내용의 일반화보다 연구 대상이 처한 환경, 상호작용, 의미하는 바, 일상의 삶과 같은 내용들을 정확히 묘사하는 것을 중시한다. 기술 연구는 자연적으로 발생하는 상황을 그대로 관찰, 서술, 실증하는 연구를 말한다. 기술 연구는 실험 연구처럼 변수를 조작하거나 상황을 통제하지 않는다. 설명 연구(explanatory research)는 인과관계를 규명하여 원인을 설명하고, 미래를 예측하기 위하여 실시하는 조사 방법이다. 또한 설명 연구는 일반화(generalization)를 통하여 현상이나 사건의 통제에도 관심을 갖는다. 인과관계는 A가 B에 영향을 미치는 단순 인과관계, A가 B에 영향을 미치고 B가 C에 영향을 미치는 연속적 인과관계, 그리고 한 변수가 제3의 변수의 매개에 의해 다른 변수에 영향을 미칠 뿐 아니라 직접적으로도 그 변수에 영향을 미치는 구조적 인과관계 등이 있다. 즉, A가 B를 통해 C에 영향을 미치면서 동시에 A가 C에 영향을 미치는 것이다. 검증 연구(testing research)는 조사에서 얻은 분석 결과를 기초로 어떤 가설의 진위 여부를 가리거나 이론을 수정·보완하는 연구이다. 평가 연구(evaluation research)는 어떤 새로운 정책이나 시도의 결과가 얼마나 효과적이었는지 측정하는 연구이다. 예측 연구(prediction research)는 미래 상황의 전개나 행동의 방향을 이론에 근거하여 전망하는 연구이다.

3) 표본조사 연구의 장·단점

표본조사 연구는 다른 연구 방법과 비교하여 다음과 같은 장점이 있다(Bhattacherjee, 2012; 김렬, 2012; 김석용, 2018; 성태제, 시기자, 2014; 정영숙 외, 2015). 첫째, 대규모의 표본집단이 가능하다. 둘째, 표본을 연구하여 모집단의 특성을 밝힐 수 있다. 즉, 모집단의 범위가 너무 커서 직접적으로 조사, 관찰하기 어려운 자료를 수집하여 모집단의 특성을 밝힐 수 있다. 다시 말하자면, 일반화의 가능성이 높다. 전수조사는 모집단이 큰 경우에 조사 과정을 통제하거나 처리하는 과정에서 비표본오차(nonsampling error)가 발생할 위험이 높으나, 표본조사는 전수조사보다 자료의 수집이나 집계 과정을 더 잘 통제할 수 있기 때문에 상대적으로 비표본오차가 적어 정확도를 높일 수 있다. 셋째, 편의성이 높다. 넷째, 시간과 비용의 측면에서 경제적이다. 대표성을 가지는 표본을 대상으로 조사를 실시하기 때문에 신속하고 정확한 조사가 가능하며, 관련 자료의 조사, 정리, 집계 등에 있어서 인적·물적 자원의 절감이 가능하다.

반면, 표본조사는 다음과 같은 단점이 있다(Bhattacherjee, 2012; 김렬, 2012; 김석용, 2018; 성태제, 시기자, 2014; 정영숙 외, 2015). 첫째, 상대적으로 깊이 있는 질적 특성을 얻기가 어렵다. 둘째, 표본 선정에서 표본오차를 피할 수가 없다. 복잡한 표본 설계를 필요로 하는 경우 오히려 시간이 많이 들고 오차가 크게 발생할 수 있다는 단점이 있다. 따라서 표본오차에 의한 결과의 왜곡이 클 것으로 예상되면 전수조사가 바람직하다. 셋째, 질문지로 직접 측정할 수 없는 개념을 측정하는 과정에서 질문지에 오류가 있거나 조사 과정에서 조사자의 편견이 개입되면 얻어진 조사 결과는 전혀 관련 없는 현상을 측정할 수 있다. 즉, 타당도의 문제가 발생할 수 있다. 넷째, 조사 과정의 오류로 인해 연구자에 따라 다른 연구 결과를 얻을 수 있다. 즉, 신뢰도의 문제가 발생할 수 있다. 다섯째, 광범위한 연구 목적과 주제에 대해 융통성 있게 적용할 수 있지만, 조사가 진행된 후 질문지에 추가할 내용이 있거나 조사 방법을 바꾸고 싶어도 바꿀 수가 없다.

2. 조사 연구의 절차

조사 연구를 위해서는 모집단을 파악하고, 모집단으로부터 표본을 추출해야 한다. 그리고 표본으로부터 서베이나 관찰 혹은 실험 등 어떠한 방법으로 자료 수집을 실시할지 결정해야 한다.

1) 모집단과 표본

조사 연구 시 가장 먼저 모집단(population)을 파악하고, 모집단으로부터 표본 (sample)을 추출해야 한다. 물론 자료를 수집함에 있어서 모집단 전부를 대상으로 수집하는 것이 이상적일 수 있으나, 전체를 대상으로 자료를 수집하기에는 시간 과 비용이 많이 든다. 또한 성폭력 피해자 혹은 성소수자 등의 경우, 모집단의 규 모가 분명하지 않고 접근에 한계가 있을 수도 있다. 따라서 전체를 대상으로 자료 를 수집하는 것은 불가능할 수 있기에 표본을 대상으로 조사할 수 있다. 표본집단 은 모집단을 대표할 수 있는 대표성(representative)과 모집단의 특성을 내포한 적 합성(adequacy)이 있어야 한다.

(1) 표본의 대표성

모집단(population)이란 연구자가 관심을 가지고 조사하고자 하는 대상(objects) 이나 사건(events) 전체를 의미한다(Allen, 2017). 그러나 현실적으로 모집단 전체 에 대한 조사가 불가능하므로, 현실적으로 조사 가능하고 추출 틀을 작성해서 추 출단위만을 모아서 모집단을 구성한다. 이를 연구모집단이라 한다. 예를 들어, 조 사 목적이 미술치료가 청소년의 학교생활 적응에 미치는 영향에 대해 조사하는 것이라면, 이때의 모집단은 전국에 있는 청소년 모두가 포함된다. 그러나 범위를 특정 지역으로 한정하는 경우에는 특정 지역 내에 속해 있는 청소년만이 모집단 에 포함되고, 다른 지역의 청소년은 모집단에 포함되지 않는다. 또한 표본을 추출 하여 분석된 결과는 범위가 규정된 연구모집단에만 적용된다.

모집단에는 유한모집단과 무한모집단이 있다. 모집단에 어떤 구성단위가 속하 는 기준을 명확히 밝히지 않는다면 무한모집단이 되고, 명확히 밝히면 유한모집 단이 된다. 일반적으로 연구에서는 유한모집단을 연구의 주제로 하며, 유한모집 단화하기 위해 한정하는 정의를 둔다. 가령, 청소년의 경우도 청소년이라 할 때는 대한민국 국적을 가진 청소년도 있고, 아닌 청소년도 있으며, 국적이 없는 청소년 도 있을 수 있다. 또한 대한민국 국적을 가지고 있으나 국외에 거주하고 있는 청 소년도 있을 수 있다. 따라서 '현재 대한민국 영토 내에 거주하는 대한민국 국적의 청소년' 등으로 제한하여 정의하는 것이다.

연구에 있어서 모집단을 명확하게 정의해야만 모집단을 대표하는 표본을 잘 추출할 수 있기 때문에 중요하다. 왜냐하면 조사 연구는 모집단에서 추출한 표본을 대상으로 질문지나 면접 등의 수단을 사용하여 자료를 수집하여, 이 자료의 분석 결과를 기반으로 모집단에 일반화하기 때문이다. 따라서 표본이 모집단을 대표할 수 있어야 하며, 이는 매우 중요하다(Peck, Olsen, & Devore, 2008). 분석 시 모집단과 표본의 특성이 대표성과 적합성이 있는지는 평균(mean), 분산(variance), 표준편차(standard deviation) 등으로 파악할 수 있다.

표본은 모집단의 일부이며 모집단의 평균, 분산, 표준편차를 모수(parameter)라 하고, 이러한 모수는 모집단의 특성을 나타낸다. 표본의 평균, 분산, 표준편차는 통계량이라 한다. 표본이 잘 선정되기 위해서는, 즉 표본이 모집단을 대표하기 위해서는 모수와 통계량의 전반적인 분포가 유사해야 한다. 그러나 모집단이 아닌 일부의 표본을 뽑아 조사하기 때문에 오차가 발생할 수밖에 없으며, 이러한 오차를 표본오차(sampling error)라 한다. 즉, 표본오차는 모집단의 일부인 표본에서 얻은 자료를 통해 모집단 전체의 특성을 추론함으로써 생기는 오차를 말한다. 모집단 전체를 조사하여 통계량을 계산한다면 표본오차는 없어질 것이지만, 실제 이런 경우는 현실적으로 어렵다. 표본의 대표성과 적합성이 인정되기 위해서는 가급적 표본오차가 작아야 한다. 표본오차는 추출 방법에 따라 여러 가지 형식으로 나타날 수 있지만, 보통 표본의 크기에 반비례하기 때문에 표본의 크기를 증가시키면 표본오차가 작아져 좀 더 모집단과 유사한 특성을 나타낼 수 있다.

앞서 이야기한 바와 같이 조사 연구는 모집단을 대표하는 표본조사 자료를 분석하여, 평균, 분산, 표준편차 등을 포함한 통계량을 구한 다음 모집단 모수를 추정하여 일반화해야 한다. 표본집단을 구성하는 요소는 모집단의 구성 요소와 동일해야 한다. 예를 들면, 청소년의 성별, 연령 등이 같은 구성 요소들로 선정되어야 한다.

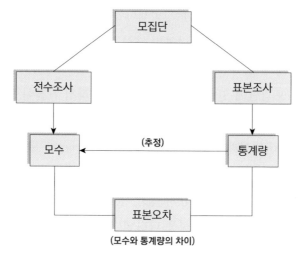

[그림 5-1] 전수조사와 표본조사의 관계

출처: 채서일(2005). 사회과학조사방법론, p. 219.

(2) 표집

모집단이 규정되면 모집단을 대표할 수 있는 표본을 추출해야 하는데, 이를 표집이라고 한다. 표본(sample)은 정의된 절차에 따라 수집되거나 선택된 모집단의 하위 집단으로, 일반적으로 모집단의 일부를 지칭한다(Peck et al., 2008). 표집(sampling)은 해당 모집단에 대한 관찰 및 통계적 추론을 수행할 목적으로 관심 모집단의 하위 집합을 선택하는 과정을 말한다(Bhattacherjee, 2012). 이러한 표집 과정에서 선택편향(selection bias), 측정 및 응답편향(measurement or response bias), 무응답편향(nonresponse bias) 등이 나타날 수 있으므로 주의가 요구된다(Peck et al., 2008).

표본을 추출하는 데는 두 가지 방법이 있는데, 하나는 확률표집(probabilistic sampling)이고 다른 하나는 비확률표집(non-probabilistic sampling)이다. 확률표집은 확률 이론에 근거해 표본을 선발하는 방식으로, 모집단의 요소들이 표본으로 추출될 확률(0이 아닌 확률)을 알 수 있으며, 이 확률을 정확하게 결정할 수 있는 방법을 말한다(Bhattacherjee, 2012). 따라서 표본분석 결과의 일반화가 가능하며 표본오차의 추정이 가능한 반면, 시간과 비용이 과다하게 사용될 여지가 있다(김구, 2020). 확률표집의 예로는 단순무작위표집, 계층표집, 층화표집, 집락(군집)표집 등이 있다.

비확률표집은 표본에 추출될 가능성이 없거나 확률을 정확하게 결정할 수 없는 방식이다(Bhattacherjee, 2012). 비확률표집은 모집단에 대한 목록을 구하기 어려울 경우 사용한다(김석용, 2018). 따라서 표집의 편향이 있을 수 있으며, 연구 결과의 일반화에 제약이 따른다. 반면, 시간과 비용이 적게 든다(김구, 2020). 비확률표집의 예로는 임의표집, 할당표집, 유의표집, 눈덩이표집 등이 있다.

2) 자료의 조사 방법

자료 수집 방법은 크게 서베이, 관찰법, 실험법 등이 있다. 이 방법들 중 자료를 수집할 때 어느 방법을 이용하는가 하는 문제는 일반적으로 조사 목적과 내용, 자료 특성 등에 따라 다르다. 관찰 연구나 실험 연구는 7장과 8장에 상세히 안내할 예정이므로, 이 장에서는 서베이를 중심으로 알아보고자 한다.

서베이는 크게 설문지법과 면접법으로 구분할 수 있다. 설문지법은 다시 조사 방법에 따라 전화조사, 우편조사, 전자 서베이, 집단조사, 배포조사 등으로 구분할 수 있다. 면접법은 표준화 정도에 따라 표준화 면접, 반표준화 면접, 비표준화 면접, 조사 대상에 따라 개별면접, 집단면접, 초점 집단면접, 지시 정도에 따라 지시적 면접, 비지시적 면접, 조사 대상자를 만나는 방법에 따라 직접면접과 간접면접 등으로 구분할 수 있다. 따라서 "다양한 자료 수집 방법 중에 어떠한 방법을 통하여 자료를 수집할 것인지, 누가 조사할 것인지, 언제 조사할 것인지, 어디서 조사할 것인지, 또 어떻게 자료를 수집할 것인지?" 등을 결정해야 한다.

3) 조사 연구의 과정

조사 연구의 절차는 조사 내용이나 조사 대상에 따라 달라질 수 있기 때문에 전형적 절차가 있는 것은 아니다. 코타리(Kothari, 2014)는 연구 주제의 선정, 문헌조사, 가설 개발, 연구 설계, 샘플 디자인 결정, 데이터 수집, 프로젝트 수행, 데이터 분석, 가설 검정, 일반화와 해석, 보고서 혹은 논문 준비 등의 단계로 세분화하였으며, 김외숙 등(2014)은 조사 연구의 과정을 기획 및 준비 단계(연구 주제 및 선행 연구 탐색), 기초작업 단계(표본 추출, 사전조사), 현지 작업(설문지 배포 및 회수), 결과분석 단계로 구분하였다. 이종승(2009)은 조사 연구의 과정을 조사의 목적과 내용 확인, 조사 계획의 수립, 조사의 실시, 자료의 정리와 분석, 조사 결과의 보고 단계로 구분하였다. 연구자별로 다소 차이가 있으나, 대략적으로 앞서 4장에서 살펴본 바와 같이 연구 주제 및 연구 문제의 설정, 개념 정립과 가설 설정, 연구 설계, 자료 수집, 자료 입력 및 분석 등을 기본으로 단계가 일부 합쳐지거나 혹은 세분화되는 형태로 나타난다고 볼 수 있다.

3. 설문지법

설문지(questionnaire)는 표준화된 방식으로 응답자로부터 응답을 포착하기 위한 일련의 질문(항목)으로 구성된 연구 도구이다(Bhattacherjee, 2012). 즉, 어떤 문제나 사물 혹은 특정 현상에 관해 필요한 사항을 알아보기 위하여 만든 질문 목록으로, 질문은 구조화될 수도, 구조화되지 않을 수도 있다. 이러한 설문지법은 정부나 부족과 같은 공동체가 있는 한 질문이나 서면을 통해 얻은 통계가 있었으므로(Gault, 1907), 집단의 출현을 설문지법의 기원으로 보는 것이 타당하며, 오늘날 사용하는 최초 서면 질문지의 기록은 1838년으로 볼 수 있다(Gault, 1907).

일반적으로 설문지법은 설문지와 면접조사표로 구분할 수 있다. 면접조사표는 조사원 또는 면접원이 질문을 읽어 주면서 응답자의 대답을 써 놓도록 만든 기록지를 말하는데, 흔히 설문지라고 할 때는 설문지와 면접조사표를 구분하지 않고 포괄적 의미로 사용한다(김외숙 외, 2014). 그러나 통상적으로 설문지법은 연구 목적과 관련된 일련의 질문을 구성한 설문지를 전달하여, 조사 대상자가 읽고 대답하는 방법으로 생각한다. 따라서 한 번에 많은 응답자로부터 대답을 얻을 수 있을 뿐만 아니라, 많은 변수를 측정할 수 있으며 다양한 가설을 검증할 수 있다는 장점이 있다. 그러나 무응답에 대한 대응이 미비하며, 설문에 대한 통제를 제대로 할 수 없고, 실제 응답해야 할 사람이 응답했는지 확인할 수 없다는 단점이 있다. 따라서 연구자는 설문지법을 사용하기 전에 질문지를 통해 필요한 자료를 수집할 수 있는지, 응답자가 쉽게 반응하고 응답할 수 있는지, 설문지법 이외에 자료를 수집할 수 있는 더 타당성 있고 신뢰로운 자료 수집 방법이 있는지 등에 대해서 고민해야 한다. 설문지법은 대체적으로 수량화할 수 있는데, 이것은 자료가 수합되었다고 해서 가치를 가지는 것이 아니며, 질문지에 구성된 척도의 타당도와 신뢰도 그리고 설문지의 배포와 회수 그리고 자료 처리 등의 절차 등에 대해 세밀한 검토가 요구된다.

1) 설문지의 작성

(1) 설문지의 작성 절차와 원칙

① 설문지의 작성 절차

설문지법을 활용하기 위해서는 질문이 잘 작성되어야 한다. 질문이 잘 작성되었다는 것은 "각 문항이 연구자의 질문 의도를 조사 대상자들이 정확하게 파악할 수 있게 구성되었는가? 문항에 대한 해석이 조사 대상자마다 동일한가? 조사 대상자들이 자신의 의견을 솔직히 답변할 수 있도록 만들어졌는가?"에 대해서 답할 수 있다는 것을 의미한다.

구체적으로 질문지는 일반적으로 다음의 절차를 거쳐 작성된다(Bradburn, Sudman, & Wansink, 2004; Kothari, 2014; Krosnick & Presser, 2009; 김경동, 이온죽, 김여진, 2009; 정영숙, 2006). 첫째, 연구 문제 및 주제 등을 면밀히 검토하여 필요한 정보를 결정하고, 전화, 우편, 면접조사 등 어떤 방법으로 자료를 수집하는 것이 가장 적합할지 정한다. 둘째, 조사를 통해 얻고자 하는 정보의 성격과 대상에 따라 질문 범위와 내용을 결정한다. 셋째, 자료 수집의 방법과 질문할 내용이 결정되면 질문의 방법과 형식을 생각하면서 구체적인 질문 문항을 만든다. 조사 대상자에게 설문을 어떤 방식으로 조사할지에 따라 질문을 구성해야 하며, 문항의 배열 순서를 어떻게 하는 것이 좋을지도 함께 생각해야 한다. 이때 질문을 새롭게 만들 수도 있으나, 기존의 선행 연구를 통해 파악한 기존의 질문들을 수정하여 사용할 수도 있다. 넷째, 질문 문항들을 알맞게 배열해서 질문지 초안을 만든다. 다섯째, 질문지가 가편집되면 인사말과 응답 요령을 준비한다. 여섯째, 질문 내용 및 배열을 몇 차례 검토하고 수정하여 응답자가 이해하기 쉽고 응답하기에 편리한 질문지를 만들도록 노력해야 한다. 일곱째, 반드시 사전조사(pre-test)를 실시해 본 후 미비점을 보완한다. 예비조사는 20~30명 정도의 적은 표본을 대상으로 하고, 설문지

형식과 내용 전반을 검토할 필요가 있다. 여덟째, 가능하면 부호화를 위한 지침이나 사전 부호화의 틀을 미리 마련해 두는 것이 좋다. 아홉째, 이러한 단계를 거쳐 질문지의 최종 형태가 만들어지면 표지의 모양을 결정하고 인쇄하도록 한다.

② 설문지의 작성 원칙

설문지의 작성 원칙은 목적성, 간결성, 명확성, 적절한 언어 사용, 단순성, 가치중립성, 상호 배타성, 규범적 응답의 억제, 가정적 질문의 제외 등이다(Bradburn et al., 2004; Fowler & Floyd, 1995; 김구, 2020; 김렬, 2012; 김외숙 외, 2014). 첫째, 목적성은 관련성이라고 하기도 하며, 연구 문제나 가설이 정확하게 반영되어야 한다. 즉, 목적에 기술된 가설이나 내용에 대한 정보를 얻을 수 있는 문항들로 구성되어야 한다는 것을 의미한다. 둘째, 간결성은 문장을 간결하게 구성해야 하는 것을 말한다. 질문이 길어지면 질문의 핵심이 흐려지게 되고 응답자가 읽지 않을 가능성이 크기 때문이다. 셋째, 명확성은 질문 내용과 의미가 명확해야 함을 의미한다. 가령, "당신의 나이는 몇 살입니까?"라는 질문에 대해서 한국식 나이를 적어야 할지, 만 나이를 적어야 할지 헷갈릴 수 있다. 또한 "당신의 소득은 얼마입니까?"라는 질문에 대해서는 월평균 소득인지, 연간 소득인지 등이 명확하지 않다. 이처럼 응답자가 자의적인 해석을 할 여지가 있는 문항이 있어서는 안 된다. 넷째, 적절한 언어를 사용해야 한다. 응답자의 수준에 맞는 어휘나 문장을 사용하고, 전문적인 용어의 사용은 피해야 한다. 어쩔 수 없이 사용해야 하는 경우는 각 개념에 대한 설명을 추가하여야 한다. 다섯째, 단순성은 이중질문이 되어서는 안 된다는 것이다. 즉, 한 가지 질문에 한 가지의 정보들만 담아야 하는 것을 의미한다. 예를 들어, "미술치료의 비용과 진행 과정에 대해 만족하십니까?"와 같은 질문은 비용과 진행 과정 두 가지를 묻는 것으로, 각각에 대해 만족하는 정도가 다르면 응답에 혼란을 겪게 될 것이다. 여섯째, 가치중립성은 편향성을 지니지 않아야 한다는 것을 의미한다. 즉, 질문에 응답자가 선택할 가능성이 있는 의견이 포함되거나, 특정 대답을 암시하거나 유도해서는 안 된다. 예를 들어, "미술치료는 귀하에게 얼마나 도움이 됩니까?"라는 질문은 미술치료가 도움이 된다는 유도형 질문에 해당한다고 볼 수 있다. 일곱째, 상호 배타성은 응답 범주의 배타성을 말한다. 즉, 응답자가 하나의 보기만을 선택할 수 있어야 함을 의미한다. 예를 들어, "미술치료의 만족도는 어떠합니까?"라는 질문에, '① 매우 만족, ② 항상 만족' 이라는 문항이 있는 경우, '매우'는 강도를 나타내고 '항상'은 빈도를 나타내므로 매우 만족하면서 항상 만족할 수도 있다. 아니면 "당신의 종교는 무엇입니까?"라는 질문에, '① 기독교, ② 천주교, ③ 불교, ④ 종교 없음'의 경우, 소수의 다른 종교를 포괄하지 못하는 문제점이 생긴다. 여덟째, 규범적 응답을 억제해야 한다. 일반적으로 조사 대상자들은 자신이 느끼는 것 또는 행태를 보이기보다는 사회적으로 바람직하다고 생각하는 것이나 극단적인 응답 또는 중도적 응답 등으로 답하려는 경향이 있다. 규범적 문항의 경우, 조사 대상자가 규범적으로 답할 가능성이 있기 때문에 규범적 문항을 최대한 자제해야 한다. 아홉째, 가정적 질문을 피해야 한다. 가정적 질문은 응답자가 질문에서 말하고 있는 내용을 알고 있다는 전제하에 질문하는데, 이에 대해 응답자가 잘 모를 수 있으며, 응답한다 하더라도 유용하고 신뢰할 만한 정보라고 할 수 없다.

(2) 질문의 유형

설문지의 구성은 질문의 유형에 따라서 개방형 질문과 폐쇄형 질문으로 나누어 볼 수 있다. 개방형 질문은 일반적으로 답이 정해져 있지 않아 조사 대상자가 자유롭게 표현할 수 있는 주관식 질문을 의미한다. 일반적으로 개방형 질문은 연구자가 측정하고자 하는 개념에 대한 정보가 부족하거나, 선행 연구가 많지 않은 경우에 탐색적 목적으로 사용된다(정영숙, 2006). 개방형 질문의 장점과 단점은 다음과 같다(Bradburn et al., 2004; Reja, Manfreda, Hlebec, & Vehovar, 2003; 김럴, 2012; 김석용, 2018).

개방형 질문은 자유로운 의견 수렴이 가능하기 때문에 미리 예상하지 못한 문제를 발굴하거나 새로운 정보를 얻을 수 있으며, 가능한 응답 범주를 모두 알 수 없을 때 혹은 너무 많은 응답 범주가 필요한 경우 유용하다. 또한 응답의 일부를 보고서 및 논문 작성 시 그대로 인용할 수 있다는 장점이 있다. 그러나 응답이 표준화되어 있지 않아 자료 처리 과정에서 부호화하기 어려우며, 따라서 자료의 수집과 분석에 많은 시간이 걸린다. 또한 개방형 질문의 경우 폐쇄형 질문에 비해 응답에 시간과 노력이 많이 소요되며, 무응답률이 높다는 단점이 있다. 뿐만 아니라 표현 능력이 부족한 응답자에게는 부적합하다.

폐쇄형 질문은 연구자가 사전에 설정한 몇 개의 제한된 대답의 범주 내에서 가장 적합하다고 여겨지는 것을 조사 대상자들이 선택하는 방식으로, 연구자가 가설을 검증하고자 하는 연구에서 많이 사용된다. 폐쇄형 질문은 찬·반식 혹은 양자택일형, 다항선택형, 서열형, 평정형 등으로 구성할 수 있다. 폐쇄형 질문의 장점과 단점은 다음과 같다(Bradburn et al., 2004; Reja et al., 2003; 김렬, 2012; 김석용, 2018). 폐쇄형 질문의 경우, 응답 범주를 제시하기 때문에 누구나 쉽게 응답할 수 있어 조사 대상자의 응답 부담이 낮으며, 개방질문에 비해 상대적으로 시간이 적게 소요된다. 자료 처리 과정역시 응답 내용을 부호화하기 쉬워 양적으로 분석하거나 결과를 비교하기에도 용이하다는 장점이 있다. 또한 자료 해석에 있어 연구자의 편견 개입의 가능성이 낮다. 그러나 질문에 진지하게 응답하지 않고 건성으로 응답할 수 있다. 특히 줄 세우기와 같은 현상이 나타날 수 있으며, 일부 문항에 대한 답변이 누락되어 척도 자체를 사용하지 못하게 되는 경우도 발생할 수 있다. 또한 조사 대상자가 생각하기에 적절한 응답 범주가 없는 경우, 응답이 곤란해진다. 따라서 응답자가 대답할 수 있는 모든 경우의 수를 포함하고 있어야 한다. 개방형 질문은 자기표현의 기회를 제공함으로써 풍부한 정보를 얻을 수 있는 데 반하여, 폐쇄형 질문은 연구자가 선정한 범위 내에서만 정보를 얻을 수 있다는 단점이 있다. 설문조사에서 사용할 수 있는 질문의 유형은 다음과 같다.

① 자유응답형

자유응답형 질문(open-ended questions)은 응답의 형태에 어떠한 제약도 가하지 않는 질문 형태로 응답자가 자신의 의견을 자유롭게 표현할 수 있는 방법이다.

> **예** 미술치료사의 처우 개선을 위해 가장 시급히 개선되어야 할 사항은 무엇입니까?
>
> (   )

② 체크리스트형

체크리스트형 질문(check lisk questions)은 응답자가 응답할 수 있는 범주를 몇 가지로 제약하여 응답하도록 하는 방법이다. 체크리스트형은 여러 개의 응답 범주 중 한 가지를 선택하게 하는 유형이다.

> **예** **다음 중 귀하의 최종 학력은 무엇인지 체크해 주세요.**
>
> ① 무학 ② 초등학교 재학 및 졸업 ③ 중학교 재학 및 졸업 ④ 고등학교 재학 및 졸업
> ⑤ 대학교 재학 및 졸업 ⑥ 대학원 재학 이상

③ 다지선다형

다지선다형 질문(multiple choice questions)은 응답자가 응답할 수 있는 범주를 몇 가지로 제약하여 응답하도록 하는 방법이다. 다지선다형 질문은 2개 이상의 응답을 선택할 수 있는 형태를 말한다. 다만, 선택 가능한 응답 개수가 너무 많으면 응답자에게 혼란을 가져올 수 있으며, 통계처리상에도 어려움이 야기된다.

> **예** **귀하의 인생에서 중요하다고 생각하는 것을 모두 고르시오.**
>
> ① 건강   ② 사랑 ③ 직업 ④ 인격 ⑤ 봉사 ⑥ 우정
> ⑦ 경제적 풍요 ⑧ 권력 ⑩ 명예 ⑩ 종교 ⑪ 기타 (   )

④ 양자택일형

양자택일형 질문(dichotomous questions)은 흔히 찬반형 혹은 이분형 질문이라고도 하며, 2가지 보기 중 하나를 선택하는 유형이다. 응답자의 부담이 적고 자료 수집과 처리가 쉬우나, 중간 입장을 지닌 사람도 양극으로 분류될 수 있다는 점을 고려해야 한다.

> **예** **귀하는 미술치료를 받아 본 적이 있습니까?**
>
> ① 예   ② 아니오

⑤ 서열식 질문

서열식 질문(ranking questions)은 흔히 순위형 질문이라고도 하며, 응답 범주를 모두 나열하고 응답자로 하여금 선호도, 중요도, 시급성 등에 따라 우선순위를 부여하도록 하는 방법이다. 몇 개를 선택하여 우선순위를 부여할 수도 있으며, 필요에 따라 모든 항목의 우선순위를 부여할 수도 있다.

예1 현재 귀하의 대학생활에서 중요한 문제는 무엇입니까? 가장 높은 순서대로 순위를 적어 주십시오.

___① 학업문제   ___② 건강문제   ___③ 경제문제   ___④ 성격문제
___⑤ 가정문제   ___⑥ 취업문제   ___⑦ 이성교제   ___⑧ 기타 (   )

예2 현재 귀하의 대학생활에서 중요한 문제는 무엇입니까? 가장 높은 순서대로 3개의 순위를 적어 주십시오.

1위 (   ), 2위 (   ), 3위 (   )
① 학업문제   ② 건강문제   ③ 경제문제   ④ 성격문제
⑤ 가정문제   ⑥ 취업문제   ⑦ 이성교제   ⑧ 기타 (   )

⑥ 조건부 질문

조건부 질문(contingency questions)은 앞 질문의 응답에 따른 다음번 질문이 선택되는 질문을 말한다. 조건부 질문을 조사 대상자와 무관하거나 해당하지 않는 질문에 답하지 않아도 되기 때문에 선별형 질문이라고도 한다.

예 1. 귀하는 현재 미술치료를 받고 있습니까?

① 예(1-2번으로 이동)
② 아니오(2번으로 이동)

1-2. (1번에 '예'라고 응답한 경우) 현재 미술치료를 받고 있다면, 얼마나 자주 받습니까?

① 일주일에 2번 이상 ② 일주일에 1번 ③ 격주에 1번 ④ 한 달에 1번 이하

⑦ 평정식 질문

평정식 질문(rating questions)은 어떤 질문에 대한 강도를 요구하는 질문을 말한다.

예 미술치료 전공에 대해 만족하십니까?

① 매우 불만족 ② 불만족 ③ 보통 ④ 만족 ⑤ 매우 만족

2) 설문지법의 유형

(1) 전화조사

전화조사는 훈련된 조사원이 전화를 이용하여 면접하고 자료를 수집하는 방법으로, 최근 들어 보편적으로 사용되고 있는 ARS(Automatic Response System) 자동 응답조사 역시 전화조사의 한 방법이다. 과거에는 모든 가정에 전화를 보유했고 전화번호부가 배포되어 전화번호부를 표본 프레임으로 해도 문제가 생기지 않았으나(정영숙, 2006), 오늘날에는 스마트폰의 보급으로 인하여 유선전화의 사용이 과거보다 많이 줄었으며 전화번호부 자체가 발간되지 않기 때문에 표본 프레임으로 사용할 수 없다. 그래서 최근에는 RDD(Random Digital Dialing)의 방법을 통하여 기계가 생성하는 무작위 번호로 전화를 거는 방법을 통하여 전화조사가 이루어지고 있다.

일반적으로 전화조사는 주로 표준화된 질문지를 이용하며, 신속하게 대응해야 하는 시사적 문제나 쟁점에 대한 여론조사를 하는 데 널리 쓰이고 있다. 전화조사는 응답 시간이 길어질 경우 응답자가 응답을 포기하여 불완전한 응답을 얻을 수 있으므로 가급적 짧게 하는 것이 바람직하다. 그리고 무엇보다도 응답자가 쉽게 조사에 응할 수 있도록 친숙한 분위기를 만드는 것이 중요하다.

전화조사의 장점은 다음과 같다(Jones, Baxter, & Khanduja, 2005; 김외숙 외, 2014; 정영숙, 2006). 첫째, 다른 조사 방법에 비해 간편하고 신속하며 시간과 비용이 적게 든다. 응답률은 면접조사보다는 다소 떨어지지만 우편조사보다는 훨씬 높다. 둘째, 직접 방문해야 하는 면접조사에 비해 응답자에 대한 접근이 용이하다. 특히 전화라는 방식을 통해 조사하기 어려운 사람에게도 쉽게 접근할 수 있다. 셋째, 응답자가 보다 편안한 마음으로 자기 생각을 털어놓을 수 있다. 넷째, 적은 수의 면접원으로 많은 조사를 할 수 있다. 다섯째, 중앙통제식 전화조사 시스템을 이용할 경우, 면접원을 감독하기가 수월하여 조사 결과에 미치는 면접원에 따른 편차를 줄일 수 있다. 여섯째, 면접자 혹은 응답자의 외모나 차림새 등에 따른 선입견에 의한 응답 오류를 배제할 수 있다.

전화조사의 단점은 다음과 같다(Jones et al., 2005; 김외숙 외, 2014; 정영숙, 2006). 첫째, 전화가 있는 사람만 조사 대상이 되므로 표본의 대표성이 낮을 수 있다. 둘째, 시각적 보조 도구를 활용할 수 없으므로 간단한 내용의 설문만 가능하다. 셋째, 복잡하거나 긴 질문을 하기 어려우며, 따라서 많은 내용의 자료를 얻기가 곤란하며 의사소통에 오해가 생기기 쉽다. 넷째, 전화를 통해 파악하므로 응답자의 표정이나 주변 상황 등의 간접 정보를 파악할 수 없다. 다섯째, 개인적이거나 민감한 사안의 질문에는 응답률이 매우 낮을 수 있다. 여섯째, 이용하는 전화의 유형(유선전화, 무선전화)에 따라 응답이 편향적으로 나타날 가능성이 있다. 따라서 조사 대상자의 대표성을 확보하기 어렵다.

ARS의 경우, 조사원을 통해 자료를 수집하는 방법이 아니라 자동응답 시스템을 이용하는 조사 방법이다. 즉, 미리 일정하게 녹음된 내용으로 응답자에게 질문이 주어지고 응답자가 전화기의 버튼을 누름과 동시에 실시간으로 자료가 입력되는 조사이다. 자동응답 시스템을 이용한다는 점을 비롯하여 폐쇄적 질문만 가능하다는 점 등에서 전화조사와 차이가 있다.

(2) 우편조사

우편조사는 우편을 통해 질문지를 보낸 후, 동봉한 반송용 봉투를 이용하여 응답한 설문지를 받는 방법이다. 우편조사의 경우에는 회수율이 낮기 때문에 발송이나 회수 중 한 번은 방문, 다른 것은 우편으로 결합하기도 한다. 따라서 조사 대상들에게 찾아가서 설문지를 부탁한 후 우편으로 우송받거나 혹은 우편으로 설문지를 전달한 후 직접 찾아가서 완성된 설문지를 받는 것이다. 이 외에도 우편 발송 후 전화나 이메일을 통하여 설문 참여를 요청할 수도 있고, 설문 대상이 기관 혹은 기관의 종사자인 경우에는 팩스 등을 이용할 수도 있다.

우편조사는 다른 조사에 비해 특히 회수율이 낮은 것이 문제가 된다. 응답률이 낮은 경우, 응답편향을 일으켜 표본의 대표성과 조사 결과의 일반화에 문제가 야기될 수 있다. 따라서 응답률을 높이기 위한 다양한 방안이 강구되어야 한다.

우편조사에서 회수율을 높이는 몇 가지 방안은 다음과 같다. 첫째, 특수한 사람들에게 설문지를 보낸다. 특수한 사람들은 자신의 욕구나 요구 등을 사회적으로 표현할 기회를 갖고자 하기 때문에 응답 가능성이 일반 사람들보다 높다. 둘째, 질문지를 우편으로 보낼 때 반송용 봉투와 함께 취지문을 잘 써서 동봉하는 것이 좋다. 취지문에는 조사자의 연락처와 전화번호, 실시기관, 지원기관, 연구의 목적 및 중요성, 표본 선정의 과정, 응답자의 익명성 보장 및 응답 내용에 대한 비밀 유지 등을 강조해 둔다. 셋째, 일정한 시간을 두고(보통 1~2주일 정도) 질문지를 다시 보내며, 이때 정중하게 협력을 구하는 편지를 같이 보낸다. 넷째, 질문지를 발송할 때 선물이나 약간의 사례금과 같은 금전적 유인을 제공하기도 한다.

우편조사의 장점은 다음과 같다(Jones et al., 2005). 첫째, 최소의 경비와 노력으로 광범위한 지역을 조사할 수 있다. 둘째, 다양한 대상에 대한 조사가 가능하다. 특히 생활 패턴이 일반인과 달라서 인터뷰나 전화로 접근하기 어려운 사람들을 대상으로도 조사가 가능하다. 셋째, 응답자에게는 충분히 생각할 시간을 주어 솔직하게 대답할 수 있다. 넷째, 복잡한 질문이나 많은 질문을 할 수 있다. 다섯째, 면접원을 고용할 필요가 없어 비용이 절감될 뿐만 아니라 면접원의 개인 차이에서 오는 영향을 배제할 수 있다. 여섯째, 제한적이나마 시각적 자료를 제시할 수 있다.

우편조사의 단점은 다음과 같다(Jones et al., 2005). 첫째, 응답에 대한 강제성이 없어서 질문지의 회수율이 낮다. 둘째, 완성된 질문지가 되돌아오기까지 시간이 많이 걸린다. 셋째, 조사 대상자 본인이 응답하였는지 혹은 타인이 응답하였는지 응답자를 확인할 수 없다. 넷째, 캐어묻기, 응답 순서 이행 여부 등 응답자를 통제하기가 거의 불가능하다. 다섯째, 응답 내용이 복잡하거나 모호할 때 혹은 응답자가 질문을 이해하지 못한 경우에도 부연 설명을 하기가 어렵다. 여섯째, 문맹자에게는 사용할 수 없다. 일곱째, 데이터 입력에 많은 시간이 소요된다.

(3) 전자 서베이

전자 서베이(electronic survey)는 설문지를 인터넷과 같은 통신망을 이용해 설문을 조사하는 방법으로, 인터넷 이용자 수가 증가함에 따라 점차 주목받고 있다. 전자 서베이는 조사 대상자 선정에 사용되는 표본 추출 틀에 따라 회원조사, 방문자조사, 이메일 서베이 등으로 구분될 수 있다(김외숙 외, 2014). 회원조사(number survey)는 사전에 형성되어 있는 풀(pool)이나 데이터베이스(DB)를 표집 틀로 사용하여 조사하는 방법을 말한다. 방문자조사(visitor survey)는 특정 사이트나 메뉴에 질문지를 공개하거나 링크를 만든 후, 들어온 사람들이 자발적으로 조사하게 하는 방법이다. 이메일 서베이는 질문지를 전자우편의 형태로 사용자에게 전송하고, 완성된 질문지를 회수하는 방식이다.

인터넷 서베이는 인터넷 이용의 보편화 등으로 인하여 많은 사람에게 접근이 용이하다는 점, 그리고 자료 수집의 편리성과 신속성으로 인해 점차 보편화되고 있다. 특히 구글이나 네이버에서는 자체적인 설문 양식을 제공하여 손쉽게 설문을 만들어 응답을 수합할 수 있도록 제공하고 있으며, 설문에 따른 별도의 코딩 과정이 생략되어 최근 들어 더욱 각광받고 있다.

전자 서베이의 장점은 다음과 같다(Jones et al., 2005; Wright, 2005; 김석용, 2018; 김외숙 외, 2014). 첫째, 조사와 분석이 매우 신속하다. 특히 온라인 설문조사 생성 소프트웨어 패키지 등을 활용하여 설문조사를 쉽게 할 뿐만 아니라, 데이터가 자동으로 분석 가능한 형태로 입력되어 즉시 통계분석이 가능하다. 둘째, 다른 조사 방법에 비해 매우 비용이 저렴하다. 특히 대인면접조사에 비해 1/10, 전화조사에 비해 1/5의 비용으로 조사가 가능하다. 셋째, 24시간 언제나 이용이 가능하며 공간상의 제약도 없다. 또한 다른 조사에 비하여 매우 짧은 시간 안에 조사를 완료할 수 있다. 넷째, 이미지, 동영상 등의 시각적 자료를 활용하여 설문을 제공할 수 있다. 따라서 응답자의 흥미를 유발하고 이해를 높일 수 있다. 다섯째, 조사자가 접근하기 어려운 전문가 집단이나 지역적으로 거리가 먼 집단, 특히 해외에 거주하는 사람들과 같은 독특한 인구 대상을 조사 대상으로 접근(Access to Unique Populations)할 수 있다.

전자 서베이의 단점은 다음과 같다(Wright, 2005; 김석용, 2018; 김외숙 외, 2014). 첫째, 표본의 대표성에 문제가 있을 수 있다. 인터넷 이용자가 증가하고는 있지만, 여전히 인터넷을 이용하는 사람들로 조사 대상자가 제한되므로 전체 조사 대상자들을 대표할 수 없다. 특히 노년층과 같은 경우, 인터넷 사용율이 다른 연령대에 비해 낮기 때문에 전자 서베이가 다소 어려울 수 있다. 뿐만 아니라 샘플링 자체에 문제가 있을 수 있으며, 낮은 응답률 문제가 있을 수 있다. 둘째, 동일인이 복수로 응답할 수 있다. 셋째, 익명성이 결여되어 프라이버시 문제가 발생할 수 있다. 넷째, 조사 응답자가 스팸메일로 취급할 수 있다.

(4) 집단조사

집단조사는 조사자가 조사 대상자가 모인 곳에 직접 찾아가서 조사한다는 점에서 면접조사와 유사하다. 그러나 자기기입 방식의 설문지를 특정 집단에게 배포 후 회수한다는 점에서 면접조사와는 차이가 있다. 집단조사의 경우, 효율성을 위하여 개별적 접촉을 하기보다 집단, 즉 조직체를 대상으로 하기 때문에 사전에 조직체의 적절한 협력을 얻어야 한다(김구, 2020).

집단 설문조사의 장점과 단점은 다음과 같다(김구, 2020; 김석용, 2018). 집단 설문조사의 장점은 시간적인 효율성이 높고, 조사자와 조사 대상자 간에 응답에 필요한 사항을 의사소통함으로써 질문에 대한 오류를 줄일 수 있다. 또한 비용을 절약할 수 있다. 반면, 타인을 의식한 응답 오류 가능성이 높다. 즉, 응답자가 옆 사람이나 다른 사람의 영향을 받을 가능성이 있다. 또한 시간적 압력을 느껴 대충 응답하고 빨리 끝내려 할 수 있고, 조사 대상자에 대한 통제가 어렵다. 장소를 승인해 준 조직체에 의해 조사 결과가 이용될 것이라 인식하여 왜곡된 응답이 나올 가능성이 있으며, 조사자의 판단 추출에 의해 추출하는 것이므로 응답자 집단이 모집단을 적절하게 대표할 수 없다.

(5) 배포조사

배포조사는 직장, 가정, 학교 등과 같은 곳에 설문지를 배포하고 응답자가 기입하게 한 후 차후에 설문지를 회수하는 방식으로, 현실적으로 많이 활용되는 방법 중의 하나이다. 배포조사의 장점과 단점은 다음과 같다(김구, 2020). 자유로운 분위기에서 시간적 여유를 가지고 조사 대상자의 솔직한 의견을 수렴할 수 있고, 시간과 비용이 다소 저렴하며, 설문지의 회수율이 높다는 장점이 있다. 반면, 문맹자들은 조사가 곤란하며, 질문지가 잘못 기입된 경우 수정이 어렵고, 또한 응답이 조사자의 의견인지, 다른 사람의 영향을 받았는지 확인할 수 없다는 단점이 있다.

4. 면접법

면접법은 응답자가 질문지를 읽고 답하는 것이 아니라 연구자나 훈련된 면접원이 직접 응답자를 찾아가 질문하여 응답을 얻어 조사하는 방법이다. 준비된 질문지를 사용할 수도 있고, 경우에 따라서는 대략적인 면접의 틀만으로 융통성 있게 면접할 수도 있다. 이때 면접자는 응답자에게 연구 주제를 비롯하여 조사 내용에 대해 충분히 설명하여 응답자가 자신의 역할을 이해하고 자발적으로 면접에 응할 수 있도록 해야 한다. 면접법은 연구자가 조사 대상자를 직접 만나 자료를 수집하기 때문에, 질문지법에 비해 훨씬 더 개인적이고 심층적인 자료 수집이 가능하다. 면접법은 표준화 정도에 따라 표준화 면접, 반표준화 면접, 비표준화 면접으로 구분할 수 있으며, 조사 대상자의 수에 따라 개인면접과 집단면접으로도 구분할 수 있다. 또한 연구자가 조사 대상자를 대하는 방법에 따라 직접면접과 간접면접 등으로 구분할 수 있다.

1) 면접의 유형

(1) 표준화 정도에 따른 구분

면접은 표준화 혹은 구조화 정도에 따라 표준화 면접(standard interview), 반표준화 면접(semi-standard interview), 비표준화 면접(unstandard interview)으로 구분할 수 있다. 메이슨(Mason, 1994)과 잠쉐드(Jamshed, 2014)는 구조가 없는 인터뷰는 없기 때문에 반구조화(semi-structured), 가벼운 구조화(lightly structured), 심층 인터뷰(in-depth)로 구분하였다.

표준화 면접은 사전에 만들어진 질문지로 모든 조사 대상자에게 같은 질문을 같은 순서대로 질문하는 면접 방법을 말한다. 따라서 표준화된 면접은 다음과 같은 장·단점이 있다(김구, 2020; 김렬, 2012; 김석용, 2018; 정영숙, 2006). 표준화된 면접의 경우 오류를 최소화할 수 있으며, 자료가 정형화되어 있어 자료의 기록이나 부호화분석이 쉽다. 즉, 자료를 보다 쉽게 분석하여 응답 결과의 차이를 비교할 수 있다. 그리고 면접 과정을 보다 신속히 진행시킬 수 있어 조사 시간과 경비를 절약할 수 있다. 그러나 면접자가 질문 등을 임의로 수정하는 것이 불가하기 때문에, 면접자는 응답자가 보충적 설명을 요구하더라도 주어진 질문을 수정하거나 또는 질문 이외의 이야기나 설명을 하지 말아야 한다. 그러므로 조사 대상자의 내면을 충분히 끌어낼 수가 없으며, 면접에 융통성이 없다. 또한 조사 대상자가 대답하고 싶어 하는 내용인지 담보하기 어렵다. 딱딱한 표준화된 면접으로 인하여 조사 대상자는 방어의식을 갖게 만들 수 있으며, 조사 대상자의 지식을 충분히 이끌어 낼 수 있는 신축성과 융통성이 낮아 타당도가 낮다.

비표준화 면접은 심층 정보 수집을 목표로 하며 미리 계획된 질문들이 없다. 다만, 쟁점에서 벗어난 응답의 경우 면접자가 핵심 주제로 응답에 초점을 맞추는 면접 방법이다(Gray, 2009). 비표준화 면접은 다음과 같은 장·단점이 있다(김구, 2020; 김렬, 2012; 김석용, 2018; 정영숙, 2006). 비표준화 면접은 면접 상황에 따라 융통성을 발휘할 수 있으며, 자연스러운 대화 방식으로 면접이 이루어져 조사 대상자의 자발적이고 솔직한 의견을 알아낼 수 있어 깊이가 있거나 새로운 내용을 탐색하기 쉽다. 더불어 조사 대상자의 의견을 충분히 자세히 알 수 있기 때문에, 표면적 측면보다는 의미의 표준화를 가능하게 할 수 있다는 장점이 있다. 또한 표준화 면접에서 필요한 질문을 만드는 데 유용한 자료를 제공할 수 있다. 그러나 질문 문항이나 순서에 따른 오류가 발생할 수 있으며, 따라서 신뢰도가 낮을 수 있다. 뿐만 아니라 표준화된 면접에 비해 비표준화 면접은 면접자에 대한 사전 훈련이 필요하며, 표준화 면접에 비하여 시간이나 비용이 많이 요구된다. 또한 면접을 통해 얻은 자료를 분석하고 해석하는 데 어려움이 있다.

반표준화 면접은 표준화 면접과 비표준화 면접의 장점을 살리고 단점을 보완한 조사 방법이다. 반표준화 면접은 일정한 수의 중요한 질문을 구조화하고, 이 외의 질문들을 구조화하지 않는다. 질문에 대한 응답자의 반응에 따라서 상황에 맞는 적합한 부수적 질문을 준비해 두고 필요에 따라 활용할 수 있다(김렬, 2018). 반표준화 면접은 다음과 같은 장·단점이 있다(김구, 2020; 김렬, 2012; 김석용, 2018; 정영숙, 2006). 반표준화 면접은 면접 목적과 지침 및 질문 목록을 갖고 있기 때문에 방향성이 상실되지 않는다. 또한 연구의 목적과 범위 내에서 어느 정도 융통성을 가지고 면접할 수 있다는 장점이 있다. 그러나 면접자가 훈련되어 있지 않으면 좋은 자료를 얻기가 쉽지 않다.

(2) 조사 대상에 따른 구분

조사 대상에 따라 개별면접과 집단면접으로 구분할 수 있다. 개별면접(face-to-face interview)은 연구자가 조사 대상자를 일대일로 만나서 직접 질문을 하는 조사 방법이다. 개인면접은 수집 자료가 정확하며 대답의 진위를 확인할 수 있다. 그러나 시간과 비용이 많이 들며 연구자의 편견이 개입될 가능성이 있다. 또한 조사 대상자는 개별 인터뷰에 많은 부담을 가질 수 있다(Morgan, 1996).

집단면접(group interview)은 한 장소에서 여러 조사 대상자로부터 자료를 얻는 방법이다. 비교적 많은 자료를 한 번에 수집할 수 있다. 그러나 자료의 정확성이 개별면접에 비해 떨어지며, 개별면접보다 더 높은 면접 기술과 태도를 필요로 한다.

오늘날은 집단면접의 한 형태로 초점면접(Focus Group Interview: FGI)이 자주 활용된다. 초점면접은 상호작용적 토론을 통해 질적 데이터를 수집하기 위한 연구 또는 평가 방법을 말한다(Morgan, 1996). 따라서 초점면접은 특정 연구 주제에 대해 동질적 조사 대상자들을 의도적으로 선정하여 자료를 수집하는 방식이다. 보통 5~12명의 대상자로 구성되며, 이들의 인적 사항은 별도로 보고서나 논문 등에 명시되어야 한다. 일반적인 자료 수집과 달리 초점면접은 특정 대상, 특정 집단 혹은 특정 범주에 해당하는 사람들만 모아서 면접을 진행한다. 초점면접은 진행하는 사회자가 있고, 사회자는 집단 내 토론을 촉진하는 역할을 수행한다. 따라서 조사 대상자들에게는 모두 응답할 수 있는 기회가 제공되며, 주어진 질문에 대해 자유롭게 응답하는 형태로 진행된다. 모건(Morgan, 1996)에 따르면, 포커스 그룹은 심층 개별면접과 설문조사와 함께 사용되는 것으로 나타났다.

초점면접은 다음과 같은 장·단점이 있다(Jamshed, 2014; Morgan, 1993; Morgan, 1996; 정영숙, 2006; 김석용, 2018). 조사 대상자들이 토론 과정에서 자기의 생각과 느낌을 자유롭게 표현하게 되므로 일반 설문조사에 비하여 좀 더 개방적이며, 세부적인 심층적 정보를 얻을 수 있다. 즉, 초점면접은 복잡한 행동과 동기의 근원에 대한 통찰력을 제공할 수 있다. 그러나 개별면접보다는 다소 제한된 정보를 얻게 된다. 반면, 개별면접에 비해서는 집단으로 인터뷰를 진행하기 때문에 시너지(synergy) 효과가 있다. 또한 신축적이며 비용이 적게 들고 결과를 신속하게 얻을 수 있다. 반면, 표적 집단으로 선정된 응답자들의 특성이 모집단을 대표하지 못할 경우 자료의 신뢰성에 문제가 있을 수 있다. 또한 개인면접보다 연구자가 통제하기 어려우며, 연구자의 능력에 따라 조사 결과가 크게 좌우될 수 있다. 특히 사회자가 토론을 촉진하려는 역할을 제대로 수행하지 못할 경우, 오히려 초점면접의 장점인 집단 상호작용을 방해하는 형태로 나타날 수 있다. 또한 일반 설문조사 등에 비해 연구 주제가 다소 제한될 수 있다.

(3) 조사 대상자를 만나는 방법에 따른 구분

조사 대상자를 만나는 방법에 따라 직접면접과 간접면접으로 구분할 수 있다. 직접면접은 면대면 상황에서 대화를 나누면서 필요한 정보를 수집하는 방법을 말한다. 직접면접은 면접에서의 융통성을 확보할 수 있으며, 풍부한 자료를 수집할 수 있다는 장점이 있다. 그러나 상대적으로 비용이 많이 들며, 연구자의 편견이 개입될 가능성이 있는 단점이 있다.

간접면접은 직접 얼굴을 맞대지 않고 면접하는 방법을 말한다. 구체적으로 전화면접이 대표적이다. 간접면접은 직접면접에 비해 신속하게 사용이 가능하며, 상대적으로 비용이 저렴하다. 또한 지역에 제한을 받지 않는다는 장점이 있다. 그러나 수시로 단절될 위험이 높으며, 조사 자료의 신뢰성이 결여될 가능성이 높다. 또한 복잡하거나 민감한 내용을 진행하기에는 어려움이 있다.

직접면접과 간접면접의 중간적 성격을 갖는 면접 방식도 있다. 즉, 직접적으로 얼굴을 맞대지 않지만, 얼굴을 보면서 대화를 나누는 화상면접이 그 예이다. 화상면접의 경우 전화면접보다 많은 관찰 정보를 제공하는 반면, 화면상에서 드러나는 정보로 제한된다는 점에서 직접면접보다는 제한된 정보를 제공한다. 비용적 측면에서는 각종 어플을 이용한다면 직접면접보다 훨씬 적은 비용으로 이용할 수 있다. 또한 직접 방문하지 못하는 먼 곳에 있는 조사 대상자의 경우도 스마트폰이나 노트북처럼 어플을 이용할 수 있는 기기가 있으면 참여가 가능하다는 장점이 있다.

2) 면접의 진행과 기록

(1) 면접 사전 준비하기

면접을 진행하기 위해서는 먼저 계획이 수립되어야 한다. 연구 목적을 달성하기 위해 필요한 자료는 무엇이며, 그 자료를 어떻게 수집해야 할 것인가? 그리고 또 누구를 대상으로 면접하고 면접 시 어떤 방법을 사용할 것인가? 연구자가 면접을 진행하지 못할 경우에는 필요에 따라 면접원 훈련에 대한 계획까지 이루어져야 한다. 특히 면접자의 촉진적 상호작용을 통하여 조사 대상자로부터 연구 조사와 관련된 데이터를 제공받을 수 있기 때문에 분위기를 조성하고, 의사소통의 흐름을 용이하도록 하기 위하여 주요 단서를 식별할 수 있어야 한다(Chenail, 2011). 포겐포엘과 마이버그(Poggenpoel & Myburg, 2003)는 면접자가 충분히 훈련되지 않은 경우, 부적절한 인터뷰를 수행하는 경우, 연구자에 의한 데이터의 변조 등에 따른 위협에 대해 제시하였다. 또한 메라(Mehra, 2002)는 조사 대상자와의 과도한 친밀감 형성 등으로 인하여 자료 수집 과정에서 오류 및 편견이 개입할 수 있으므로, 반드시 사전에 면접자에 대한 훈련이 이루어져야 한다고 하였다.

면접을 통한 자료 수집은 많은 인원을 대상으로 하기 어렵기 때문에 표본 선정 시 대표성을 고려해야 한다. 또한 면접을 위한 지침을 작성해야 한다. 면접 진행 과정에서 오류가 나타나지 않도록 주요 주의 사항 등을 기록하고, 면접원 훈련 시 주의 사항을 안내한다. 또한 면접 시, 면접은 소수의 사람을 대상으로 하기 때문에 모든 사례가 매우 중요함을 반드시 참여자에게 안내하여 동기를 부여하는 과정이 요구된다. 더불어 연구 형태 및 필요에 따라 필요한 설문들을 사전에 작성해야 할 필요가 있으며, 설문을 작성할 때는 기존의 설문지 작성법에 근거하여 작성하면 된다. 다만, 면접의 경우는 사전 인터뷰를 실시하고 이에 대해 소요 시간을 기록하여, 연구 진행에 적절한지 평가하는 과정이 추가적으로 요구된다(van Teijlingen & Hundley, 2001). 또한 면접 시 질문 혹은 도구의 사용에 관련하여 사전에 IRB 허가를 확보해야 한다.

(2) 면접의 진행과 기록

면접을 진행하기 위해 사전에 면접 장소와 시간을 미리 약속해야 한다. 면접 1~2일 전에는 전화로 면접 약속에 대해서 재확인하는 것이 필요하다. 그러나 사전 약속을 하기 어려운 경우에는 바로 선정된 면접 대상을 찾아가거나 문자 등의 연락의 방법을 취할 수도 있다. 면접을 진행하기에 앞서서 조사 대상자는 면접 장소에 익숙해지는 시간이 필요하다. 면접의 장소와 분위기가 면접의 대답에 영향을 줄 수 있기 때문이다. 따라서 면접 장소는 조사 대상자가 안전하고 편안하게 느낄 수 있는 공간에서 진행하는 것이 필요하며, 그러한 분위기를 조성하는 것이 요구된다.

면접을 진행하기에 앞서, 연구자나 면접자는 조사 대상자에게 자기에 대한 소개 및 소속을 안내하고 연구의 목적이나 필요성을 설명한다. 또한 면접 내용이 연구에만 활용되며 비밀 보장이 된다는 것을 안내하고 면접에 대한 동의를 구한다. 이를 통하여 내담자에게 안정감을 제공할 수 있다.

면접 진행 시는 연구자와 조사 대상자 간의 친밀한 관계를 형성하는 것이 중요하다. 또한 조용하게 조사 대상자가 하는 말을 경청하는 태도와 함께, 감탄사를 사용하여 조사 대상자의 말에 반응해 주는 태도를 가져야 한다. 연구와 관련한 내용에 대해서는 정보를 얻기 위한 상세한 말 요청하기, 조사 대상자가 한 말을 반복하여 전달하는 반영하기 등의 태도가 필요하다.

연구자는 조사 대상자의 대답에 자신의 편견이 개입되지 않도록 있는 그대로 가능한 한 객관적으로 기록해야 한다. 기록하는 방법에는 면접 장소에서 면접을 진행하면서 실시간으로 기록하는 방법, 면접 장소에서 요약한 후 다시 정리하는 방법, 녹음기나 촬영 기기 등을 이용하여 녹음이나 촬영한 후 이를 다시 기록하는 방법 등이 있다. 이러한 기록에 대해서는 조사 대상자에게 사전에 양해를 구하고 기기 사용에 따른 동의를 구해야 한다. 녹음이나 촬영 기기 사용은 필기가 어려운 상황에 적절하며, 면접에 몰입할 수 있게 한다는 장점이 있다. 그러나 조사 대상자가 거부감을 가지는 경우도 있고 또한 기계 고장의 가능성도 있기 때문에 녹음이나 촬영 기기에만 의존하는 것은 경계해야 한다.

참고문헌

김경동, 이온죽, 김여진(2009). 사회조사연구방법-사회연구의 논리와 기법. 서울: 박영사.

김구(2020). 사회과학연구조사방법론: 양적연구와 질적연구의 접근(3판). 서울: 비앤엠북스.

김렬(2012). 사회과학도를 위한 연구조사방법론. 서울: 박영사.

김석용(2018). INTRO조사연구방법론. 서울: 탑북스.

김외숙, 이태림, 이기재(2014). 가정관리학연구법. 서울: 한국방송통신대학교출판문화원.

성태제, 시기자(2014). 연구방법론(2판). 서울: 학지사.

이종승(2009). 교육·심리·사회 연구방법론. 서울: 교육과학사.

정영숙(2006). 사회복지조사방법론. 경기: 공동체.

정영숙, 최은영, 공마리아(2015). SPSS를 활용한 미술치료 자료분석. 서울: 학지사.

채서일(2005). 사회과학조사방법론. 서울: 비앤엠북스.

Allen, M. (2017). *The SAGE encyclopedia of communication research methods*. California: Sage Publications.

Bhattacherjee, A. (2012). *Social science research: Principles, methods, and practices*. Georgia: Global Text Project.

Bradburn, N. M., Sudman, S., & Wansink, B. (2004). *Asking questions: the definitive guide to questionnaire design—for market research, political polls, and social and health questionnaire* (2nd edition). California: Jossey-Bass.

Chenail, R. J. (2011). Interviewing the Investigator: Strategies for addressing instrumentation and Researcher Bias Concerns in Qualitative Research. *The Qualitative Report, 16*(1), 255–262.

DeCarlo, M. (2018). *Scientific inquiry in social work*. Illinois: Open Social Work Education.

dictionary 홈페이지 https://www.dictionary.com/

Fowler, J., & Floyd, J. (1995). *Improving survey questions: Design and evaluation*. California: Sage Publications.

Gault, R. H. (1907). A history of the questionnaire method of research in psychology. *Research in Psychology, 14*(3): 366–383. doi:10.1080/08919402.1907.10532551.

Gray, D. E. (2009). *Doing research in the real world* (2nd edition). California: Sage Publications.

Jamshed, S. (2014). Qualitative research method-interviewing and observation. *Journal of Basic and Clinical Pharmacy, 5*(4), 87−88.

Jones, T. L., Baxter, M. A. J., & Khanduja, V. (2005). A quick guide to survey research. *Annuals of The Royal College of Surgeons of England, 95*(1), 5−7.

Kothari, C. R. (2014). *Research methodology: Methods and techniques* (2nd ed.). New Delhi: New Age International Publishers.

Krosnick, J. A., & Presser, S. (2009). Question and Questionnaire Design. In James D. Wright and Peter V. Marsden (Eds.), *Handbook of Survey Research* (2nd ed.). California: Elsevier.

Mason, J. (1994). Linking qualitative and quantitative data analysis. In Alan Bryman and Bob Burgess (Eds.), *Analyzing Qualitative Data*. London: Routledge.

Mehra, B. (2002). Bias in qualitative research: Voices from an online classroom. *The Qualitative Report, 7*(1). Retrieved from http://www.nova.edu/ssss/QR/QR7-1/mehra.htm

Morgan, D. L. (1993). *Successful Focus Groups: Advancing the State of the Art*. California: Sage Publishing.

Morgan, D. L. (1996). Focus Groups. *Annual Review of Sociology, 22*, 129−152.

Peck, R., Olsen, C. & Devore, J. (2008), Introduction to Statistics and Data Analysis (3rd ed.). California: Thomson Brooks/Cole.

Poggenpoel, M., & Myburgh, S. (2003). The researcher as research instrument in educational research: A possible threat to trustworthiness?. *Education, 124*(2), 418−423.

Redman, L. V., & Mory, A. V. H. (1923). The Romance of Research. Pennsylvania: The Williams and Wilkins Company.

Reja, U., Manfreda, L. K., Hlebec, V., & Vehovar, V. (2003). Open-ended vs. Close-ended Questions in Web Questionnaires. *Metodološki zvezki, 19*, 159−177.

van Teijlingen, E. R., & Hundley, V. (2001). The importance of pilot studies. *Social Research Update, Issue 35*. Retrieved from http://sru.soc.surrey.ac.uk/SRU35.html

Wright, K. B. (2005). Researching Internet-Based Populations: Advantages and Disadvantages of Online Survey Research, Online Questionnaire Authoring Software Packages, and Web Survey Services. *Journal of Computer-Mediated Communication, 10*(3) https://doi.org/10.1111/j.1083-6101.2005.tb00259.x

Yin, R. (1994). *Case study research: Design and methods* (2nd ed.). California: Sage Publishing.

제6장

문헌 연구

1. 문헌 연구의 개념

1) 문헌 연구의 의미

문헌은 기록물로 이미 발표된 연구논문, 통계학적 자료, 기사나 잡지 등의 대중매체 자료, 일기나 서신 등의 사적 자료를 의미하며, 문헌 연구(review article)란 연구자가 직접 참여하거나 실험한 것이 아닌 기존의 출판된 책, 학위논문이나 학술지와 같은 문헌(literature)이나 데이터(data)를 기반으로 한 연구를 말한다. 일반적으로 문헌 연구는 일반적 연구 활동에서 진행되는 문헌 고찰(literature review)과 혼용하여 사용되는 경우가 많다. 그러나 문헌 고찰은 넓은 의미에서 문헌 연구에 포함된다고 할 수 있으나, 문헌 연구와 문헌 고찰은 적용 목적에 기본적인 차이가 있다.

문헌 고찰은 연구 문제를 찾아내고 그것을 연구하기 위하여, 어떤 현상과 관련된 주요 변인들을 확인하고 그들 간의 관계를 파악하기 위하여 사용된다. 또한 문헌 고찰은 최근의 연구 동향과 과거 연구자들이 어디까지 도달했는지를 파악하기 위해 효과적인 연구의 방법을 모색하기 위해 과거에 오류를 범하였거나 한계점이 있었다면 그러한 절차를 밟지 않기 위해 연구의 중복을 피하고, 이미 밝혀진 사실이 무엇인가 확인하기 위한 목적을 위해 이루어진다(이종승, 2009). 즉, 이와 같은 목적들을 달성하기 위하여 기존의 연구를 참고하는 것이 주목적이다.

그러나 문헌 연구는 자료 수집 및 분석의 한 방법으로, 기록물을 단순히 참고하는 것이 아니라 문헌들이 담고 있는 내용을 정밀하게 분석하여 관련 현상에 내재된 정보를 획득하고 이론을 검토하거나 가설을 검증하여 결론을 도출하는 것이 목적이라는 점에서 차이가 있다(이주열 외, 2013). 즉, 일반적으로 연구를 위해 이론적 배경을 구성하는 활동은 문헌 고찰이며, 선행 연구를 탐색하여 그것을 기반으로 어떠한 결론에 도달하는 전체적 연구 과정을 거친다면 문헌 연구라 할 수 있다. 이처럼 문헌 연구와 문헌 고찰에는 다소 차이가 있으나, 실제로는 혼용되어 사용되는 경우가 많다. 일반적으로 문헌 연구 혹은 문헌 고찰이라 하면 주제와 관련된 선행 연구들을 단지 요약해 놓는 것으로 이해하기 쉽다. 그러나 단순 요약이나 나열은 문헌 연구나 문헌 고찰이라기보다는 단순 자료의 통합에 지나지 않는다. 문헌 연구는 현시점까지의 지식과 정보를 정리하는 것을 넘어 새롭게 이해할 수 있는 기반과 근거를 제시할 수 있어야 한다. 일반적으로 문헌 연구가 가지고 있는 기능은 다음과 같다(Mayer, 2009).

- 문헌의 구조화
- 기존 문헌의 평가
- 연구 경향 및 추세 규명
- 연구 결과의 종합
- 기존 문헌 간 차이 확인 및 새로운 연구 분야 제안

연구자는 문헌 연구가 가진 기능적 요건을 갖출 수 있도록 체계적으로 구성해야 하며, 좋은 문헌 연구는 연구자가 자료를 분석하고 통합적으로 평가하며 비판적인 시각으로 관련 주제에 대한 지식의 깊이와 지평을 넓힐 수 있도록 해야 한다.

2) 문헌 연구의 구분

문헌 연구는 보편적으로 내러티브 문헌 연구(narrative review)와 체계적 검토(systematic reviews)로 구분(Gülpınar & Güçlü, 2013)되기도 하고, 내러티브 문헌 연구, 증거 기반 검토(Best evidence review), 체계적 검토로 구분(Mayer, 2009)하기도 한다. 또는 문헌 검토(literature review), 체계적 문헌 검토(systematic review) 그리고 메타분석(meta-analysis) 등으로 구분할 수 있다. 때로 체계적 문헌 고찰과 메타분석을 혼용하여 사용하기도 하지만, 엄밀히 말하면 메타분석은 체계적 문헌 고찰에서 근거가 양적으로 합성이 가능한 경우에 이를 통계적으로 합성하는 연구 방법으로,

체계적 문헌 고찰에서만 적용되는 것은 아니다. 일반적인 문헌 고찰은 체계적 문헌 고찰과 비체계적 문헌 고찰로 구분할 수 있으며, 비체계적 문헌 고찰은 문헌 검색, 포함/배제 기준에 따른 연구 선정, 비뚤림 위험 평가, 연구 결과 합성 등의 체계적인 접근법을 사용하지 않는 경우를 의미한다(한국보건의료연구원, 2011).

또한 문헌 연구는 도서관 서베이와 내용분석 연구로 구분할 수 있으며, 방식에 따라서 양적 연구, 질적 연구, 혼합적 연구, 해석학적 현상학 연구 등으로 구분 (Sara & Ravid, 2019/2020)하기도 한다. 혹은 문헌 연구를 목적에 따라 특정 주제 또는 연구 분야에 대한 최신 연구 결과나 발표를 살펴보는 현상 검토 연구(status quo review), 시간에 따른 연구 분야의 발전을 살펴보는 역사 연구(history review), 특정 연구 분야의 문제에 대한 이슈 연구(issue review) 그리고 이론이나 모델 검토 연구 (theory/model review) 등으로 구분(Noguchi, 2006)할 수 있다. 이 책에서는 내용분석을 중심으로 제한적이나마 문헌 연구에 대해 살펴보고자 한다.

3) 문헌 정보의 종류

문헌 연구에 사용되는 자료는 공식 기록물, 개인 기록물, 기존 통계 자료, 대중 매체 등으로 구분할 수 있다(이주열 외, 2013). 공식 기록물(formal documents)은 정부, 기업, 연구기관, 협회 등의 공공기관 혹은 공공성을 가지는 조직에서 공적인 목적으로 작성한 서류를 말한다. 개인 기록물(personal documents)은 사적 목적으로 자유롭게 작성된 기록을 말한다. 일기, 편지, 자서전, 수필, 문집, 낙서 등 매우 다양한 자료들이 포함될 수 있다. 따라서 개인 기록물은 일정한 형식 없이 자유롭게 기술된 반면에, 공적 기록물은 각 기관이나 자료 유형에 따른 나름의 형식을 갖추고 있다. 이 외에도 문헌 연구에서는 기존 통계 자료, 대중 매체 자료 등을 활용할 수 있다.

기존 통계 자료는 공공기관 및 공인된 조직체에서 직접 수집한 원자료(raw data) 들을 말한다. 기존 통계 자료는 원자료를 보관할 뿐만 아니라 다른 연구자들이 이용할 수 있도록 공개하고 있다. 인구센서스, 국민건강영양조사, 학교폭력 실태 조사, 아동·청소년 정신건강 실태 조사, 학생 정서·행동 특성 검사 등이 그 예이다. 대중 매체 자료는 신문, 방송 매체, 영상 매체 및 각종 정기간행물과 출판물 등을 말한다.

문헌 연구에서 실제로 사용되는 자료들은 단일한 특성을 가지기보다 복합적 성격을 가지고 있는 종류가 많다. 따라서 일반적으로 1차 문헌과 2차 문헌으로 많이 구분한다. 1차 문헌(자료)과 2차 문헌(자료)은 문헌의 출처에 따라 구분한다. 1차 자료는 '문서의 원본이나 직접 사건을 목격한 당사자가 작성한 원고와 같이 직접 관련되는 사람으로부터 입수한 즉각적이고 직접적인 자료'를 말하며, 2차 자료는 '1차 자료를 인용 또는 활용함으로써 한 단계를 거치게 되는 자료, 동일한 주제에 대하여 다룰 수 있으나 해석 및 분석과 같은 한 단계를 거치게 된다'(https://www.cre.re.kr/bbs/BoardDetail.do?nttId=87&bbsId=BBSMSTR_000000000074&pageIndex=1).

1차 자료와 2차 자료에 대해 구체적으로 살펴보면 다음과 같다(김구, 2020; 정영숙, 2006; Sara & Ravid, 2019/2020). 1차 문헌(primary sources)은 연구자가 직접 연구에 참가하여 관찰한 결과들을 발표한 글이나 논문 등을 의미한다. 1차 문헌의 경우, 연구자가 연구 진행 과정과 결과를 기록한 보고서라 할 수 있으며 구체성과 과학성을 지니고 있다. 따라서 세부적인 연구 진행 과정이나 사용된 측정 도구 등을 참조하기에 적절하다. 특히 1차 문헌은 기존에 연구 경험이 없는, 새로운 연구를 하는 연구자일수록 1차 자료에 대한 의존도가 높아질 수 있다. 1차 문헌의 경우, 과학적 연구의 내용을 담고 있는 논문도 있으나 자서전, 체험담, 수기도 포함될 수 있다. 따라서 1차 문헌은 연구자가 직접적인 지각에 의하여 경험한 사건, 현상, 행동에 관한 원자료를 이용하면 다른 사람을 통하여 간접적으로 듣는 것보다 더 확실하고 실감을 느낄 수 있다는 장점이 있다. 그러나 극적이고 중요한 체험을 한 당사자는 그것을 문장으로 잘 표현하지 못할 수 있고 객관성이 결여될 수 있는 부분도 있으므로 유의해야 한다.

2차 문헌(secondary sources)은 원저자의 글을 다른 연구자가 서술하는 것을 말한다. 흔히 리뷰 논문이라 하여 여러 사람의 논문에 대해 제3저자가 어떤 주제에 맞추어 소개하는 것이다. 대학 교재 등은 대표적인 2차 문헌이라 할 수 있다. 따라서 2차 문헌은 다수의 결과에 의해 도출된 다양한 이론을 소개하고 있어서 연구 주제에 대한 기초 지식을 쉽고 광범위하게 얻을 수 있다는 장점이 있다. 그러나 연구자가 직접 연구한 내용을 확인하기 어렵고 세부적인 내용에 대해 알 수 없을 뿐만 아니라, 원저를 번역하였거나 일부의 내용을 발췌하였을 때 혹은 원자료의 재조직 과정에서 원래의 뜻과 다른 의미를 포함하거나 결론 내리는 등의 문제가 야기될 수 있다. 즉, 잘못된 정보를 얻게 될 위험이 있는 것이다. 따라서 문헌 연구를 수행할 때 가능하면 최근 서적이나 논문부터 참고하는 것이 바람직할 뿐만 아니라, 연구에서는 될 수 있는 한 1차 자료를 이용하는 것이 좋다.

　자료는 1차, 2차 외에 예비 자료나 3차 자료로 구분하기도 한다(Sara & Ravid, 2019/2020). 예비 자료는 문헌 정보 그 자체가 자료가 아니라 문헌 정보의 출처를 알려 주는 자료로, 색인집이나 서지, 데이터베이스, 연구초록집 등이 있다. 3차 자료는 1차와 2차 자료를 요약하고, 비판적으로 평가하고 리뷰한 것을 말한다. 구체적인 예로, 백과사전, 교과서, 연감, 색인, 가이드북, 핸드북, 매뉴얼 등이다. 개인이나 학계마다 동일한 자료를 구분하는 특성이 다를 수 있는데, 예를 들어 앞서 2차 자료의 대표적인 예로 분류되었던 교과서를 일부 학자들은 3차 자료로 구분하기도 한다.

4) 문헌 정보의 출처

　문헌 정보는 앞서 살펴본 바와 같이 개인적인 기록물에서 공식적인 기록물 그리고 대중 매체까지 광범위하게 포함될 수 있다. 그러나 보편적으로 문헌 연구를 위한 자료의 수집에 있어서는 전문학술지, 학위논문, 학술대회발표자료집, 연구보고서, 단행본, 정기간행물 등이 많이 사용된다. 전문학술지, 연구논문집 등은 관련 전문 학회나 학술연구기관에서 발행하는 자료로, 연구 동향을 파악하고 필요한 아이디어나 지식 등을 얻을 수 있는 중요한 정보원이다. 대표적으로 한국미술치료학회에서 발행하는 『미술치료연구』, 한국재활심리학회에서 발행하는 『재활심리연구』를 비롯하여 『예술심리치료연구』, 『한국심리학회지』 등은 전문학술지의 대표적인 예라 할 수 있다. 일반적으로 단행본으로 발간되는 경우는 그것을 준비하고 출간하기까지 오랜 시간이 소요되기 때문에 최신의 정보를 전달하기에는 한계가 있다. 그러나 학술지의 경우 1년에 1편에서 최대 24편까지 발간하기 때문에 단행본에 비하여 최신 정보를 빠르게 얻을 수 있다는 이점이 있다.

　학위논문 역시 연구에 필요한 최신 정보를 얻을 수 있는 좋은 문헌 자료이다. 이 외에도 학술대회발표자료집에 실린 문헌 자료들은 학술논문으로 출간되기 이전의 최신 정보를 담고 있는 학술논문이라 할 수 있다. 학술대회 발표 이후 학술논문으로 출간되기까지 차후 수정이나 보완의 여지는 있으나, 가장 최신의 정보를 취급하고 있다는 점에서 연구자들에게 중요한 문헌 정보원이 될 수 있다. 또한 단행본 및 편람(handbook) 등의 자료가 있다. 단행본은 흔히 책을 말하며, 단행본은 연구보고서나 논문에 비해 포괄적이고 개괄적인 내용에 초점을 두기 때문에 기초적인 자료를 습득하기에 용이하다. 편람의 경우, 일종의 전문 해석서로서 이론적 해설과 더불어 실제적 자료를 제공하기 위해 적용 설계나 도표 그리고 그림 및 통계적 자료를 풍부하게 제공한다. 따라서 특정 주제에 관해 그동안의 연구 흐름이나 결과를 파악하기 쉽다.

　최근 들어, 이 같은 문헌 정보들은 대부분 전자화되어 문헌 자료를 검색하고 수집하기에 용이하다. 구체적으로 이러한 정보를 찾을 수 있는 사이트 주소와 특징은 〈표 6-1〉과 같다.

〈표 6-1〉 학술 검색 엔진(Search Engine) 목록

사이트명	주소	주요 내용
한국교육학술정보원	http://www.riss.kr	• 학위논문, 학술지, 단행본, 해외학술논문 등에 대한 자료를 풍부하게 제공. 보편적으로 가장 많이 사용하는 논문 찾기 사이트 • 활용도 분석, 논문 주제 분석, 연구자 주제 분석 등의 서비스를 제공 • EndNote, RefWroks, Mendeley 등의 서지 프로그램과 연계된 서지반출 기능 서비스를 제공할 뿐만 아니라 Excel과 TXT 형태로도 제공 • 서지정보를 APA, MLA, Chicago 양식으로 저장 지원
국회전자도서관	http://dl.nanet.go.kr	• 국회 입법 활동 관련 자료, 일반학술지, 정기간행물을 비롯하여, 일반도서, 세미나 자료, e-book 등에 대한 정보를 제공
국가전자도서관	http://www.dlibrary.go.kr	• 국립중앙도서관, 국방대학교 국방전자도서관, 농촌진흥청 농업과학도서관, 법원도서관, 질병관리청 국립의과학지식센터, 한국과학기술원도서관, 한국과학기술정보 연구원 등 여러 기관에서 제공하는 도서, 고문서, 학위논문, 일반논문, 보고서, 잡지기사, 학술기사, 정책정보 등을 통합적으로 검색할 수 있음

한국학술지 인용색인	http://www. kci.go.kr	• 국내학술지(등재지 및 등재후보지 정보) 정보 및 원문을 제공할 뿐만 아니라, 인용 정보 및 통계 정보 그리고 논문 유사도 검사 등의 서비스를 제공
기초학문 자료센터	http://www. krm.or.kr	• 한국연구재단 지원 인문사회 분야 학술지원사업 연구 결과물(보고서, 논문, 저역서), 중간산출물(동영상, 통계 자료, 고문서) 제공
DBpia	http://www. dbpia.co.kr	• 인문학, 사회과학, 자연과학, 공학, 의약학, 농수해양학, 예술체육학, 복합학 분야의 2,273개 기관에서 발행하는 간행물을 제공
E-article	https://www. earticle.net	• 공학, 사회과학, 의약학, 인문학, 농수해양, 자연과학, 예술체육, 복합학 분야의 2,273종의 간행물을 제공 • EndNote, RefWroks, Scholar's Aid, Mendeley, BibEx 등의 서지 프로그램과 연계된 서지반출 기능 서비스를 제공할 뿐만 아니라 Excel과 TXT 형태로도 제공 • 또한 서지정보를 (국내)학회지별로 변환하여, 웹화면 출력이나 MS-Word, TXT 형태로 제공
KISS	http://kiss. kstudy.com	• 사회과학, 인문과학, 어문학, 의약학, 예체능, 공학, 자연과학, 농학, 수해양 분야의 1,843개 기관에서 발행하는 간행물을 제공 • EndNote, RefWroks, Scholar's Aid, Mendeley 등의 서지 프로그램과 연계된 서지반출 기능 서비스를 제공할 뿐만 아니라 Excel과 TXT 형태로도 제공
교보문고 스콜라	http://scholar. dkyobobook. co.kr	• 780여 개 기관에서 제공하는 1,265개의 간행물 정보를 제공 • EndNotem RedWroks 등의 서지 프로그램과 연계된 서지반출 기능 서비스를 제공할 뿐만 아니라, 엑셀로 저장 가능 • 서지정보를 APA, MLA 방식으로 저장하도록 지원
학지사 뉴논문	http:// newnonmun. com	• 사회과학, 인문학, 복합학, 예술치료, 농수해양, 의약학, 공학 등 전 분야의 250개 학회, 355종의 학술지를 제공 • Search LAB을 통해 기간별 주요 검색어를 제시할 뿐만 아니라 같이 내려받은 관련 논문 정보들을 제공 • EndNote, RefWroks, Scholar's Aid 등의 서지 프로그램과 연계된 서지반출 기능 서비스를 제공

Google Scholar	http://scholar.google.co.kr	• 일반적인 포털 검색과 학술정보라는 전문 정보 검색 시스템이 결합한 형태로 학술지논문, 학위논문, 도서, 기술보고서, 특허 등에 대한 내용을 제공. 스콜라는 원하는 기간을 설정하여 검색할 수 있고, 별도로 체크해 둔 문서들만 모아서 다시 확인이 가능하며, 원하는 주제로 알림을 설정하면 계정으로 메일을 받을 수 있음
Naver 학술정보	http://academic.naver.com	• 다양한 학술문서 및 학술논문을 제공하고 있음. 각 분야별 트렌드와 키워드별 연구 트렌드를 제시 • 논문에 반영된 참고문헌 정보에 대해서 연동 서비스를 제공하여, 즉시 확인이 가능함
Microsoft Academic Research	http://academic.research.microsoft.com	• 마이크로소프트 리서치가 개발하였으며 2천만 명의 저자가 쓴 4천8백만 이상의 논문을 보유 • 컴퓨터 사이언스와 공학부터 사회학과 생물학까지 이르는 과학 저널을 보유 • 저자 혹은 분야를 기반으로 정보를 검색

출처: 대구대학교 창파도서관 홈페이지(https://lib.daegu.ac.kr/) 및 각 사이트의 정보를 요약, 정리함.

5) 문헌 정리 및 서지정보 관리 프로그램

문헌 연구에서 가장 기본은 연구 주제의 설정이며, 그다음 작업은 자료를 검색하는 것이다. 연구 주제가 제대로 설정되지 않으면 적절한 자료를 찾기 어려울 수 있다. 따라서 연구 주제를 명료화한 다음, 관련 자료를 탐색해야 한다. 문헌 연구를 진행하면서 기존 연구를 정리할 때, 다음의 내용을 확인할 필요가 있다(Mayer, 2009).

• 논문에 대한 인용을 자세히 기록한다.
• 논문에서 사용한 연구 문제와 연구가설을 기록한다.
• 연구 대상에 대한 특징과 표본 수를 기록한다.
• 측정 방법이나 측정 도구에 대하여 간단히 기술한다.
• 연구 진행 절차에 대하여 기술한다.

- 연구가설에 대한 결과와 연구 질문에 대하여 어떠한 결론이 나타났는지를 정리한다.
- 연구 결과에 대한 논의나 연구 고찰 부분에 대한 중요한 내용을 기록한다.
- 비판적 입장에서 논문을 평가하고 기록한다.

이와 같은 내용을 중심으로 정리한 논문요약지를 논문 원본 첫 페이지에 첨부하여 파일에 같이 보관하는 것이 바람직하다. 첫 페이지에 요약지를 첨부하는 경우, 필요에 따라 찾고자 하는 내용을 파악하고 즉각적으로 찾을 수 있기 때문이다. 최근 들어서는 이러한 문헌 정리와 관련하여 관련 서지 관리 프로그램을 이용할 수 있다.

인쇄물이나 메모 등은 통합 자료 보관 및 관리가 어렵고, 동일 자료에 대한 재검색 및 열람을 위한 시간과 노력이 많이 소요된다. 뿐만 아니라 동일한 자료에 대한 중복 사용이나 자료 소실 등의 보관 문제도 발생할 수 있으며, 참고문헌 작성 등의 활용에 번거로움이 있다. 논문을 작성할 때 인용 및 참고문헌 등은 반드시 포함해야 하는 필수 요소이지만, 학교나 학술지마다 인용문헌 및 참고문헌의 양식이 상이하여 연구자들이 이에 맞추려면 상당한 수고를 해야 한다. 또한 연구자들은 연구를 위해 수많은 자료를 내려받아 읽게 되는데, 아무리 정리를 잘해 놓아도 매번 해당 자료를 찾아 연구에 이용하는 것이 여간 번거로운 일이 아니다. 이러한 필요성에 의해 개발된 프로그램이 서지정보 관리 프로그램이다(국립중앙도서관, 2009). 출발점은 문헌의 서지정보를 관리하는 것이었으나, 최근에는 각종 그래픽 파일이나 그래프 그리고 웹페이지 등과 같은 다양한 형태의 정보도 관리가 가능하도록 되었다.

서지정보 관리 프로그램은 연구자들이 다양한 참고 자료를 편리하게 관리하고 논문 작성 시 요구되는 양식에 맞게 인용 및 참고문헌을 작성할 수 있도록 도와주는 프로그램으로, EndNote, Refworks, BibTeX, Procite, Reference Manager, ScholarsAid, Zotero 등이 있다. 이러한 프로그램은 크게 두 가지 기능을 가지고 있는데, 이용자가 프로그램에 등록한 자료를 관리하는 기능과 문서 작성 프로그램과 연결하여 선택한 양식에 맞게 인용 및 참고문헌을 자동으로 생성해 주는 기능이 있다. 또한 서지 관리 프로그램을 이용하여 온라인 서지 데이터베이스의 자료를 검색하고 서지 사항 또는 원문을 내려받거나 다른 이용자들과 각자의 자료 리스트를 공유할 수도 있다.

다양한 프로그램이 있고 각각 장점이 있지만, 서지 관리 프로그램이 공통적으로 가지는 특징을 살펴보면 다음과 같다(이경익, 2005). 첫째, 기본적으로 DB 기반 프로그램이다. 둘째, 서지정보는 개별 레코드로 관리한다. 셋째, 전 세계의 주요 도서관 목록과 온라인 서지 DB에서 자료를 검색하고 서지정보 또는 원문을 입수한다. 넷째, 이용자가 선택한 양식에 따라 인용 및 참고문헌을 자동으로 생성한다. 다섯째, 주요 학술지의 투고 규정을 서식 파일로 제공한다.

서지 관리 프로그램은 무료인 것도 있지만 대부분 유료인 경우가 많다. 따라서 개인적으로 구매해서 사용하기보다는 기관에서 구매하여 소속 이용자들에게 제공한다. 대학도서관, 의학도서관, 연구소, 학회 등 연구 활동이 이루어지는 기관에서 주로 구입하여 사용하고 있다.

〈표 6-2〉 서지정보 관리 프로그램(Bibliographic Management Software)

사이트명	주소	주요 내용
EndNote™	http://www.endnote.com/	• Thomson Reuters사에서 제공하는 논문 및 서지 관리 도구이며 유로, 무료 버전의 EndNote Basic도 있음 • EndNote에 입력한 데이터(레퍼런스)를 모아 놓은 폴더를 라이브러리(reference)라 함. 라이브러리를 만들면 EndNote Library(*.enl) 파일과 해당 라이브러리의 폴더가 생성. 폴더 아래에 원문 이미지, Term list 등이 저장됨 • EndNote를 설치하면 자동으로 MS Word와 연동되며, MS Word를 이용하여 논문을 작성하면서 원하는 위치에 EndNote 관련 기능을 이용하여 인용 및 참고문헌을 삽입할 수 있음 • 이용자는 원하는 스타일을 지정할 수 있으며, 원하는 스타일을 지원하지 않는 경우에는 이용자가 직접 만들어 적용할 수 있음

RefWorks	http://www.refworks.com/	• ProQuest사에서 제공하는 웹 기반(web-based) 서지 관리 프로그램으로 2002년 처음 공개. 기본적인 프로그램 사용 방법은 EndNote와 매우 유사하나 RefWorks는 Endnote와 달리 웹 기반 프로그램이므로, 데스크탑에 프로그램을 설치하지 않고 언제 어디서든 인터넷이 가능한 환경이라면 이용할 수 있음 • RefWorks에서도 EndNote CWYW에서도 이와 같은 논문 작성 지원 기능을 제공. Write-N-Cite를 컴퓨터에 설치하면 MS Word와 RefWorks가 연동되어 인용 및 참고문헌을 지정한 스타일에 맞게 생성할 수 있음 • RefWorks는 다른 서지 관리 프로그램과 호환이 되는데, EndNote 등에서 관리하던 데이터를 반입하거나 RdfWorks의 데이터를 다른 프로그램으로 반출할 수 있는 기능을 제공
zotero	http://www.zotero.org/download/	• George Mason University에서 개발한 프리웨어 프로그램 • Zotero 윈도우를 통해 도서, 논문 등 수집한 모든 유형의 자료를 볼 수 있음. Firefox 우측 하단의 Zotero 아이콘을 클릭하면 Zotero 윈도우가 열려 그동안 수집, 저장한 각종 문헌 목록과 첨부파일을 볼 수 있음 • Zotero는 한글 설명을 제공하는데, https://www.zotero.org/support/ko/at_a_glance에서 세부적인 내용 및 가이드 내용을 확인할 수 있음

출처: 대구대학교 창파도서관 홈페이지(https://lib.daegu.ac.kr/) 및 각 사이트의 정보를 요약, 정리함.

2. 내용분석

1) 내용분석의 개념

내용분석은 언어나 문자 그리고 그림과 같은 상징적 기호로 표시된 의사 전달의 기록물에 대한 내용적 특징을 객관적·체계적·수량적으로 기술하기 위한 연구 방법이다. 즉, 동기, 원인, 결과, 영향을 객관적이고 체계적으로 추리하려는 사회 과학의 분석 기법으로, 질적 내용을 양적 자료로 전환하는 방법이다. 객관적이라 함은 명백한 규칙에 따라 분석되기 때문에 누구나 동일한 방법을 쓰면 동일한 결과에 도달할 수 있다는 것을 의미한다. 또한 체계적이란 어떤 내용의 포함 여부가 일관성 있는 기준에 따라 실행됨으로써 연구자의 주관에 맞는 내용만이 선택된다는 것을 방지하는 의미가 포함되어 있다. 수량적이란 양적 접근의 방법으로 수치를 제공할 뿐만 아니라, 그러한 수치들을 수반하는 관계에 대한 분석이라는 것을 의미한다.

2) 내용분석의 장점과 단점

내용분석은 다음과 같은 장점을 가진다(김구, 2020; 이주열 외, 2013). 첫째, 문헌 연구, 내용분석에 이용되는 자료는 문헌이나 선행 연구 등의 2차 자료를 이용하기 때문에 자료 수집 과정이 경제적이다. 둘째, 장기간의 변화와 흐름을 파악할 수 있다. 셋째, 연구 대상자가 반작용을 일으키지 않기 때문에 자료 수집 과정에서 정확성이 높다. 넷째, 정보 제공의 자발성이 높다. 다섯째, 여타의 방법으로 접근하기 어려운 특수 계층에 대한 조사나 과거의 일이나 사건을 연구하고자 할 경우 적합하다. 여섯째, 연구를 수행하다가 오류나 실수가 있더라도 이를 보완할 수 있다.

반면, 내용분석이 가지는 단점은 다음과 같다. 첫째, 기록물에 의존하기 때문에 기록물에 나타나지 않는 속성은 파악할 수 없으며, 기록물에 기록된 자료가 불완전할 수 있다. 둘째, 각종 기록물은 표현 방식 및 문장 형식에서 다르게 나타난다. 셋째, 신뢰도와 관련하여 문제점이 있다. 넷째, 각각의 기록물에 대한 목적이 다르기 때문에 잘못된 정보를 얻을 수 있다. 마지막으로, 타당성의 문제가 있을 수 있다.

3) 내용분석의 방법과 절차

내용분석은 문서, 필름, 비디오, 연설 등으로 작성된 의사 전달 매체의 질적 자료를 양적으로 분석하는 방법이다. 관련 선행 연구들을 토대로 내용분석을 하는 절차는 다음과 같이 9단계로 구분하고 있다(김구, 2020).

연구 목적 결정 → 측정 대상 변수 목록 준비 → 각 변수를 위해 특정 커뮤니케이션 맥락과 프로세스를 무엇으로 측정할 것인지 결정 → 분석단위 결정 → 코딩 프로토콜 개발 및 측정 도구 선정 → 커뮤니케이션 대상 수집 → 커뮤니케이션 대상의 무작위 추출 및 예비분석 → 분석 카테고리 및 분석단위 조정 → 전체 표본분석

이를 다시 간략화하여, 내용분석의 단계를 연구 문제의 설정, 분석 대상의 모집단 규정, 문헌 자료 표본 추출, 분석 내용 범주 규정, 분석단위 결정, 표본분석의 절차로 구분할 수 있다. 분석 절차는 다른 일반적 연구와 큰 차이점이 없기에 이를 제외한 단계별 특성을 구체적으로 살펴보면 다음과 같다.

(1) 연구 문제의 설정

연구 문제를 설정하는 것은 연구의 기본이자 출발이다. 연구 주제나 질문이 명료하지 않다면 어디부터 시작해야 할지 막연하기 때문에 연구의 방향을 잡기도 어렵고, 시간을 낭비할 뿐만 아니라 적절한 자료를 찾기 어려울 수 있다. 연구 문제를 명확하게 설정함으로써 타당성이 높은 적합한 자료를 선정할 수 있으며, 분석기준과 분석단위를 객관적으로 구성할 수 있다. 그리고 이 단계에서 연구 문제를 반영하는 개념을 명료화해야 한다. 이를 위해서 주제어나 검색 목록을 작성할 필요가 있다. 왜냐하면 대부분은 학문적 관점에 따라 유사하거나 동일한 용어를 다르게 사용하는 경우가 있기 때문이다. 그리고 연구 문제에 따라 연구 방법이 결정된다는 것을 고려하면, 연구 문제는 내용분석법에 적합해야 하며 다른 연구 방법과 비교할 때 더 적합한 방법이어야 한다.

(2) 분석 대상의 모집단 규정

분석 대상이 포함된 모집단을 규정해야 한다. 이는 연구 문제와 관련된 문헌 자료의 종류와 범위를 어디까지 할 것인가를 결정하는 것과 같은 맥락에 있다. 연구 대상의 모집단 전부에 대하여 내용분석할 수 있으나, 일반적으로 표본을 대상으

로 내용분석이 이루어진다. 분석의 내용이 되는 문헌이나 기록의 종류와 범위를 명확하게 규정한다.

오늘날 전자데이터 베이스가 잘 구축되어 있으므로, 이를 활용하면 관련 정보를 쉽게 찾을 수 있다. 전자데이터 베이스는 앞의 〈표 6-1〉에 제시되어 있다. 관련 주제가 약어인 경우에는 각각의 개념을 검색할 필요가 있다. 한국에서 가장 보편적으로 이용하는 전자데이터 베이스는 한국연구정보서비스(riss.kr)인데, 미술치료를 검색하면 통합검색, 국내학술논문, 학위논문, 해외학술논문, 학술지, 단행본, 연구보고서 등에 따라 나누어 볼 수 있다. 가령, 국내학술논문을 누르면 다시 왼쪽에 원문 유무, 원문 제공처, 등재 정보(KCI 등재, KCI 등재후보, SCIE, KCI 우수등재), 학술지명(미술치료연구, 예술심리치료연구, 한국예술치료학회지 등), 주제 분류(철학, 사회과학, 예술, 기술과학 등), 발행 년도, 작성 언어, 저자 등에 따른 세부 메뉴 조회 영역들이 뜬다. 이러한 세부 메뉴의 조회 영역을 이용하여 필요한 정보를 검색할 수 있으며, 만약 최근 자료부터 보고 싶다면 연도순·내림차순 정렬을 이용하여 확인할 수 있다.

대부분의 전자 데이터베이스는 자신이 검색한 문서를 저장하고 본인의 메일로 보낼 수 있는 기능이 있을 뿐만 아니라, 인용 시 표기할 출처를 제공하기도 한다. 특히 최근에는 관련 프로그램들이 개발되어 쉽게 검색하고 저장하고 조직화할 수 있다. 대표적으로 EndNote 등이 있으며, 여기에 대한 설명을 〈표 6-2〉에 제시하였다.

미술치료 문헌에 관한 분석을 할 경우, 분석 대상에 포함되는 논문 범주는 무엇이며, 어느 시기부터 언제까지를 포함할 것인지를 명확하게 규정해야 한다. 구체적으로 미술치료와 관련된 모든 문헌을 포함할 것인지, 아니면 미술치료의 중재효과 연구 혹은 개념적 연구만을 대상으로 할 것인지 등을 말한다. 또한 내용 범주에서 미술치료가 들어간 모든 학회에 대한 논문을 대상으로 할 것인지, 아니면 미술치료의 대표적 학회인 한국미술치료학회, 한국예술치료학회 및 한국예술심리치료학회 등에서만 발행한 논문을 검토할 것인지, 아니면 특정 학회에서 발행한 논문을 대상으로 할 것인지 등에 따라서 모집단의 특성과 분포가 달라질 수 있다. 또한 시기적으로 발간일부터 나온 모든 논문을 대상으로 할 것인지, 2000년 이후의 결과를 대상으로 할 것인지, 2010년부터 조사할 것인지 아니면 자료 조사 결과 도출된 모든 자료를 포함하여 이를 분석에 반영할 것인지에 따라서도 수집할 자료의 범주가 달라진다. 이처럼 분석 대상의 모집단을 명확하게 규정해야 한다. 그래야만 모집단을 잘 대표할 수 있는 표본을 추출할 수 있다.

(3) 문헌 자료 표본 추출

분석하려는 대상의 모집단을 정의한 다음에는 이러한 모집단을 잘 대표할 수 있는 표본을 추출해야 한다. 내용분석을 위한 문헌 자료의 표본 추출도 일반적인 표본 조사의 원리와 절차가 그대로 적용된다. 다만, 표본 추출의 대상이 문헌 자료라는 점에서 차이가 있다.

연구 문제의 해결을 위해서 규정된 모집단에서 표본 추출 방법을 적용하여 표본 집단을 구성하며, 문헌 자료를 대상으로 추출할 때에는 다단계 표본 추출 방법이 주로 사용된다. 그러나 모든 문헌 연구가 표본 표출 과정을 거치는 것은 아니다. 내용분석의 한 종류인 동향 연구에서는, 연구 조사 시기를 선정하면 그 이후의 모든 연구를 대상으로 한다.

(4) 분석 내용 범주 규정

분석 내용의 범주를 어떻게 설정하느냐에 따라 연구의 질이 결정된다고 볼 수 있다. 범주를 규정할 때에 가장 주의할 요소는, 첫째, 각 범주가 연구 목적과 연구 주제를 적절하게(adequate) 반영할 수 있어야 하고, 둘째, 어떤 내용의 요소를 분류하여 부호화할 때 그 요소는 한 범주에만 해당하도록 각 범주 간에 상호 배타적(mutually exclusive)이어야 한다. 셋째, 어떤 요소이든지 범주 중 하나에는 분류될 수 있어야 하며, 모든 요소가 반드시 한 개 범주에는 속하도록 포괄적(exhaustive)이어야 하고, 넷째, 어떤 범주에 속하는 요소들의 빈도가 다른 범주의 값에 영향을 미치지 않도록 상호 독립적(independent)이어야 한다.

한편, 범주를 규정할 때는 이론의 틀에서 도출하는 연역법과 실제 자료에서 귀납적으로 형성해 가는 방법이 있다. 문헌 자료의 내용분석법에서는 이론적 틀에 확고하고 완벽에 가깝기 전에는 가능한 한 자료를 사전에 충분히 검토하여 귀납적으로 범주를 설정하는 것이 바람직하다. 일반적으로 다음과 같은 내용에 따라 범주화할 수 있다(이종승, 2009).

- 주제: 의사를 전달하고자 하는 주된 내용이 무엇인가?
- 방향: 찬성-반대, 좋음-싫음 등과 같이 어떻게 내용을 다룰 것인가?
- 가치: 목표, 지향 등 추구하는 가치가 무엇인가?
- 방법: 어떻게 목표를 달성하는가?
- 표적: 의사소통이 누구를 향하고 있는가?
- 행위자: 행동의 주체가 누구인가?
- 권위자: 인용의 출처는 무엇인가?

(5) 분석단위 결정

내용분석의 가장 중요한 사항은 표본으로 선택한 문헌 자료를 어떤 기준으로 무엇을 조사할 것인가 하는 것이다. 이것을 분석단위(analysis units) 또는 코딩(부호화)단위라고 한다. 분석단위는 분석하려는 내용의 최소 단위로 측정 가능한 단위로 환원될 수 있도록 설정되어야 한다. 이 분석단위를 체계적으로 분류 또는 배열하기 위한 범주(categories)를 분석기준이라고 한다. 내용분석의 핵심은 객관적인 분류와 측정이기 때문에 분석단위와 기준을 명확하게 설정하고 규정해야 한다.

분석단위는 기록(recording)단위와 맥락(contex)단위로 나뉜다. 기록단위는 분석하고자 하는 내용의 특정 요소가 한 번 일어난다는 것을 나타내는 최소의 단위이고, 맥락단위는 기록단위의 성격을 좀 더 명확히 하고자 검토하는 내용의 최소 단위이다. 맥락단위는 기록단위에 비해 시간이 많이 소요되고 주관성이 개입할 가능성이 있어 객관적인 결과를 얻기 어려울 수 있다. 분석단위는 조사 내용에 따라 여러 가지가 사용되지만, 일반적으로 내용분석에서는 크게 다섯 가지를 고려할 수 있다.

단어(word)는 내용분석에서 가장 작은 분석단위로, 조사 대상 문헌에 나타나는 단어의 빈도를 기록하는 것이다. 주제(theme)는 분석 내용의 기본 방향이나 철학 또는 주장하는 내용 등을 분석단위로 기록하는 것이다. 주제를 분석단위로 하는 것은 연구 내용에 따라 연구자가 주관적으로 결정한 주제에 해당하는 것을 분석하고자 하는 내용에 따라 나타나는 빈도를 기록하는 것이다. 인물도 분석단위로 쓰일 수 있는데, 문학 작품, 라디오나 텔레비전 프로그램, 교과서 등에 등장하는 주요 인물의 성격과 특징을 개념화하여 분석하는 것이다. 항목 또한 분석단위로 사용할 수 있다. 항목을 분석단위로 해서 주제를 상징하는 내용이나 단어의 사용 횟수를 조사할 수 있다. 주제나 단어 등을 분석단위로 하였을 때는 방대한 양의 문헌을 분석하기 어려울 때가 많다. 이 경우에는 하나의 문헌을 여타의 문헌과 비교하거나 문헌 전체의 입장을 항목으로 정리하기 위해서 항목을 분석단위로 사용하면 편리하다. 시간적으로나 공간적으로 차지한 양을 분석단위로 삼을 수도 있다.

시간적 차이를 두고 비슷한 문서 기록을 찾는 것이 어려울 수도 있고, 내용이나 표현 방식에 큰 변화가 있을 수 있기 때문에 현실적으로 추정이 쉽지 않을 수 있다. 따라서 내용분석법에서 신뢰도란 주로 둘 이상의 코더(부호 부여자)들이 같은 내용을 동일 범주로 집계하도록 하고, 두 사람 사이의 일치 정도를 말한다. 즉, 분류가 코더 간에 일치하는 정도이다. 면담이나 설문조사의 경우에는 언제든지 조사 자료(설문지)의 재검토가 가능하지만 내용분석 자료는 그것이 쉽지 않기 때문에 코더는 분류가 객관적으로 이루어질 수 있도록 노력해야 한다.

미술치료와 관련된 내용분석 연구에서는 〈표 6-3〉과 같은 분석단위 기준을 설정할 수 있다. 발표 년도, 발표 유형, 분석 대상 문헌 출처 및 국가, 프로그램 진행자, 연구 대상(성별, 연령, 직업, 결혼 유무, 특성, 진단 특성, 집단원 수, 집단 유형, 연구 실행기관), 연구 내용(주제, 종속변인, 측정 도구, 치료 기법, 프로그램의 구성, 미술치료 기법, 미술치료 매체), 연구 방법(연구 유형, 자료분석 방법, 총 진행 회기, 주당 회기, 회기 시간 등)에 따라 분석단위 기준을 설정할 수 있다.

〈표 6-3〉 자료 수집 분석단위 기준

구분		분류 내용
발표 년도		각 시기에 따른 구분
발표 유형		학위논문(석사학위, 박사학위), 학술지(명)
분석 대상 문헌 출처 및 국가		국내, 국외(나라별)
프로그램 진행자		학위, 미술치료사 등 전문 자격증 소지 여부 및 종류, 임상경험 등
연구 대상	성별	남성, 여성, 혼성
	연령별	영유아, 아동(초등학생), 청소년(중학생, 고등학생), 대학(원)생, 성인, 노인
	직업별	교사, 간호사, 회사원, 사회복지사, 공무원(군인, 경찰), 자영업자, 학생 등
	결혼 유무	미혼, 기혼, 이혼, 재혼, 기타
	특성별	장애인, 결혼이민여성, 이주노동자, 비행(아동)청소년, 기초생활수급자, 호스피스 환자, 성소수자, 시설 거주/위탁 가정, 재난피해민, 중도입국자(새터민), 감정노동자 등

	진단별	발달 및 학습장애, 정서 및 기분장애, 정신장애, 중독장애, 섭식장애, 의료환자 및 뇌손상 장애 등
	집단원 수	1명, 2명, 3~4명, 5~10명, 11~20명, 21명 이상
	집단 유형	개인, 가족, 집단, 기타
	연구 실행기관	상담·치료 기관, 교육(학교)기관, 어린이집, 유치원, 복지 기관 및 시설, 가족센터, 의료기관, 보호관찰기관, (임시)보호 및 생활 기관, 여가기관, 종교시설(교회, 사찰 등), 기타
연구 방법	주제	자아성장, 심리건강 회복, 의사소통 및 대인관계 향상, 적응 및 문제 행동 개선, 스트레스 대처, 주의력 및 충동 통제, 기타
	종속변인	각 연구에서 제시된 종속변인
	측정 도구	투사 검사 도구 — K-HTP, H-T-P, KFD, KSD 등
		객관적 도구 — K-CBCL, BDI, 스트레스 척도, 자아존중감 척도 등
		혼합적 사용 — 투사와 객관 두 가지 이상을 혼용
	이론적 기반	정신분석, 인간중심, 인지행동, 게슈탈트, 교류분석, 분석심리 등
	프로그램 구조화	구조화, 반구조화, 비구조화, 기타
	미술치료 기법	기법 수 — 1가지, 2가지, 3가지, 4가지 이상
		기법 분류 — 자유연상, 만다라, 신체상, 입체조형, 공동 작업, 콜라주, 명화 재구성, 난화, 벽화 등
	미술치료 매체	평면(건식) 매체 — 연필, 색연필, 사인펜, 매직(네임펜), 마커, 크레파스(파스넷), 파스텔, 콘테 등
		평면(습식) 매체 — 물감, 아크릴물감, 포스터물감, 마블링물감, 글라스데코, 먹물 등
		입체(건식) 매체 — 자연물, 꾸미기 재료, 우드락, 수수깡, 매직콘, 끈(실), 상자, 풍선, 페트병(깡통), 가면 등
		입체(습식) 매체 — 찰흙, 지점토(종이죽), 유토, 천사점토, 클레이, 석고붕대 등
		종이 매체 — 도화지, A4지, 전지, 한지(화선지), 색종이, 잡지, 사포, OHP필름, 마분지, 하드보드지, 만다라 도안, 상장지 등
		비정형 매체 — 밀가루 풀, 면도 크림, 모래, 색모래, 소금 등
	연구 유형	양적 — 조사 연구, 효과성 검증과 타당화, 반응 특성, 상관관계, 기타
		질적 — 근거 이론, 내러티브, 현상학, 합의적·질적 사례 연구, 문화기술적 문헌 고찰, 포커스 그룹, 경험적 연구 등
		혼합 — 질적 연구와 양적 연구가 합쳐진 연구, 개념도 연구 등
		기타 — 프로그램 개발, 이론적 고찰, 척도 및 도구를 개발하는 연구, 기술 연구, 치료사 특성/훈련 및 슈퍼비전 연구, 성격 특성 및 적응 연구, 치료사 및 예술심리치료에 대한 지각 연구 등
	자료분석 방법	내용분석, 기술통계-분석, 빈도분석, 상관관계분석, 교차분석, 대응표본 t-검정, 독립표본 t-검정, 분산분석, 반복측정 분산분석, 공분산분석, 다변량 분산분석, 회귀분석, 판별분석, 요인분석 등
	총 진행 회기	1~10회기, 11~20회기, 21회기 이상
	주당 회기	주 1회, 주 1~2회, 2회, 주 2~3회, 3회, 집중 집단(마라톤), 미기재, 기타
	회기 시간	60분, 60~89분, 90~120분, 120분 이상, 미기재, 기타

출처: 기정희 외(2011), 김미진, 강영주(2014), 이창정, 이미옥(2008) 등의 연구를 기반으로 재구성함.

이 외에도 미술치료 연구 중 특정 주제에 따른 내용분석 연구에서는 앞서 언급한 〈표 6-3〉과 추가적인 분석단위 기준을 설정할 수 있다. 예를 들어, 마음챙김 미술치료의 경우 주요 내용에 따라 추가적인 분석단위 기준을 설정할 수 있으며, 만다라 미술치료의 경우에는 만다라의 작업 방법과 작업 방향에 따라 분석단위 기준을 설정할 수 있다. 자기자비 미술치료의 경우 구체적인 작업 내용의 방법에 따라 분석단위 기준을 설정할 수 있다. 구체적인 내용을 제시하면 〈표 6-4〉와 같다.

〈표 6-4〉 특정 주제에 따른 분석단위 기준

구분			분류 내용
만다라 미술치료	만다라 작업 방법	문양 만다라	• 연구자가 특정 문양 선정 후 연구 대상에게 제시 • 연구자가 제시한 복수의 문양 중 연구 대상이 선택 • 명시되지 않음
		자유 만다라	• 연구자가 테두리 제시 • 연구자가 빈 종이만 제시 • 두 가지 제시 방법의 혼합 • 명시되지 않음
		혼합 만다라	• 문양 만다라와 자유 만다라의 두 가지 작업 방법이 같은 회기 내에서, 혹은 다른 회기지만 같은 프로그램 내에서 혼합되어 이루어진 경우
	작업 방향성		• 중심에서 원주로 • 원주에서 중심으로
	회기별 내용 구분	사전 단계	• 명상, 가벼운 대화, 드로잉, 작업할 만다라 구상, 호흡, 스트레칭과 같은 신체활동, 편안한 자세 취하기 등 심신의 이완
		중간 단계	• 만다라 채색 및 제작
		사후 단계	• 소감 나누기, 작품 제목 정하기, 정리정돈 혹은 연구자의 피드백, 다음 회기 예고 등
자기 자비 미술치료	개입 순서 및 내용		• 심리교육–경험적 측면(마음챙기/유도심상/자기자비 훈련/시각적 훈련/자애명상/명상유도심상)–창조적 표현 활동–언어적 통합

출처: 최은영, 손병문(2019), 최은영, 손은경(2021) 등의 연구를 기반으로 재구성함.

참고문헌

국립중앙도서관(2009). 도서관용어해설: 서지관리 프로그램. 도서관 연구소 웹진, 47, 1-4.

기정희, 이숙미, 기문경, 정종진, 최웅용(2011). 한국 미술치료의 연구동향-한국미술치료학회지 게재논문(1994-2010)을 중심으로. 미술치료 연구, 18(2), 463-483.

김구(2020). 사회과학 연구조사방법론(3판). 서울: 비앤엠북스.

김미진, 강영주(2014). 아동미술치료 프로그램 국내 연구동향분석. 예술심리치료 연구, 10(3), 87-109.

대구대학교 창파도서관 홈페이지 https://lib.daegu.ac.kr/

성태재, 시기자(2020). 연구방법론(3판). 서울: 학지사.

이경익(2005). 논문관리 프로그램의 활용법. 가정의학회지, 26(4), 518-520.

이종승(2009). 교육·심리·사회 연구방법론. 서울: 교육과학사.

이주열, 이승환, 신승배(2013). 조사방법론. 경기: 군자출판사.

이창정, 이미옥(2008). 한국의 노인미술치료에 관한 연구동향분석. 미술치료 연구, 15(3), 589-608.

정영숙(2006). 사회복지조사방법론. 서울: 공동체.

최은영, 손병문(2019). 만다라 중재 관련 국내학술지 연구동향-유아기부터 청소년기를 중심으로-. 정서·행동장애 연구, 35(4), 41-58.

최은영, 손은경(2021). COVID-19시대 자기-자비 미술치료 관련 문헌 고찰. 특수교육재활과학 연구, 60(1), 413-438.

한국보건의료 연구원(2011). NECA 체계적 문헌 고찰 매뉴얼.

Gülpınar, Ö., & Güçlü, A. G. (2013). How to write a review article?. *Turkish Journal of Urology, 39*(1), 44-48.

https://www.cre.re.kr/bbs/BoardDetail.do?nttId=87&bbsId=BBSMSTR_000000000074&pageIndex=1

Mayer, P. (2009). *Guidelines for writing a review article*. http://www.plantscience.ethz.ch/education/Masters/courses/Scientific Writing. Germany, Zurich: Universität Basel.

Noguchi, J. (2006). *The science review article: An opportune genre in the construction of science*. Swiss, Bern: Peter Lang.

Sara, E. E., & Ravid, R. (2020). 문헌리뷰 작성 가이드. (한유리 역). 서울: 박영스토리. (2019).

제7장

관찰 연구

1. 관찰 연구의 의의와 특성

1) 관찰 연구의 의의

관찰은 연구 대상을 통제하지 않고 자연스러운 상황에서 일정 기간에 걸쳐 언어적·비언어적 행동을 지켜보며 관찰 결과를 기록하는 방법이다. 이러한 관찰 연구는 미술치료를 포함한 모든 과학적 연구의 기초이자 출발이며 가장 역사가 오래된 연구 방법이다. 일상생활에서 우리는 관찰을 통해 많은 현상을 보고, 느끼고, 배운다. 또한 우리는 친구나 동료, 조직의 구성원, 내담자 등을 포함하여 다른 사람을 관찰하고 평가한다. '정직하다, 성실하다, 공격적이다, 우울해 보인다' 등은 모두 관찰을 통한 평가이다. 관찰을 떠난 생활은 존재할 수 없다. 인간의 행동과 심리를 대상으로 하는 미술치료 연구에서 효과성을 증명할 수 있는 자료는 프로그램 적용 과정에서 만든 최종 산출물인 미술 작품도 있지만, 프로그램 참여 과정에 나타난 행동도 관찰을 통해 파악할 수 있는 중요한 자료이다. 예를 들어, 미술치료 중재 프로그램에서 참여자가 HTP를 그릴 때 어떤 대상을 먼저 그리는지, 그릴 때 표정은 어떠했는지, 시간의 흐름에 따른 행동 변화가 있었는지 등은 관찰을 통해 알 수 있다. 관찰한 내용은 기록으로 남겨서 중재 전략이나 기법을 정할 때 고려한다.

연구자가 심리 및 행동과학 분야에 실험 설계를 적용할 때 종속변수를 측정하는 데 가장 필요한 것은 특정 행동을 관찰하고 기록하는 것이다. 이렇듯 관찰은 일상생활 속에서 연구자와 직결된 조사 설계일 뿐 아니라 실제적 측면이 강한 자료 수집 방법이다. 실험 연구뿐 아니라 다른 연구 방법도 관찰이 필요하다. 그러나 관찰 연구는 전적으로 관찰에 의한 조사 방법이며, 관찰된 내용을 양적으로 수량화시킬 수 있는 자료 수집 절차와 체계가 있다. 따라서 관찰 연구는 목적에 부합하는 구체적이고 체계적인 절차를 거쳐야 한다. 체계적 관찰을 통한 연구 진행은 관찰 연구가 과학적 연구로서의 기반을 구축하는 데 있어서 매우 중요하다.

관찰 연구에 대해 정의할 때 두 가지 기준을 고려해야 한다. 하나는 관찰 목표를 구체적으로 정하는 것이고, 다른 하나는 관찰 목표에 포함된 표적 행동을 정확히 관찰할 수 있는 기록 체계이다. 실험 연구가 측정 내용을 수량화하는 양적 접근인데 비해 관찰 연구는 전적으로 관찰에 의해 특정 상황이나 행동, 사건 등이 지닌 속성에 대한 비언어적 행동 자료를 측정하는 질적 접근법에 가깝다. 그러나 관찰 연구가 반드시 질적 연구에만 적용되는 것은 아니며, 관찰 결과를 다양한 방법으로 양적 연구로 전환할 수 있다. 관찰 연구로 자료를 수집하는 연구자들은 통제된 실험 상황과 달리 비통제적 · 비구조화된 상황에서 인간 행동이나 현상을 관찰하고, 관찰 결과를 양적으로 구체화할 수 있다는 것을 전제해야 한다. 따라서 정밀한 관찰이 필요한 경우에는 표준화된 척도를 이용하는 것이 신뢰성과 타당성 있는 자료를 수집하는 방법이다. 그런 면에서 관찰 연구가 비실험적 조건에서만 가능한 것으로 이해하거나 의미를 제한할 필요는 없다.

2) 관찰 연구의 특징

관찰 연구는 관찰 가능한 모든 현상을 대상으로 하며, 자료의 근거가 되는 연구 대상의 특성, 언어적 · 비언어적 행동 등에 대해 감각기관을 통해 자료를 수집하는 방법이다. 그리고 실험 또는 비실험 상황에 구애될 필요가 없기 때문에 실험 연구와 비실험 연구의 특성을 모두 가지고 있는 연구 문제에 적용할 수 있다. 예를 들어, 걸음마기 이전의 영유아가 색 변별 인식이 어느 정도 발달되어 있는지를 알아보고자 한다면, 먼저 연구자는 유아의 시야에 맞는 크기의 다양한 색종이를 제시하는 실험적 독립변수를 조작한 후, 유아의 시각적 반응 여부(종속변수)를 관찰에 의해 검증할 수 있다. 물론 이런 연구에서 관찰의 코딩 체계는 유아의 시각적 주시(A)와 눈길을 주지 않는 시각적 무관심(B)이라는 두 가지 구조로 단순화할 수 있으므로, 관찰 연구이지만 실험 연구로 간주할 수도 있다. 그러나 사전에 준비된 코딩(coding) 체계나 측정 도구에 의해 관찰하지 않으면 유아의 색 변별 인식 여부를 검증할 수 없으므로, 실험적 관찰 연구와 가깝다고 볼 수 있다.

관찰 연구의 대안으로 적용하는 비실험적 관찰 연구는 연구자가 직접관찰하기보다 다른 사람이 관찰하고 작성한 보고서를 보고 평가하는 간접관찰 방법이다. 간접관찰의 한계점은 연구자가 직접 특정 행동을 반복 관찰함으로써 얻을 수 있는 신뢰도를 낮추는 문제가 있다는 것이다. 예를 들어, 연구자가 직접관찰하지 않고 제3자가 기록한 보고서에 의존해서 판단한다면 보고자의 주관적 판단과 관찰 능력에 의존하게 하므로, 그와 유사한 다른 상담보고서와 일치하는지 여부를 파악할 방법이 없다. 그러므로 간접관찰 연구는 구조화된 실험 설계와 달리 수량화하는 데 한계가 있다. 그러나 개별 관찰 사례에서 파악할 수 있는 질적 연구 정보를 전달함으로써 문화적 현상이나 인간 이해의 유형을 정립하는 데 효용성이 있다.

관찰 연구는 표준화 척도를 적용하여 측정할 수 있다. 표준화 척도 중 평정척도는 보편적으로 사용되는 척도이며, 척도를 구성하는 항목들이 체계화되어 있어 측정 결과에 따라 집단이나 대상 간의 차이를 비교할 수 있다.

비실험 관찰은 인간 행동 유형을 폭넓게 제시할 수 있으므로, 특정 행동의 발생 여부나 환경이 미치는 영향에 대해 확인할 필요가 있을 때 평정척도가 유용하다. 그러나 평정척도를 토대로 객관적인 자료를 얻으려면 연구자가 관찰 대상을 어느 정도 인지하고 있어야 한다. 관찰 대상의 속성을 파악하기 어려운 경우에는 대상을 잘 알고 있는 가족이나 친숙한 제3자에게 의뢰하는 간접관찰 연구가 바람직하다.

평정척도는 개인별 특성을 이해하는 기반이 되고 중재를 위한 기초선 관찰에 활용된다. 평정척도의 특정 항목에 대해 관찰하고자 할 때, 예로 아동의 소리 지르는 행동의 기능이 무엇인지를 알고자 한다면, 단지 몇 분간이 아니라 일정 기간 관찰할 필요가 있다. 표준화된 진단 도구를 이용하면 객관적인 측정은 할 수 있으나 척도에 포함되지 않은 내용을 관찰할 수 없다. 이러한 점을 보완하기 위해 연구자는 본격적인 관찰을 하기 전에 관련 행동을 살펴보고 진단 도구와의 차이점을 검토할 필요가 있다.

집단미술치료 프로그램이 주의력결핍 과잉행동장애(ADHD)가 있는 아동의 자기통제력 증진에 미치는 효과를 알아보기 위해 관찰 연구를 한다고 가정하자. 이때 인지행동 미술치료 프로그램의 질적 분석을 위해 회기별로 행동 변화를 관찰할 때 연구자가 아동의 행동 특성을 질적 내용을 중심으로 기록할 수도 있고, 자기 통제력 정도를 반영하는 척도에 체크할 수도 있다. 프로그램 적용 후 행동 변화가 지속되는지 살펴보기 위해 아동을 직접관찰하거나 대안적 방안으로 간접관찰도 가능한데, 이 경우 연구자가 직접관찰하기보다 부모나 교사가 관찰한 결과를 보고 평가할 수 있다.

관찰 연구에서 척도를 토대로 자기통제력 변화 정도를 평가할 때, 평정척도를 이용하여 항목별로 평가할 수도 있으나 전체 항목에서 변화가 뚜렷한 항목을 체크하는 방법도 있다. 관찰 연구가 개별 사례에 맞추어 완전히 질적 속성을 중심으로 한 기술 연구가 아니고 부분적으로 양적 개념이 포함된다면 표준화된 척도를 토대로 평가하는 것이 객관적인 자료를 얻는 방법이다. 예를 들어, 아동의 자기표현에 미치는 영향을 관찰 연구로 규명한다고 가정할 때, 관찰변수인 미술자기표현은 주제 표현, 색채, 화면 구성 등 다양한 영역을 등을 통하여 집단 또는 개인별 차이, 회기별 변화 등을 비교할 수 있다.

관찰 연구의 가장 두드러진 특성은 즉시성과 직접성이다. 즉시성(immediacy)은 모든 대상이 시각이나 청각 등의 감각기관에 의해 현재의 시공간 내에서 경험하는 것이고, 직접성(directness)은 관찰 대상을 직접 확인하는 것이다. 이러한 즉시성과 직접성은 설문조사 및 측정만으로 규명하기 어려운 사회적 상호작용을 현장에서 파악할 수 있다는 점에서 강점을 지닌다. 또한 관찰 대상의 의사소통이나 정보 전달에 문제가 있는 경우, 행동이나 표정 등이 중요한 단서로 작용할 수 있다. 물론 관찰 연구가 모든 경우에 다 적용 가능한 방법은 아니다. 관찰에만 초점을 둘 경우, 관찰 이전의 사건이나 줄거리는 전혀 관찰할 수 없으므로 질문지법, 대인 인터뷰 등을 병행하는 것이 좀 더 정확하고 신뢰성 있는 자료를 얻을 수 있다.

2. 관찰 연구의 장단점

1) 관찰 연구의 장점

관찰 연구의 장점을 살펴보면 다음과 같다. 첫째, 표적 행동에 대한 매개변수를 통제할 수 있다. 대인 인터뷰에서는 면접자의 행동이나 태도가 연구 결과에 영향을 주는 매개변수로 작용할 수 있다. 질문지법 역시 현재 일어나는 행동 그 자체가 표적 대상이 아니기 때문에 응답 반응에는 이미 문화적 기대나 편견, 본인의 생각, 성품 등이 영향을 주었을 가능성이 크다. 그러나 관찰 연구는 어떤 표적 행동이든 실제 프로그램 참여 등과 같은 활동 과정에서 직접관찰하기 때문에 관찰 자체에 높은 정확성을 기할 수 있다.

둘째, 연구 대상 또는 관찰 대상의 의도적인 방해를 배제할 수 있고 관찰의 완성도가 전적으로 연구자의 관찰 기능에만 의존한다는 것은 관찰 연구의 또 다른 장점이다. 자연스러운 상황에서 발생하는 행동이나 사건 자체만을 관찰하기 때문에 관찰 대상의 모호한 태도나 의도적인 방해를 배제할 수 있다. 즉, 피험자의 기대나 성격, 사건 자체의 선호도 등에 의해 연구 결과가 영향을 받을 수 있는 것을 사전에 배제할 수 있다.

셋째, 비언어적 자료를 수집할 수 있다. 관찰 연구 대상자는 범위가 포괄적이므로 관찰 대상의 연령이나 환경적 제한에 구애받지 않고 연구를 수행할 수 있다. 예를 들어, 질문지법은 어느 정도 인지적 능력이 갖추어져야 하고 면접법 역시 기본적인 의사소통 능력이 있어야 하지만, 관찰 연구는 비언어적 자료 등 자기보고가 어려운 영유아에서부터 노인에 이르기까지, 그리고 지적장애나 언어장애가 있는 경우 관찰 대상이 정확히 인지하지 못하는 무의식적 행동도 측정할 수 있다.

넷째, 관찰 연구는 대상자의 행동이나 상황을 포함한 실제 현상을 직접관찰하고 경험하기 때문에 현상에 대한 전후 맥락을 이해할 수 있다. 왜 특정 행동을 하는지, 주로 어떤 상황에서 나타나는 행동인지를 파악할 수 있으며, 관찰 기록의 신뢰도는 관찰자 간의 일치도와 관찰 내용을 기록하는 일관성에 의해 확인할 수 있다. 관찰자 간 일치도는 특정 행동을 측정할 때 객관적인 관찰이 이루어졌고 관찰자의 주관이나 편견이 지속되는지, 관련된 부수적인 행동은 무엇인지 등을 파악할 수 있다. 미술치료 프로그램에서 회기별로 나타나는 정서 및 행동 변화는 현상을 직접관찰할 때만 파악할 수 있다.

2) 관찰 연구의 단점

관찰 연구는 표적 행동에 대한 매개변수 통제와 관찰 대상의 의도적인 방해를 배제할 수 있고, 비언어적 자료 수집에 적합하며, 직접관찰로 현상에 대한 전후 맥락을 이해할 수 있는 장점이 있는 이면에 한계점도 있다.

첫째, 시간비용이 많이 든다. 관찰 연구에서는 연구자가 실제 현상만을 관찰할 수 있다. 따라서 관찰하고자 하는 현상이나 행동이 일어나기를 기다려야 하기에, 상당한 시간비용이 발생할 수 있다.

둘째, 장기적이고 연속적인 관찰이 어렵고 개인의 생활사나 경험한 사건을 직접관찰할 수 없다. 관찰 연구는 장기적으로 추적하거나 지속적인 관찰이 쉽지 않기 때문에 눈에 보이는 현상 외에 심리적 측면이나 내재된 속성을 정확히 알아내기 어렵다. 대상자가 연구자의 관찰을 의식해서 평소와 다른 행동 또는 사회적으로 바람직하다고 간주하는 행동을 할 수 있는데, 이런 문제는 장기적이고 연속적인 관찰을 통해서만 파악할 수 있다.

셋째, 관찰 결과에 대한 해석상의 혼란을 초래할 수 있다. 관찰 과정에서 눈으로 보는 내용이 실제 행동에 나타난 외형상 의미와 일치하지 않을 수도 있다. 예를 들어, 가족 갈등에서 부모와 자식 간에 '신경 쓰지 말라'는 언쟁은 지나친 개입에 대한 반항으로 해석할 수도 있지만, 반대로 무관심에 대한 관심의 호소로 볼 수도 있다. 따라서 내면적 특성이나 과거 사실에 대한 자료를 수집할 수 없으므로 관찰 내용과 해석에 거리가 생길 수 있고 그로 인해 관찰 시점의 해석 과정에 관찰자의 주관이 개입될 수 있는데, 이러한 혼란을 방지하기 위해 관찰자의 정확한 안목이 요구된다.

넷째, 관찰 연구는 수집한 자료를 수량화하거나 코딩하는 과정에 연구자의 주관이 개입되거나 관찰 대상과의 관계적 맥락에서 연구자가 기대하는 행위에만 초점을 둘 여지가 있다. 관찰자의 개입이 일으키는 이러한 오류로 인해 연구 결과를 왜곡해서 해석할 수 있다. 관찰자의 개입이 초래하는 오류를 극복하기 위해 연구자는 객관적 마인드를 가져야 하고, 연구 설계를 할 때 목적에 부합하는 표준화된 척도를 기반으로 할 필요가 있다.

다섯째, 대상자가 관찰에 노출되어야 하는 부담으로 인해 접근이 어렵고 익명성

보장에 문제가 생길 경우, 연구 윤리 및 인권 문제 등의 민감한 쟁점으로 연결될 수 있다. 관련 쟁점은 모든 연구에 적용되지만, 특히 관찰 연구는 대상자가 연구 환경에 그대로 노출되므로 익명성이란 점에서 연구 윤리 규정을 준수해야 한다.

3. 직접관찰과 사례 연구

1) 직접관찰과 사례 연구의 유형

직접관찰을 통한 사례 연구는 연구 목적에 따라 탐색적 · 도구적 · 집합적 사례 연구로 구분할 수 있다.

(1) 탐색적 사례 연구

연구의 주요 관심이나 사례에 관해 더 심도 있고 폭넓은 이해를 얻기 위한 목적으로 연구를 수행할 경우에 탐색적 사례 연구(exploratory case study)가 적합하다. 탐색적 연구에서는 관련 사례에 내재된 특수성뿐 아니라 일반성도 중요한 비중을 차지한다. 예를 들면, 학교폭력을 경험한 청소년이 인간중심 미술치료를 통해 어떤 치료적 경험을 했는지 살펴볼 경우, 다문화 부모와 자녀를 대상으로 한 미술치료 프로그램이 사회정서 발달에 효과가 있는지를 검증할 경우 등은 탐색적 사례 연구를 적용하여 각 대상이 가진 일반성과 특수성을 규명할 수 있다. 이를 통해 연구자는 연구 질문과 가설을 개발하기 위한 많은 정보를 수집할 수 있다.

(2) 도구적 사례 연구

특정 사례의 관찰을 통해 기존 이론의 지평을 확장하고자 할 때는 도구적 사례 연구(instrumental case study)가 적합하다. 이런 유형의 연구는 연구 대상 사례를 통해 다른 사례에 대한 이해를 도출할 수 있는 도구적 역할을 하게 된다. 미술치료 프로그램 적용을 위한 컴퓨터의 도구적 활용 연구, 활동중심 미술치료가 위축 · 고립된 아동의 행동에 미치는 영향을 분석하는 연구, 가족미술치료 기법의 도구적 적용 방안 연구 등은 특정 사례를 관찰해서 이론적 논거나 패러다임을 제시하는 도구적 목적을 가진 연구라고 볼 수 있다.

(3) 집합적 사례 연구

연구 대상 사례가 속한 모집단의 특성이나 현상 등과 관련된 다양한 측면을 규명하고자 할 경우에는 집합적 사례 연구(collective case study)를 적용한다. 청소년의 자존감 저하와 관련된 현상에 대해 연구한다고 가정하자. 이 경우에는 자존감에 영향을 미치는 요인을 다각적인 시각에서 총체적으로 다루어야 하므로 집합적 사례 연구가 적합하다. 활동중심 미술치료 프로그램의 집합적 파급 효과, 사회통합을 위한 다문화 미술교육의 집합적 실천 방안, 마음챙김 미술치료 프로그램이 노인의 집합적 효능감에 미치는 영향 등은 표본으로 선정된 대상자를 관찰한 자료로 모집단 특성이나 현상을 규명하는 데 목적을 둔 집합적 연구라고 할 수 있다.

2) 직접관찰의 기능과 역할

자연스러운 환경에 노출된 행동이나 태도를 주시하고 분석하는 직접관찰은 연구 체계를 구축하거나 이론적 토대를 정립할 때 유용하다. 직접관찰의 기능과 역할은 다음과 같다.

(1) 가설 설정의 수단

직접관찰은 연구 목적이나 관련 개념 간의 관계를 토대로 가설을 설정할 때 중요한 연구 수단으로 작용한다. 변수 간의 관계에 대한 진술인 가설은 관찰과 기존 이론으로부터 추론할 수 있다. 과학철학에서 말하는 발견의 논리(logic of discovery)는 가설의 성격과 역할에 대해 말해 주며, 가설 설정 과정에 연구자의 통찰력이 중요한 요인으로 작용한다. 연구자가 통찰력을 갖추기 위해 무엇보다 세심한 관찰이 필요하며, 이를 통해 파악한 근거와 규칙성을 토대로 가설을 설정한다. 이러한 측면은 관찰이 가설 설정의 수단이라는 것을 분명히 시사한다.

모래놀이하는 아동을 관찰하는 연구자는 관찰을 통해 아동이 모래 터널을 만들면서 즐거워하는지 아니면 스트레스를 받는지, 정신연령은 어느 정도인지를 일반적 기준과 비교하여 판단할 수 있다. 사회성 향상을 위한 집단미술치료 프로그램에 참여한 아동들이 활동 과정에서 어떤 감정과 갈등을 표출하는지, 미술 활동을 통한 집단 구성원 간의 의사소통은 어느 정도 이루어지는지, 집단의 역동성은 어떠한지 등은 직접관찰을 통해서만 알 수 있다. 따라서 관찰은 가설 설정 전에 하는 것이 논리적 순서상 맞다.

(2) 의문에 대한 해답 제시

직접관찰은 연구에 내재된 의문에 답을 구할 수 있는 토대가 된다. 과제 수행 능력이 부족한 아동은 직접관찰을 통해 과제 시간 중 손장난과 주의 산만이 원인으로 작용한다는 것을 파악할 수 있다. 에인스워스(Ainsworth, 1966)는 영아기의 모성 격리 상황이 아동의 적응 행동에 미치는 영향을 규명하기 위해 애정이 결핍된 아동을 직접관찰하였다. 그 결과, 모성 격리 기간과 아동의 연령, 대안적 양육 형태가 주요 요인으로 작용한다는 것을 규명하였다. 연구 문제에 대해 기존 연구가 부족하거나 비교적 새롭게 대두된 현상일 때는 연구 의문에 대한 답을 찾기가 쉽지 않다. 이럴 때 직접관찰을 통해 의문에 대한 답을 찾을 수 있다.

(3) 인간 행동에 대한 이해구축

직접관찰을 통해 인간 행동을 이해할 수 있는 이해 기반을 구축할 수 있다. 즉, 자연스러운 환경에서 아동의 행동을 관찰할 수 있으므로 본래의 특성을 파악할 수 있다. 인간 행동에 대한 통찰력과 지식은 관찰을 통해 정립되었고 인식의 지평을 넓히는 기능이 있다. 행동주의를 지향하는 학자는 관찰이 가능한 행동만이 인간 행동을 이해하는 데 가치가 있다고 보았다. 아동은 본질적으로 성장과 발달을 추구한다. 아동 내부에는 풍부한 자기표현을 추구하는 지성적 욕구가 내재되어 있으나, 어휘력과 표현력이 부족하므로 지성적 욕구를 행동언어로 의사소통하는 특성이 있다. 아동은 자신의 감정과 느낌을 즉각적으로 표현하고 행동으로 나타낸다. 따라서 미술치료 전문가는 관찰을 통해 아동의 관점에서 생각하는 법을 배우고 행동언어가 말해 주는 측면과 반응을 면밀하게 살펴야 한다.

(4) 평가 도구의 기능

직접관찰을 통해 평가 도구에 포함된 내용의 적합성과 기능 및 감각을 기를 수 있다. 예를 들어, 미술치료를 목적으로 그림검사를 진행하는 과정에서 관찰을 통해 대상자의 심리적 특성을 측정하는 평가 도구 구성 요인에 대해 인지할 수 있다. 기존 평가 도구에 포함할 요인을 파악할 수도 있고 새로운 도구 기반에 대한 감각을 기를 수도 있다. 연구자가 미술치료 프로그램에 참여한 대상자의 행동을 유심히 관찰한다면, 적용하는 프로그램이 대상자의 심리적 문제를 해결하는 데 적합한지를 평가할 수 있다. 그러한 평가는 연구자로 하여금 중재 대상자에게 필요한 미술치료 프로그램의 구성 내용이나 방향을 설정하는 데 실질적인 도움을 줄 것이다.

3) 직접관찰의 대상과 목적

직접관찰 대상은 아동에서 노인에 이르기까지 범위가 넓고 연구 주제 또한 심리적·행동적 특성 등 다양하다. 특히 언어적 표현에 한계가 있거나 자신의 감정과 정서를 행동언어로 나타내는 대상은 직접관찰을 통해 대상자 관점에서 내용을 살펴볼 필요가 있다. 그리고 관찰 과정에 수집한 행동과 반응은 중요한 연구 자료가 된다. 직접관찰 기법은 발달장애아동을 위한 선별, 배치, 진단을 위한 도구로 적용하기도 하고, 아동을 대상으로 한 미술치료 과정에 나타난 반응을 기반으로 직접관찰 자료를 수집할 수 있다. 노인을 대상으로 한 연구도 다수 있다. 현실치료에 기반한 집단미술치료가 노인의 자기표현에 미치는 효과는 프로그램에 참여하는 동안 표정이나 행동 등을 직접관찰함으로써 내재된 정서를 파악할 수 있다. 특히 실험 연구나 사례 관리 연구에서 직접관찰은 기초선 단계에서 반드시 요구되는 과정이기도 하다. 직접관찰의 적용 목적을 구체적으로 살펴보면 다음과 같다.

(1) 검사하기 어려운 행동 측정

검사하기 어려운 행동이나 태도를 측정할 경우, 직접관찰을 적용할 수 있다. 아동의 사회성이나 관계적 갈등을 형성하는 원인을 규명하려면 관련 행동을 관찰해야 한다. 연구자는 아동과 부모의 상호작용 행동을 부모가 함께하는 환경에서 관찰함으로써 필요한 정보를 얻을 수 있다. 관찰을 통해 검사하기 어려운 행동의 속성을 측정한 자료는 관련 분야의 이론 정립에 지식의 토대가 되므로 가치가 있다.

(2) 자료의 타당성 증가

기존 자료의 타당성을 높이기 위한 목적으로 직접관찰을 적용할 수 있다. 타당성은 측정 개념을 얼마나 정확히 측정했는가를 반영한다. 타당성이 높은 측정은 연구자가 측정하고자 했던 개념이 최대한 반영되어야 한다. 또 연구자는 직접관찰을 통해 기존 자료에 포함된 한계와 오류를 보완할 수 있다. 검사에 의해 측정된 정서적·심리적 속성은 검사 당시의 요소가 반영되어 있을 개연성이 있다. 따라서 시간이 경과하면 관찰 대상 속성이 충분히 반영되지 못할 수도 있다. 자료에 내포된 이러한 한계는 직접관찰을 통해 어느 정도 제거할 수 있다.

(3) 특정 상황 및 조건 확대

직접관찰을 통해 특정 상황이나 조건을 확대할 수 있다. 예를 들어, 미술치료 프로그램을 적용했는데 표적 행동이 개선되지 않고 별로 효과가 없어 보여 다른 중재 기법을 적용해야 할 상황일 때, 기초선 관찰을 거친 다음 다른 기법으로 조건을 확대해서 적용할 수 있다. 연구자는 회기별로 다양한 중재 기법을 적용한 후 관찰을 통해 관련 문제에 적합한 중재 기법이 무엇인지 파악할 수 있다. 관찰 과정에서 연구자와 대상자 상호 간에 미술 작품과 관련 이미지에 대한 관점 차이가 있을 수 있다는 것도 인지하게 된다. 그리고 다양한 상황에서 중재별 개별 효과를 관찰하고, 각 기법이 가지는 장점과 한계점도 알아야 한다.

(4) 효과성 평가

미술치료 프로그램의 효과성을 평가할 때 직접관찰을 할 필요가 있다. 효과성은 임상 및 미술치료 적용에서 가장 중요한 인권과 관련된 문제이기도 하다. 치료사가 발달장애아동을 대상으로 프로그램의 효과를 측정할 때, 실제 참여한 아동이 어느 정도 기능적 향상을 보이는지를 파악하기 위해 아동의 행동에 대한 지속적인 관찰을 해야 한다. 최근 미술치료의 안정성, 유효성, 적합성에 대한 평가에 관심이 쏠리고 있다(최한, 김태은, 정여주, 2019). 일반적으로 심리치료는 안전한 치료 방식으로 알려져 있으나, 실제 특정 치료 중재나 개입은 긍정적 측면뿐 아니라 부작용, 이상 반응 등의 부정적인 면도 포함하고 있다(Scope, Uttley, & Sutton, 2017). 심리치료로 인한 부정적 반응은 치료기간 동안 내담자의 정서적 갈등으로 발생하며, 치료사의 비판적인 태도는 문제를 악화시킬 수도 있다. 프로그램 자체의 효과성도 검토해야 한다. 수준 높은 임상 연구가 되기 위해서는 다양한 자료를 확보하여 미술치료의 효과성을 확인할 수 있어야 한다. 관찰은 미술치료 프로그램의 효과성을 검증하는 자료로 활용될 수 있다.

(5) 환경적 자극과 행동 간의 기능적 관계 확인

직접관찰을 통해 환경적 자극과 행동 간의 기능적 관계를 확인할 수 있다. 예로, 아동을 직접관찰함으로써 머리를 박는 행동이 감각을 추구하기 위한 것인지, 관심을 유발하기 위한 것인지 등을 밝힐 수 있다.

4. 관찰 연구의 종류

관찰 연구는 참여관찰, 비참여관찰, 문화기술적 관찰로 분류된다(Le Comte, 1982). 관찰 연구는 대상자가 관찰되고 있다는 것을 아는지에 따라 공개적/비공개적 관찰, 연구자가 관찰 대상 속에 참여하는지에 따라 참여관찰/비참여관찰로 구분한다. 그리고 행동 배경이 되는 문화적 요소와 표적 행동 간의 관계를 규명하는 문화기술지 참여관찰도 있다. 참여와 비참여의 구분은 연구자가 관찰 대상이 있는 생활 현장에 어느 정도 참여하느냐에 따라 결정되고, 문화기술지는 관찰 장소가 반드시 대상자가 생활하고 있는 자연스러운 환경에서 관찰이 이루어진다는 것을 전제로 한다.

1) 참여관찰

연구자가 관찰 대상 집단의 일원이 되어 관찰하는 참여관찰은 대상 행동에 내재된 변화를 파악할 수 있다. 참여관찰은 심층적 자료 수집을 목적으로 현장에 적용하는 비통제적 관찰에 속한다. 참여관찰은 연구자가 집단 구성원이 되어 관찰하므로 대상자와 동화되기도 하고, 대상자의 친구·동료가 되는 경우도 있다. 참여 정도는 연구 진행 상황과 목적에 따라 조정할 수 있다. 즉, 관찰 초기에는 대상자와 친근감 형성에 주력하고, 관계가 향상되면 실제 활동에 참여할 수 있다. 유의할 점은 객관적 관찰을 위해 연구자는 관찰 대상과 지나치게 동일시되지 않도록 해야 한다. 관찰 후기에는 대상과 적정 거리를 유지하며 검토할 수 있는 기간이 필요하다.

관찰할 때 참여 정도는 연구 주제의 특성을 고려하여 결정한다. 학급 내 관찰은 참여의 폭을 제한하는 문제가 있고, 연구자 의도와 다른 각도에서 교사와 아동에 의한 상대적 요구 사항도 있다. 즉, 연구 내용과 관련 없는 역할이나 기대, 교사와 아동들이 갖는 시각적 차이는 연구자가 조절하고 해결해야 한다. 집단미술치료의 경우, 연구자가 활동에 참여하여 대상자가 만든 작품이나 경험에 관한 이야기를 할 때, 특정 주제를 부여했을 때 대상자들이 작품을 주제와 연계하여 토론할 때도 필요한 자료를 수집할 수 있다. 따라서 연구자는 사전 대응 능력을 갖추고 참여관찰에 임해야 한다.

참여관찰은 대상자의 행위나 동기, 구성원 간의 미묘한 감정 흐름이나 외부로 표출되지 않은 정서적 긴장, 역동성 및 서로에 대한 개방성 등과 같은 특성을 직접 경험할 수 있다. 연구자는 이런 경험을 통해 자료를 심층적으로 수집할 수 있다.

참여관찰의 한계점은 연구자가 노출되지 않고 관찰 대상 집단의 일원으로 참여해야 하므로 관찰에 제약이 따를 수 있다. 그러나 이런 제약은 융통성 있는 역할 수행을 통해 극복할 수 있다. 연구자가 집단 구성원으로 함께하면서 대상자들과 정서적으로 동화되어 관찰의 객관성을 유지하기 어려운 점도 있다. 연구자는 이러한 한계를 인지하고 보완할 수 있어야 한다.

2) 비참여관찰

비참여관찰은 연구자가 일정 거리를 유지하는 제3자 관점에서 이루어진다. 연구자는 상담실, 교실, 놀이실 등 관찰이 이루어지는 장면 밖에 설치된 일방경을 통해 자연스러운 환경에서 관찰하므로, 대상자가 연구자를 의식하지 않도록 해야 한다. 일방경이 없는 경우에는 관찰 자체가 손상되지 않도록 하고, 대상자가 연구자를 의식함으로써 발생할 수 있는 반응은 적절한 방법으로 통제해야 한다. 상담실, 교실 등과 같은 일정한 장소에서 비참여관찰이 이루어질 때는 관찰 위치가 대상자와 일정 거리를 유지하도록 하고, 대상자 시선이 연구자를 의식하지 않는 장소에 위치하는 것이 원칙이다. 연구자가 대상자에게 특정 과업을 요구한 것을 관찰하는 모의관찰도 가능하고, 개인, 집단, 기관 등을 심도 있게 분석하는 사례 연구도 비참여관찰에 속한다.

장점은 비교적 통제 가능한 장소에서 반복 관찰이 가능하고, 관찰이 사전 계획에 의해 조직적으로 이루어질 수 있다. 집단 구성원으로 참여하지 않으므로 사회적으로 바람직하지 않은 현상도 관찰할 수 있다. 그러나 외부로 표출되지 않은 정서적 긴장, 구성원 간의 갈등, 집단의 개방성 등은 관찰하는 데 한계가 있다.

3) 문화기술지 참여관찰

문화기술지는 연구자가 집단에 참여하여 관찰을 통해 집단의 삶과 문화에 대한 정보를 얻고 이를 기록하고 정리한 것이다. 문화기술지는 현장중심의 관찰에 바탕을 두고 있다. 북한이탈여성을 대상으로 한국 생활 체험과 문화적 적응 과정에서 경험하는 내용을 기술하고 미술치료가 이들의 삶에 부여하는 의미를 찾고자 한 연구(신민주, 최선남, 2015)는 문화기술지 접근이 적합하다. 문화기술지의 대표적인 기법은 참여관찰과 심층면접인데, 이 두 기법은 한 맥락에서 이루어진다. 참여관찰은 연구자가 집단의 생활에 참여하여 그들의 삶과 문화를 관찰하는 것이고, 심층면접은 참여관찰 중에 연구자가 의문이 있거나 집단의 가치 체계를 심층적으로 이해할 필요가 있을 때 면담 형태로 이루어진다. 참여관찰에서 심층면접이 더해지면 문화 체계의 맥락을 깊이 이해할 수 있다.

문화기술지 방법이 대두된 이유는 양적 연구가 가진 한계점을 보완하기 위해서였다. 인간 행동과 문화에 초점을 둔 연구는 사회적 상호작용과 역동성을 규명할 필요가 있는데, 문화기술지는 인간 행동 이면에 내재된 문화적 요소와 표출된 행동 간의 관계를 이해할 수 있는 논거를 제시한다. 문화기술지에서 독립변수는 개인과 집단, 사회, 인종과 민족 등이 형성한 문화적 속성이며, 종속변수는 특정 문화를 배경으로 한 인간 행동이다. 초등학교의 사회, 교육, 문화적 환경이 아동의 진로에 미치는 영향을 알아보고자 한다면, 독립변수는 학교 문화이고 종속변수는 진로와 관련된 행동이다. 연구자는 교사와 아동 간의 상호 교류가 이루어지는 학교에서 참여관찰을 통해 학교 내 언어문화에서부터 교사 간 또는 아동 간의 상호 작용 형태에 이르기까지 관련 행동을 관찰 기록함으로써 자료를 수집할 수 있다.

문화기술지를 적용할 필요가 있는 경우는 다음과 같다. 첫째, 관찰 대상이나 현상에 대해 사전 지식이 없을 때, 둘째, 현상에 내재한 가치 체계나 문화적 양상을 파악해야 할 필요가 있을 때, 셋째, 현상이나 문화 양상에 대한 맥락과 흐름을 보여 주는 자료가 필요할 때이다. 문화기술지 연구를 적용할 때 고려해야 할 점은 관찰의 장기화, 자료 수량화의 어려움, 관찰 대상의 인권 및 연구 윤리 문제 등이다.

5. 관찰 기록 방법과 신뢰도

1) 관찰 기록 방법

라이트(Wright, 1960: 정영숙, 2006에서 재인용, 155)의 네 가지 방법을 기초로 한 관찰 기록 방법은 다음과 같다.

(1) 일기 기록법

일기 기록법(diary description)은 행동 변화를 매일 지속적으로 기록하는 방법이다. 초점을 어디에 두는가에 따라 종합적 일기와 주제별 일기로 구분한다. 종합적 일기는 행동 전반에 대해 관찰하고 기록하며, 주제별 일기는 특정 주제에 한하여 기록한다. 어디에 초점을 두고 기록할 것인지는 연구 목적에 달려 있다. 일기 기록법은 지속적인 관찰이 필요하고 장기에 걸쳐 대상과 접촉해야 하므로 주로 가족이 관찰자가 된다. 피아제(Piaget)는 세 자녀의 출생부터 영아기까지의 성장 과정을 지속적으로 관찰하고 기록하였으며, 그 기록을 토대로 인지 발달 이론을 구축하였다.

일기 기록법의 장점은 관찰 내용을 영구적인 기록으로 활용할 수 있고, 행동 변화와 발달의 연속성을 비교할 수 있다. 단점은 연구자 관점이 한쪽으로 치우치면 편중된 선택과 관찰로 인해 기록 내용에 객관성이 결여된다는 것이다. 또한 장기 간의 관찰이 요구되므로 시간과 경비가 많이 들고, 특히 관찰 대상이 소수이므로 연구 결과의 일반화 범위가 제한적이다.

(2) 일화 기록법

일화 기록법(episode description)은 관찰 대상자의 특정 행동이나 상황에 초점을 맞추어 이야기식으로 기록한다. 연구자는 초점을 두는 행동이나 상황이 발생했을 때 주요 사항, 즉 시간과 날짜, 행동 양상, 참석자 등에 대한 정보를 기록한다. 이 때 관찰자는 대상자의 연령과 발달 특성, 일상생활과 연관된 상황이나 사건을 사전에 알고 있어야 한다. 관찰 대상 다수의 행동이나 상황은 욕구 문제와 관련이 있으므로, 관찰자는 대상자의 욕구 본질에 대한 이해와 통찰력이 필요하다. 그래야 기록할 내용과 표면화된 행동 양상이 무엇을 의미하는지를 알 수 있다. 일화 기록은 핵심 단어를 중심으로 서술식으로 기록하기 때문에 정해진 양식은 요구되지 않고, 언제, 누가, 어디서 관찰했는지, 관찰 내용과 이면에 담긴 참고 사항은 무엇인지를 중심으로 기록한다. 행동이나 상황을 기록할 때는 전반적인 내용을 먼저 기록한 후 하위 내용과 변화 양상 등의 세부적인 내용을 구체화한다.

일화 기록지

대상자명		관찰 장소	
날짜		시간	
회기		프로그램명	
관찰 내용			
내용 분석			

일화 기록법은 관찰할 목표 행동을 정의하거나 구체적인 행동의 예를 알아볼 필요가 있을 때 적합하다. 아동의 공격적 행동이 관찰 목표라면 일화 기록법을 통해 공격성이 어떤 형태(물건 던지기, 바로 차기, 밀기 등)로 나타나는지를 알 수 있다. 일화 기록법으로 다양한 행동 유형을 관찰하고 기록할 수는 있으나 모든 행동을 자세히 기록하기에는 한계가 있다. 뇌성마비 아동을 대상으로 미술치료가 소근육 기능에 미치는 영향을 분석한 연구(김도희, 2019)에서 일화 기록법을 통해 목표 행동인 소근육 기능은 한 손만 사용하고, 손가락과 손목 및 팔의 움직임이 과도하게 크거나 불안정하고, 미술 매체의 양과 크기를 조절하기 어렵고, 끝과 끝을 이어서

그리는 세심한 작업을 하지 못한다는 것을 파악하였다. 그러나 미술치료 회기가 진행될수록 소근육 기능이 향상되어 붙이기, 접기, 색칠하기, 그리기, 오리기와 같은 미술 활동 수행 능력이 향상된 것으로 나타났다. 이처럼 일화 기록은 객관적인 측정으로 놓치기 쉬운 행동의 질적 변화를 기록할 수 있다는 장점이 있다. 반면, 일화 기록의 단점은 연구자가 관찰 대상의 목표 행동을 정하고 기록하는 과정에 편견이 작용할 수 있고, 관찰 상황에 예기치 못한 변화가 있을 때 그에 대한 상황적 설명을 충분히 기록하지 못해 자료의 가치가 결여될 수 있으므로 유의해야 한다.

(3) 표본 기록법

표본 기록법(specimen description)은 표본으로 선정된 하나의 사례, 행동, 사건에 국한해서 기록한다. 행동의 일화를 자세히 관찰해서 기록하므로, 관찰에 참여하지 않은 사람도 표본 기록만으로 대상자의 행동과 상황을 파악할 수 있다. 연구자가 사전에 관찰 대상이나 장면을 정해 놓고 대상자의 행동과 상황에 대해 기술하므로, 이를 표본 기록으로 남길 때는 정해진 장면과 관련된 부분을 자세히 기록한다. 표본 기록법은 다음 지침을 고려해야 한다.

① 대상자 행동에 초점을 두고 관찰할 때 관련 장면을 정확히 기술한다.
② 대상자의 말과 행동, 상황에 대한 반응을 정확하게 기술한다.
③ 대상자의 모든 행동을 절차와 순서에 따라 기록한다.
④ 부정적 기술(~을 하지 않았음)보다 긍정적 기술(~을 했음)에 초점을 둔다.
⑤ 한 문장에는 하나의 행동만 포함한다.
⑥ 일상적 용어로 기록하고, 정해진 시간 간격(예: 1분 또는 3분 간격)에 따라 기록한다.
⑦ 한 장면의 묘사를 한 명의 관찰자가 30분 이상 지속하지 않는다.

표본 기록법을 적용하면 미술치료 프로그램 내용을 평가하거나 계획하고 관련 문제를 해결하는 데 필요한 정보를 알 수 있다. 그러나 관찰할 동안 기록한 자료를 부호화하거나 분석할 때 많은 시간과 노력이 든다. 따라서 표본 기록을 할 때 사전에 자료를 어떻게 부호화할 것인지를 염두에 두고 기록하는 것이 효율적이다.

(4) 시간표집법

올손(Olson, 1929)이 아동의 신경성 습관 행동을 연구할 목적으로 개발한 시간표
집법(time description)은 대상자의 행동을 정해진 시간에 맞추어 반복 관찰하고, 관
찰된 행동은 일상적인 행동으로 간주한다. 시간표집법은 기록할 내용을 언제, 어
디서, 무엇을 관찰할 것인지를 정하는데, 중요한 것은 관찰 시간이다. 정해진 시
간 동안 관련 행동이 얼마나 자주 발생했는지를 기록해야 한다. 기록할 시간의 간
격은 행동 유형에 따라 다르며, 짧은 시간 동안 반복 관찰하므로 관찰할 행동은 빈
번히 일어나는 행동이어야 한다. 시간표집 관찰 지침은 다음과 같다.

① 발생빈도가 높은 행동을 관찰할 때 적용한다.
② 눈으로 확인이 가능한 분명한 행동에 국한한다.
③ 관찰 부호와 조작적 정의는 쉽게 이해할 수 있도록 한다. 예를 들어, V(행동이
   일어남) 또는 X(행동이 일어나지 않음) 등으로 부호화한다.
④ 몇 명의 대상자를, 몇 분 간격으로, 어떤 행동을 관찰할 것인지를 사전에 정
   한다.
⑤ 연구자가 필요한 정보를 관찰할 수 있는 기록지를 사용한다.

시간표집법은 관찰 시간과 관찰 대상 행동을 사전에 정하기 때문에, 관찰 대상
행동에 대한 자료는 다른 관찰법보다 상대적으로 신뢰도가 높다. 그리고 다수를
관찰할 수 있으므로 짧은 시간에 원하는 자료를 수집할 수 있다. 관찰 행동에 대
한 부호화가 간단하기 때문에 시간과 노력이 적게 들고 체계적 관찰이 가능한 방
법이다. 그러나 시간표집에 의한 관찰은 일어나는 행동만 관찰할 뿐이며, 일어날
개연성이 있는 행동은 고려하지 않는 단점이 있다. 또한 시간표집은 목표 행동만
이 관찰 대상이므로, 기록 자료를 기반으로 행동이나 상황의 인과관계를 파악하
기 어렵다는 한계점이 있다.

(5) 사건표집법

사건표집법(event description)은 시간적 제약 없이 행동이나 사건이 발생하기를
기다렸다가 관련 행동이나 사건이 일어나면 순차적으로 자세히 기술하는 방법이

다. 사건(events)이란 목표 행동이 발생한 사건을 의미하며, 목표 행동은 미리 선택된 행동 범주에 속한다. 사건표집법으로 수집한 관찰 자료를 통해 관련 행동이 얼마나 자주 일어나며 오래 지속되는지, 관련 행동을 하게 된 이면에 어떤 욕구가 작용하는지, 행동의 심각성은 어느 정도인지 등에 대해 알 수 있다. 사건표집은 ABC 서술식 표집법과 빈도표집법이 있다. ABC 서술식 표집은 목표 행동이 일어난 전과 후의 상황을 자세히 알 수 있는 기법이다. 여기서 A는 사건 전 행동(공격 행동 또는 방해 행동을 하기 전에 어떤 일이 일어났는가), B는 본 행동(공격 행동과 방해 행동은 어떻게 나타났는가), C는 사건 후 행동(공격을 받은 아이와 공격을 한 아이의 반응은 어떠했는가)을 나타낸다.

빈도표집법으로 목표 행동이 얼마나 자주 일어났는지를 알 수 있는데, 이 방법은 과제 수행 중인 대상자를 방해하지 않는 간단한 절차로 자료를 수집할 수 있다. 그리고 행동 출현을 숫자로 나타내기 때문에 기록하기도 쉽다. 그러나 목표 행동이 분명한 시작점과 끝점을 갖고 짧은 시간 동안 일어나는 행동일 때 유용한 방법이다. 만약 관찰 대상자의 행동이 어떨 때는 10초, 어떨 때는 10분 동안 지속된다면, 빈도표집에 의한 기록은 의미가 없을 수도 있다. 또한 빈도는 행동이 분명하게 나타날 때 유용하다. 집단미술치료 프로그램에 참여한 다수의 아동을 관찰할 때 포착하기 어려운 행동은 관찰하는 동안 주의 깊게 보지 않으면 관련 행동을 놓치기 쉬우므로 유의해야 한다. 관찰자가 기록 시 선택하는 행동이나 사건의 범위는 특별한 제한이 없으며, 관찰 시간은 관찰 초점이 되는 행동의 특성에 달려 있다. 그리고 관찰 행동은 단순하게 부호화해서 기록할 수 있다.

사건표집법은 다위(Dawe, 1934)가 유치원생의 싸움 양상에 적용하면서 본격적인 관찰 기법으로 도입되었다. 다위는 유치원생의 싸움 양상을 200가지로 분류하였는데, 싸움이라는 사건은 일어날 확률이 높지 않기 때문에 시간표집이나 표본 기록 등으로 관찰하기에 부적절한 방법이다. 사건표집법은 사건이 일어날 때까지 기다려야 하지만 기록 방법이 대화에서부터 부호화된 기록지 사용에 이르기까지 다양한 기법을 구사할 수 있으므로, 행동 발생 지속 시간이나 사건의 원인 및 결과에 이르기까지 다양한 정보를 파악할 수 있다. 사건표집에 따른 관찰 기록 지침은 다음과 같다.

① 문제 행동을 파악한 후 관련 행동을 조작적으로 정의한다.

② 사건이나 행동에 대한 전반적 사항을 인지하고 언제 어디서 관찰할 것인지를 파악한다.

③ 필요한 정보가 무엇인지, 어떤 종류의 정보를 기록할 것인지를 결정한다.

다위(Dawe)의 연구에서 유아들의 싸움과 관련하여 획득한 정보는 다음과 같다.

• 싸움이 얼마나 오래 지속되었는가?

• 싸움 시작 시 어떤 일이 있었는가?

• 싸움이 지속되는 동안 어떤 종류의 행동이 발생했는가?

• 어떤 말과 행동이 있었는가?

• 결과는 어떠했는가?

• 싸움 후에는 무슨 일이 일어났는가?

---

④ 사용에 간편한 기록지를 만든다.

관찰자가 사건 발생 시간과 발생 행동이 공격 행동인지 방해 행동인지에 대한 것을 기록할 수 있다.

사건표집법은 관찰된 행동의 배경을 알 수 있고, 이를 토대로 발생 빈도가 높은 행동에 대한 이론적 논거를 토대로 관련 분야의 측정 도구를 만드는 기초 자료로 활용할 수 있다. 또한 참여 대상자를 개별적으로 관찰할 수 있으므로 개별화된 중재 방법을 모색하는 데 도움이 되며 대상자에 대한 질적 정보를 파악할 수 있다. 시간적 제약 없이 관찰 행동이나 시간에 초점을 둠으로써 관찰 상황을 통제하기 쉽고, 관찰 대상자의 생활을 방해하지 않고 기록할 수 있는 장점이 있다. 반면에 발생 빈도가 높은 행동만이 관찰 대상이므로 그렇지 않은 행동 간의 상호작용이나 인과관계를 규명하기는 어렵다. 그리고 특정 행동이나 사건만을 대상으로 하므로 관찰 대상자의 행동 이면에 내재된 감정이나 정서를 관찰하기에 한계가 있다.

(6) 평정척도법

평정척도법(rating description)은 관찰한 행동의 질적 특성을 평가하여 수량화된 점수나 가치가 부여된 기록지에 작성한다. 행동목록법은 관찰 행동의 존재 유무만 체크하는 데 비해 평정척도법은 행동의 존재 유무와 더불어 행동의 질적 특성과 수준을 양적 개념으로 파악할 수 있다. 평정척도의 항목별 내용 자체가 이미 체계화된 관찰 목적이므로, 척도에 나타난 결과에 따라 대상자 간 차이를 파악할 수 있다. 실험 또는 비실험 관찰은 인간 행동 유형을 폭넓게 제시해 줄 수 있으므로, 특정 행동 발생 유무나 환경에 대한 반응 여부를 단시간에 확인할 때 평정척도를 사용할 수 있다. 미술치료 연구에서 평정척도는 다양하게 적용되는데, 예를 들면 스마트폰 중독 아동의 만족지연을 위한 집단미술치료 프로그램의 효과를 검증한 연구(김서영, 김택호, 2019)에서 만족지연 능력을 측정하는 데 평정척도를 적용하였고, 미술자기표현에 평정척도를 적용하여 관찰 전후의 변화 정도를 평가한 연구도 다소 있다. 평정척도는 그림을 이용하는 그림평정법, 문항을 범주로 나누어 제시하는 문항평정법, 비교 기준에 따라 평정하는 비교평정법, 대상자 스스로 자신을 평가하는 자아평정법 등이 있다.

> **예** **색채 표현의 자유도 측정**
>
> (1) 카테고리를 이용한 평정척도
> ☐ 전혀 자유롭지 않다.
> ☐ 자유롭지 않은 편이다.
> ☐ 보통이다.
> ☐ 자유로운 편이다.
> ☐ 매우 자유롭다.
>
> (2) 숫자를 이용한 평정척도
> ① 전혀 자유롭지 않다.
> ② 자유롭지 않은 편이다.
> ③ 보통이다.
> ④ 자유로운 편이다.
> ⑤ 매우 자유롭다.

(7) 그래프를 이용한 평정척도

> **예** HTP 그림의 필압 측정

매우 약하다　약한 편이다　보통이다　강한 편이다　매우 강하다

평정척도는 적용 범위가 넓고 사용하기 쉬우며, 다른 척도에 비해 시간과 비용이 적게 든다. 대상자 간 차이와 특성을 이해할 수 있고, 중재를 위한 기초선 관찰 조사로 활용할 수 있는 장점이 있다. 한계점은, 첫째, 평정자가 한 항목에 대해 강한 인상을 받으면 다른 항목도 비슷한 평가를 하는 경향이 있다. 둘째, 평정자가

자신에 대해 평가하기보다 사회적으로 바람직한 방향으로 평가하는 오류가 발행할 수 있다. 셋째, 평가의 중간화 경향으로 인해 중간 점수에 집중될 우려가 있다. 넷째, 평정척도에 나타나지 않는 항목은 관찰할 수 없는 한계점이 있다. 평정척도는 관찰 또는 비관찰 연구에 다양하게 적용되고 있으므로, 척도의 한계점을 보완해야 한다.

2) 관찰 기록의 신뢰도

연구 대상 행동을 관찰하고 기록하기 위해서는 다양한 기록 방법 중에서 어떤 방법이 적합한지 알아보고 선택할 것인지가 중요한데, 이는 관찰 기록의 신뢰도와 밀접한 관계가 있다. 기록 방법의 선택은 연구자가 필요로 하는 객관적인 정보와 획득 가능한 자료에 의해 좌우된다. 한 예로, 관찰 대상자가 그린 그림의 수를 세거나 몇 개의 색을 사용했는지를 관찰하는 것은 빈도만 알면 되기 때문에 간단하지만, 대상자가 그린 그림의 주제나 색을 선택하는 행동에 관한 자료는 시간표집법으로 획득하기 어렵고, 사건표집법이 신뢰성 있는 자료를 수집하는 방법이다. 그러나 연구 목적이 관찰 내용에 따라 목표 행동을 집계하는 것보다 그 행동이 일어난 시간이 더 의미가 있다면 시간표집법을 적용해야 한다. 이처럼 관찰 내용 자료의 본질적 가치가 훼손되지 않은 방법으로 기록했을 때 자료의 신뢰성을 인정할 수 있다.

관찰 기록의 신뢰도를 확인하는 방법 중 하나는 관찰자 간 일치도와 관찰 내용을 기록하는 일관성을 검증하는 것이다. 관찰자 간 일치도는 관찰자의 주관이나 편견이 개입되지 않으면 높아진다. 두 명 이상이 동일 행동을 관찰할 경우, 각각의 기록이 어느 정도 일치하는지는 관찰자 간 신뢰도로 확인할 수 있다.

일반적으로 시간표집 및 사건표집 관찰법에서는 0.80 이상의 높은 신뢰도가 요구된다. 그러나 만약 신뢰도를 반영하는 상관계수가 0.80보다 낮다면 이유를 파악하고 문제점을 보완해야 한다. 관찰자 간 신뢰도가 낮은 이유를 브랜트(Brandt, 1992)는 다음의 세 가지로 지적한다.

① 한쪽 관찰자가 미숙한 관찰을 했을 경우, 신뢰도가 낮게 나타날 수 있다. 이

러한 결과는 관찰 연습이 더 필요하다는 것을 의미한다.

② 한쪽 관찰자가 관찰 수행에 적합하지 않을 경우, 신뢰도가 낮을 수 있다. 이런 경우, 관찰자를 교체하거나 연구자 자신을 점검할 필요가 있다.

③ 관찰 행동에 대한 조작적 정의가 잘못 이루어져 관찰한 행동을 다르게 해석할 수 있다. 이는 누구나 이해할 수 있도록 조작적 정의를 분명히 해야 한다는 것을 나타낸다.

참고문헌

김도희(2019). 뇌성마비 아동을 대상을 한 미술치료 단일 사례 보고: 소근육 기능을 중심으로 한 일화 기록 탐구. 예술심리치료연구, 15(3), 1-30.

김서영, 김택호(2019). 집단미술치료가 스마트폰 중독 아동의 만족지연에 미치는 효과. *Forum for youth culture, 58*, 31-60.

신민주, 최선남(2015). 미술치료 과정에 나타난 북한이탈여성의 적응 경험에 관한 자전적 문화기술지 연구. 미술치료 연구, 22(5), 1505-1524.

정영숙(2006). 사회복지조사방법론. 경기: 공동체.

최한, 김태은, 정여주(2019). 미술치료의 신의료기술 평가를 위한 제반사항 및 단계별 전략. 미술치료 연구, 26(6), 1009-1025.

Ainsworth, M. (1966). *The effects of maternal deprivation, maternal care and mental health and deprivation of maternal care*. New York: Schocken Books.

Brandt, R. M. (1992). *Studying Behavior in Natural Settings*. New York: Holt, Rinehart and Winston.

Dawe, H. C. (1934). An analysis of two hundred quarrels of preschool children. *Child Development, 5*, 139-157.

Le Comte, M. D. (1982). Ethnographic data collection research. *Educational and Policy Analysis, 4*(3), 387-400.

Olson, W. C. (1929). *The measurement of nervous habits in normal children*. Minnesota: The University of Minnesota Press.

Scope, A., Uttley, L., & Sutton, A. (2017). A qualitative systematic review of service user and service provider perspectives on the acceptability, relative benefits, and potential harms of art therapy for people with non psychotic mental health disorders. *Psychology and Psychotherapy: Theory, Research and Practice, 90*(1), 25-43.

Wright, H. F. (1960). Observational child study. In P. H. Mussen (Ed.), *Handbook of research mesearch methods in child drvelopment*. New York: John Wiley and Sons.

제8장

실험 연구

Research Method in Art Therapy

1. 실험 연구의 목적

실험 연구는 원인과 결과의 관계, 즉 인과관계를 알아보고자 할 경우에 적합한 방법이다. 특정 현상에 대한 인과관계를 규명하기 위해 통제된 상황에서 독립변수를 조정 또는 조작하고, 그것이 종속변수에 어떤 영향을 미치는지를 관찰하는 방법이 실험 연구이다. 실험 연구는 변수의 조작, 외생변수의 통제, 실험 대상의 무작위 선정 등의 조건을 갖추어야 한다. 외생변수(Exogenous variable)란 독립변수와 종속변수 외의 다른 변수를 의미하며 종속변수에 영향을 미칠 수 있는 변수이다. 변수의 조작이란 통제된 상황에서 변수를 인위적으로 조정하는 것을 의미한다. 예를 들어, 미술치료가 노인의 우울증에 미치는 영향을 알아보는 것이 연구 목적이라면 실험 대상을 선정할 때 인위적으로 우울 성향이나 인지 기능 수준이 비슷한 동질적 집단으로 구성하고, 미술치료 기법이나 적용 상황도 연구 목적에 맞게 조작할 수 있다. 이러한 연구는 미술치료 기법이 노인의 우울 성향에 어떤 영향을 미치는지에 대한 인과관계를 명확히 밝힐 수 있다.

실험 연구를 하는 목적은 두 가지이다. 첫째, 현상에 대한 과학적인 설명을 얻기 위해서이다. 특정 현상이 발생한 원인과 그것이 문제가 되는 이유가 무엇인지에 대해 명확한 근거를 파악할 수 있다. 둘째, 현상에 개선이 필요한 변화 요인을 파악할 수 있다. 실험 연구는 변수의 통제가 가능하므로 현상이나 행동이 발생한 원인이 무엇인지 알 수 있다. 따라서 실험 연구를 통해 인간 행동을 포함한 관련 현상의 원인과 결과의 관계를 규명할 수 있다. 직면한 문제가 있다면 그에 대한 본질을 설명하고 통제하기 위해 문제의 근원을 찾아야 한다. 실험 연구는 변수 간의 원인과 결과의 관계를 과학적으로 검증하는 방법이다.

실험 연구를 하는 이유는 결과에 영향을 미치는 원인을 통제할 수 있고, 그로 인해 연구 목적에 부합하는 결과를 얻을 수 있기 때문이다. 예를 들어, 미술치료(A)가 아동의 자존감(B)을 높인다고 가정한다면 이 가정에 관한 상관 연구는 A와 B가 상호 변화 관계가 있다는 사실만을 보여 줄 뿐, 어느 변수가 원인이고 결과인지를 말해 주지는 않는다. 따라서 A와 B 간의 인과관계를 규명하려면 미술치료라는 독립변수를 조작하고 통제할 수 있는 실험 연구가 적합한 방법이다. 미술치료 프로그램이 아동의 낮은 자존감을 높일 수 있다면, 미술치료 프로그램이 원인변수이고 아동의 자존감은 종속변수이다. 색채치료가 정서적 회복력에 영향을 미친다면, 색채치료는 원인이고 정서적 회복력은 결과이다. 실제로 선행 연구에서 색은 인간의 감정 및 정서와 밀접한 인과관계가 있고, 색을 효율적으로 사용하면 심리치료 효과가 있다는 것을 실험 연구를 통해 규명하였다. 궁극적으로 모든 연구가 추구하는 것은 변수 간의 인과관계를 규명하는 것이다. 변수 간의 인과관계를 알 수 있다면 현상이나 행동을 초래한 변수를 조정 또는 통제함으로써 관련 연구 문제를 해결하고, 그로 인해 개인이나 집단 또는 조직에 바람직한 영향을 미치는 방향을 제시할 수 있다.

2. 실험 연구의 특징

1) 변수의 통제

실험 연구를 통해 연구자는 실험변수를 조정 또는 조작할 수 있다. 연구에서 원인으로 작용하는 실험변수는 독립변수이고, 독립변수의 영향을 받아 나타난 결과는 종속변수를 통해 측정한다. 실험 연구에서는 미술치료 이론과 실제를 동시에 다루게 되므로 치료 현장에 적용할 이론과 실제 간의 차이를 파악하고, 이를 과학적인 방법으로 해결하는 방안이 될 수 있다. 이처럼 실험 연구는 연구자가 한 가지 이상의 독립변수를 조작할 수 있을 뿐 아니라, 다른 변수를 통제함으로써 종속변수에 미치는 영향을 파악할 수 있다. 변수 조작은 실험 연구만이 가능하다. 독립변수는 연구자가 예측하는 결과와 상관없이 독립적으로 작용한다는 의미에서 독립변수라고 하지만, 그렇다고 해서 변수가 항상 상수로 고정된 것은 아니다. 독립변수 역시 상황이나 조건이 바뀌면 변화한다.

실험 연구에서 독립변수의 영향을 받는 변수가 종속변수이다. 예를 들어, 색채가 정서에 미치는 영향에 관한 실험 연구에서 색채 작업을 하는 것만으로 심리치유가 된다고 가정하자. 이 경우, 실험 대상자가 선택하고 채색한 색은 독립변수이고 우울감이나 회복탄력성은 종속변수가 된다. 실험 대상자는 우울과 좌절을 경험한 여성이고, 색채심리는 문양 만다라를 통해 측정한다. 만다라검사를 할 때 실험 대상자에게 문양과 크레파스를 제공하고, 자신의 정서와 감정을 색으로 표현하도록 한다. 색채심리는 만다라에 채색한 것을 비율로 산출하고, 문양은 치유와 생명을 반영하는 유형을 중심으로 깨어남, 마음의 문, 생명에너지 등으로 구성한다. 채색 작업은 깨어남을 먼저 하고, 하루 간격으로 마음의 문, 생명에너지 순으로 적용한다. 여기서 연구자는 실험변수를 연구 목적과 이론에 부합되도록 조작할 수 있다. 즉, 연구자가 만다라 문양 유형, 채색 작업 순서, 문양 채색 시기와 시간적 간격 등을 정할 수 있다.

치유와 생명을 반영하는 세 가지 문양을 채색하기 전에 사전검사로 표준화된 척도를 적용하여 우울감과 회복탄력성을 측정하고, 문양 채색 후 사후검사로 같은 척도를 적용하여 측정한다. 정영숙(2020)의 연구 결과에 의하면, 사전·사후 평균에서 우울감은 사전(M=3.01)보다 사후(M=2.18)에 감소하였고, 회복탄력성은 사전(M=3.27)보다 사후(M=3.55)에 증가하였다. 독립변수에 따른 종속변수의 결과는 색채 작업을 하는 것만으로 심리치유가 된다는 것을 말해 준다. 평균을 비교하면, 우울감은 0.83(3.01-2.18)만큼 감소하였으나 회복탄력성은 0.28(3.55-3.27)만큼 증가하여, 채색 작업을 통한 심리치유는 우울감에 더 효과적이라는 것을 알 수 있다.

실험 연구는 독립변수와 종속변수가 인과관계가 있다는 것을 가정한다. 따라서 변수 간 상관관계를 검증하는 연구는 실험 연구와 다르다. 예를 들어, 색채심리와 우울감 간의 상관관계를 검증하는 연구는 '색채심리와 우울감은 상호 변화 관계가 있을 것'이라는 가설을 검증할 뿐이다. 상관관계는 변수를 통제하지 않지만 실험 연구는 독립변수를 통제하거나 조작하고, 그 결과 종속변수가 어떻게 변화하는지를 밝힌다.

실험 연구는 연구의 타당성을 저해할 요소를 최대한 통제할 수 있는 순수실험 설

계의 특성이 있다. 그러나 실험변수에 영향을 줄 수 있는 요인을 제대로 통제하지
못하면 연구 자료의 타당성을 상실하게 된다. 따라서 다른 방법보다 오류 개입에 대
한 위험 부담이 클 수 있으므로, 구체적이고 객관성을 갖춘 실험 설계를 해야 한다.

2) 종속변수와 결과 측정

실험 연구 결과는 기본적으로 측정에 의하지만, 검증에 의한 측정 형태를 고집
할 필요는 없다. 예를 들어, 연구자가 풍경구성법(X)이 아동의 주의집중 행동(Y)
을 증가시킬 것이라는 가설을 검증한다면, 연구자는 독립변수인 풍경구성법(X)
이 종속변수인 주의집중 행동(Y)을 향상할 것이라는 믿음에서 출발한다. 따라서
연구 결과가 되는 종속변수는 사후 검증에 의해 주의집중 행동(Y)을 측정할 수도
있고, 책상에 앉아 있는 시간이나 풍경 구성 작업을 하는 동안 집중한 시간 등의
감소 및 증가와 같은 비형식적 검증으로도 측정할 수 있다.

여기서 유의할 점은 실험 연구가 인과관계를 토대로 한 가설을 전제하더라도 측
정 결과는 예측을 위한 바탕으로만 간주하고 상관관계 결과와는 다르다는 점을
알아야 한다는 것이다. 예를 들면, 상관관계 연구는 조사 대상 아동 A에 대한 주의
집중력 B는 아동 A라는 특정 대상에 한정된 예측이다. 이때 결과로 나타난 주의
집중력 B는 A라는 특정 아동과 연계되어 있으므로 그 특정 개인을 예측할 수 있는
미시적 해석으로 받아들일 수 있다. 그러나 실험 연구는 포괄적으로 적용하고 예
측할 수 있다. 예를 들면, 연구자가 '풍경 구성 기법'보다 미술 표현을 자극하고 촉
진하기 위해 '그림 완성하기'가 더 적합한 결과를 얻을 수 있다는 것을 전제로 실
험을 할 수 있다. 실험 결과는 반복 검증이 가능하므로, 검증된 결과는 아동의 주
의집중력을 개선하기 위해 어떤 기법이 효과적인지를 포괄적으로 이해할 수 있는
기반을 제공할 것이다.

3) 연구가설과 집단

실험 연구는 다른 연구 설계와 별반 차이가 없다. 연구 문제와 가설을 정하고,
개념에 대한 정의를 내리고, 연구 대상과 측정 도구를 정한 다음, 자료를 수집하고

분석하여 가설 채택 여부를 규명한다. 연구가설은 관련 이론이나 선행 연구, 현장 경험 등을 토대로 정립한다. 실험 연구는 두 변수 간의 관련성을 전제로 한 가설을 검증하는데, 실험 결과가 가설을 지지하는 방향으로 나타나면 관련 가설을 채택하게 된다.

연구자는 가설 검증을 위해 대상을 실험집단과 통제집단으로 나누지만, 어떤 경우에는 단일 집단에 한정하는 연구도 있고 여러 실험집단을 구성할 수도 있다. 단일 집단으로 한정하는 실험은 사전과 사후를 비교하게 된다. 이 경우 검사를 두 번 실시하게 되고, 검사 내용과 요령 등을 기억함으로써 사전검사 경험이 사후검사에 영향을 줄 수 있다. 따라서 사전과 사후 차이가 실험에 의한 차이인지를 명확히 밝힐 수 없는 한계가 있다. 그래서 실험집단과 통제집단으로 구분하고 집단 간 차이를 비교한다. 실험집단에게는 미술치료 기법을 적용하고, 통제집단에게는 기법을 적용하지 않거나 다른 기법을 적용한다. 즉, 통제집단에게는 실험 효과를 비교하기 위해 특정 기법을 적용하더라도 실험집단과 동일한 기법을 적용하지는 않는다.

통제집단에 대한 기법 적용은 두 가지로 나눌 수 있다. 하나는 실험집단에 적용하는 기법과 전혀 다른 새로운 기법을 적용하는 것이고, 다른 하나는 일반 기법을 그대로 적용하는 것이다. 예를 들어, 장애아동을 위한 미술치료 활동이 독립변수라면 동질하게 구성된 통제집단에게는 놀이 활동을 적용할 수도 있고, 아니면 일반적인 미술 활동 경험을 제공할 수도 있다. 만약 통제집단에 대해 아무런 처치도 하지 않는다면, 실험집단과 비교한 시각 지도 방법의 효과는 알 수 있으나 지도 방법에 따른 효과를 객관적 준거에 따라 비교할 수는 없다.

3. 실험 연구의 통제 방법과 타당성

1) 실험 연구의 통제 방법

실험 연구에서 변수를 통제하는 것은 독립변수가 종속변수에 미치는 영향을 객관적인 방법을 통해 알아보기 위해서이다. 여기서 독립변수에 중점을 두는 이유는 독립변수가 연구자의 통제하에 있고 통제 여건 조성이 종속변수에 직접 영향을 미치기 때문이다.

(1) 독립변수의 통제

독립변수를 통제한다는 것은 모든 연구 대상자에게 동일한 환경에서 실험이 진행되도록 조작한다는 것을 의미한다. 연구자가 의도하는 미술치료 기법(독립변수)의 형태가 시간이나 장소에 따라 바뀌거나 일관성이 부족하면 진정한 의미에서 독립변수가 통제되었다고 할 수 없고, 연구 결과 자체도 신뢰성과 타당성을 잃게 된다. 따라서 독립변수와 종속변수 간의 인과관계를 규명하기 위해서는 실험집단뿐 아니라 비교 대상인 통제집단의 특성도 비슷해야 하고 미술치료 기법도 유사해야 실험 결과를 객관적으로 비교할 수 있다.

(2) 실험 상황의 통제

실험 상황 통제는 연구 대상들이 똑같은 실험 조건에 노출되도록 하는 것이다. 따라서 실험 상황에서 중요한 요인 외의 변수를 적합한 방법으로 통제해야 한다. 그렇지 않으면 실험 상황이 통제되었다고 볼 수 없다. 심리적 안전성 검사를 할 경우, 심리적 안전성을 방해할 수 있는 실험실의 소음은 모든 대상에게 동일한 정도로 차단되어야 한다.

(3) 연구 대상자 간의 개인차 통제

완전하게 통제하기 어려운 요소 중 하나가 연구 대상자 간의 개인차이다. 이는 내재된 문제를 유발할 수 있다. 연령, 학력, 경험 등을 기준으로 비슷한 대상자를 선별하는 것은 어렵지 않지만, 기질이나 성격 등과 같은 심리적 요소는 개인차가 있을 수밖에 없다. 따라서 실험에 영향을 줄 수 있는 개인차를 최소화하기 위해 연구 대상자를 무작위로 배치하고, 연구 대상자를 집단(실험 vs 통제)으로 분류하기 전에 주요 특성이 유사한 조건이 되도록 하며, 연구 대상자 모두 실험 조건에 동일하게 노출되도록 한다.

인간 발달 분야는 조작 가능한 변수만으로 순수실험 설계를 할 수 없는 경우가 다수 있다. 이런 때에는 조작 가능한 대체변수를 모색할 필요가 있다.

2) 실험 연구의 타당성

타당성은 내적 타당성과 외적 타당성으로 구분된다. 내적 타당성은 연구 결과에서 나타나는 변화(종속변수)가 독립변수(미술치료)의 영향에 의한 것임을 나타내는 정도, 즉 연구 결과의 인과관계와 관련된 것이고, 외적 타당성은 연구 결과를 모집단에 일반화할 수 있는지를 나타낸다. 내적 타당성과 외적 타당성 간의 관계를 살펴보면, 내적 타당성은 외적 타당성을 높이기 위한 필요조건이지만 충분조건은 아니다. 변수 간의 한정된 인과관계 검증은 연구 결과를 일반화하거나 이론 정립에 기여하는 부분에 한계가 있기 때문이다. 따라서 내적 타당성을 높이는 것과 더불어 외적 타당성을 높이는 것이 중요하다. 연구자는 실험 연구에서 내적 타당성 저해 요인이 연구 과정에 개입하지 못하도록 통제 방안을 모색해야 한다. 타당성을 저해하는 요인을 살펴보면 다음과 같다.

① 우연한 사건(history)

우연한 사건이란 사전검사와 사후검사가 진행되는 과정에서 독립변수의 영향 외에 우연히 예상치 못한 사건이 발생하여 종속변수에 영향을 미치는 것을 말한다. 이를 역사 요인이라고도 한다. 이러한 요인은 사전과 사후검사 간의 시간 간격이 길수록 오류가 개입될 가능성이 커지므로 시간 차이 조절이 중요하다. 연구자가 실험 과정에 우연한 사건이 개입되었다는 것을 인지하지 못하면, 종속변수의 변화는 독립변수의 영향이라고 잘못된 결론을 내리게 된다.

② 성숙 효과(maturation)

연구가 진행되고 시간이 흐르면서 대상자의 자연적 발달을 비롯하여 심리적·사회인구학적 특성에 변화가 있고, 관련 변화가 종속변수에 영향을 미치는 것을 성숙 효과 또는 성장 요인이라고 한다. 즉, 종속변수의 긍정적 변화가 미술치료 때문에 좋아진 것인지, 시간이 지나서 저절로 좋아진 것인지 아니면 미술치료와 시간의 흐름 간의 상호작용 때문인지를 구분하기 어렵게 된다. 따라서 시간의 흐름에 따른 자연적 성숙 효과를 적절하게 통제해야 연구에서 파악하고자 하는 변수 간의 인간관계를 타당성 있게 규명할 수 있다.

③ 검사 효과(testing effect)

사전검사가 사후검사에 영향을 주는 것으로, 미술치료 기법에 익숙해짐으로 인해 내용을 기억하고 있거나 친숙한 느낌으로 실험에 임하는 것 등이 문제가 되는 경우이다. 검사를 여러 회기에 걸쳐 실시할 경우, 첫 검사에 대한 경험이 두 번째 검사에서 영향을 주는 동일 측정의 반복으로 인해 발생하는 오류이며 시험 효과라고도 한다.

④ 측정 도구의 문제(instrumentation)

실험 기간에 측정자나 실험자가 바뀌거나 사전검사와 사후검사의 측정 도구에 차이가 있으면 측정 결과가 달라질 수 있다. 즉, 처음에 사용한 측정 도구(측정자)와 다음에 사용하는 측정 도구(측정자)가 다르거나, 측정 대상자에게 적합하지 않은 도구를 적용하였거나 측정자가 정확하게 측정하지 못한 경우에 문제가 발생한다. 따라서 사전검사와 사후검사 간의 차이가 독립변수에 의한 차이라는 것을 알기 위해서는 동일한 조건에서 동일한 측정 도구를 적용해야 한다.

⑤ 실험 대상자의 탈락(mortality)

실험집단이나 통제집단 대상자가 연구 진행 중에 다양한 사유로 인해 탈락해 버리면 종속변수의 결과가 어느 한쪽으로 치우쳐 왜곡될 가능성이 크다. 처음에는 두 집단이 동질적으로 시작했으나, 탈락자가 발생하면 실험에 영향을 미쳐 실험 결과의 차이가 불가피해지기 때문이다. 특히 실험 자료에 중요한 영향을 미치는 대상자가 탈락하면 문제가 더욱 심각해진다. 따라서 객관적인 연구 결과를 도출하기 위해 탈락자가 발생하지 않도록 유의해야 한다.

⑥ 선정 오차(selection bias)

실험 시작 전에 이미 실험집단과 통제집단에 선정된 대상자의 특성이 상이하면 실험 결과는 왜곡되고 타당성이 저해될 수 있다. 즉, 실험 연구에서 종속변수의 변화는 미술치료라는 독립변수의 영향으로 인한 것이 아니라 처음부터 내재된 집단 간 차이로 인해 발생한 것이다. 따라서 선정 오차는 대상자 선정 과정에서 실험 결과인 종속변수에 영향을 미칠 요인이 이미 작용한 사람들을 선정할 때 주로 나타나는 문제이며, 이런 오차를 줄이기 위해 실험 대상자를 무작위로 선정해야 한다.

⑦ 통계적 회귀(statistical regression)

통계적 회귀란 사전검사 점수가 극단값(아주 낮거나 높은 값)을 포함할 경우, 사후검사 측정 시 점수가 평균에 가깝게 이동함으로써 결과가 왜곡되는 것을 말한다. 이러한 현상은 사전점수의 극단값이 실제로 실험 효과가 없더라도 사후검사 시 평균에 가깝게 회귀하는 경향이 있기 때문이다. 이러한 통계적 회귀는 종속변수의 값이 아주 높거나 낮은 극단적인 대상자를 실험집단으로 선정할 경우에 주로 나타난다.

⑧ 모방(artifact)

실험집단과 통제집단 간에 인위적 관계가 있거나 서로 영향을 미치면 모방에 의한 오류가 발생하여 타당성을 낮춘다. 통제집단이 실험집단에 대한 정보를 사전에 인지함으로써 모방하게 되며, 통제집단의 역할을 객관적으로 하지 못해 실험 결과가 왜곡될 수 있다.

⑨ 실험변수 유출(outflow)

실험집단과 통제집단을 완전히 분리하지 못하면 사전에 실험변수가 유출될 수 있다. 이러한 유출은 실험 결과를 왜곡시키고, 그로 인해 타당성에 문제가 생기게 된다. 따라서 실험집단과 통제집단을 엄격히 분리하여 서로 영향을 미치지 않도록 해야 한다.

4. 실험 연구의 유형

실험 연구의 기본 요건은 변수의 조작, 외생변수의 통제, 실험 대상의 무작위 선정 등이다. 변수의 조작은 연구자가 인과관계를 검증하기 위해 실험집단에 개입하여 변수를 인위적으로 변화시키거나 조작하는 것을 말한다. 외생변수의 통제는 독립변수 이외에 다른 변수가 종속변수에 영향을 미치지 않도록 외생변수의 영향을 차단하는 것이다. 실험 대상의 무작위 선정은 모집단을 대표할 수 있는 표본을 무작위로 선정하는 것이며, 이 요건은 연구 결과의 일반화와 관련된 개념이다. 즉, 무작위 선정은 모든 대상자가 실험집단과 통제집단에 배치될 확률이 동일하도록 하는 것이다. 두 집단의 특성이 같으면 실험 결과 나타난 집단 간 차이는 실험 효과를 반영하며, 이런 결과는 연구 대상을 포함한 모집단에도 적용할 수 있는 일반성을 지니게 된다.

실험 요건을 중심으로 연구 목적과 상황에 따라 연구 대상의 활동을 실험실로 한정하느냐, 자연스러운 상황에서 적용하느냐가 실험 연구를 구분하는 기준이다. 실험 연구를 목적과 상황에 따라 분류하면, 순수실험 연구, 유사실험 연구, 전실험 연구가 있다. 순수실험 연구는 세 가지 기본 요건을 충족한 실험실에서 이루어지는 연구이고, 유사실험 연구는 임의적으로 실험 요건을 갖추어서 현장에서 이루어지는 연구이며, 전실험 연구는 외생변수의 통제나 무작위 선정을 할 수 없을 때 인과관계에 대한 가설 검증보다 연구 문제를 명확히 규명하기 전에 이루어지는 탐색적 연구와 유사하다. 따라서 진정한 의미에서의 실험 연구는 순수실험 연구와 유사실험 연구이다.

1) 순수실험 연구

실험실에서 이루어지는 순수실험 연구(true-experimental research)는 변수의 조작, 외생변수의 통제, 실험 대상의 무작위 선정 등 세 가지 조건을 모두 갖춘 연구 설계이다. 즉, 모집단을 대표할 수 있는 표본을 무작위로 선정하고, 이들 대상자에게 연구자가 실험 기법을 도입하고 변수를 인위적으로 변화시키거나 조작하여 적용함으로써 독립변수의 변화가 종속변수에 어떤 영향을 미치는지 규명한다. 이 과정에서 독립변수(미술치료 기법) 이외에 어떠한 변수도 종속변수에 영향을 미치지 않도록 외생변수의 영향을 차단해야 한다.

순수실험 연구는 인간 발달이나 임상 및 심리치료 분야에서 널리 적용하는 연구 유형이다. 이러한 연구는 실험적 조작이 최대한 통제된 실험실에서 수행되므로, 연구 내용에 대한 평가 역시 실험실에서 검증된다. 실험 연구의 예를 들면, 청소년을 대상으로 집단미술치료가 공격성과 자아존중감에 미치는 효과를 알아본다고 가정할 경우, 연구자는 우선 연구 대상 청소년을 통제집단과 실험집단으로 무작위 배치한다. 다음은 두 집단을 조건이 같은 각기 다른 두 개의 실험실로 배치한 후 실험집단은 집단미술치료 프로그램을 적용하고, 통제집단은 아무 프로그램도 적용하지 않거나 다른 치료 기법을 적용한다. 그런 다음, 두 집단 모두에게 공격성을 유발하는 여건을 부여하는데, 이때 통제집단이 실험집단보다 더 강한 공격적 행동을 보인다면 이는 미술치료 프로그램의 영향이라고 볼 수 있다.

실험 연구에서 미술치료 기법을 적용할 때, 널리 알려진 프로그램을 적용할 수도 있고 새로운 기법을 적용할 수도 있다. 그리고 적용 과정에 프로그램이나 기법을 다양하게 변형해서 적용하는 것도 가능하다. 여기서 중요한 점은 어떤 프로그램이나 기법을 적용하거나 변형하더라도 연구 목적과 부합하는 이론적 배경이 뒷받침되어야 한다는 것이다. 이론은 길을 안내하는 내비게이션 또는 나침판의 역할을 한다. 연구자가 연구 목적에 도달하기 위해서는 어느 방향으로 가야 할지 길을 알아야 시행착오 없이 제대로 도착할 수 있다. 그러한 길을 안내하는 것이 바로 이론이다. 따라서 실험 설계도 이론적 틀 속에서 이루어져야 한다.

통제된 실험실에서 이루어지는 순수실험 연구는 두 가지 장점이 있다. 첫째, 독립변수(미술치료)에 대한 명백한 효과를 검증할 수 있고, 연구자가 변수를 쉽게 통제할 수 있으므로 내적 타당성을 확신할 수 있다. 순수실험 연구를 하는 목적은 우연한 사건, 성숙 및 시험 효과, 측정 도구의 변화, 실험 대상의 탈락, 표본 선정의 편중, 통계적 회귀, 모방, 실험변수 유출 등과 같은 내적 타당성을 저해하는 요인을 최대한 통제하여 객관적이고 정확한 결과를 얻기 위해서이다. 내적 타당성은 실험 결과가 독립변수의 변화로 인해 일어난 것인지의 여부에 의해 결정되므로, 종속변수의 변화가 독립변수의 변화로 일어난 것이라면 내적 타당성을 확보할 수 있다.

둘째, 실험 장면에서 종속변수에 영향을 미치는 외생변수를 최대한 통제할 수 있다. 내적 타당성을 확보하고 변수 간의 순수한 관계를 파악하기 위해서는 외생변수의 영향력을 최대한 통제해야 한다. 외생변수를 통제할 수 있다는 것은 연구 결과가 미술치료 개입에 의한 효과이지 외생변수의 영향으로 인한 것이 아니라는 것을 말해 주는 근거가 되기 때문이다.

순수실험 연구의 단점은 연구자의 시각에 따라 장점이 단점이 될 수 있다는 것이다. 바꾸어 말하면, 실험 장면의 '지나친 통제는 곧 지나친 인위적 조작'이라는 한계점으로 연결될 수 있으며, 이러한 한계점은 연구 결과의 일반화를 어렵게 하는 측면이 있다. 그리고 외생변수를 제대로 통제하지 못하면, 실지로 미술치료 기법이 효과가 있는데도 불구하고 효과가 없는 것으로 나타나거나 반대의 결과가 나타날 수도 있다.

(1) 순수실험 연구의 특징

순수실험 연구의 가장 두드러진 특징은 통제집단을 포함한다는 점이다. 실험 과정에서 자료 수집 단계는 연구 결과(종속변수)를 측정하는 것이다. 측정 결과는 실험 효과를 나타내며 실험집단과 통제집단 간의 차이를 비교하여 파악할 수 있다. 일반적으로 연구자는 두 집단 간 차이가 크고, 그래서 독립변수가 종속변수에 중요한 영향을 미친다는 결론에 도달하기를 원한다. 실험 연구는 단일 독립변수와 종속변수 간의 관계를 검증하거나 독립변수를 강화 또는 최소화되도록 조작하고 다른 변수는 일정하게 유지하는 형태로 진행되기도 한다. 어떤 형태로 이루어지든 연구자는 실험 전과 후에 종속변수가 어떻게 달라졌는지를 비교하는 데 관심을 두고 있다.

순수실험 연구의 또 다른 특징은 실험집단과 통제집단의 구성원은 무작위로 선정되어야 한다는 것이다. 아는 사람, 쉽게 접근할 수 있는 대상 등 무작위 요소가 배제된 대상을 선택하면 내적 타당성을 상실하게 된다. 근본적으로 실험집단과 통제집단은 유사한 조건과 환경에 있는 대상으로 구성되어야 한다. 그래야 실험 결과를 제대로 파악할 수 있다. 그러나 대상자의 조건이나 환경이 처음부터 다른 이질적 집단으로 구성된다면 실험 결과에 대한 타당성 확보는 어렵고, 실험집단과 통제집단에 대한 실험 결과를 비교할 수 없게 된다. 통제집단을 포함하는 순수실험 설계에서는 무작위 선정과 관련된 내적 타당성만 확보되면 변수 간 인과관계를 나타내는 실험 효과를 규명할 수 있다.

(2) 순수실험 연구의 구조

순수실험 연구의 기본 구조는 [그림 8-1]에 나타난 과정과 요소를 포함한다

(Reaves, 1992). 그림에 나타난 연구 절차는 두 집단을 중심으로 한 설계이며, 결과적으로 하나의 독립변수와 종속변수만을 다루거나 독립변수 하나는 변화를 주되 다른 변수는 일정하게 유지하는 경우이다. 집단 수가 세 집단 이상이고 하나 이상의 독립변수를 동시에 조작하여 변수 간의 상호작용 효과를 검증하는 경우에는 요인 설계가 적합하다.

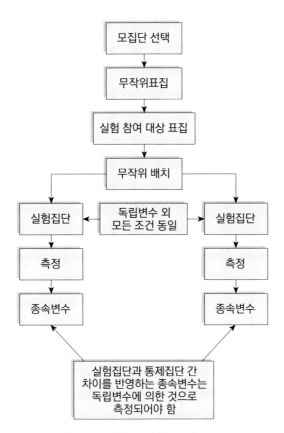

[그림 8-1] 순수실험 설계 구조

출처: 정영숙(2006). 사회복지조사방법론, p. 133.

(3) 순수실험 연구 유형: 통제집단 사전-사후 설계

순수실험 연구는 사전-사후, 집단 수, 독립변수 수 등을 기준으로 통제집단 사전-사후 설계, 통제집단 사후 설계, 솔로몬 4집단 설계, 요인 설계 등으로 구분된다. 통제집단 사전-사후 설계(pretest-posttest design)는 인과관계 검증을 위한 가장 전형적인 실험 연구 유형이며, 사전검사를 하고 미술치료 기법을 적용한 후 사후검사를 한다. 모집단에서 연구 대상을 선정하여 실험집단과 통제집단에 무작위로 배치한 다음, 실험집단에는 미술치료 기법을 적용하고 통제집단에는 아무 조치도 하지 않는다. 그리고 사전-사후 점수를 비교하여 미술치료 효과를 검증한다. 이 유형의 장점은 미술치료 효과를 비교할 수 있는 통제집단이 있다는 것이며, 독립변수(미술치료 기법)가 둘 이상일 경우에는 솔로몬 4집단 설계로 확장 적용할 수 있다. 사전-사후 설계의 실험 효과를 산출하면 다음과 같다.

① A(실험집단에서의 전후 차이)$=O_2-O_1$
② B(통제집단에서의 전후 차이)$=O_4-O_3$
③ 실험 효과$=A-B$

	사전검사	미술치료	사후검사
실험집단	O_1	적용	O_2
통제집단	O_3	미적용	O_4

(4) 순수실험 연구 유형: 통제집단 사후 설계

통제집단 사후 설계(posttest only design)는 통제집단 사전-사후 설계에서 사전 측정을 하지 않은 형태이다. 사전검사가 불가능한 상황의 연구이거나 사전검사가 사후검사에 영향을 미칠 것으로 예상되는 연구에 주로 활용된다. 실험집단과 통제집단을 무작위로 배정한 다음, 사전검사는 하지 않고 실험집단에만 미술치료 기법을 적용하여 사후검사로 두 집단을 비교하는 방법이다. 이 경우, 실험 효과는 집단 간 차이로 규명할 수 있다. 통제집단 사후 설계는 사전검사를 하지 않기 때문에 집단의 동질성을 확인하기 어려워, 사후검사에서 나타난 두 집단 간 차이가 반드시 실험 효과라고 단정하기에는 한계가 있다. 따라서 이 유형을 적용할 경우, 집단의 동질성 확보를 위해 표본 수가 많아야 한다.

	사전검사	미술치료	사후검사
실험집단	×	적용	O_1
통제집단	×	미적용	O_2

실험 효과＝O_1-O_2
만약 $O_1=10, O_2=7$이라면 실험 효과는 $10-7=3$
실험집단 결과: 실험 효과
통제집단 결과: 외생변수 효과만 작용
집단 간 차이＝순수실험 효과로 간주

(5) 순수실험 연구 유형: 솔로몬 4집단 설계

솔로몬 4집단 설계(Solomon four-group design)는 통제집단 사전−사후 설계와 통제집단 사후 설계를 결합한 것이다. 즉, 통제집단 사전−사후 설계의 단점인 사전검사로 인한 영향을 통제하기 위해, 그리고 통제집단 사후 설계에서 사전검사를 하지 않는 점을 보완하기 위해 또 다른 실험집단과 통제집단을 추가한 설계이다. 따라서 가능한 모든 외생변수를 통제하기 위해 4개 집단을 모두 무작위로 선정한 다음, 두 집단은 사전검사를 하고 나머지 2집단은 사전검사를 하지 않는다. 그리고 두 집단은 미술치료 기법을 적용하고 나머지 두 집단은 아무 기법도 적용하지 않는다. 이 기법의 장점은 외생변수 영향을 완벽히 분리해 낼 수 있으나 집단이 다수이니 만큼 표본 수가 많아야 한다는 유의점도 있다.

	사전검사	미술치료	사후검사
실험집단 1	O_1	적용	O_2
통제집단 1	O_3	미적용	O_4
실험집단 2		적용	O_5
통제집단 2		미적용	O_6

실험 효과
(실험집단 1 변화)＝O_2-O_1
(통제집단 1 변화)＝O_4-O_3
(실험집단 2 변화)＝$O_5-(O_1+O_3)/2$
(통제집단 2 변화)＝$O_6-(O_1+O_3)/2$

순수실험 연구의 유형별 특징을 비교하면 통제집단 사전–사후 설계와 솔로몬 4
집단 설계는 무작위표집을 비롯하여 통제집단, 사전검사, 사후검사 등 실험 요건
을 모두 갖춘 유형이다. 반면에 통제집단 사후 설계는 무작위표집과 통제집단 요
건은 갖추었으나 사전검사를 하지 않는다.

유형	무작위	통제집단	사전검사	사후검사
통제집단 사전–사후 설계	○	○	○	○
통제집단 사후 설계	○	○	×	○
솔로몬 4집단 설계	○	○	○	○

(6) 순수실험 연구 유형: 요인 설계

요인 설계(factorial design)는 두 개 이상의 독립변수가 종속변수에 미치는 영향
을 한 번에 검증하는 실험 연구로, 독립변수 간의 상호작용 여부도 측정할 수 있
다. 여기서 개별 독립변수는 서로 다른 몇 개의 수준이 있으며, 하나의 독립변수
수준은 〈표 8-1〉과 같이 다른 독립변수의 수준과 결합된다. 이때 서로 다른 독립
변수는 요인을 반영하므로 요인 설계라고 부른다. 요인 설계를 통하여 연구자는
각 요인이 종속변수에 미치는 영향과 독립변수 간의 상호작용에 대한 실험 결과
를 알 수 있다.

〈표 8-1〉 요인 설계의 예

		독립변수 A	
		수준 1	수준 2
독립변수 B	수준 1	그룹 1 (A1, B1)	그룹 2 (A2, B1)
	수준 2	그룹 3 (A1, B2)	그룹 4 (A2, B2)

요인 설계의 특성과 관련하여 '색채 선호도에 따른 남녀의 심리적 안정감'을 예
로 들면 〈표 8-2〉와 같다. 표에 두 개의 독립변수(성별과 색채 선호도)가 있고 각
각의 독립변수는 두 개의 범주가 있다. 즉, 성별은 남성과 여성으로, 색채 선호도

는 높음과 낮음으로 나누어져 전체 집단 수는 4개이다. 〈표 8-2〉는 실험 연구를 통해 청소년의 특정 색에 대한 심리적 안정감을 측정한 결과, 색채 선호도가 높은 집단이 낮은 집단보다 심리적 안정감이 높고 또 남성보다 여성의 안정감이 더 높다는 것을 보여 준다.

〈표 8-2〉 요인 설계: 색채 선호도에 따른 남녀의 심리적 안정감

		색채 선호도(독립변수 A)	
		낮음(수준 1)	높음(수준 2)
성별 (독립변수 B)	남 (수준 1)	그룹 1 (선호도 낮은 남성) 3.12	그룹 2 (선호도 높은 남성) 3.37
	여 (수준 2)	그룹 3 (선호도 낮은 여성) 3.56	그룹 4 (선호도 높은 여성) 2.65

주: 수치는 대상 집단의 심리적 안정감에 대한 평균 점수임.

요인 설계를 통해 두 가지 효과를 검증할 수 있다. 첫째는 주 효과(main effect)이며, 독립변수가 종속변수에 직접적으로 어떤 영향을 미치는지를 알려 준다. 따라서 요인 설계에서는 두 개 이상의 독립변수가 있으므로 두 개 이상의 주 효과를 알 수 있다. 색채 선호도의 주 효과를 파악함으로써 특정 색에 대한 선호도가 높은지 낮은지에 따라 개인의 심리적 안전감을 예측할 수 있다. 또한 대상자의 성별이 무엇인지를 알면 심리적 안전감을 예측해 볼 수 있다.

두 번째로 알 수 있는 것은 상호작용 효과(interaction effect)이다. 상호작용 효과란 한 독립변수의 효과가 다른 독립변수의 수준에 따라 달라지는 것을 말한다. 〈표 8-3〉의 예를 살펴보면, 심리적 안정감을 알고자 할 때 성별을 고려하지 않으면 색채 선호도가 낮은 사람이 높은 사람보다 심리적 안전감이 더 높은 경향이 있는 것으로 보인다. 그러나 성별을 고려하면, 남성의 경우 오히려 색채 선호도가 높은 집단이 심리적 안정감이 더 높게 나타난다. 이 같은 결과는 독립변수인 성별과 색채 선호도 간에 상호작용 효과가 있다는 것을 반영한다.

〈표 8-3〉 성별과 색채 선호도에 따른 심리적 안정감 평균

		색채 선호도		평균
		낮은 사람	높은 사람	
성별	남	3.12	3.37	3.25
	여	3.56	2.65	3.11
평균		3.34	3.01	

2) 유사실험 연구

유사실험 연구는 아동의 놀이터나 교실, 가족과 함께 하는 가정 등과 같이 현장의 자연스러운 상황에서 이루어지고, 치료 현장에 종사하는 치료사가 일선에서 현장의 요구와 문제를 연구를 통해 파악하고 개선을 도모하는 연구이다. 청소년 범죄자의 자존감을 높이는 미술치료 전략을 알아보기 위해 유사실험 연구 기법을 적용한 연구(Hartz & Thick, 2005)를 살펴보면, 미술심리치료(Art psychotherapy)는 친밀한 우정과 관련 행동 수행에 유의한 영향을 미쳤고, 치료로서의 미술(Art as therapy)은 사회적 수용 영역을 향상시키는 것으로 나타났다. 유사실험 연구(quasi-experimental design)는 변수의 조작, 외생변수의 통제, 실험 대상의 무작위 선정 등 실험 연구의 세 가지 조건 중 하나라도 갖추지 못한 경우에 적용하는 연구 설계이다. 즉, 독립변수를 통제하지 않는 비실험 연구와 통제할 수 있는 실험 설계의 중간 구조라고 볼 수 있다. 유사실험 연구에서 유사('quasi-')는 '~인 것처럼(as if)'에 해당한다. 실험 연구 조건을 다 갖추지 못했으나 실험 연구 형태로 진행되므로 준실험 설계라고 한다.

유사실험 연구는 통제집단은 없고 비교집단이 있다. 이러한 연구는 심리 및 행동과학 분야의 현장 연구에 주로 적용된다. 현장에서 진행되는 연구는 종속변수에 불필요한 영향을 주는 외생변수를 모두 통제하는 데 한계가 있다. 그러나 현상의 원인을 규명하고자 한다면 준실험 설계의 특성을 가지고 있는 유사실험 연구를 해야 한다.

유사실험 연구는 연구 수행 장면이 실제 현장이라는 점을 제외하면 실험실에서 이루어지는 순수실험 연구와 별반 다르지 않다. 즉, 독립변수를 조작할 수 있고 현

장에서 종속변수의 결과도 측정할 수 있다. 미술치료 프로그램이 아동의 공격 행동에 미치는 영향을 알아보기 위해 현장 연구를 하면 다음과 같다. 연구 대상은 지역 내 초등학교 아동으로 3주간 만다라 작업을 교실이라는 자연스러운 상황에서 실시하고, 실험집단이 그려야 할 그림 자체는 연구자에 의해 통제된다. 물론 종속변수인 아동의 공격 행동에 미치는 영향은 상담자에 의해 학교라는 현장에서 3주 동안 측정하여 독립변수의 영향력을 평가할 수 있다.

연구를 구체화하기 전에 연구자는 어떤 독립변수가 현장에서 이루어지는 유사실험 연구로서 적합한지를 충분히 검토해야 한다. 예를 들면, 영아의 시각적 주시 현상을 알아보고자 하는 경우, 실제 영아가 누워 있는 요람에 모빌을 달아 주는 현장 장면에서의 실험 연구가 적합할 것이다. 색채 연구나 학업성취도와 색채 선호도와의 관계를 검증하는 연구도 일반화가 쉬운 유사실험 연구로 실제 상황을 설정할 수 있다. 지역사회 현장교육의 관점이 어떠한지를 알아보고자 하는 지역사회중심 연구에도 적합할 것이다. 그러나 청각장애아동을 위한 소리의 반복 효과나 자폐성 아동의 순간 주의력 측정, 단기기억 측정 등은 엄격히 통제된 자극 효과가 필요하므로 현장 연구보다 실험실 연구가 더 적합하다.

실험 연구에 포함될 수 있는 실험 장면으로 실험실–현장 연구 기법이 있다. 이 연구 기법은 독립변수(예: 만다라 작업)는 실험실에서 수행하되, 종속변수(예: 공격성)는 현장(예: 교실이나 가정)에서 측정하는 경우이다. 또 다른 형태는 독립변수는 현장(예: 교실에서 만다라 작업)에서 측정하고, 종속변수(예: 공격성)는 실험실에서 측정하는 현장–실험실 연구이다. 이러한 연구 기법은 연구 수행을 위한 실험 설정이 실험실과 현장을 혼합해야 해서 여러 가지 한계점이 있으므로 정밀한 연구 설계가 필요한 방법이다.

유사실험 연구의 장점은 실험하지 않고 유사한 연구 결과를 얻을 수 있다는 점이다. 그리고 순수실험 연구와 달리 연구 결과의 일반화 범위가 넓다는 것도 장점으로 작용한다. 자료 수집 자체가 가정이나 학교라는 현장에서 이루어지므로, 만다라 작업이 아동의 공격적 행동을 줄일 수 있다는 가설을 설정하여 미술치료와 공격성 간에 관계가 있는지를 검증할 수 있다. 그러나 연구 대상자를 임의 선정하기 때문에 내적 타당성을 저해하는 요인을 차단하기가 쉽지 않다. 또한 현장이라는 일상생활 속에서 결과를 측정해야 한다는 것은 결과에 영향을 미칠 수 있는 변수들이 충분히 통제된 상황이 아닐 수 있다는 한계점을 가지고 있다.

생활 현장에서 이루어지는 유사실험 연구는 순수실험 연구처럼 엄격한 통제집단이 있는 것이 아니라 비교집단이 있다. 따라서 실험 결과는 실험집단과 비교집단과의 차이에 초점을 두고 해석하게 된다. 또한 연구 대상자를 무작위로 배치하는 것이 아니라 임의로 선정하여 배치한다. 유사실험 연구는 임상 사례 연구에 많이 적용되는데, 이러한 사례 연구는 특수한 현상을 연구하는 기법이 될 수 있을 뿐 아니라 새로운 기법을 개발하거나 특정 기법에 숙달한 후 그 결과를 알아보는 데도 적용된다. 유사실험 연구의 대표적인 유형은 다음과 같다.

(1) 단순시계열 설계

단순시계열 설계(time series design)는 단일그룹 사전 · 사후 검사의 확장된 형태이며, 통제집단 없이 단일 실험집단을 대상으로 실험 전과 후에 몇 차례 개입하고 효과를 측정하는 방법이다. 즉, 동일 집단 내에서 미술치료 적용 전과 후에 여러 번 반복해서 실시한 사전검사와 사후검사 점수를 비교한다. 단순시계열 설계를 진행하는 과정은 다음과 같다. 첫째, 실험집단을 대상으로 몇 차례 사전검사를 반복해서 측정한다. 둘째, 개입 프로그램인 미술치료를 실시한다. 셋째, 사후검사를 몇 차례 반복한 다음 실험변수의 효과를 측정한다. 이를 부호화하면 다음과 같다.

〈표 8-4〉 단순시계열 설계

사전검사	미술치료	사후검사
$O_1 \, O_2 \, O_3$	적용	$O_4 \, O_5 \, O_6$

개입 전 점수 $X = O_1 + O_2 + O_3$
개입 후 점수 $Y = O_4 + O_5 + O_6$
개입 효과 $= Y - X$

단순시계열 설계는 우연한 사건, 측정 도구 문제 등의 내적 타당도 저해 요인을 사전에 제거할 수 있어 보편적으로 적용되는 기법이다. 이 기법은 실험변수인 미술치료 프로그램의 효과가 발생하는 시기를 알 수 없거나 종단 연구에서 주로 활용된다. 그러나 비교할 수 있는 통제집단이 없어 실험집단의 변화가 미술치료 때문인지, 아니면 우연한 사건이나 성숙 요인 등의 외부 요인이 영향을 미친 것은 아닌지를 확인하기 어려운 한계점이 있다.

(2) 복수시계열 설계

복수시계열 설계(multiple time series design)는 단순시계열 설계에서 통제집단을 구성함으로써 내적 타당도를 높일 수 있는 방법이며, 적용 과정은 다음과 같다. 첫째, 비슷한 특성을 가진 실험집단과 통제집단을 구성한다. 둘째, 실험집단은 실험 전과 후에 걸쳐 여러 번 반복 검사하고, 통제집단은 실험하지 않은 채 실험집단의 검사시기에 맞추어 관찰한다. 셋째, 실험집단과 통제집단을 대상으로 실험 효과가 있는지 알아보기 위해 종속변수의 변화를 비교한다. 예를 들어, 미술치료 프로그램이 아동의 사회성 발달에 영향을 미치는지를 측정한다고 가정할 경우에 실험집단과 통제집단을 대상으로 3회에 걸쳐 사전검사를 하고, 실험집단은 미술치료 프로그램에 참여하고 통제집단은 참여하지 않는다. 프로그램 참여 후 두 집단 모두 사후검사를 3회 실시하고 실험집단과 통제집단 간 차이를 비교하면 효과를 알 수 있다.

〈표 8-5〉 복수시계열 설계

	사전검사	미술치료	사후검사
실험집단	$O_1 \, O_2 \, O_3$	적용	$O_4 \, O_5 \, O_6$
통제집단	$O_7 \, O_8 \, O_9$	미적용	$O_{10} \, O_{11} \, O_{12}$

실험집단 사전-사후 비교 $= (O_4 + O_5 + O_6) - (O_1 + O_2 + O_3)$
비교집단 사전-사후 비교 $= (O_{10} + O_{11} + O_{12}) - (O_7 + O_8 + O_9)$

복수시계열 설계는 통제집단이 있어 단순시계열 설계에 비해 내적 타당도를 높일 수 있으나, 실험집단과 통제집단 선정이 무작위로 이루어지지 않아 동질성을 보장할 수 없다는 단점이 있다.

(3) 비동일 통제집단 설계

비동일 통제집단 설계(non-equivalent control group design)는 순수실험 연구의

통제집단 사전-사후 설계와 비슷하며, 통제집단은 있으나 무작위가 아니고 임의로 선정한다는 점에서 차이가 있다. 즉, 임의적 방법으로 실험집단과 통제집단을 선정한 다음, 사전검사 후 실험 개입을 하고 다시 사후검사를 하여 종속변수의 변화를 비교하는 방법이다. 실험 과정은, 첫째, 임의로 실험집단과 통제집단을 선정한다. 둘째, 실험집단과 통제집단을 대상으로 사전검사를 한다. 셋째, 실험집단에는 미술치료 프로그램을 적용하고, 통제집단에는 적용하지 않는다. 넷째, 실험집단과 통제집단을 대상으로 사후검사를 하여 미술치료 효과 여부를 확인한다.

⟨표 8-6⟩ 비동일 통제집단 설계

	사전검사	미술치료	사후검사
실험집단	O_1	적용	O_2
통제집단	O_3	미적용	O_4

실험집단 사전-사후 비교 $A = O_2 - O_1$
비교집단 사전-사후 비교 $B = O_4 - O_3$
개입 효과 $= A - B$

비동일 통제집단 설계는 사전검사를 통해 집단의 동질성을 확인할 수 있으나, 실험 대상의 임의 선정으로 인해 실험집단과 통제집단 간의 동질성이 명확하지 않아 내적 타당도를 저해할 소지가 있다는 것을 연구자는 인지하고 있어야 한다. 그러나 적용의 수월성 등으로 인해 미술치료 및 임상심리 분야에서 프로그램 효과를 평가하는 데 널리 활용되고 있다.

여기서 유사실험 연구의 유형별 특징을 비교하면 좀 더 명확히 알 수 있다. 단순시계열, 복수시계열, 비동일 통제집단은 모두 무작위로 표집하지 않는다. 비교집단의 경우, 단순시계열은 비교집단이 없으나 복수시계열과 비동일 통제집단은 비교집단이 있다. 사전검사와 사후검사는 유형별로 모두 실시한다.

〈표 8-7〉 유사실험 연구의 유형별 특징

유형	무작위	비교집단	사전검사	사후검사
단순시계열 설계	×	×	○	○
복수시계열 설계	×	○	○	○
비동일 통제집단 설계	×	○	○	○

(4) 전실험 설계

전실험 설계(pre-experimental design)는 실험 요소를 모두 갖추지 못한 상황, 실험집단은 있으나 비교집단이 없는 경우, 비교집단이 있어도 임의적으로 선정하여 집단의 동질성이 확보되지 않은 경우, 독립변수의 조작에 따른 변화의 관찰이 제한된 경우에 적용한다. 따라서 변수 간 인과관계 검증이 쉽지 않아 엄밀한 의미에서 실험 연구라고 하기는 어려운 설계 유형이다. 그러나 미술치료나 임상심리 현장에서 심리치료 사업을 수행하는 치료사나 임상전문가 입장에서 탐색 연구로 적용하는 사례가 다수 있다. 전실험 설계에도 몇 가지 유형이 있다.

① 일회 사례 연구

일회 사례 연구(one shot case study)는 탐색 목적으로 수행하며, 단일 집단을 대상으로 사전검사 없이 실험 개입을 하고 사후검사를 토대로 실험 효과를 평가하는 방법이다. 적용 과정은 다음과 같다. 첫째, 단일 집단을 대상으로 실험 개입(미술치료)을 적용한다. 둘째, 사후검사를 통해 종속변수를 측정하여 실험 개입의 효과를 측정한다. 일회 사례 연구는 실험 개입 효과를 관찰하는 것이 주목적이므로 탐색을 목적으로 한 연구에는 적합하지만, 비교 대상이 없고 변수의 통제도 이루어지지 않기 때문에 실험 결과를 일반화하는 것은 무리가 있다.

② 단일 집단 사전-사후 설계

단일 집단 사전-사후 설계(one group pretest-posttest design)는 연구 대상 집단에 대해 사전검사를 하고 난 후 실험하고, 실험에 대해 사후검사를 하여 종속변수의 변화를 측정한다. 이때 실험 효과는 사전검사와 사후검사를 비교함으로써 알 수 있다. 이 설계 기법은 사전검사 후 사후검사를 진행함으로써 시간적 우선성과 비교 기준이 있다는 점에서, 실험 효과를 측정하는 데 필요한 최소한의 조건은 갖추고 있다. 그러나 단일 집단만이 대상이므로 우연한 사건, 성숙 효과 등의 외생변수의 영향을 통제할 수 없어 타당성을 저해할 수 있으며, 이로 인해 실험 전후의 차이가 실험 효과인지를 확인하기 어려운 한계점이 있다.

③ 정태적 집단 비교 설계

정태적 집단 비교 설계는 통제집단 사전-사후 설계에서 무작위만 제외한 방법이며 실험집단과 통제집단을 임의로 선정한다. 즉, 실험집단과 통제집단을 임의로 선정한 후, 실험집단에는 개입하고 통제집단에는 개입하지 않은 상태로 사후검사만 하여 실험 결과를 비교한다. 이 설계 기법은 대상을 두 집단으로 나누어 측정하므로 내적 타당성을 저해하는 요인을 부분적으로 제거할 수 있다. 그리고 실험이 비교적 간단하고 시간이 적게 든다는 장점이 있다. 그러나 집단을 무작위로 선정하지 않고 임의로 선정하므로 실험 결과를 일반화하는 데 문제가 있고, 두 집단 간 교류를 통제하지 못해 모방 효과가 발생할 수 있다. 이로 인해 실험 결과로 인과관계를 추정하는 데 한계가 있다.

참고문헌

정영숙(2006). 사회복지조사 방법론. 경기: 공동체.

정영숙(2020). 색채심리치료가 탈성매매 여성의 우울과 회복탄력성에 미치는 영향. 미술
치료 연구, 27(2), 221-236.

Hartz, L., & Thick, L. (2005). Art therapy strategies to raise self-esteem in female juvenile
offenders: A comparison of art psychotherapy and art as therapy approaches. *Art
Therapy: Journal of the American Art Therapy Association, 22*(1), 70-80.

제9장

단일사례 연구

Research Method in Art Therapy

1. 단일사례 연구의 목적과 특징

1) 단일사례 연구의 목적

단일사례 연구(single case design)는 대상 체계가 하나이다. 그래서 단일사례라고 한다. 하나의 체계란 개인, 가족, 집단, 지역사회 등이 될 수 있으며, 이들 체계 내에서 발생하는 현상과 문제를 해결하기 위해 적용한 중재가 효과가 있는지를 검증한다. 중재는 대상자의 상황이나 행동에 변화를 줄 수 있는 임상 프로그램이나 실험 자극을 통해 이루어진다. 연구자에게 미술치료 중재는 독립변수이고 조사 대상자의 표적 행동의 변화는 종속변수 또는 결과변수인데, 단일사례 연구의 주된 목적은 가설을 검증하는 것이 아니라 표적 행동에 대한 미술치료 중재의 효과성을 분석하는 데 있다. 그리고 치료사가 내담자의 표적 행동을 위해 중재한 후에 내담자가 변화하고 있다는 것을 즉각적이고 실용적으로 파악할 수 있으므로 미술치료 현장에서 많이 활용되는 방법이다. 연구 결과는 표나 그래프를 활용하여 내담자의 변화를 시각적·통계적 검증을 통해 중재 효과를 확인할 수 있다.

단일사례 연구는 적절한 통제집단을 찾기 어렵거나 대상자에게 즉각적인 조사가 필요한 경우에 적용한다. 이러한 연구는 연구자와 대상자가 상호 피드백을 주고받으며 문제를 점검할 수 있는 장점이 있다. 중재 기법으로 미술치료를 적용하고 효과를 비교하면서 프로그램 효과를 파악할 수 있다. 따라서 단일사례 연구는 미술치료 현장에서 활용하기에 유용한 설계 기법이다.

일반적으로 연구는 모집단을 대표하는 다수 표본을 무작위로 표집하여 자료를 수집하고 분석 결과를 모집단에 일반화하는 것이 목적이다. 그러나 단일사례 연구는 단일표본, 즉 하나의 표본을 대상으로 문제의 본질이 무엇인지, 관련 문제를 해결하기 위해 어떤 프로그램이 효과가 있는지를 파악할 수 있다. 단일사례에 미술치료 프로그램을 적용하고 효과가 입증되면 관련 프로그램은 내적 타당성을 확보하게 된다. 타당성이 인정되면 후속 연구에서는 다수를 대상으로 일반화 가능성을 검증하고, 미술치료 효과에 대한 이론적 기반이 구축된다.

임상 및 치료 현장에서 적용되고 있는 단일사례 연구는 중재 프로그램의 효과를 검증하고 효율성을 높이는 방안을 모색하기 위해 도입된 기법이다. 이 기법은 행동수정 연구에서 출발하여 최근에는 임상심리 및 치료 중재 평가에 확대 적용되고 있다. 미술치료 영역에서는 현장의 실증적 기반의 구축이란 면에서 단일사례 연구의 중요성이 강조되고 있다. 미술치료는 현장과 밀접한 관계가 있고 실용적 학문의 성격이 강하므로, 단일사례 연구를 통해 미술치료 기법의 효과를 규명하는 것은 현장 이론을 과학화한다는 취지에서 의미가 있다.

미술치료 분야에서 단일사례 연구는 폭넓게 적용되고 있다. 미술치료 검사 도구, 치료 효과, 적정 치료 회기 및 주기, 치료 장소 등을 비롯한 구조적 요인에 대한 연구를 비롯하여, 우울증 극복과 회복탄력성 향상을 목적으로 한 연구, 아동과 청소년의 내적 기능 향상을 목적으로 한 연구, 장애아동의 자기표현력 또는 자기효능감 증진을 위한 연구, 스트레스 해소 및 사회성 향상에 미치는 효과 검증 등 다양한 연구 주제에 적용되고 있다.

2) 단일사례 연구의 특성

단일사례 연구의 특성을 구체적으로 살펴보면 다음과 같다.

첫째, 단일사례 연구의 표본은 하나이다. 하나라는 것은 표본 단위 또는 내담자 체계가 개인, 가족, 집단, 지역사회 등으로 구분될 때 추출되는 표본이 하나라는 의미이다. 내담자가 개인일 경우 한 명, 가족일 경우는 한 가족, 지역사회일 경우에는 한 지역을 대상으로 반복측정을 통해 중재 효과를 평가한다. 개인이나 가족과 달리 집단이 하나의 사례(예를 들어, 종교집단, 특별한 경험을 한 집단 등)가 될 때는 집단에 포함된 구성원을 개별적으로 다루는 것이 아니라 집단 전체의 평균이나 빈도를 하나의 사례로 간주한다.

둘째, 미술치료 효과를 검증할 수 있다. 단일사례 연구의 목적은 변수 간 관계를 토대로 가설을 설정하는 것이 아니라 표적 행동에 대한 중재 효과를 관찰하고 평가하는 것이다. 표적 행동이란 대상자의 사회적·정서적·심리적 기능을 저해하는 문제 행동을 말하며, 이러한 문제 행동을 해결하기 위해 관련 프로그램을 적용하여 중재한다.

셋째, 반복 관찰함으로써 변화 경향을 알 수 있다. 반복 관찰은 미술치료 중재 시기를 기준으로 중재 전, 중재 중, 중재 후에 이루어지며, 반복 관찰을 통해 중재 효과를 알 수 있다. 최근에는 중재 전후에 이어 추후 관찰에 대한 필요성도 강조되고 있다. 중재 후 일정 시간이 지난 후 추후 관찰을 통해 중재 효과의 지속성을 평가할 수 있기 때문이다. 단일사례 연구에서는 중재 효과를 시계열 자료로 반복 측정함으로써 내적 타당성을 저해하는 우연한 사건, 성숙 효과 등을 통제할 수 있다. 반복측정한 결과가 일관되게 나타나면 문제 행동(종속변수) 변화가 미술치료(독립변수) 효과라고 규명할 수 있고 내적 타당성을 높일 수 있다. 여기서 유의할 점은 하나의 사례에 국한된 연구 결과를 일반화하는 데 한계가 있고, 그로 인해 외적 타당성이 낮아질 수 있다는 것이다. 이를 보완하기 위해 동일 기법을 다양한 대상과 상황에 반복측정할 필요가 있다. 반복측정한 결과가 일관성이 있다면 일반화 근거가 명확해진다.

넷째, 미술치료 진행 중에 중재 수준과 방향을 바꿀 수 있다. 개별 사례 연구는 한 번의 중재로 그치는 것이 아니라 반복 관찰하기 때문에, 연구 설계가 정교하지 않아도 연구자의 관찰 결과를 토대로 한 판단에 따라 미술치료 기법에 변화를 주거나 새로운 기법을 도입하여 효과를 높일 수 있다. 이러한 중재 수준과 방향 전환에 대한 판단은 현장에서 미술치료 기법을 적용한 경험이 많고 내담자의 변화를 인지하는 능력이 충분할 때 가능하다.

2. 단일사례 연구 과정

1) 문제 확인

단일사례 연구의 첫 단계는 문제 확인인데, 여기서 문제는 내담자가 직면한 문제를 의미한다. 문제는 내담자 자신에 의해 확인되기도 하지만 가족이나 제3자에 의해 확인될 수 있다. 성장 단계에 있는 아동은 미성숙하고 판단력도 부족하므로 스스로 자신의 문제를 인지하지 못하는 경우가 다수이다. 따라서 초기에는 아동이 미술치료기관에 온 이유를 이해하지 못하거나 전문가와 만나는 것에 대한 두려움, 불안, 스트레스 등을 받을 수 있으며, 그로 인해 장소에서 벗어나려고 행동하거나 전문가에게 이유 없이 저항할 수도 있다.

아동은 자신의 문제를 인지하지 못하는 경우가 많기 때문에 비자발적 내담자의 특성을 보인다. 따라서 미술치료의 중재 효과를 높이기 위하여 전문가(미술치료사)는 미술치료기관에 온 이유를 아동이 이해할 수 있는 언어로 설명하고 전문가에게 신뢰감을 가지고 편하게 대할 수 있도록 해야 한다. 여기서 비자발적 내담자인 아동과 전문가와의 관계 설정이 중요한데, 행동 문제와 기질 등의 상황에 맞추어 전문가에게는 치료사뿐 아니라 교사, 중재자나 대변자 등 다양한 역할이 요구된다. 아동이 지속적으로 비자발적 태도를 보이면 미술치료 중재에의 참여 의지가 부족하거나 문제 인식이 없을 수 있고 그로 인해 중재 효과가 늦게 나타날 수도 있으므로, 문제 확인 단계에서 적절한 방법을 동원해서 아동이 자발적 내담자가 될 수 있도록 해야 한다. 만약 해결되어야 할 문제가 다양하고 복합적일 경우에는 일차적으로 한두 가지 문제에 초점을 맞추어 연구 설계를 할 필요가 있다.

문제 확인 단계에서 성인도 자신의 문제를 인지하지 못하는 경우가 있다. 현장에서 상담하다 보면 우울증 상태에 있거나 인지 기능이 저하된 것이 분명해 보이는데도 스스로 문제를 인지하지 못하는 사례를 종종 보게 된다. 즉, 자신의 우울증 정도를 확인하고 우울증이 심한 경우에 우울증 치료기관에서 도움을 받는 사람도 있지만, 매사가 귀찮고, 입맛이 없고, 잠을 못 자고, 사람 만나기를 피하며 자신을 고립시키면서도 외로움을 느끼는 증상을 우울증이라고 자각하지 못하기도 한다. 우울증을 경험하지 않은 사람은 우울증이 실제 감정보다 훨씬 깊고 다양한 방식으로 표출된다는 것을 인지하기 어려울 수 있다. 전문가는 현장 경험과 표준화된 척도를 사용하여 내담자의 문제를 객관적인 방법으로 평가하고 확인함으로써 단일사례 연구를 시작할 수 있다.

2) 문제 정의

문제가 확인되고 나면 관련 문제를 구체적이고 명확하게 정의해야 한다. 문제를 구체적이고 명확하게 정의하지 않으면 중재 목표를 분명히 할 수 없고, 그로 인해 성공적인 문제해결 과정을 거칠 수 없게 된다. 문제를 구체적이고 명확하게 정의하지 않으면 치료 과정에서 중요하게 다루어야 할 문제가 빠질 수 있고, 프로그램에 포함되어야 할 아동이 일부 제외될 수도 있다.

문제 정의는 문제 확인 단계에서 상담, 관찰, 표준화된 척도 등을 적용하여 수집한 자료를 토대로 문제의 본질을 규명하고 실천적 중재 방향을 정하는 단계이다. 문제를 정의할 때 변화가 필요한 표적 행동에 대한 정의가 전제되어야 하고, 연구자는 표적 행동이 무엇을 나타내는지에 대해 명확히 이해해야 한다. 표적 행동을 정의하는 목적은, 첫째, 문제 확인 자료를 토대로 대상자에게 적합한 중재 목표와 방법을 결정하고, 둘째, 중재 초기에 표적 행동에 대한 중재 목표와 프로그램의 적합성 여부를 진단하기 위해서이다.

문제 행동에 대한 정의가 불분명하거나 모호하면, 적용하는 미술치료의 기법이나 내용이 무엇인지와 관계없이 연구자가 정확한 자료를 수집하기 어렵다. 따라서 문제를 정의하는 첫 단계는 치료 대상이 되는 행동을 신뢰성 있고 정확하게 정의하는 것이다.

성공적인 치료를 위해 문제를 관찰하고 정의할 때는 객관성을 유지하기 위해 어떠한 주관적인 평가도 하지 않도록 주의해야 한다. 우리는 일상생활에서 '반항적이다, 공격적이다, 우울하다, 사람을 피한다, 잠을 못 잔다' 등 문장을 사용하거나 행동을 정의할 때 넓은 범위를 적용하는 경향이 있으나, 연구에서 문제 행동을 측정할 때는 객관적 정의가 이루어져야 한다. 객관적 정의를 하는 첫 단계는 그 행동의 동작적인 구체적인 예를 열거하는 것이다. 예를 들어, 아동의 공격적 행동을 정의하고 싶다면 공격적 행동에 대한 구체적인 예를 기록하거나, 공격적 행동의 결과적 산물로 간주할 수 있는 행동을 기록해야 한다. 즉, 물건을 집어 던진다거나 친구를 밀치는 행위 등이 구체적인 예라고 할 수 있다.

표적 행동을 기록할 때 행동에 대한 정의가 모호하거나 불완전하다고 판단되면, 그러한 측면에 대해 반복 관찰하고 점검표에 기록해야 한다. 먼저, 수정되어야 할 문제가 무엇인지를 기록하고, 행동의 특성과 내용을 빈도, 지속 시간, 문제의 강도와 형태, 행동의 이유가 무엇인지, 관찰 및 측정은 가능한지를 확인하고 구체적인 내용을 기록할 필요가 있다. 그리고 이러한 내용을 확인하고 정의하는 과정을 통해 행동의 본질을 좀 더 명확하게 정의하고 기술할 수 있다.

3) 중재 목표 설정

문제를 확인하고 표적 행동을 정의한 다음, 관련 문제를 해결할 수 있는 중재 목표를 정한다. 목표는 대상자의 문제를 해결하기 위해 어떤 치료 프로그램이 필요하고, 표적 행동을 어느 수준까지 변화할 수 있을 것인지 목표치를 정하고, 관련된 외부 요인은 어떻게 조정할 것인지 등을 정해야 한다. 중재 목표는 구체적이고 명확하고 측정 가능해야 한다. 이 단계에서 전문가는 대상자가 직면한 문제의 특성을 고려하여 미술치료 프로그램 적용에 필요한 이론적 지식을 갖추고 있어야 한다. 흔히 이론은 현장과 동떨어진 개념으로 인지하는 경향이 있으나, 실제로 이론은 중재 목표와 방향을 알려 주는 나침판 또는 내비게이션의 역할을 한다.

중재 목표가 정해졌으면 그 목표에 도달하기 위해 어느 방향으로 어떻게 나가야 할지를 알려 주는 것이 미술치료 이론이다. 이론은 관찰과 자료분석을 통해 문제의 원인과 해결 방안을 과학적으로 검증한 지식의 통합체이다. 따라서 연구자는 문제를 해결하기 위해 중재 목표를 설정하는 단계에서 관련 문제의 본질을 이해하고, 이를 토대로 적합한 중재 프로그램을 설정할 수 있도록 이론적 배경을 숙지하고 있어야 한다.

중재 목표는 중재 방향을 제시하므로 구체적이고 실현 가능한 형태로 정립되어야 하고, 중재 후 평가의 근거가 되므로 명확해야 한다. 중재 목표 설정 과정에 대상자와 가족이 적합한 형태로 참여할 필요가 있는데, 이런 참여를 통해 치료사와 대상자 간에 이루어지는 의사소통 효과를 높이고, 중재 과정에 대상자와 가족의 역할 및 기능, 중재 기법과 평가 방법 등에 대한 동의를 자연스럽게 얻을 수 있다. 그리고 중재 목표를 설정한 후 대상자와 가족에게 치료사의 역할, 시간, 장소 등에 대해 구체적으로 안내해야 한다.

4) 조사 설계

조사 설계(research design)란 연구 문제에 대한 답을 얻기 위해 중재 계획을 수립하는 것이다. 중재를 통한 자료 수집 방법을 비롯하여 변수의 선정과 조작화, 측정 도구 작성, 자료분석 방법 등 연구 활동 전반에 대한 계획을 세운다. 일반적으로 조사 설계에서 구체화해야 하는 내용은 다음과 같다.

첫째, 조사 설계 단계에서 연구 목적과 대상자의 문제해결에 적합한 유형을 정해야 한다. 단일사례 연구의 조사 설계는 연구 목적에 따라 기초선과 중다기초선으로 구분하고, 기초선 설계는 중재 전 관찰(A)과 중재(B)를 토대로 AB, ABA, ABAB, BAB, ABCD 등의 유형으로 나뉜다. 중다기초선은 AB를 다양한 문제, 상황, 대상을 중심으로 기초선을 반복 적용하는 것이다. 연구자는 유형별 특성과 적용 방법을 비교하여 연구 문제와 대상자에 부합하는 설계 유형을 선택해야 한다.

둘째, 표본의 대표성을 확인해야 한다. 단일사례 연구에서 표본 수는 한 사람, 한 집단이지만, 단일표본이 갖추어야 하는 중요한 조건은 대표성이 있어야 한다는 것이다. 단일표본이 대표성이 있으려면 무작위로 선정해야 한다. 만약 대표성이 부족한 표본을 선정한다면 중재 결과를 특성이 유사한 다른 대상자에게 일반화시킬 수 없을 뿐 아니라, 특성이 유사한 다른 대상에게 적용해도 중재 결과가 완전히 다르게 나타날 수 있다.

셋째, 기초선 관찰 방법과 측정단위를 정해야 한다. 대상자의 표적 행동을 변화시키기 위해서는 관련 행동이 어느 정도 심각한지에 대한 관찰이 이루어져야 한다. 기초선 관찰 자료를 토대로 대상자가 직면한 행동 수준이 어느 정도인지 파악한 후, 중재 목표에 맞추어 실행하고 효과를 확인할 수 있다. 기초선 동안의 행동 측정이란 나타난 문제나 사건을 정해진 기준에 따라 체계적이고 객관적으로 수량화하는 것이다. 이를 위해서는 어떤 측정단위를 기준으로 할 것인가를 결정해야 한다.

빈도는 주어진 시간 동안 문제의 발생 수를 측정하는 방식이다. 비율은 일정 기간 관찰해서 발생한 문제 횟수이며, 빈도와 다른 점은 비율로 측정하므로 회기마다 전체 관찰 시간이 다른 경우에도 적용할 수 있다. 지속 시간 측정은 어떤 문제가 나타나기 시작해서 끝난 시점까지의 시간을 측정하는 단위이다. 반응 시간도 중요한 측정단위이다. 치료를 목적으로 미술 작업을 수행하도록 지시 자극이 주어진 때부터 과제 수행 반응이 시작되는 때까지의 시간을 측정하는 단위이다. 이 단위는 미술치료에 대한 반응 속도를 나타내는 지표로 간주할 수 있다. 행동의 강도와 형태도 중요한 측정단위이다. 정도를 반영하는 강도는 목소리와 행동 등을 측정할 때 주로 사용하는 단위이다. 목소리나 행동이 지나치게 강하거나 취약할 경우, 정도를 측정하여 이를 조절하는 중재 기법을 적용할 수 있다. 행동 형태도 관찰 대상으로서 말하는 자세, 공격적 행동 형태, 스트레스를 받을 때 나타내는 증상, 우울감이 심한 사람의 표정 등도 인간 내면을 반영하는 형태이므로 대상자를 파악하는 중요한 자료이다.

넷째, 자료 수집 방법을 정해야 한다. 자료는 대상자로부터 직접 수집하거나 상담사나 치료사 또는 대상자 가족이나 주변 사람을 통해 수집할 수도 있다. 그리고 필요한 경우 면접이나 질문지법으로 기초선 수준의 정보를 파악하는 것도 중재 방향을 설정하는 데 도움이 된다. 어떤 문제든 본질적으로 관련 산물을 남기게 되므로, 직접 그 산물을 관찰함으로써 문제를 좀 더 정확하게 측정할 수 있다. 예를 들어, 장애아동을 양육하는 부모는 심리적 불안감을 가지게 되는데, 이런 불안감은 긴장 상태나 스트레스라는 산물을 유발하게 되고 장기적으로 정신건강에 부정적인 영향을 미치게 된다. 이런 경우, 미술치료 중재 전에 면접, 질문지, 관찰 등으로 대상자의 긴장 및 스트레스 정도를 반영하는 자료를 수집해 둘 필요가 있다.

5) 중재와 자료 수집

자료는 기초선 단계를 비롯하여 미술치료 중재 중에 수집하고, 수집한 자료는 표나 그래프 등으로 표시하여 시각적 · 통계적으로 변화 경향을 검토한다. 검토한 결과, 변화가 미미하거나 없는 것으로 판명되면 중재 프로그램이나 적용 방법 등을 수정 보완할 수 있다. 중재로 나타난 결과를 수집하고 변화 경향을 검토할 때 유의할 점은 다음과 같다.

첫째, 자료의 특성을 고려할 필요가 있다. 중재에 대한 자료를 수집할 때 문제의 어떤 면을 측정할 것인가를 결정하는 것이 중요하다. 그리고 측정하는 자료가 어떤 본질을 가지고 있는가를 고려해야 한다. 매 회기에 미술치료 프로그램으로 만다라 구성하기 또는 채색 작업을 한다면 만다라 구조나 사용한 색채의 수, 색의 조합 등을 측정할 수 있다. 이때 패턴이나 사용한 색채 수나 조합 등이 매 회기마다 일정한지 아니면 변화가 있는지를 살펴보고, 변화가 있다면 어떤 측면이 약화되거나 두드러지는지를 비교해 보면 관련 문제의 본질을 좀 더 정확하게 파악할 수 있다. 만다라 작업 분량이 매 회기마다 다르면 구조나 패턴, 채색이 긍정적인 방향으로 변하더라도 그런 긍정적인 면이 완화된 정서를 반영하는 것인지 아니면 만다라 작업 분량 자체가 많아서 나타난 결과인지를 규명하기가 쉽지 않다. 마찬가지로, 채색 작업할 때 매 회기마다 문양 만다라 구성 난이도가 다르면 색채 수나 색채 조합의 변화가 심리 정서적 문제의 변화 때문인지, 아니면 주어진 만다라의 난이도 때문인지 알아내기 어렵다. 문양 만다라 구성 난이도가 너무 다르면 채색할 때 사용한 색채 수나 색채 조합을 기준으로 객관적이고 적절한 측정을 할 수 없다.

둘째, 자료를 수집할 때 측정하는 목적이 무엇인지를 고려해야 한다. 매 회기마다 특정 행동 감소가 목표인 경우, 그 행동의 빈도와 강도가 어느 정도 감소했는지를 측정해야 한다. 행동이 감소하는 속도에 관심이 있다면, 비율이나 문제 행동의 수를 측정하는 것은 바람직하지 않고 작업을 수행하는 속도를 측정하는 것이 더 유용할 것이다. 또는 연구자의 기준을 토대로 정한 시간 안에 미술치료 작업을 어느 정도 완성할 수 있는지를 측정할 수도 있다. 미술치료 작업에서 완성한 개수나 정확도 또는 속도보다 작업 과정에 나타나는 다양성에 관심이 있다면, 다양성이 몇 개의 항목으로 나타나는지를 측정할 수 있다. 예를 들어, 유치원 아동이 그림을 그릴 때 완성 여부나 정확성, 완성하는 데 걸린 시간에 초점을 두기보다 행동의 다양성, 즉 그림 그리는 도구를 잡는 방법, 무엇부터 그리기 시작하는지, 그림의 어느 부분에 역점을 두는지 등을 측정할 수 있다.

미술치료 중재로 자료를 수집할 때 다양한 문제 중, 특히 변화시키고자 하는 행동을 선택해야 한다. 일반적으로, 행동의 많은 부분을 차지하는 요소가 중요하다고 할 수 있다. 예를 들면, 한 아이가 다른 아이와의 관계에서 좋은 점도 있지만 종종 위협적인 행동을 하기 때문에 공격적인 아이로 분류한다면, 아이의 공격적 행동을 변화시켜야 그 아이와 어울리는 다른 아이의 안전과 관계 만족도를 높일 수 있다. 이처럼 한 사람의 모든 행동을 측정하거나 변화시키는 것은 불가능하다. 따라서 미술치료사는 치료 목적으로 변화시키고자 하는 표적 행동을 선택하는 것이 중요하며, 이러한 선택을 통해 최소의 치료로 최대의 효과를 얻을 수 있도록 노력해야 한다.

6) 평가 및 자료분석

기초선 관찰과 미술치료 중재 기간 중 자료 수집이 완료되면, 자료를 토대로 도표와 그래프를 완성하고 도표와 그래프에 나타난 변화 여부와 변화 수준, 변화 경향 등을 검토한다. 단일사례 연구로 수집된 자료를 분석하는 방법은 시각적 분석과 통계적 분석이 있다. 단일 연구 대상의 시각적 자료는 치료 효과에 영향을 미치는 질적인 측면을 보여 준다는 점에서 의미가 있다. 통계적 분석에는 평균비교법과 경향선 접근법이 있는데, 각각의 접근법을 독립적으로 적용할 수도 있으나 평균비교와 경향선 접근은 상호 보완적 관계가 있으므로 좀 더 정확한 결론에 도달하기 위해 두 접근법을 같이 적용하여 종합적 판단 근거로 삼는 것이 바람직하다. 시각적 분석과 통계적 분석도 상호 보완적 특성을 가지고 있다. 즉, 시각적 분석을 기준으로 평균비교나 경향선 분석을 할 수 있기 때문이다. 각각의 분석법에 대한 설명과 예시는 '단일사례 연구 자료의 분석 방법'에 자세히 나타나 있다.

3. 단일사례 연구 유형

단일사례 연구에서는 두 가지 단계를 고려한다. 하나는 미술치료 중재 전의 단계이고 다른 하나는 중재의 단계이다. 중재 전 단계 동안 연구자가 표적 행동의 상태나 정도를 관찰하는 기간을 기초선이라 하고 A로 표시한다. 기초선(baseline)은 미술치료 중재를 시작하기 전까지 표적 행동을 반복측정하는 단계이며, 반복측정은 일반적으로 3~5회 정도 실시하고 표적 행동이 안정적·일관적으로 나타날 때까지 관찰한다. 단일사례 연구에서는 기초선 자료가 프로그램 효과를 판단하는 비교 근거가 되기 때문에 중요하다. 만약 기초선이 안정적이지 않고 변동적일 때는 객관적이고 설득력 있는 연구 결과를 얻기 위해 시간을 두고 반복적으로 관련 행동을 관찰해야 한다.

기초선의 안정성 여부를 알아보는 객관적인 방법은 그래프를 통해 확인하는 것이다. 만약 그래프에서 기초선이 수평인 것처럼 보이거나 일정 범위 내에서만 변동하고 있다면 그 기초선은 안정적이라고 볼 수 있다. 그러나 기초선에 반영된 행동이 변화를 보이는 방향으로 나타나거나 그런 방향으로 나아갈 가능성이 있다고 판단될 때는 미술치료 중재를 미루고 기다려야 한다. 즉, 관찰 자료가 다시 원래의 흐름대로 돌아오거나 안정적인 패턴을 보일 때까지 중재를 도입하지 않아야 한다. 기초선 측정은 가능한 한 있는 그대로의 자연스러운 상태에서 이루어져야 하고, 이는 미술치료 효과를 비교할 수 있는 기준이 된다. 그리고 기초선 측정은 미술치료 중재 후 종속변수의 변화가 우연한 사건이나 성숙 효과에 의해 일어난 것이 아니라, 미술치료 효과 여부를 판단하는 기준이 된다.

기초선 단계가 지나면 중재 단계로 진입하는데, 이는 표적 행동에 대한 미술치료 중재가 이루어지는 기간이며 표적 행동의 상태에 대한 관찰을 병행해야 한다. 일반적으로 중재 단계는 B로 표시한다.

단일사례 연구 유형에는 반전 설계, 중다기초선 설계, 교대중재 설계, 조건 변경 설계 등이 있다.

1) AB 설계

AB 설계는 기초선과 중재의 두 국면으로 이루어진 기본 유형이다. 여기서 A는 기초선 측정 단계이고, B는 미술치료 중재 단계이다. 연구자는 대상자가 직면한 문제를 측정하고 적합한 중재 기법을 적용한다. 대상자의 문제 행동은 기초선 주기 동안 반복측정한다. 미술치료 중재는 연구자가 지속적으로 문제 행동을 측정하는 동안 이루어진다. AB 설계는 기초선 측정 후 중재 효과가 가시화될 때까지 되풀이하며, 일정 횟수의 측정과 중재가 이루어진다.

구조가 간단한 AB 설계는 다양한 문제와 환경에 적용할 수 있다. 그러나 AB 설계는 미술치료 중재 효과를 명확하게 규명하기에는 설득력이 약하다. AB 설계는 다른 변수의 영향을 통제할 수 없기 때문에, 대상자에게 나타난 변화가 중재의 효과인지 우연한 사건이나 성숙 효과가 개입한 것인지를 파악하기 어려워 내적 타당성이 낮은 문제가 있다. 행동 변화는 우연히 일어날 수 있는 수많은 요소 중의 하나가 작용했을 수 있기 때문이다. 실제로 기초선이 수평을 이루어 안정적이란 판단하에 미술치료 중재를 시작하려고 하면, 바로 직전에 기초선 수준의 행동이 바람직한 방향으로 변하는 경우도 있다. 이러한 문제로 인해 AB 설계는 탐색을 목적으로 본 설계 전에 기초 정보를 알아보기 위해 적용할 수 있다.

2) ABAB 설계

ABAB 설계의 각 국면은 기초선 관찰, 1차 중재, 2차 기초선, 2차 중재로 이루어진다. 중재하지 않은 상태와 중재한 상태를 두 번씩 관찰함으로써 행동 변화가 중재로 인한 것인지를 확실하게 알 수 있고, 우연의 일치로 중재 이외의 다른 외부 요인으로 인해 변화가 일어났을 가능성은 배제된다.

① ABAB 설계에서는 중재가 중단되는 2차 기초선 기간 동안 1차 중재 효과의 반전이 나타나며, 2차 중재 기간에서 효과가 다시 확인될 때 중재 효과를 명확히 할 수 있다.

② ABAB 설계는 중재가 중지될 때 반전이 나타날 것으로 예측되거나, 중재를 중지하는 것이 윤리적 문제를 가지지 않을 때 사용될 수 있다.

3) BAB 설계

BAB 설계는 AB의 순서를 바꾸어 기초선 관찰 없이 미술치료 중재(B)를 먼저 하고, 기초선(A) 기간에 문제 행동을 관찰한다. 그리고 다시 중재(B)하는 설계 유형이다. 이 유형은 대상자가 위기 상황에 놓여 있거나 기초선을 설정할 시간적 여유가 없어 즉시 중재가 필요한 경우에 적용한다. 현장에서 위기 중재와 같은 방법으로 문제에 대해 바로 중재해야 할 상황에 직면하면, 기초선 기간을 설정할 여유가 없으므로 기초선 관찰을 뒤로 미루고 먼저 중재부터 시작한다. 따라서 이 유형은 중재 후 나타난 행동 변화가 중재 때문이라는 인과성이 정립될 수 있도록 중재와 기초선 간 논리성을 염두에 두어야 한다. 또한 기초선 단계에서 중재 이외의 다른 요인이 영향을 미쳐 행동 변화를 유발할 수도 있고 중재 효과가 지속되어 기초선 상태로 돌아갈 수 없는 경우도 발생할 수 있으므로, 이 또한 고려하여 연구를 진행해야 한다.

4) ABCD 설계

ABCD 설계는 첫 번째 중재 후 문제 행동이 개선되지 않고 효과가 없을 때, 그리고 다른 중재 방법을 적용해야 할 상황일 때 적합한 유형이다. 한 번의 기초선 단계(A)를 거친 후 각기 다른 중재(BCD) 기법을 연속적으로 적용하므로, ABCD는 처음부터 다중 중재를 염두에 두고 설계해야 한다. 예를 들어, 매체별 만다라 기법이 심리적 이완에 미치는 영향을 알아보기 위해 수채화물감(B), 색연필(C), 오일파스텔(D) 등을 적용하여 효과를 검증할 수 있다.

ABCD 유형의 장점은 다양한 중재 적용 후 적합한 중재 기법이 무엇인지 알 수 있다는 것이다. 그러나 다양한 중재 적용으로 인해 특정 중재 효과를 비교하기 어려운 한계점이 있다. 다시 말하면, 중재 B의 효과는 중재 C가 진행되는 동안 나타날 수 있고, 같은 논리로 중재 C의 효과는 중재 D가 이루어지는 동안 나타날 수도 있다. 그리고 중재 BC가 중재 D와 상호작용하여 영향을 미칠 수 있다. 따라서 B, C, D 중재의 개별 효과를 정확히 알 수 없고, 각 중재의 효과 정도를 파악하기도 쉽지 않다. 연구자는 각 유형이 가지는 장점과 한계점도 인지하고 설계해야 한다.

5) 중다기초선 설계

AB 구조를 다양한 문제, 상황, 대상에 기초선을 반복 적용하는 것이 중다기초선 설계(multiple baseline design)이다. 다양한 문제나 대상에 대한 기초선 관찰은 동시에 하더라도 미술치료 중재는 각기 다른 시점에 적용하는데, 이는 외부 환경이나 사건이 중재에 영향을 미치는지를 확인하기 위해서다. 이를 통해 동일한 미술치료 기법을 각기 다른 문제, 상황, 대상에 적용할 때 어떻게 변화하는지를 확인할 수 있어 미술치료 효과의 인과성을 규명할 수 있다. 다시 말하면, 둘 이상의 문제가 같은 치료 기법으로 개선되었거나, 같은 문제가 둘 이상의 상황에서 좋아졌거나, 같은 상황에서 같은 문제를 가진 둘 이상의 대상이 개선되었다면 미술치료 중재의 변화를 초래했다는 인과적 사실을 입증한 것이 된다. 중요한 점은 단일사례 연구 조건은 동일해야 하고, 연구 목표에 도달할 때까지 미술치료 중재는 지속되어야 한다는 것이다.

중다기초선 설계는 아동의 머리 박기 자해 행동에 대해 기초선 측정(A) 후 일정 기간 동안 중재(B)를 제공하다가 중재를 중단할 때 윤리적 문제가 생기는 경우, 혹은 중재 철회 후 문제 행동이 이전의 기초선 수준으로 돌아가지 않아 두 번째 기초선 측정이 불가능한 경우에 적합하다. 중다기초선 설계 유형을 살펴보면 다음과 같다.

(1) 행동 간 중다기초선 설계

하나의 중재를 다양한 행동에 적용하는 행동 간 중다기초선 설계는 각각의 행동에 대한 중재가 독립적으로 수행되어야 한다. 예를 들어, 표적 행동 1(아동의 손가락 빨기)에 대한 중재를 시작했을 때 표적 행동 2(머리 박기)는 기초선 수준에 있게 된다. 만약 표적 행동 1에 대한 중재가 수행되는 동안 표적 행동 2의 행동에 변화가 있다면 중재 결과는 타당성을 상실하게 된다. 이 설계는 하나의 치료 기법을 같은 상황, 같은 대상자의 다른 문제를 해결하는 데 효과가 있는지를 평가할 수 있다. 여기서 개선하고자 하는 문제 행동들은 상관성이 없어야 하고 상호 독립적인 속성을 가지고 있어야 한다. 만약 문제 행동들이 상호 관련이 있으면 한 행동의 변화는 자연히 다른 행동의 변화에 영향을 미치게 되어 미술치료 중재의 독립적 효과를 약화시키거나 중재 효과에 대한 불확실성을 증대시킬 수 있다.

(2) 대상자 간 중다기초선 설계

하나의 중재를 동일한 문제를 가진 대상자들에게 적용하여 미술치료 중재가 효과가 있는지를 검증하는 기법이다. 대상자들은 사회인구학적 조건이 비슷한 수준에서 선별해야 한다. 이 조건이 충족되지 않으면 중재 효과의 객관성과 타당성을 입증하기 어렵다. 이 설계는 같은 상황에서 같은 문제를 가진 여러 대상에게 특정의 미술치료 프로그램으로 중재했을 때, 기초선과 비교하여 중재 기간에 행동 변화가 나타났다면 중재로 인한 효과라고 결론 내릴 수 있다.

(3) 상황 간 중다기초선 설계

상황 간 중다기초선 설계란 하나의 미술치료 중재 기법을 같은 대상자의 동일한 문제의 다양한 상황에 적용한 것이 효과가 있는지를 평가하는 방법이다. 즉, 다양한 연구 상황을 단일사례 조합으로 구성한 설계이며, 중재를 몇 가지의 정해진 상황에 같은 조건으로 적용한다. 특정 미술치료 중재가 다양한 상황에서 같은 대상, 같은 문제에 적용한 결과에 변화가 있다면, 그 중재 기법과 행동 변화는 인과관계가 있다고 확신할 수 있다.

이상의 중다기초선 설계의 적용 가능성을 부호화하면 다음과 같다.

행동 간 설계	대상자 간 설계	상황 간 설계
손 흔들기 A–B–B–B–B	대상자 1 A–B–B–B–B	운동장 A–B–B–B–B
머리 박기 A–A–B–B–B	대상자 2 A–A–B–B–B	가　정 A–A–B–B–B
손 깨물기 A–A–A–B–B	대상자 3 A–A–A–B–B	놀이터 A–A–A–B–B

6) 시계열 설계

시계열 설계는 단일사례 사전-사후 검사의 확장된 형태이다. 다만, 연구자가 되풀이하여 사전검사(○)를 한 후에 미술치료 중재(×)를 하고, 다시 사후검사(○)를 일정 시점까지 반복한다는 점에서 차이가 있다. 이를 부호화하면 다음과 같다.

사전검사	중재	사후검사
$O_1 \, O_2 \, O_3 \, O_4$	×	$O_5 \, O_6 \, O_7 \, O_8$

시계열 설계는 단일 집단 사전-사후 설계보다 외적 타당성을 높일 수 있고, 우연한 사건, 성숙 효과, 측정 도구 문제 등으로 인해 내적 타당성을 저해할 소지가 있는 요인을 사전에 제거할 수 있어 미술치료 현장에서 보편적으로 적용할 수 있는 기법이다. 그러나 사전검사 결과에 차이가 없다가 미술치료 중재 후 O_4와 O_5 간에 적지 않은 차이가 생긴다면, 이는 성숙 효과나 검사 효과 또는 통계적 회귀에 의한 차이인지를 살펴볼 필요가 있다. 시계열 설계는 통제집단을 포함하는 연구

형태로 변형하여 적용할 수 있는데, 이를 부호화하면 다음과 같다.

실험집단	$O_1\ O_2\ O_3\ O_4 \times O_5\ O_6\ O_7\ O_8$
통제집단	$O_1\ O_2\ O_3\ O_4\ O_5\ O_6\ O_7\ O_8$

7) 교대중재 설계

교대중재 설계(alternating treatments design)는 한 대상자에게 두 가지 이상의 중재 조건을 교대로 적용하여 행동을 측정하고 효과를 비교하는 방법이다. 즉, 종속변수 한 개에 중재 효과를 비교할 수 있는 독립변수가 두 개 이상이며, 짧은 간격을 두고 두 개 이상의 독립변수를 순환적으로 적용할 수 있다. 교대로 적용한 방법에 대한 효과는 중재가 이루어진 후 나타난 변화를 비교해서 판단한다.

교대중재 설계를 적용한 사례 중 매체별 만다라 기법이 장애아동 어머니의 이완에 미치는 영향에 대한 연구(황은진, 최은영, 2010)를 살펴보면 다음과 같다. 미술치료 프로그램을 매주 3회씩 15회기를 실시하고 중재 1과 2를 교대로 배치하여 효과를 비교하였다. 통제(C) 기간에는 중립 과제로 숨은그림찾기를 부여하고, 중재 1(T_1)에는 수채화물감 만다라, 중재 2(T_2)에는 색연필 만다라를 사용하였다. 그 결과, 중재 1과 2는 모두 기초선 기간에 비해 이완 효과가 있었는데, 매체에 따른 변화에서 수채화물감이 색연필보다 이완 효과가 더 큰 것으로 나타났다. 이처럼 연구자가 미술치료를 적용하는 과정에 매체별 효과를 비교하고자 할 때 교대중재설계를 적용할 수 있다.

지체장애인을 대상으로 ATP를 적용한 연구에서는 내담자의 문제 행동을 감소시키기 위해 두 가지 중재 조건을 교대로 적용하였다. 중재 1(T_1)은 치료사가 내담자와 거리를 두고 중재 기법을 적용하는 것이고, 중재 2(T_2)는 내담자와 가까운 거리에서 따뜻함을 느낄 수 있는 상태에서 적용하는 것이었다. 그 결과, [그림 9-1]에 제시된 바와 같이 치료사가 내담자와 거리를 두는 중재 1(T_1)보다 가까운 거리에 있는 중재 2(T_2)가 내담자의 자기공개 정도가 더 높고 치료 효과도 더 큰 것으로 나타났다.

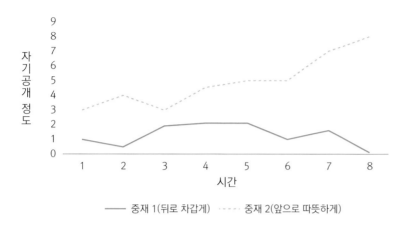

[그림 9-1] 교대중재 설계 적용 사례

출처: Jordan, J., Singh, N. N., & Repp, A. C. (1989). An evaluation of gentle teaching and visual screening in the reduction of stereotypy. *Journal of Applied Behavior Analysis, 22*(1), p. 22.

APT는 다양한 중재 효과를 한 검증에서 비교할 수 있는 장점이 있다. 유의해야 할 점은 내적 타당도를 높이기 위해 중재별 시간과 순서가 균형이 맞아야 한다는 것이다. 즉, 중재 시간과 장소, 순서가 평형을 이루어야 한다. 중재 조건별 회수도 같아야 하는데, 만약 조건이 두 개일 때는 번갈아서, 세 개 이상일 경우에는 순환적으로 적용해야 한다. 그리고 중재 효과를 비교할 때 중재 간 차이가 작을 경우, 중재 기간이 길어지면 실제로 차이가 없을 수도 있다는 점을 고려해야 한다.

8) 조건 변경 설계

조건 변경 설계(changing conditions design)는 단일 대상자의 행동에 적용한 두 가지 이상의 중재 기법에 대한 효과를 알 수 있다. ABC 설계로 알려진 이 기법은 대상자에게 어떤 중재가 효과가 있는지를 알기 전에 다양한 중재를 시도해 볼 필요가 있는 상황에 유용하다. 치료사는 대상자가 작업할 조건을 변경해서 적용할 수 있다. 조건 변경 설계는 ABC, ABAC, ABACAB 등 세 가지 유형이 있다. ABC는 중재 간 효과를 검증하기 위해 적용하며, 기초선과 중재 1, 중재 2의 순서로 진행된다. ABAC는 두 가지 이상의 중재가 두 번째 기초선에서 분리되는 특성이 있다.

기초선 측정 후 중재 1을 하고 다시 기초선을 거쳐 중재 2를 하는데, 중재는 완전히 다르거나 변형된 구조로 적용할 수 있다. ABACAB는 기능적 관계를 검증하기 위한 목적으로 중재 조건을 개선한 형태이다. 다시 말하면, ABC나 ABAC는 종속변수인 표적 행동과 독립변수인 중재 기법 간의 기능적 관계를 밝힐 수는 없다. ABACAB는 기능적 관계를 검증하기 위해 효과가 있는 중재 기법을 또 다른 기초선 조건에서 적용할 수 있다.

ABC	기초선(A) ⇒ 중재 1(B) ⇒ 중재 2(C)
ABAC	기초선(A) ⇒ 중재 1(B) ⇒ 기초선(A) ⇒ 중재 2(C)
ABACAB	기초선(A) ⇒ 중재 1(B) ⇒ 기초선(A) ⇒ 중재 2(C) ⇒ 기초선(A) ⇒ 중재 1(B)

조건 변경 설계를 적용하면 세 가지의 중재 기법에 대한 효과를 비교할 수 있고, 중재가 효과적일 때는 조합해서 중재 간에 내재 된 기능적 관계를 검증할 수 있다. 예로, 매체 간의 효과를 비교하고자 할 때, 먼저 기초선 측정을 한 다음 순차적으로 콜라주, 난화, 만다라를 도입한 뒤, 매체 간 기능적 관계를 검증하기 위해 조건을 변경하여 콜라주와 만다라, 난화와 만다라 등을 조합하여 적용할 수 있고, 세 가지 조건을 조합할 수도 있다.

조건 변경 설계는 치료사가 대상자의 문제 행동에 대한 다양한 중재를 적용하여 효과를 비교할 수 있다. 그리고 중재 기법 간에 존재하는 기능적 관계도 확인할 수 있다. 그러나 이 설계 방법으로 문제 행동과 중재 기법 간의 인과관계를 밝히는 것은 한계가 있고, 특히 행동 변화를 설명할 때 관련 변화가 분리된 중재가 아니라 다양한 중재의 누적적 효과라는 점을 고려해야 한다.

4. 단일사례 연구 자료의 분석 방법

단일사례 연구 자료를 분석하는 방법에는 시각적 분석과 통계적 분석이 있다. 시각적 자료는 두 가지 측면에서 분석할 수 있다. 첫째는 미술치료 매 회기에 작업한 그림 및 산출물과 그 안에 나타난 질적 속성으로 중재 효과를 확인할 수 있다. 둘째는 그림과 산출물에 반영된 속성을 수치로 측정하고, 이를 토대로 그래프를 그리면 변화의 흐름을 분명히 파악할 수 있다. 통계적 분석은 평균비교 접근과 경향선 접근으로 구분된다. 평균비교와 경향선 접근은 상호 보완적 관계에 있으므로, 각각의 분석 기법을 독립적으로 이용하기보다 종합적 판단의 근거로 삼는 것이 바람직하다. 분석하는 순서는 시각적 분석이 먼저 이루어져야 하는데, 이유는 시각적 분석을 기준으로 기초선과 중재선의 평균비교나 경향선을 파악할 수 있기 때문이다.

1) 시각적 분석

시각적 분석은 미술치료 중재 결과를 빈도, 평균, 표준편차 등의 수치로 확인하는 것이 아니라 그래프를 그려 변동의 흐름을 시각적으로 보는 것이다. 즉, 평균과 표준편차를 기준으로 기초선과 중재선을 그린 그래프를 기준으로 중재 전후에 문제 행동에 변화가 있는지를 파악한다. 예로 제시한 그래프는 가정폭력 가해자를 대상으로 미술치료 프로그램을 적용한 결과이다. 문제 행동 자료를 그래프화할 때는 표준 형식을 취하는데, 수직축은 문제 행동의 수준을 나타내고 수평축은 미술치료 중재 또는 시간의 흐름을 나타낸다. 중재 자료를 그래프로 나타낼 때는 다음 사항에 유의해야 한다.

- 수직선을 분명하게 나타낸다.
- 기초선과 중재선은 특성상 연결하지 않는다.
- 기초선 명칭은 구체적으로 기록한다.
  (예: 공격 행동, 물건 던지기, 소리 지르기, 자해 등의 문제 행동)

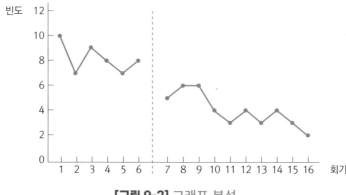

[그림 9-2] 그래프 분석

그래프에서 중간에 있는 점선을 기준으로 왼쪽은 기초선 관찰 결과를, 오른쪽은 중재 횟수에 따른 문제 행동의 변화를 나타낸다. 기초선을 기준으로 중재선 평균이 기초선 평균으로부터 어느 정도 가까이 또는 멀리 있는지를 비교할 수 있다. 이때 그래프를 보고 시각적으로 기초선과 중재선 간 간격이나 거리가 상당한 차이를 보이면 중재 효과가 있다는 것을 나타낸다. 실제로 기초선 동안 관찰한 결과에 의하면 문제 행동이 한 달에 많게는 10회, 적게는 7회가 있었다. 그러나 미술치료 중재를 시작한 후부터 많게는 6회, 적게는 2회 범주로 줄어들었다. 시각적으로 중재 효과가 있는 것으로 보이지만, 이런 결과를 일반화하기 위해서는 통계적 분석을 적용하여 객관적 검증을 거쳐야 한다.

2) 통계적 분석

시각적 분석 결과를 객관적으로 검증할 수 있도록 보완한 것이 통계적 분석이며, 그래프에 나타나 있는 기초선과 중재선의 변화가 통계적 의미가 있는지를 판단할 수 있다. 통계적 분석은 평균비교 접근과 경향선 접근으로 나눌 수 있다.

(1) 평균비교 접근

평균비교 접근은 표준편차를 이용하여 기초선과 중재선 간의 통계적 유의성을 검증한다. 평균비교 접근에서는 중재선 평균이 기초선 평균으로부터 ±2표준편차만큼 벗어나 있으면 중재 효과가 유의미한 것을 나타낸다. 이러한 평균비교 접근은 두(±2) 표준편차가 기준이라는 의미에서 두 표준편차 접근이라고도 한다. 가정 폭력에 대한 기초선과 중재선을 분석한 결과를 기준으로 검증하는 과정은 다음과 같다.

① 기초선 정보 산출: 기초선 평균 8.16, 표준편차 1.17
② 기초선에서 ±2표준편차의 범위 산출
  ➡ $8.16 \pm 2 \times 1.17 = 5.82 \sim 10.5$
  ➡ 중재선 평균이 하위 5.82에서 상위 10.5 사이에 있다면 중재 효과는 유의 하지 않으므로 효과가 없다는 것을 나타냄
③ 중재선 평균 산출: 4
  ➡ 중재선 평균($m = 4$)이 ±2표준편차 범위(5.82~10.5) 밖에 있으므로 기초선 을 기준으로 한 중재 효과는 통계적으로 유의가 있음

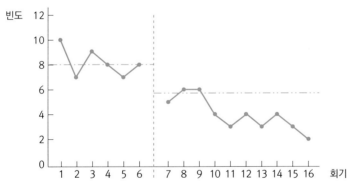

[그림 9-3] 평균비교 접근

(2) 경향선 접근

경향선 접근은 중재가 없는 상태에서 기초선을 연장한다면 문제 행동이 어떻게 변화할 것인지를 예측하는 데 유용한 기법이다. 여기에서 경향선은 기초선 동안 관찰한 결과를 최대한 대표할 수 있는 선을 나타내며, 기초선 동안 발생한 변화를 기울기 경향으로 표시한 것이다. 기초선 정보를 토대로 중재선 간의 차이를 비교 하여 평가한다는 점에서는 경향선 접근이 평균비교 접근과 유사하나, 평균비교가 기초선의 변화 폭만을 고려한 것에 비해 경향선은 변화의 폭과 기울기를 동시에

고려하여 판단할 수 있다. 문제 행동에 대해 경향선을 적용하여 분석하는 과정은 다음과 같다.

기초선을 전반부와 후반부로 나누어 평균점을 찍는다. [그림 9-3]에서 기초선 관찰이 6번이므로 전반부 3번, 후반부 3번으로 구분한다.

- 전반부 관찰 횟수의 평균점을 찍는다. → (2, 8.67)
- 후반부 관찰 횟수의 평균점을 찍는다. → (5, 7.67)

두 평균점을 이어 중재선까지 연장하면 경향선이 된다.

중재선에 있는 관찰점 수가 모두 경향선 아래나 위에 있으면 중재 효과가 있다는 것을 말해 준다. 만약 몇 개의 관찰점이 경향선 아래나 위에 있다면 허용 개수가 관건이다. 이에 대한 판단은 이항검증표(〈부록〉 참조)가 기준이다.

이항검증표의 가로는 관찰점 수, 세로는 경향선 위의 관찰점 수를 전체 관찰점 수로 나눈 값을 나타낸다. 가로와 세로의 값이 만나는 것을 기준으로 가장 가까운 수를 찾는데, 이 숫자가 중재 단계의 경향선 위에 있는 관찰점 수가 되면 중재 효과가 있다는 것을 나타낸다.

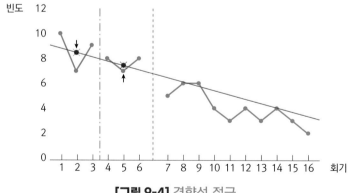

[그림 9-4] 경향선 접근

가정폭력 행위에 대한 경향선 접근 결과는 다음과 같다.

기초선 6개 값 중 2개가 경향선 아래 있으므로 비율 P는 2/6(0.33)이 된다.

➡ 이항검증표 가로에서 비율 P=0.33값을 찾는다.

유의 수준 0.05에서 중재선 관찰점 수 10개 중 몇 개가 경향선 아래 위치하는지를 알아야 한다. 이항검증표는 N개의 관찰점 수 중 P＝0.33이 아니기 위해 몇 개의 값들이 필요한지를 나타낸다. 문제 행동을 줄이기 위한 중재의 경우, P＝0.33과 N＝10이 만나는 곳에 있는 7이 유의 수준 0.05에서 기각하는 값이며, 문제 행동 횟수 10회 중 7회는 경향선 아래에 있어야 한다는 것을 나타낸다. 이 사례에서는 중재선 관찰점 8회 동안 경향선 아래 있으므로 중재 효과가 있다고 결론을 내릴 수 있다.

<부록> 이항(Binominal) 검증표

* 단일사례 연구에 적용
* N이 2~49 사이에 있을 때 다양한 P, Q 값들에 따른 $\alpha = 0.05$와 $\alpha = 0.01$에서의 기각값

N	P .01	.02	.03	.04	.05	.06	.07	.08	.09	.10	.11	.12	.13	.14	.15	.16	.17	.18	.19	.20	.21	.22	.23	.24	.25
Q	.99	.98	.97	.96	.95	.94	.93	.92	.91	.90	.89	.88	.87	.86	.85	.84	.83	.82	.81	.80	.79	.78	.77	.76	.75
2	1	1	2	2	2	2	2	2	2	2	2	2	2	2	2	2	2	2	2	2	2	2	–	–	–
	1	2	2	2	2	2	2	2	2	2	–	–	–	–	–	–	–	–	–	–	–	–	–	–	–
3	1	2	2	2	2	2	2	2	2	2	2	2	3	3	3	3	3	3	3	3	3	3	3	3	3
	2	2	2	2	2	3	3	3	3	3	3	3	3	3	3	3	3	3	3	3	3	–	–	–	–
4	1	2	2	2	2	2	2	2	2	3	3	3	3	3	3	3	3	3	3	3	3	3	3	3	3
	2	2	2	2	3	3	3	3	3	3	3	3	3	3	4	4	4	4	4	4	4	4	4	4	4
5	1	2	2	2	2	2	2	3	3	3	3	3	3	3	3	3	3	3	4	4	4	4	4	4	4
	2	2	2	3	3	3	3	3	3	3	4	4	4	4	4	4	4	4	4	4	4	4	5	5	5
6	2	2	2	2	2	2	3	3	3	3	3	3	3	3	3	4	4	4	4	4	4	4	4	4	4
	2	2	3	3	3	3	3	3	4	4	4	4	4	4	4	4	4	5	5	5	5	5	5	5	5
7	2	2	2	2	2	3	3	3	3	3	3	4	4	4	4	4	4	4	4	4	4	4	4	4	4
	2	2	3	3	3	3	4	4	4	4	4	4	4	4	5	5	5	5	5	5	6	6	6	6	6
8	2	2	2	2	3	3	3	3	3	3	3	4	4	4	4	4	4	4	5	5	5	5	5	5	5
	2	3	3	3	3	3	3	4	4	4	4	5	5	5	5	5	5	6	6	6	6	6	6	6	6
9	2	2	2	2	3	3	3	3	4	4	4	4	4	4	4	5	5	5	5	5	5	5	5	5	5
	2	3	3	3	3	4	4	4	4	4	5	5	5	5	5	5	6	6	6	6	6	6	6	6	6
10	2	2	2	3	3	3	3	4	4	4	4	4	4	5	5	5	5	5	5	5	5	6	6	6	6
	2	3	3	3	4	4	4	4	4	5	5	5	6	6	6	6	6	6	6	6	7	7	7	7	7
11	2	2	2	3	3	3	3	4	4	4	4	4	4	5	5	5	5	5	6	6	6	6	6	6	6
	2	3	3	4	4	4	4	5	5	5	5	6	6	6	6	6	6	7	7	7	7	7	7	7	7
12	2	2	3	3	3	3	4	4	4	4	4	4	5	5	5	5	5	6	6	6	6	6	6	6	7
	2	3	3	4	4	4	5	5	5	5	6	6	6	6	6	7	7	7	7	7	7	7	8	8	8
13	2	2	3	3	3	3	4	4	4	4	4	5	5	5	5	5	6	6	6	6	6	7	7	7	7
	2	3	3	4	4	4	5	5	5	5	5	6	6	6	6	7	7	7	7	7	7	8	8	8	8
14	2	2	3	3	3	3	4	4	4	4	5	5	5	5	5	6	6	6	6	7	7	7	7	7	7
	2	3	3	4	4	4	5	5	5	5	6	6	6	6	7	7	7	7	7	8	8	8	8	8	9
15	2	2	3	3	3	4	4	4	4	5	5	5	5	5	6	6	6	6	6	7	7	7	7	7	8
	2	3	3	4	4	5	5	5	5	6	6	6	6	7	7	7	7	8	8	8	8	9	9	9	9
16	2	2	3	3	3	4	4	4	4	5	5	5	6	6	6	6	6	7	7	7	7	7	8	8	8
	3	3	4	4	4	5	5	5	6	6	6	6	7	7	7	7	8	8	8	8	9	9	9	9	9
17	2	2	3	3	4	4	4	4	5	5	5	5	6	6	6	6	7	7	7	7	7	8	8	8	8
	3	3	4	4	5	5	5	6	6	6	6	7	7	7	7	8	8	8	8	9	9	9	9	9	10
18	2	2	3	3	4	4	4	5	5	5	5	6	6	6	6	7	7	7	7	8	8	8	8	8	9
	3	3	4	4	5	5	5	6	6	6	7	7	7	7	8	8	8	9	9	9	9	9	10	10	10
19	2	3	3	3	4	4	4	5	5	5	6	6	6	6	7	7	7	7	8	8	8	8	9	9	9
	3	3	4	4	5	5	5	6	6	6	7	7	7	8	8	8	8	9	9	9	9	10	10	10	10
20	2	3	3	3	4	4	5	5	5	5	6	6	6	7	7	7	7	8	8	8	8	9	9	9	9
	3	3	4	4	5	5	5	6	6	7	7	7	8	8	8	8	9	9	9	9	10	10	10	10	11
25	2	3	3	4	4	5	5	5	5	6	6	7	7	8	8	8	9	9	9	9	10	10	10	11	11
	3	4	4	5	5	6	6	7	7	7	8	8	9	9	9	10	10	10	11	11	11	12	12	12	13
30	2	3	4	4	5	5	5	6	6	7	7	8	8	8	9	9	10	10	10	11	11	11	12	12	13
	3	4	5	5	6	6	7	7	8	8	9	9	10	10	10	11	11	12	12	12	13	13	14	14	14
35	2	3	4	5	5	6	6	7	7	8	8	9	9	10	10	10	11	11	12	12	12	13	13	14	14
	3	4	5	6	6	7	7	8	9	9	10	10	11	11	12	12	13	13	13	14	14	15	15	16	16
40	3	3	4	5	5	6	7	7	8	8	9	9	10	10	11	11	12	12	13	13	14	14	15	15	16
	3	4	5	6	7	7	8	9	9	10	10	11	12	12	13	13	14	14	15	15	16	16	17	17	18
45	3	4	4	5	6	7	7	8	8	9	10	10	11	11	12	12	13	13	14	15	15	16	16	17	17
	4	5	6	6	7	8	9	9	10	11	11	12	13	13	14	14	15	15	16	17	17	18	18	19	19
49	3	4	5	5	6	7	8	8	9	10	10	11	11	12	13	13	14	14	15	16	16	17	17	18	18
	4	5	6	6	7	8	9	10	11	11	12	13	13	14	15	15	16	16	17	18	18	19	19	20	21

N	P	.26	.27	.28	.29	.30	.31	.32	.33	.34	.35	.36	.37	.38	.39	.40	.41	.42	.43	.44	.45	.46	.47	.48	.49	.50
	Q	.74	.73	.72	.71	.70	.69	.68	.67	.66	.65	.64	.63	.62	.61	.60	.59	.58	.57	.56	.55	.54	.53	.52	.51	.50
2		–	–	–	–	–	–	–	–	–	–	–	–	–	–	–	–	–	–	–	–	–	–	–	–	–
3		3	3	3	3	3	3	3	3	3	3	3	–	–	–	–	–	–	–	–	–	–	–	–	–	–
		–	–	–	–	–	–	–	–	–	–	–	–	–	–	–	–	–	–	–	–	–	–	–	–	–
4		4	4	4	4	4	4	4	4	4	4	4	4	4	4	4	4	4	4	4	4	4	–	–	–	–
		4	4	4	4	4	4	–	–	–	–	–	–	–	–	–	–	–	–	–	–	–	–	–	–	–
5		4	4	4	4	4	4	4	4	4	5	5	5	5	5	5	5	5	5	5	5	5	5	5	5	5
		5	5	5	5	5	5	5	5	5	5	5	5	5	5	–	–	–	–	–	–	–	–	–	–	–
6		5	5	5	5	5	5	5	5	5	5	5	5	5	5	5	6	6	6	6	6	6	6	6	6	6
		5	5	5	5	6	6	6	6	6	6	6	6	6	6	6	6	6	6	6	6	6	–	–	–	–
7		5	5	5	5	5	5	5	5	5	6	6	6	6	6	6	6	6	6	6	6	6	6	7	7	7
		6	6	6	6	6	6	6	6	6	6	7	7	7	7	7	7	7	7	7	7	7	7	7	7	7
8		5	5	5	6	6	6	6	6	6	6	6	6	6	6	6	7	7	7	7	7	7	7	7	7	7
		6	6	6	6	7	7	7	7	7	7	7	7	7	7	7	7	8	8	8	8	8	8	8	8	8
9		6	6	6	6	6	6	6	6	6	7	7	7	7	7	7	7	7	7	7	8	8	8	8	8	8
		7	7	7	7	7	7	7	7	7	8	8	8	8	8	8	8	8	8	8	8	9	9	9	9	9
10		6	6	6	6	6	7	7	7	7	7	7	7	7	7	8	8	8	8	8	8	8	8	8	8	9
		7	7	7	7	8	8	8	8	8	8	8	8	9	9	9	9	9	9	9	9	9	9	9	9	10
11		6	6	7	7	7	7	7	7	7	8	8	8	8	8	8	8	8	9	9	9	9	9	9	9	9
		7	8	8	8	8	8	8	9	9	9	9	9	9	9	9	9	10	10	10	10	10	10	10	10	10
12		7	7	7	7	7	7	8	8	8	8	8	8	8	9	9	9	9	9	9	9	9	10	10	10	10
		8	8	8	8	8	9	9	9	9	9	9	9	10	10	10	10	10	10	10	10	11	11	11	11	11
13		7	7	7	8	8	8	8	8	8	8	9	9	9	9	9	9	9	10	10	10	10	10	10	10	10
		8	8	9	9	9	9	9	9	10	10	10	10	10	10	10	10	11	11	11	11	11	11	11	11	12
14		7	8	8	8	8	8	9	9	9	9	9	9	9	9	10	10	10	10	10	10	11	11	11	11	11
		9	9	9	9	9	10	10	10	10	10	10	10	11	11	11	11	11	11	11	12	12	12	12	12	12
15		8	8	8	8	8	9	9	9	9	9	10	10	10	10	10	10	10	11	11	11	11	11	11	12	12
		9	9	9	10	10	10	10	10	10	11	11	11	11	11	11	12	12	12	12	12	12	12	13	13	13
16		8	8	9	9	9	9	9	9	10	10	10	10	10	10	11	11	11	11	11	11	12	12	12	12	12
		9	10	10	10	10	10	11	11	11	11	11	11	12	12	12	12	12	12	13	13	13	14	14	14	14
17		8	9	9	9	9	9	10	10	10	10	10	11	11	11	11	11	12	12	12	12	12	12	13	13	13
		10	10	10	10	11	11	11	11	11	12	12	12	12	12	13	13	13	13	13	13	14	14	14	14	14
18		9	9	9	9	10	10	10	10	10	11	11	11	11	11	12	12	12	12	12	13	13	13	13	13	13
		10	10	11	11	11	11	12	12	12	12	13	13	13	13	13	13	13	14	14	14	14	14	14	15	15
19		9	9	10	10	10	10	10	11	11	11	11	12	12	12	12	12	13	13	13	13	13	13	14	14	14
		11	11	11	11	12	12	12	13	13	13	13	13	13	13	14	14	14	14	14	15	15	15	15	15	15
20		10	10	10	10	10	11	11	11	11	13	12	12	12	12	13	13	13	13	13	14	14	14	14	14	15
		11	11	11	12	12	12	12	12	12	14	13	14	14	14	14	14	15	15	15	15	15	16	16	16	16
25		11	12	12	12	12	13	13	13	13	14	14	14	15	15	15	15	16	16	16	16	16	17	17	17	18
		13	13	13	14	14	14	15	15	15	15	16	16	16	17	17	17	17	18	18	18	18	19	19	19	19
30		13	13	14	14	14	15	15	15	16	16	16	17	17	17	17	18	18	18	19	19	19	20	20	20	20
		15	15	15	16	16	16	17	17	17	18	18	18	19	19	19	20	20	20	21	21	21	21	22	22	22
35		14	15	15	16	16	16	17	17	18	18	18	19	19	19	20	20	21	21	21	22	22	22	23	23	23
		16	17	17	18	18	18	19	19	20	20	20	21	21	21	22	22	23	23	23	24	24	24	25	25	25
40		16	17	17	17	18	18	19	19	20	20	20	21	21	22	22	23	23	23	24	24	25	25	25	26	26
		18	19	19	20	20	20	21	21	22	22	23	23	23	24	24	25	25	26	26	26	27	27	28	28	28
45		18	18	19	19	20	20	21	21	22	22	23	23	24	24	24	25	25	26	26	27	27	28	28	29	29
		20	20	21	21	22	22	23	23	24	24	25	25	26	26	27	27	28	28	29	29	29	30	30	31	31
49		19	19	20	21	21	22	22	23	23	24	24	25	25	26	26	27	27	28	28	29	29	30	30	31	31
		21	22	22	23	23	24	24	25	26	26	27	27	28	28	29	29	30	30	31	31	32	32	33	33	34

참고문헌

황은진, 최은영(2010). 매체별 만다라 기법이 장애아동 어머니의 이완에 미치는 영향. 미술치료 연구, 17(1), 27-40.

Jordan, J., Singh, N. N., & Repp, A. C. (1989). An evaluation of gentle teaching and visual screening in the reduction of stereotypy. *Journal of Applied Behavior Analysis, 22*(1), 9-22.

제10장

자료와 통계 분석 방법

Research Method in Art Therapy

1. 자료분석의 목적과 이해

1) 자료분석의 목적

왜 자료를 분석하는가? 자료분석을 하는 근본적인 목적은 연구자가 통계적 지식을 바탕으로 수집한 자료에서 의미와 원리를 찾기 위해서이다. 연구자는 현상에 대한 연구 문제나 가설을 설정하고, 그것을 확인하기 위해 자료를 수집하고 분석한다. 즉, 자료분석을 통해 검증된 논리가 필요하며, 그 논리는 통계적으로 설명 가능해야 한다. 통계적으로 설명 가능하다는 것은 현상의 의미를 논리적으로 이해하고, 관련 현상을 예측할 수 있다는 것을 말한다.

미술치료 전문가는 프로그램 적용 대상 집단에 대한 자료가 필요하다. 자료란 적용 대상 집단이 직면하고 있는 현 상황뿐 아니라 중재 프로그램 적용으로 가까운 미래에 일어날 수 있는 변화에 대한 정보를 말한다. 이러한 정보를 획득하는 것은 적용 대상 집단의 치료와 삶의 질을 위해 중요하다. 따라서 연구자는 수집한 자료의 통계분석을 통해 현상에 관해 설명 가능한 검증된 논리를 찾아야 한다. 그리고 이러한 논리 조건을 갖춘 자료는 임상 및 치료 차원에서 중재 서비스나 프로그램을 선택할 때 중요한 판단의 근거가 된다. 자료를 수집하고 통계분석하는 궁극적인 목적은 우리가 알고 싶거나 연구 문제에 내재 된 변수 간의 관계와 논리적 특성을 기술하고, 설명하고, 예측하기 위해서이다.

(1) 기술

기술(descriptive)을 목적으로 한 연구에서는 현상의 특성을 있는 그대로 관찰하여 요약하고 서술하는 데 주안점을 두고 있다. 예를 들어, 연구 목적이 '우울증과 색채심리'에 대해 기술하는 것이라면, 우울증 정도에 따라 집단을 상중하로 구분할 때 각 집단에 속하는 사례 수는 몇 퍼센트이고, 각 집단이 색채별로 나타내는 심리적 반응에 대한 평균은 어떻게 차이가 나는지를 일목요연하게 묘사하고 기술할 뿐이지, 왜 특정 집단의 심리적 반응이 긍정적 또는 부정적인지에 관해서는 설명하지 않는다. 즉, '왜'가 아니라 '무엇'에 초점을 맞추는 것이 기술 연구의 목적이다.

기술 연구는 현상을 나타내는 개념이나 변수의 값 정도를 나타내거나 변수 간의 차이를 설명하기도 한다. 자료분석은 주로 빈도, 백분율, 평균, 분산, 표준편차 등과 같은 기초통계값을 적용하고, 변수 간 차이를 기술할 경우에는 단순히 두 변수의 값이 차이가 있는지에 대한 여부만 밝힐 뿐 어느 변수가 원인이고 어느 변수가 결과인지에 관해서는 설명하지 않는다. 기술 연구에서 변수가 명목척도일 경우에는 빈도와 백분율을 산출하고, 집단 간 차이를 알고자 할 때는 교차분석(χ^2)을 한다. 그리고 집단 간 평균 차이를 비교할 때는 집단 수에 따라 t-검정이나 분산분석(ANOVA)을 적용한다.

(2) 설명

연구 목적이 현상을 설명(explanation)하는 것이라면 통계적 검증을 거쳐 관련 현상이 나타나게 된 이유를 밝히는 데 초점을 둔다. 즉, 우울증 정도에 따라 색채 심리반응성이 다르다면 왜 우울증이 심한 집단과 경한 집단 간에 특정 색에 대한 심리적 반응이 차이가 나는지를 설명한다. 설명을 목적으로 한 연구에서는 현상에 대한 논리적 근거가 뒷받침되어야 하므로, 관련 이론을 토대로 가설과 연구 문제를 설정해야 한다.

- 왜 우울증이 있는 여성의 회복탄력성은 낮은가?
- 왜 특정 색은 우울증을 줄이고 회복탄력성은 높이는 방향으로 작용하는가?
- 왜 특정 색에 대한 심리적 반응은 남녀 간에 차이가 있는가?

설명을 목적으로 한 연구에서는 이러한 '왜'에 대한 질문의 답을 자료분석을 통해 제시할 수 있어야 한다. 이러한 질문은 현장 경험이나 직관 또는 선행 연구 고찰 과정에서 가지게 되며, 과학적 연구는 이러한 질문에 답하는 데서부터 시작된다. 연구 주제가 되는 질문에 답하기 위해서는 변수와 변수 간의 관계를 분석해야 하며, 설명을 목적으로 하는 연구에서는 기술통계보다 추론통계를 주로 적용한다.

(3) 예측

예측(prediction)을 목적으로 한 연구에서는 변수 간의 인과관계를 규명한다. 인과관계란 현상의 원인과 결과 간의 관계를 의미한다. 예를 들어, 색채심리반응이 가족관계만족도에 미치는 영향에 대해 분석한다면 색채심리반응은 원인변수이고 가족관계만족도는 결과변수이다. 즉, 색채에 대한 심리적 반응성에 따라 가족관계만족도에 차이가 있다는 것을 나타낸다. 이처럼 현상에 대한 변화를 예측하려면 변수 간의 인과관계를 알아야 한다. 가치 있는 이론이란 현상을 정확하게 예측할 수 있는 이론이다. 어떤 현상이 나타났을 때 왜 그런 현상이 나타났는지를 인과적으로 설명할 수 있다면, 현상을 일으키는 원인변수를 강화 혹은 약화함으로써 문제를 통제할 수 있다. 색채심리반응과 가족관계만족도 간의 인과관계에서 특정 색에 대한 심리적 반응이 가족관계만족도에 긍정적인 영향을 미친다면, 미술치료 기법으로 심리적 반응을 강화하여 가족관계만족도를 높이는 데 도움을 줄 수 있을 것이다.

어떤 현상이 바람직한 경우에는 계속 유지하도록 조건을 강화해야 하지만, 그렇지 않고 문제를 초래할 소지가 있으면 관련 현상이 일어날 조건을 최소화하거나 제거함으로써 사전에 문제를 방지할 수 있다. 예를 들어, 부모의 갈등이 청소년의 공격성, 인터넷 중독, 학교 부적응 등 다양한 사회적 문제를 야기한다면, 예측을 목적으로 한 연구에서는 부모의 부부 갈등을 초래하는 변수들의 인과관계를 규명하고 임상 및 치료 기법에 적용함으로써 갈등을 줄일 수 있다. 이처럼 과학적 연구는 단순히 현상을 기술하고 설명하는 것으로 충분치 않고, 예측하여 상담 및 치료 프로그램 등에 적용할 수 있어야 연구의 궁극적 목적을 달성한 것이라고 볼 수 있다.

2) 자료분석에 대한 이해

자료 입력이 끝나면 분석 방법을 선택해야 한다. 분석 방법은 연구 목적과 가설,

변수의 속성, 표본 수 및 정규분포 여부 등에 따라 다르다. 변수가 명목척도일 경우에는 집단 간 빈도나 백분율을 비교하는 교차분석이 적합한 방법이다. 변수가 서열 또는 비율척도일 경우에는 연구 목적이 집단 간 평균 차이를 검증하는 것인지 아니면 변수 간의 인과관계를 검증하는 것인지에 따라 분석 방법이 다르다. 집단 간 평균 차이를 알아보려면 t-검정 또는 분산분석을 해야 하고, 변수 간 인과관계를 검증하려면 회귀분석(regression analysis)이나 로지스틱 회귀분석(logistic analysis) 등을 적용할 수 있다. 자료가 정규분포 가정을 충족하는지에 따라 모수통계 또는 비모수통계를 적용한다. 두 집단을 비교할 때 각 집단의 자료가 정규분포를 이룬다면 집단 간 평균 차이를 비교하는 모수통계를 적용할 수 있다. 그러나 정규성 검정에서 자료가 정규분포를 이루지 않거나 표본 수가 작은 소규모 실험 자료의 경우에는 정규분포를 가정하기 어려우므로 비모수통계로 분석해야 한다.

연구 목적이 자료를 상세하게 기술하는 것이 목적인지, 아니면 현상을 설명하거나 변수 간의 인과관계를 검증하는 것인지에 따라 기술통계나 추론통계를 적용할 수 있다. 기술통계는 가설을 검증하기 전에 변수들의 분포나 특성을 알아보는 데 적합하다. 분포의 특성이란 자료가 평균을 중심으로 어떻게 분포되어 있는지, 분산은 어느 정도인지, 정규분포를 중심으로 자료가 뾰족하거나 완만한 형태를 이루는지 등을 반영한다. 분포의 특성은 빈도, 평균, 표준편차 등으로 알 수 있다. 기술통계는 자료의 일반적 특성이나 대상자의 사회인구학적 특성을 제시할 때 적합하다.

추론통계는 연구 문제와 관련된 변수 간의 관계를 추론하고 예측하는 데 사용한다. 미술치료 현장에서 특정 기법이 중재 효과가 있을 것으로 예측하고 관찰, 실험, 서베이 등으로 자료를 수집하여 분석한 결과, 예측이 맞지 않을 경우도 있다. 이는 추론통계가 어디까지나 확률을 기반으로 추론할 뿐이지 정확하게 예언하는 것이 아니라는 것을 말해 준다. 이유는 모집단 전체를 대상으로 수집한 자료가 아니라 적은 수의 표본으로부터 수집한 자료를 분석하여 모집단을 추론하기 때문이다. 추론통계는 오차의 범위를 알려 주기 때문에 신뢰구간 내에서 확률적 추론이 가능하므로 중요한 통계 기법이다.

기술통계도 중요하지만 추론통계가 더 중요한 비중을 차지하는 이유는, 통계분석을 하는 궁극적인 목적이 현상 간의 인과관계를 설명하고 예측하는 것이기 때문이다. 특정 미술치료 기법을 적용할 때 중재 효과가 몇 회기부터 나타나는지를 설명하고 예측할 수 있다면, 관련 기법을 적용할 현장에 중요한 정보를 제공하는 것이다. 대표적인 추론통계는 인과관계를 검증하는 회귀분석, 로지스틱 회귀분석 등이 있고, 집단 간 차이는 t-검정이나 분산분석을 적용한다. 회귀분석이나 로지스틱 등은 검증력이 매우 강하며, 이들 방법을 적용하여 변수 간 관계의 통계적 유의성뿐 아니라 관계의 변화에 따른 예측까지 할 수 있다.

2. 기술통계분석 방법

기술(describe)이란 '묘사하다' 또는 '설명하다'는 의미를 담고 있다. 따라서 기술통계(descriptive statistics)는 자료가 가지고 있는 전체적인 특성을 묘사하고 설명하는 분석 기법이다. 수집한 자료를 설명하는 기법은 두 가지인데, 하나는 중심경향치이고 다른 하나는 분산도이다. 중심경향치(central tendency)는 자료를 대표하는 값이 무엇인지, 어떤 값에 집중되어 있는지를 나타내며, 평균, 중앙치, 최빈치가 중심경향치를 반영한다. 분산도(variation)는 자료가 전반적으로 어떻게 분포되어 있는지를 나타내며, 대표적으로 분산과 표준편차가 이에 속한다. 미술치료 중재 효과의 평균이 높아도 표준편차가 크다면 적용한 중재 효과가 안정적이지 않고 회기별로 차이가 크다는 것을 나타낸다.

1) 중심경향치

중심경향치(central tendency)는 자료가 중심으로 모이는 경향, 즉 분포의 중심에 어떤 값들이 모여 있는지를 나타내며 자료 전체를 대표한다. 다수 사례가 특정 수치에 모여 있다면 그 수치는 대표치로 의미가 있다. 통계분석에서 자료의 대표치를 파악하는 것은 분석의 기초이며, 평균(mean), 중앙치(median), 최빈치(mode) 등이 중심경향치를 반영하는 대표적인 통계치다.

(1) 평균

평균(mean)은 자료의 값들이 평균을 중심으로 어느 정도 모여 있는지를 나타내는 수치이다. 산술평균, 기하평균, 조화평균 등과 같이 다양하지만 통계에서 사용하는 평균은 산술평균(arithmetic mean)으로, 사례값을 모두 더해서 전체 수로 나눈 값이다. 이론적으로 평균은 자료의 값들이 등간척도와 비율척도로 구성된 경우에 한하여 산출하지만, 서열척도 자료도 평균 산출이 가능하다. 평균은 계산이 간편하여 집단 간 크기를 비교하기 쉬워서 일반적으로 널리 활용되는 익숙한 통계치이다.

그러나 대표치로 활용하는 평균도 일부 극단치(outlier)에 영향을 많이 받는데, 이런 경우 평균은 대표치로서의 기능을 상실할 수 있다. 즉, 자료 중에 일부가 매우 높거나 매우 낮은 값을 가진 사례가 있다면, 그 자료로 인해 평균이 비정상적으로 높아지거나 낮아져 평균값을 왜곡시킨다. 예를 들어, 집단미술치료를 적용한 다음 중재 효과를 구할 때 평균을 중심으로 아주 낮거나 아주 높은 사례들이 포함되면 평균값을 왜곡시킬 수 있다. 이러한 왜곡은 표본 크기가 작을수록 더 심각하게 나타난다. 이렇게 극단치가 평균에 영향을 줄 때는 극단치를 가진 사례들을 분석에서 제외하거나 평균 대신 중앙치를 사용해야 한다. 평균을 대표치로 활용성을 높이기 위해 평균과 함께 '평균의 95% 신뢰구간' 및 '5% 제외한 평균' 등이 사용될 수 있다. 여기서 '5% 제외한 평균'은 산술 계산에서 양극단값의 영향을 배제하기 위해 자료 중에서 최상위와 최하위의 2.5%에 해당하는 수치를 제외하고 계산한 값이다.

(2) 중앙치

중앙치(median)는 자료를 크기순으로 나열했을 때 중앙에 위치하며, 중위수라고도 한다. 예를 들어, 미술치료 효과가 100이라고 했을 때 효과가 가장 높은 수치에서 낮은 수치까지 1부터 100까지 나열한 다음, 중앙에 위치하는 50이 중앙치이다. 전체 자료 수가 홀수일 때는 크기순으로 나열했을 때 중간에 있는 수가 중앙치이지만, 짝수일 때는 중간에 있는 두 개의 수치를 평균한 값이다. 자료에 극단치가 일부 포함된 경우, 평균보다 중앙치를 대표치로 선택하는 것이 합리적이다. 〈표 10-1〉은 만다라 중 '깨어남'을 반영하는 문양에 채색한 비율의 평균과 중앙치이다. 연두, 파랑, 보라 등의 비율은 평균과 중앙치가 비슷한 분포를 이루고 있지만, 분홍, 하늘, 검정 등은 중앙치가 모두 0으로 나타났다. 이러한 결과는 관련 색의 비율 중 극단적으로 높은 값의 일부가 포함되어 평균을 끌어올렸기 때문이다.

〈표 10-1〉 중심경향치: 평균과 중앙치

	빨강	분홍	주황	노랑	초록	연두	파랑	하늘	보라	검정	갈색	흰색
평균	6.5	5.7	10.9	10.2	3.9	14.5	11.8	9.0	16.7	5.8	1.9	4.3
중앙치	4.0	0	8.0	8.0	0	12.0	10.0	0	15.0	0	0	0

중앙치가 대표치로 활용되기 위해서는 자료가 좌우 대칭형의 종 모양으로 분산되어야 하고, 서열척도로 구성된 자료의 경우 평균을 대표치로 보기에 한계가 있으므로 중앙치를 주로 사용한다. 그러나 극단 수치가 매우 크거나 중앙치 이외 수치에 사례들이 집중적으로 몰려 있는 경우에는 중앙치 역시 대표치로의 기능을 상실할 수 있다. 따라서 평균과 중앙치를 검토한 후 어느 통계치를 대표치로 활용할지를 고려해야 한다.

(3) 최빈치

최빈치(mode)는 자료 중 빈도가 가장 큰 값 또는 큰 항목이다. 최빈치는 특정 수치나 항목에 빈도가 집중된 것을 나타내는데, 이는 특정 집단의 관심 대상이나 성향을 파악하는 데 도움이 된다. 최빈치는 등간척도나 비율척도 자료에서는 가장 빈도가 높은 수치이고, 명목척도나 서열척도 자료에서는 빈도가 가장 높은 항목이다. 일반적으로 수치형 척도가 아닌 명목형 척도의 대푯값으로 이용한다. 〈표 10-2〉에 HTP를 분석한 자료를 살펴보면 필압의 최빈치는 '보통'인 항목의 빈도가 72명(54.5%)으로 가장 높고, 사람 그림에서는 표정이 '완전'한 사례의 빈도가 70명(53.0%)으로 가장 높기 때문에, 이들 항목이 최빈치이고 자료의 대푯값이 되는 것이다. 그러나 최빈치만으로 자료의 집중화 경향을 파악하는 데 한계가 있어 평균과 중앙치를 보조하는 수치로 활용한다.

〈표 10-2〉 중심경향치: 최빈치

		빈도	퍼센트
필압	약하다	36	27.3
	보통이다	72	54.5
	강하다	24	18.2
	합계	132	100.0
표정	표정 없음	36	27.3
	불완전	26	19.7
	완전	70	53.0
	합계	132	100.0

주: 132명의 여성이 그린 HTP 자료 중 사람 그림을 분석한 결과임.

(4) 중심경향치의 활용

중심경향치는 자료 특성을 파악하기 위해 기초분석으로 활용된다. 그러나 평균, 중앙치, 최빈치 중 어느 수치를 대표치로 사용할 것인가 하는 문제는 자료의 특성과 활용 목적에 따라 다르다. 이유는 다음과 같다.

첫째, 일반적으로 평균을 집단의 대표치로 활용하지만 극단치, 즉 값이 지나치게 작거나 큰 값이 자료에 많이 포함되어 있으면 대표성을 상실하게 되는데, 이런 경우 중앙치를 대표치로 활용하는 것이 바람직하다. 예를 들면, 대상자 간에 프로그램 효과 차이가 심하거나 효과가 일부 집단에 편중되어 있으면 평균보다 중앙치를 대표치로 활용해야 한다. 최빈치는 대표치로 활용하기보다 특정 집단의 성향을 파악하는 보조 자료로 이용하는 것이 좋다.

둘째, 평균, 중앙치, 최빈치 중에서 무엇을 대표치로 활용할 것인가는 자료의 활용 목적에 따라 달라질 수 있다. 예를 들면, 미술치료 프로그램의 효과를 측정하는 과정에서 일부는 중앙치나 최빈치를 근거로 판단하고 일부는 평균을 대표치로 활용하는 경향이 있다. 이유는 일반적으로 효과를 반영하는 수치가 평균은 다소 높게 나타나는 데 비해 중앙치나 최빈치는 다소 낮게 나타나는 속성이 있기 때문이다.

2) 분포도

중심경향치가 자료의 대푯값을 알아보는 것이라면, 분포도(variation)는 자료가 어떻게 분포되어 있는지를 나타내는 통계치이다. 즉, 자료가 평균을 중심으로 어느 정도 떨어져 있는지를 나타낸다. 따라서 분포가 클수록 자료들이 평균에서 멀리 떨어져 있고 작을수록 평균을 중심으로 모여 있다. 중심경향치가 대표치로 의미가 있으려면 자료들이 어느 정도 평균을 중심으로 모여 있어야 한다. 그리고 평균, 중앙치, 최빈치가 같거나 비슷하더라도 분포는 달라질 수 있으며, 자료가 통계적으로 의미 없이 분포되었다면 대표치로 인정하기 어렵다. 분포도와 관련된 통계치는 범위, 사분위수, 분산, 표준편차 등이 있다.

(1) 범위

범위(range)는 자료의 최솟값과 최댓값의 차이를 나타낸다. 최솟값(minimum)은 자료 중에서 가장 작은 수치이고 최댓값(maximum)은 가장 큰 수치인데, 최댓값에서 최솟값을 뺀 값을 범위라고 한다. 범위가 클수록 자료들이 평균에서 멀리 떨어져 있고, 작을수록 평균 주위에 모여 있다. 미술치료 프로그램에 참여한 대상자의 효과가 최하가 20이고 최고가 100이라면 이 자료의 범위는 80(100-20)이다. 〈표 10-3〉은 우울 증상이 있는 대상자가 세 가지 문양(깨어남, 마음의 문, 생명 에너지)의 만다라에 채색한 색 중 빨간색과 노란색 비율을 분석한 결과이다. 표에서 범위를 살펴보면 전체적으로 빨간색의 범위가 노란색의 범위보다 더 넓은 경향이 있다. 문양 중 '마음의 문'은 빨간색의 최솟값이 7, 최댓값이 60으로 범위가 53까지 벌어진 극단적 사례이다. 그러나 노란색 범위는 빨간색보다 상대적으로 안정적인 차이를 보인다.

〈표 10-3〉 분포도: 범위

	깨어남		마음의 문		생명 에너지	
	빨간색	노란색	빨간색	노란색	빨간색	노란색
범위	21.00	19.00	53.00	13.00	11.00	20.00
최솟값	3.00	7.00	7.00	10.00	5.00	15.00
최댓값	24.00	26.00	60.00	23.00	16.00	35.00

주: 109명의 우울 증상이 있는 대상자의 문양 만다라 자료를 분석한 결과임.

이처럼 범위는 최소와 최대의 두 극단적인 값을 토대로 산출된 통계치이므로 자료 분포를 확인하는 데는 한계가 있고, 빨간색과 같이 최대와 최소 두 값이 다른 값에 비해 너무 작거나 크면 자료 분포를 왜곡할 수 있다. 따라서 범위는 자료의 전체적인 분포를 살펴보는 참고 자료로 사용해야 한다.

(2) 사분위수

사분위수(quantile)는 자료를 크기순으로 나열했을 때 전체를 4등분한 값으로, 각각의 자료는 전체의 25%(1분위수), 50%(2분위수), 75%(3분위수), 100%(4분위수)에 해당한다. 여기서 중앙치는 전체의 1/2에 있는 값이므로, 2분위수의 값이다. 이처럼 사분위수는 분위 간에 있는 자료의 범위를 나타내는 지표이다. 예를 들어, 미술치료의 최대 효과를 100으로 나타낼 때 사분위수는 효과가 25와 100 사이에 있는 자료의 범위이다. 즉, 사분위수는 25% 내에 드는 효과와 75~100% 분위에 드는 분포를 보여 주는데, 이들 양극단값보다는 중간 수준의 효과에 어느 정도 몰려 있는지를 보는 것이 목적이다.

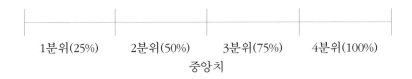

집단미술치료 프로그램의 사전-사후 효과를 사분위 분포로 살펴보자. 심리적 상태를 반영하는 공허-충만의 경우, 사전에는 1분위에 속하는 범주가 ②(약간 공허)였고, 2분위가 ③(보통), 3분위의 범주가 ④(약간 충만)였으나 미술치료 사후에는 1, 2분위는 변함없이 ②와 ③이었으나 3분위 범주가 ④(약간 충만)에서 ⑤(매우 충만)로 증가하였다. 불안-안정감은 사전-사후에 1분위는 변함이 없으나 2, 3분위는 사전의 ③과 ④가 미술치료 사후에는 ④와 ⑤로 증가하였다. 이러한 결과는 사분위를 통해 미술치료 효과가 사전에 비해 사후에 충만함과 안정감이 증가하는 방향으로 작용한다는 것을 보여 준다.

〈표 10-4〉 사분위수: 사전-사후 심리 상태

구분		사전 공허~충만	사후 공허~충만	사전 불안~안정	사후 불안~안정
사분위수	25	②	②	②	②
	50	③	③	③	④
	75	④	⑤	④	⑤

주: 심리 상태는 5점 서열척도[①(공허 또는 불안)~⑤(충만 또는 안정)]를 나타냄.

〈표 10-5〉를 보면 이들 분위 이동이 무엇을 반영하는지를 구체적으로 알 수 있다. 표에서 공허-충만의 경우 1, 2분위는 사전과 사후 차이가 별로 없으나 3분위 (75~100%) 범위가 사전은 ④(약간 충만)인 데 비해 미술치료 후에는 ⑤(매우 충만)가 3분위 범주에 속한다. 이는 사전은 매우 충만함이 9.1%이지만 미술치료 후에는 매우 충만하다고 응답한 비율이 27.3%로 증가하였기 때문에 분위가 이동한 것이다. 이처럼 사분위를 활용하여 분위별 분포와 변화를 살펴볼 수 있다.

〈표 10-5〉 빈도분석: 사전-사후 심리적 상태

구분	공허~충만: 사전검사			공허~충만: 사후검사		
	빈도	퍼센트	누적 %	빈도	퍼센트	누적 %
① 매우 공허	12	18.2	18.2	0	0	0
② 약간 공허	11	16.7	34.8	24	36.4	36.4
③ 보통	19	28.8	63.6	18	27.3	63.6
④ 약간 충만	18	27.3	90.9	6	9.1	72.7
⑤ 매우 충만	6	9.1	100.0	18	27.3	100.0
합계	66	100.0		66	100.0	

(3) 표준편차

편차(deviation)란 개별 자료와 전체 평균 간의 차이를 나타낸다. 따라서 편차가 크다는 것은 개별 자료가 평균으로부터 많이 떨어져 있다는 것을 의미한다. 즉, 어떤 자료는 평균보다 많이 크고 어떤 자료는 평균보다 매우 작다는 것을 말해 준다. 예를 들면, 대상자 A의 미술치료 효과는 85인데 집단 전체의 평균 효과가 70이라면 A의 편차는 +15이다. 만약 A의 효과가 65라면 A 편차는 −20이다. 이처럼 편차는 개별 값에서 전체 평균을 뺀 값인데, 문제는 이 값들을 모두 더하면 0이 되므로 평균편차를 구할 수 없다. 그래서 새롭게 나타난 개념이 분산이다. 분산(variance)은 편차를 제곱한 후 모두 합해서 전체 자료 수로 나눈 값이다. 그러면 편차의 합이 0이 되지는 않지만, 자료 단위가 제곱으로 달라져 평균적으로 어느 정도 편차가 있는지 알기 어렵다. 그래서 표준편차를 이용한다. 표준편차(standard deviation)는 분산에 제곱근을 하므로 원래의 단위로 전환한 값이며, 자료의 분산 정도를 구체적으로 측정할 수 있고, 각 자료가 평균으로부터 얼마나 가까이 또는 멀리 떨어져 있는지를 나타낸다.

간단한 예를 들면, 5명의 청소년을 대상으로 적용한 미술치료 효과가 집단 A처럼 모두 10이라면 평균은 10이지만 표준편차는 0이다. 평균을 중심으로 개별 값들이 차이가 없기 때문이다. 그러나 효과가 10으로 아주 높거나 0 또는 1과 같이 낮아 집단 내 차이가 크다면 표준편차가 커진다.

> [집단 A] 10, 10, 10, 10, 10 (평균 10, 표준편차 0)
> [집단 B] 10, 0, 5, 2, 1 (평균 3.6, 표준편차 4.0)

〈표 10-6〉에서 깨어남 문양의 빨간색 분산은 59.52인데, 이 수치에 제곱근을 하면 표준편차가 7.71이 된다. 이처럼 분산의 값이 너무 크기 때문에 평균과 비교할 때 분산의 상대적 수준을 파악하기 어렵다. 그래서 평균을 중심으로 개별 값들의 분포를 파악할 때는 표준편차를 기준으로 한다. 세 가지 문양에 채색한 비율을 비교하면, 다른 문양에 비해 마음의 문에서 빨간색 비율은 표준편차가 크고 평균과의 차이도 크다.

〈표 10-6〉분포도: 분산과 표준편차

	깨어남		마음의 문		생명 에너지	
	빨간색	노란색	빨간색	노란색	빨간색	노란색
평균	6.51	10.15	13.67	6.70	5.32	11.45
표준편차	7.71	9.18	19.62	8.34	5.69	12.91
분산	59.52	84.3	384.99	69.63	32.34	166.59

주: 109명의 우울증 성향이 있는 대상자의 문양 만다라 자료를 분석한 결과임. 문양은 3가지이
며 깨어남, 마음이 문, 생명 에너지를 반영함.

자료의 대푯값을 평균을 기준으로 할 때는 전체 분포를 검증하기 위해 표준편차
를 반드시 확인해야 한다. 두 집단을 대상으로 미술치료를 적용한 후 효과를 비교
한다고 가정하자. 이 사례에서 우리가 평균만으로 효과를 평가한다면 두 집단 모
두 5이므로 집단 간 차이가 없다고 판단할 수 있다. 그러나 표준편차를 보면 집단
A는 0이지만 집단 B는 5이므로 평균을 중심으로 효과의 편차가 크다는 것을 알
수 있다.

> [집단 A] 5, 5, 5, 5, 5 (평균 5, 표준편차 0)
> [집단 B] 10, 0, 5, 0, 10 (평균 5, 표준편차 5)

3) 정규분포

좌우 대칭의 종 모양으로 생긴 정규분포(normal distribution)는 자료의 분산 정도
가 정규곡선(normal curve)의 형태를 하고 있다. 정규분포는 다수 사례가 평균을
중심으로 모여 있으며, 평균과 멀어질수록 사례가 적게 분포되어 있다.

(1) 정규분포의 중요성과 특징

통계분석에서 자료가 정규분포 형태로 분산되어 있는지를 확인하는 것은 세 가
지 측면에서 중요하다. 첫째, 분석에서 자료가 정규분포를 이루는지에 따라 적용
할 수 있는 통계분석 기법이 달라지고, 자료가 정규분포를 이루지 않을 때는 비모
수통계 기법을 적용해야 한다. 둘째, 표본통계량에 대한 신뢰성과 타당성 여부를

검증할 수 있다. 표본분석 결과를 모집단의 모수로 인정하기 위해 표본이 모집단과 같은 정규분포를 이루어야 한다. 셋째, 특정 값이 차지하게 될 백분율이나 확률 계산이 가능하다. 각 사례가 정규분포에서 어디에 위치하느냐에 따라 순위를 계산할 수 있다.

정규분포의 특징은, 첫째, 좌우 대칭의 종 모양에서 평균을 중심으로 좌우에 분포하는 사례 수와 밀집 정도가 같다. 둘째, 특정 사례의 값이 평균으로부터 멀어질수록 곡선은 X축에 접근하지만, X축에 닿지는 않는다. 곡선이 X축에 접근한다는 것은 사례가 존재하지 않는다는 것을 의미한다. 셋째, 정규분포 곡선은 평균과 표준편차에 의해 위치와 모양이 결정된다. 평균은 정규곡선의 위치를, 표준편차는 정규곡선의 모양을 결정한다. 넷째, 정규분포 곡선과 X축 간의 면적은 1인데 이는 모든 상황이 일어날 확률이 1이기 때문이며, 평균을 중심으로 좌우에 각각 50%의 자료가 분포되어 있다. 정규분포를 알아야 하는 이유는 자료가 정규분포를 이루면 관련 현상에서 특정 사건이 일어날 확률을 예측할 수 있기 때문이다.

정규분포를 이루는 자료는 중심에서 가장 높이 올라간 부분인 평균 m에서 표준편차 거리만큼 이동한 거리를 a라고 할 때 평균과 a 간의 면적은 0.3413이다. 이는 평균과 표준편차 a 범위 내에 전체 자료의 34.13%가 포함되며, 평균에서 c 범위에는 자료의 49.87%가 포함된다는 것을 나타낸다. 미술치료 프로그램의 효과 평균이 65이고 편차가 +10이라면 [그림 10-1]의 m은 65이고, a=75, b=85, c=95가 된다. 대상자의 34.13%가 프로그램 효과 평균 65와 a 편차 범위에 든다. 여기서 Z=1, 2, 3은 표준정규분포의 편차를 나타낸다.

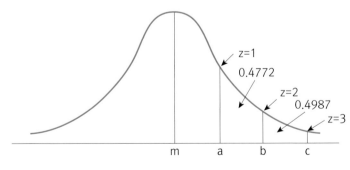

[그림 10-1] 정규분포

(2) 표준정규분포

자료가 정규분포 모양을 하고 있어도 각 집단의 평균과 표준편차가 다르면 자료를 객관적으로 비교하기 어렵다. 예를 들어, 집단미술치료를 적용한 두 집단 A와 B가 있고 중재 효과가 정규분포를 이룬다고 가정할 때 A는 효과 평균이 80, 표준편차가 30인 데 비해 B는 효과 평균 70에 표준편차가 15라면 두 집단 중 어느 집단의 평균이 더 높은지 판단하기가 쉽지 않다. 이유는 정규분포 곡선에서 평균은 정규곡선의 위치, 표준편차는 모양을 결정하므로 A와 B 집단의 정규분포 곡선의 위치와 모양이 달라지기 때문이다. 또 다른 예로, 소득, 연령, 교육 수준 등의 변수는 측정단위 자체가 다르다. 소득은 몇 원, 연령은 몇 세, 교육 수준은 학년 또는 연수 등으로 측정되므로, 이러한 값들을 절대적 수치로 비교할 수는 없다. 이처럼 서로 다른 평균과 표준편차, 서로 다른 정규분포를 가진 집단을 비교하기 위해 표준정규분포가 필요하다.

표준정규분포(standard normal distribution)는 자료의 분포를 표준화한 것이다. 즉, 서로 다른 측정단위를 가진 자료의 값을 객관적으로 비교할 수 있게 평균을 0, 표준편차를 1로 표준화하는데, 이를 Z값이라고 한다. Z값은 표준화된 정규분포도의 X축 선상에 표시되는 값이다. [그림 10-2]의 정규분포와 표준정규분포를 비교해 보자. 왼쪽 그래프는 정규분포를, 오른쪽 그래프는 표준정규분포를 나타낸다. 집단미술치료 효과가 A는 평균 80, B는 70이라면, 정규분포 곡선의 경우 평균 u는 각각 80과 70이다. 이렇게 집단 간 평균 차이가 나면 분포의 위치와 모양이 달라져서 비교할 수 없으므로 평균을 0, 표준편차를 1로 전환한 것이 표준정규분포의 Z값이다. 표준정규분포는 평균 0을 중심으로 왼쪽과 오른쪽으로 각각 +1편차씩 나누어져 있다. 평균 0에서 표준편차 +1 사이에 해당하는 자료는 전체의 68%, 표준편차 +2의 범위 내에는 95%, +3의 범위 내에는 99%의 자료가 포함된다. 만약 집단미술치료 프로그램에 참여한 대상자 중 극히 일부의 Z값이 3 이상이라면, 프로그램 효과가 극단적으로 높거나 극단적으로 낮은 1%에 해당하는 드문 사례라고 볼 수 있다.

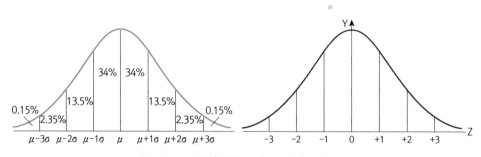

[그림 10-2] 정규분포와 표준정규분포

(3) 자료의 분포 형태

자료의 분포 형태는 좌우가 대칭인 정규분포가 있고, 분포의 왼쪽 꼬리 또는 오른쪽 꼬리에 치우친 비대칭 분포도 있다. 그리고 분포도 정점을 따라 완만한 형태와 뾰족한 형태로 나눌 수 있다. 자료 분포가 대칭을 이루고 있는지, 그렇지 않은지를 파악하기 위해 중심경향치를 적용할 수 있다. 예를 들어, 자료의 평균, 중앙치, 최빈치가 일치한다면(평균＝중앙치＝최빈치), [그림 10-3]의 c와 같이 가장 이상적인 좌우 대칭형 정규분포를 이룬다. 그러나 수치 크기가 최빈치가 가장 크고 다음이 중앙치, 평균(최빈치 > 중앙치 > 평균)의 순이면 왼쪽 꼬리 형태(a)의 분포를 이루고, 크기가 평균, 중앙치, 최빈치의 순이면 오른쪽 꼬리 분포(b)를 이룬다.

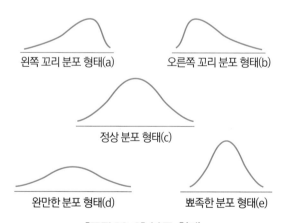

[그림 10-3] 분포 형태

분포 형태가 좌우 대칭형이라도 관련 통계치를 기준으로 정규분포를 판단하는 것이 바람직하다. 정규분포는 왜도와 첨도로 판단할 수 있다. 왜도(skewness)는

자료가 어느 한쪽(왼쪽 또는 오른쪽)으로 치우친 정도를 나타내며, 비대칭형이라고
한다. 왜도는 0을 기준으로 판단하는데, 왜도가 0이면 자료는 정규분포를 이룬다.
그러나 0보다 작으면 왼쪽 꼬리가 길고 오른쪽으로 치우친 [그림 10-3]의 a와 같
은 비대칭 분포를 이룬다. 예를 들어, 집단미술치료 프로그램을 적용했는데 다수
대상자의 치료 효과가 낮게 나타났을 경우에 a형태 분포가 나타날 수 있으며, 왼
쪽 극단으로 갈수록 효과 점수가 낮은 대상자가 많아져 효과 평균은 더 낮아지게
된다. 반면에 왜도가 0보다 크면 오른쪽 꼬리가 길고 왼쪽으로 치우친 b형태([그림
10-3] 참조)의 비대칭 분포를 이루는데, 치료 효과가 아주 높은 대상자가 다수일
경우 나타나는 분포이며 전체 평균을 높인다.

통계치 분포도	0인 경우	0보다 큰 경우	0보다 작은 경우
왜도	정규분포	정의 비대칭 (오른쪽 꼬리가 긴 분포)	부의 비대칭 (왼쪽 꼬리가 긴 분포)
첨도	정규분포	뾰족한 집중 경향	완만한 분산 경향

첨도(kurtosis)는 자료의 분포가 완만하게 분산되어 있는지, 아니면 뾰족하게 집
중되어 있는지를 나타낸다. 즉, 평균을 중심으로 분포의 꼬리 부분의 길이와 중
앙 부분의 뾰족함에 대한 높낮이를 반영한다. 예를 들면, 집단미술치료 프로그램
에 참여한 A, B 집단이 있다고 가정했을 때 두 집단 모두 평균 효과가 70이다. 그
러나 A집단은 모든 대상자가 60부터 80의 효과가 있는 것으로 나타났고, B집단은
30부터 100까지 효과 범위가 넓지만 평균은 70이라고 가정한다면, A집단은 좀 더
평균 효과에 몰려 있어서 [그림 10-3]의 e처럼 첨도가 높은 뾰족한 형태의 분포일
것이다.

첨도 역시 0을 기준으로 판단한다(Kline, 2015). 즉, 첨도가 0이면 정규분포를 이
루지만, 0보다 크면 분포가 뾰족하고 0보다 작으면 완만한 분포를 이룬다. [그림
10-4]에서 미술치료 프로그램에 참여한 세 집단이 있는데 평균은 70으로 동등하
다고 가정하자. 그런데 효과 분포는 집단별로 다른데, A집단의 프로그램 효과가
50~90 사이에 분포되어 있다면 정상분포(첨도=0)를 이룰 것이다. B집단처럼 효
과 범위가 60~80이라면 평균을 중심으로 모이는 뾰족한 형태(첨도>0)일 것이고,

C집단처럼 효과 범위 30~100으로 넓게 분포되어 있다면 양옆으로 퍼진 완만한 형태(첨도<0)일 것이다.

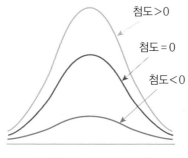

[그림 10-4] 첨도 형태

자료가 정규분포를 이루는지를 왜도와 첨도로 판단하고 이론적으로 왜도, 첨도 모두 기준치가 0이지만, 그렇다고 수치적 허용 한계가 없는 것은 아니다. 허용할 수 있는 범위에 대해 통계학자 간에 다소 차이가 있지만, 일반적으로 클라인(Kline)의 기준을 적용한다. 클라인(Kline, 2015)에 의하면, 왜도의 절댓값이 3 미만, 첨도의 절대값은 10 미만이면 정규성 기준을 충족한다고 간주한다.

4) 빈도분포

빈도분포는 수집된 자료를 속성이나 크기가 유사한 형태로 분류한 것으로, 자료의 특성을 한눈에 파악할 수 있다. 빈도는 흔히 사용되는 수치이므로 왜 필요하고 어떻게 이용하는지에 대해 이해할 필요가 있다. 빈도분포는 속성이나 크기에 속하는 집단의 사례 수를 나타낸다. 성별, 직업, 종교 등의 명목척도나 서열척도로 구성된 변수의 빈도분포를 파악하기는 쉽다. 통계 프로그램에 자료를 입력하고 빈도분석을 하면 집단별 빈도와 백분율이 나타난다. 그러나 변수가 등간척도나 비율척도일 경우에는 개별 사례의 빈도분포를 살펴보는 것이 의미가 없다. 왜냐하면 개별 사례는 전체 분포나 모양을 요약해서 볼 수 없기 때문이다. 예를 들어, 66명의 색채심리 자료가 있을 때 개인 하나하나의 심리 자료로 전체 분포를 파악하기는 어렵다. 그래서 특정 구간을 나누어 각 구간에 속하는 자료의 개수를 나타내는 빈도분포표가 필요하다.

그러면 전체 자료를 몇 개의 구간으로 나눌 것인지를 정해야 한다. 우선, 자료가 어떻게 분포하고 있는지를 파악하기 위해 자료의 범위와 최솟값 그리고 최댓값을 알아야 한다. 만약 개별 자료가 0에서 100까지 고루 분포되어 있으면 10단위로 구간을 정할 수 있다. 예를 들어, 66명의 색채심리분포를 파악하기 위해 색채 비율을 0-10, 11-20, 21-30, 31-40 …… 91-100으로 10단위 구간을 만들고, 이 범주에 들어간 사례 수를 세면 66명 전체의 색채심리분포를 보여 주는 빈도분포표가 된다. 구간을 나눌 때 사례 수를 고려해야 한다. 사례 수가 정해진 구간을 대표할 만큼 충분히 크지 않으면 구간 범위를 재조정할 필요가 있다.

자료를 통계 프로그램에 입력한 다음 빈도분포의 구간을 지정해야 하는데, 절차와 방법은 다음과 같다. 첫째, 자료 내에서 최댓값과 최솟값을 파악한다. 둘째, 몇 개 구간으로 나눌지를 결정하는데, 사례 수와 분포에 따라 다르지만 적어도 각 구간에 5개 이상의 사례 수가 포함되어야 하므로 사례 수가 충분하지 않을 때는 구간을 세분화하지 않도록 한다. 셋째, 구간의 폭을 정해야 하는데, 구간 폭은 최댓값에서 최솟값을 뺀 다음 구간 수[(최댓값-최솟값)/구간 수]로 나누면 된다. 넷째, 구간의 경곗값을 정한다. 예를 들어, 노인의 마음챙김 자료로 빈도분포의 구간을 정해 보자. 전체 자료 45개에서 최댓값과 최솟값은 1.25와 4.00이다. 구간의 폭은 최댓값에서 최솟값을 빼고 구간 수(예를 들어, 5)로 나누어야 하므로 (4.00-1.25)/5 =0.55이다. 0.55를 반올림하여 구간 폭을 0.6으로 정한다. 이를 기준으로 경곗값을 정하면 1.25~1.85, 1.86~2.45, 2.46~3.05, 3.06~3.65, 3.66~4.00으로 구분된다.

1.25 1.50 1.55 1.60 1.65 1.70 1.75 1.80 1.85 1.90 1.95 2.00 2.05 2.10 2.15
2.20 2.25 2.30 2.35 2.40 2.45 2.50 2.55 2.60 2.65 2.90 2.95 3.05 3.10 3.15
3.25 3.30 3.35 3.40 3.45 3.50 3.55 3.60 3.65 3.70 3.75 3.80 3.85 3.90 4.00

주: 300명 노인을 대상으로 수집한 마음챙김 자료임. 마음챙김 척도는 20개 항목이고 5점 서열척도로 구성되었음. 이 자료는 20개 항목을 모두 합하여 항목 수로 나눈 값임.
출처: 이우구(2019). 노인의 감정 조절 능력이 자살 생각에 미치는 영향: 마음챙김의 매개 효과. 대구대학교 대학원 박사학위논문.

〈표 10-7〉 빈도분포표: 마음챙김

	빈도	퍼센트	유효 퍼센트	누적 퍼센트
1.25~1.85	63	21.0	21.0	21.0
1.86~2.45	148	49.3	49.3	70.3
2.46~3.05	18	6.0	6.0	76.3
3.06~3.65	38	12.7	12.7	89.0
3.66~4.00	33	11.0	11.0	100.0
합계	300	100.0	100.0	

이 기준을 중심으로 구간 수, 구간 폭, 경곗값을 통계 프로그램에 지정하고 빈도분석을 하면 〈표 10-7〉과 같은 빈도분포표가 산출된다. 빈도분포표에는 기본적으로 각 집단에 해당하는 빈도, 퍼센트, 유효 퍼센트 및 누적 퍼센트를 표시한다. 조사 대상 전체 노인의 마음챙김값을 노인 개인별로 살펴보는 것은 전체 분포나 모양을 볼 수 없으므로 의미가 없다. 그러나 구간을 나누어 각 구간에 속하는 자료를 빈도분석하면 전체 분포를 알 수 있다. 전체적으로 1.86~2.45구간 분포가 49.3%로 가장 높고, 2.46~3.05의 구간 분포가 6.0%로 가장 낮다. 마음챙김 수준이 가장 높은 3.66~4.00의 구간도 11.0%로 비교적 높다는 것을 알 수 있다.

빈도분포의 또 다른 예로, 노인 학력의 분포를 살펴보면 사례 수는 771개이며 결측치(missing value)가 6개이다. 시스템 결측치는 무응답 사례를 말하며 분석표에 이와 같은 결측치가 있을 때는 '유효 퍼센트'를 기준으로 해석한다. 유효 퍼센트는 자료에서 무응답 사례를 제외한 합계에서 각 집단의 빈도가 차지하는 비율을 나타내고, 누적 퍼센트는 각 집단에 속한 백분율과 상위 계급에 속한 모든 백분율을 포함한 수치이다. 〈표 10-8〉과 같이 자료에 결측치가 포함되어 있으면 유효 퍼센트를 기준으로 해석해야 한다. 왜냐하면 결측치를 하나의 항목으로 간주하고 퍼센트를 산출하기 때문이다. 학력은 5개의 범주로 분류되어 있는데, 유효 퍼센트를 보면 노인의 27.5%와 28.2%가 무학과 초졸이며, 누적 퍼센트는 55.7%로 전체 대상자의 절반을 상회하는 분포라는 것을 알 수 있다.

〈표 10-8〉 빈도분포표: 학력

		빈도	퍼센트	유효 퍼센트	누적 퍼센트
유효	무학	210	27.2	27.5	27.5
	초졸	216	28.0	28.2	55.7
	중졸	128	16.6	16.7	72.4
	고졸	147	19.1	19.2	91.6
	대학 이상	64	8.3	8.4	100.0
	합계	765	99.2	100.0	
결측	시스템 결측치	6	0.8		
합계		771	100.0		

　빈도분포를 시각적으로 보고 싶으면 히스토그램이 유용하다. 히스토그램 (historgram)은 자료의 분포 모양을 눈으로 확인할 수 있다. 그래프에서 가로축은 구간을 나타내고 세로축은 구간별 빈도수를 나타낸다. 히스토그램은 구간별 빈도 수뿐 아니라 히스토그램이 어떤 모양을 하고 있는지도 알 수 있다.

3. 관계

　가설이나 이론은 단지 개념들의 나열에 그치는 것이 아니라 그 이상의 것, 즉 관계(relationship)를 나타낸다. 일반적으로 관계란 하나의 요인만으로 성립되지 않는다. 관계가 성립되려면 적어도 두 개 이상의 요인이나 변수가 있어야 한다. 변수들 간의 관계에 대해서 말할 때는 주로 독립변수와 종속변수와의 관계를 말한다. 관계에는 정적 관계와 부적 관계, 대칭적 관계와 비대칭적인 관계, 선형 관계와 비선형 관계가 있다.

1) 관계의 유형

(1) 정적 관계와 부적 관계

정적 관계(positive relationship)란 두 변수가 같은 방향으로 변하는 비례적 관계를 의미한다. 즉, 한 변수가 증가하면 다른 변수도 증가하고, 한 변수가 감소하면 다른 변수도 감소하는 관계이다. 예를 들어, 아동의 자아존중감과 학습몰입도가 정적 관계를 가지고 있다면 자아존중감이 증가할 때 학습몰입도가 증가할 것이고, 같은 맥락에서 자아존중감이 감소할 때 학습몰입도 역시 감소하게 될 것이다. 부적 관계(negative relationship)는 두 변수가 각기 다른 방향으로 변하는 반비례적 관계를 말한다. 만약 자기효능감과 학습소진이 부적인 관계를 가지고 있다면 자기효능감이 높은 아동일수록 학습소진은 낮을 것이고, 자기효능감이 낮은 아동일수록 학습소진은 높아질 것이다.

도표에 통계수치와 함께 관계를 표시할 때, (+)는 정적 관계의 의미를 지니고 있지만 플러스(+)를 표시하지 않고 통계수치만 적는 반면, 부적 관계는 통계수치 앞에 반드시 마이너스(−) 표시를 해야 한다. 여기서 주의할 점은 (+)와 (−)는 단지 두 변수가 영향을 주고받아 변하는 방향이 서로 다르다는 것일 뿐, (+)가 (−)보다 관계의 정도가 강하다는 것을 나타내지는 않는다.

(2) 선형 관계와 비선형 관계

선형 관계(linear relationship)는 두 변수가 같은 비율로 변하는 것을 말하고, 비선형 관계(nonlinear relationship)는 두 변수의 변화 비율이 다른 것을 말한다. 선형과 비선형의 차이가 [그림 10-6]에 나타나 있다. 그림에서 변화율을 기울기로 판단할 때, 그것이 선형 관계이든 비선형 관계이든 기울기가 급격하면 X의 변화율이 Y의 변화율보다 작고, 이에 비해 기울기가 완만하면 X의 변화율이 Y의 변화율보다 크다는 점에 있어서는 선형과 비선형이 같다. 그러나 비선형에서는 X가 변할 때마다 Y의 변화율이 다르다.

비선형 관계를 예로 들면, 미술치료 시간과 중재 효과와의 관계에서 미술치료 시간이 증가할수록 어느 시점까지는 중재 효과도 증가한다. 그러나 치료 시간이 일정 시점에 도달하면 아무리 치료 시간을 늘려도 시간이 늘어나는 만큼의 효과

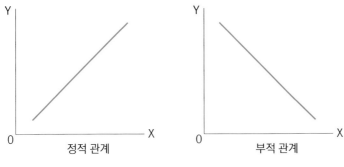

[그림 10-5] 정적 관계와 부적 관계

가 나타나지 않는데, 이런 경우 치료 시간과 중재 효과는 비선형 관계에 있다고 볼 수 있다. 이렇게 치료 시간과 중재 효과가 변하는 비율이 다른 것이 비선형 관계라고 말할 수 있다. 이런 결과를 도출하였다면 중재 효과가 어느 수준에 도달하기까지는 치료 시간을 늘리다가, 어느 정도 중재 효과가 최고치에 달하였다면 점진적으로 치료 시간을 줄이는 것도 합리적이라고 판단할 수 있다.

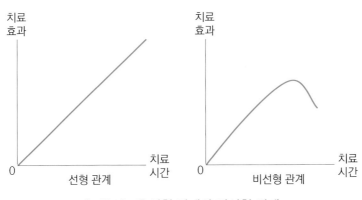

[그림 10-6] 선형 관계와 비선형 관계

2) 관계의 정도

두 변수가 관계가 있다면 어느 정도인지를 파악할 필요가 있다. 이러한 관계의 정도는 한 변수의 변화에 따라 변할 수 있는 다른 변수의 변화 정도를 예측하고자 할 때 중요한 역할을 한다. 예를 들어, 자아존중감과 학습몰입도가 정적인 관계를 가지고 있고 관계의 정도가 높으면, 자아존중감이 향상되면 학습몰입도 수준을 높일 수 있다. 색채심리가 우울감 및 회복탄력성과 관계가 있다면, 우울감을 줄이고 회복탄력성을 높이기 위해 미술치료 기법 중 색채심리 기법을 적용할 수 있다. 이처럼 변수 간의 관계의 정도를 파악하는 것은 매우 중요하다. 조사 연구의 궁극적 목적은 변수들 간에 관계가 있는지, 관계가 있다면 어느 정도인지를 알아야 파악하는 것이며, 이러한 분석 결과는 임상이나 미술치료 프로그램에 반영할 변수의 영향력과 우선순위를 정할 수 있기 때문이다.

　통계치로 파악할 수 있는 관계의 정도는 분석 방법에 따라 다르다. 상관관계분석은 상관계수 r값으로, 회귀분석에서는 표준화 계수로 관계의 정도를 알 수 있다. 상관계수 r값은 −1과 +1의 범위를 가지는데, 두 변수가 같은 방향으로 움직이면 정적(+) 관계가 있고, 각기 다른 방향으로 움직이면 부적(−) 관계를 가진다고 해석한다. 우울감과 회복탄력성은 부적(−) 관계가 있으므로, 우울감이 높아지면 회복탄력성은 낮아진다. 미술치료 회기와 효과가 정적(+) 관계에 있다면 회기가 늘어날수록 치료 효과도 높아진다고 볼 수 있다. 상관계수는 r값이 0.2보다 작으면 두 변수 간에 관계가 매우 약한 수준이며, 0.4 정도면 약한 상관관계, 0.6 이상이면 강한 상관관계가 있다는 것을 나타낸다.

4. 인과관계

　인과관계는 원인과 결과의 관계를 의미한다. 연구의 궁극적 목적은 현상에 내재된 변수 간의 인과관계를 찾는 것이다. 그런 관계를 규명하기 위해 적합한 연구 설계 기법을 모색하고 자료를 수집해서 분석한다. 미술치료 분야에서도 다양한 현상과 연결된 변수들의 인과관계는 반드시 알아야 할 중요한 개념이다. 인과관계(causality)란 상관관계와 달리 두 변수가 변화할 때 한 변수가 원인이 되어 다른 변수를 변화시키는 관계를 말한다. 여기서 원인이란 특정 현상을 발생시키는 변수를 말한다. 이것은 엄격한 의미에서의 논리적 개념이기보다 구체적인 현상들 사이의 관계에 경험적으로 적용하여 증명하고자 하는 실증적인 개념이다.

1) 인과관계의 성립 조건

인과관계를 추정할 때는 발생 조건, 비대칭적 관계, 외생변수의 통제, 시간적 우선순위 등의 네 가지 조건이 충족되어야 한다.

(1) 발생 조건

독립변수와 종속변수는 서로 관련되어 있어 독립변수의 값과 종속변수의 값 모두가 변화해야 한다. 다시 말해, 독립변수가 변화하면 그 영향에 따라 종속변수가 변화하는 것을 말한다. 이때 두 변수는 정적 방향으로 변화할 수도 있고 부적 방향으로 변화할 수도 있다. 예를 들어, 미술치료 중재 효과와 자아존중감이 서로 인과관계가 있다면, 독립변수인 미술치료 중재 효과가 높으면 그와 더불어 자아존중감도 높아지고, 미술치료 중재 효과가 낮으면 자아존중감도 낮아져야 한다는 것이다. 여기서 미술치료 중재 효과가 높을 때 자아존중감 수준이 어느 정도 높아지는가는 인과관계 정도에 달려 있다.

(2) 비대칭적 관계

두 변수는 비대칭적 관계(asymmetric relationship)를 가지고 있어야 한다. 비대칭적 관계란, 독립변수는 종속변수에 영향을 미치지만 종속변수는 독립변수에 영향을 미치지 않는 것을 말한다. 예를 들어, 미술치료 회기와 치료 효과 간의 관계를 살펴보면 미술치료 회기가 늘어났기 때문에 치료 효과가 높은 것이지(①의 경우), 치료 효과가 높다고 미술치료 회기가 늘어나지는 않는다(②의 경우). 그리고 ③은 비대칭적 인과관계가 아니라 두 변수 간에 단순 상관관계가 있다는 것을 나타낼 뿐이다. 즉, 미술치료 회기와 치료 효과가 서로 영향을 미치지만, 어느 변수가 원인이고 어느 변수가 결과인지를 나타내지는 않는다. 만약 ①의 경우와 같이 미술치료 회기와 치료 효과가 비대칭적 관계가 있다면 인과관계가 성립된다.

① 미술치료 회기 → 치료 효과 (○)
② 미술치료 회기 ← 치료 효과 (×)
③ 미술치료 회기 ↔ 치료 효과 (×)

(3) 외생변수의 통제

외생변수를 통제해야 진정한 인과관계를 밝힐 수 있다. 인과관계가 성립되려면, 원인으로 작용하는 독립변수는 종속변수에 영향을 주지만 종속변수 변화의 원인은 독립변수 이외 다른 요인들의 개입이 없어야 한다. 따라서 진정한 의미에서 순수한 인과관계를 밝히기 위해서는 종속변수에 영향을 미칠 수 있는 제3의 외생변수의 영향을 제거한 상태에서 검증해야 한다. 예를 들어, 치료 효과는 미술치료 회기의 증감에 의해서만 설명될 수 있어야 하며, 이때 다른 변수의 영향은 통제되어야 한다.

(4) 시간적 우선순위

시간적으로 원인(독립변수)의 변화가 결과(종속변수)의 변화보다 앞서야 한다. 즉, 인과관계를 논할 때는 시간적 우선순위가 명확해야 한다. 때때로 두 변수 사이에 상호 인과관계가 대칭적 관계를 이루어 두 변수의 변화가 동시에 일어나기도 하는데, 이는 인과관계 자체가 모호한 경우가 있다. 즉, 변수 X의 변화가 변수 Y의 결과를 초래하기도 하지만, 또 변수 Y의 변화가 변수 X의 결과를 초래하기도 하는 경우이다. 이런 경우에는 독립변수와 종속변수가 원인변수인 동시에 결과변수이다. 그러나 다수의 인과관계는 비대칭적이기 때문에 원인이 결과보다 시간적으로 앞선다. 미술치료 회기가 늘어나서 치료 효과가 좋아진 것이라면, 두 변수의 시간적 우선순위는 명백하다고 볼 수 있다.

2) 인과관계의 유형

인과관계는 필요조건과 충분조건을 토대로 세 가지 유형으로 구분할 수 있다.

(1) 필요조건

독립변수가 종속변수의 필요조건(necessary condition)인 유형이다. 즉, 종속변수가 성립하려면 독립변수가 반드시 필요하다. 미술치료사 자격증은 임상 또는 상담을 하는 데 있어서 필요한 조건이다. 따라서 관련 자격증이 없으면 현장에서 치료나 상담을 할 수 없다. 마음챙김과 행복 간의 관계에 대한 필요조건을 살펴보자.

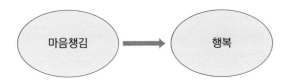

여기서 마음챙김이 행복에 영향을 미치는 것은 필요조건이다. 즉, 마음이 현재에 집중과 주의를 기울일 수 있도록 마음챙김이 잘 되면 행복 수준도 증가한다. 그러나 인간의 행복은 마음챙김만으로 충분히 설명할 수 없고, 마음챙김 이외에 다른 변수가 영향을 미치기 때문에 충분조건은 될 수 없다. 마음챙김이 잘 되는 사람만이 행복 수준이 높고 마음챙김이 안 되는 사람은 행복 수준이 낮다고 가정할 때, 마음챙김은 행복감을 설명하는 데 있어 하나의 필요조건이다. 그러나 마음챙김이 잘 되는 사람 모두가 행복한 것은 아니며, 마음이 현재에 집중하지 못하고 과거의 사건이나 불안 속을 방황하는 사람도 가족응집력이 높다면 행복할 수 있다. 이때 마음챙김과 가족응집력은 행복감을 설명하는 데 있어 충분조건이 된다.

(2) 충분조건

독립변수가 종속변수를 위한 충분조건(sufficient condition)이라는 말은 종속변수가 성립되기 위해서는 독립변수만 있어도 충분하다는 것을 의미한다. 이는 독립변수는 성립하되 종속변수는 성립되지 않는 상황은 있을 수 없다는 것을 말해 준다. 미술치료사 자격증은 합법적으로 임상 및 상담을 하기 위한 필요조건이지만 충분조건을 될 수 없다. 미술치료사 자격증을 취득한 모든 사람이 임상 및 상담을 할 수 있는 것은 아니고, 임상 및 상담 활동을 하려면 허가를 득한 관련 기관이 별도로 필요하기 때문이다.

마음챙김과 행복 간의 관계가 충분조건이 되려면, 마음챙김이 잘 되면 다른 조건 없이 행복할 수 있어야 한다. 만약 가족응집력과 행복 간의 관계가 충분조건이라면 가족응집력만으로 행복 수준이 높아질 수 있을 것이다. 이때 마음챙김과 가족응집력은 각각 하나의 충분조건이지 필요조건은 아니다. 왜냐하면 마음챙김이 잘 되지 않아도 가족응집력이 높으면 행복 수준도 높아질 수 있고, 또 가족응집력이 높지 않아도 마음챙김만 잘 되면 행복 수준이 높아질 것이기 때문이다.

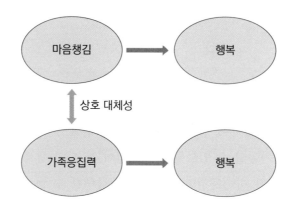

충분조건에서는 마음챙김이 잘 되거나 가족응집력이 높은 것 중 하나의 조건이 반드시 충족되어야 한다. 그리고 마음챙김과 가족응집력은 행복감을 높이는 데 있어 상호 대체성이 있어야 한다. 즉, 마음챙김과 가족응집력이 부분적으로 행복감을 높이는 원인이 아니고, 두 변수가 독립적으로 각기 행복감을 높일 수 있다는 것을 의미한다.

(3) 필요충분조건

독립변수는 종속변수에 필요조건인 동시에 충분조건인 유형이며 가장 이상적인 인과관계이다. 인간의 행복(종속변수)을 마음챙김만으로 충분히 설명할 수 있다면, 마음챙김은 필요조건이자 충분조건이다. 필요충분조건은 본질주의를 지향하는 학자들에 의해 강조되어 왔으며, 관찰 가능한 필요충분조건만을 현상의 진정한 원인으로 간주했다.

마음챙김과 행복 간의 관계가 필요충분조건이라면 행복은 마음챙김에 의해서만 영향을 받는다. 즉, 마음챙김이 잘 이루어져야만 행복할 수 있기 때문에 마음을 놓치거나 방황하면 행복할 수 없게 된다. 여기서는 마음챙김이 유일한 원인이므로 마음챙김 이외에 다른 대체 요인은 없어야 한다. 만약 마음챙김이 필요조건인 동시에 충분조건이라면, 마음챙김 수준이 높으면 행복감도 높아질 것이고 그렇지 못하면 행복감도 낮아질 것이다.

3) 인과관계 추정 시 고려 사항

인과관계를 추정할 때에는 현상의 원인과 결과를 정확히 찾아낼 수 있어야 하므로 풍부한 연구 경험과 통찰력이 필요하다. 그렇지 않으면 원인이 아닌 변수를 원인으로 잘못 판단하여 그대로 분석할 수도 있다. 또는 변수가 필요조건인데 충분조건인 것으로 간주할 수 있다. 현상에 영향을 미치는 요인이 다수일 경우, 즉 서로 다른 원인들이 같은 결과를 초래하여 원인들 간에 공통성이 있을 때는 어느 요인이 진정한 원인인지를 파악하는 것이 쉽지 않다. 그로 인해 관련되는 다른 요인의 영향을 완벽하게 통제할 수가 없게 되고, 타당성이 있는 인과관계를 규명할 수 없게 된다.

특히 미술치료 분야에서는 인간의 정서, 감정, 자아 등의 내면적 요인을 대상으로 연구하므로 엄격히 통제된 실험의 장에서 자유자재로 조작할 수 없고, 내면에 영향을 미치는 요인을 파악하기가 어려운 부분이 있다. 따라서 다양한 요인 중 어느 요인이 먼저 발생하는지를 관찰하기도 어렵고, 또 다양한 정서와 감정이 서로 유기적 관계를 가지며 역동적으로 변화할 수 있으므로 관련 현상에 대한 풍부한 지식과 정보는 필수적이다. 그러나 최근에는 통계분석법과 프로그램이 그 어느 때보다도 수준 높게 발달되어 있기 때문에, 관련 분야에 대한 이론적 배경과 정보를 어느 정도 보유하고 있다면 충분히 신뢰성 있는 인과관계를 추론할 수 있다.

4) 인과 연구 결과의 타당성 평가 방법

인과관계를 설정한 다음, 과연 두 변수 간에 진정한 인과관계가 성립하는지를 검증하여 타당성 평가를 할 필요가 있다. 타당성 평가 방법은 다음과 같다.

(1) 상관관계 검증
두 변수 간의 상호 변화 관계가 유의하고 관계 정도가 일정 수준 이상으로 나타나는지를 검증하는 방법이다. 일반적으로 상관관계분석(correlation analysis)을 적용하여 두 변수 간의 관계 정도를 나타내는 상관계수 r값을 구하는데, 상관계수는 0과 1 사이의 값을 갖는다. 이때 상관계수 r값이 0.5 이상이며 상호 변화 관계가 통계적 유의성이 있으면, 두 변수 사이의 상관관계가 검증되었다고 할 수 있다. 여기서 유의할 점은 인과관계가 타당성이 있으려면 독립변수와 종속변수 간에는 상관관계가 높아야 하고, 독립변수들 간에는 상관관계가 낮은 것이 바람직하다는 것이다.

(2) 외생변수 통제 기법

외생변수 통제 기법은 독립변수와 종속변수 이외 다른 변수의 영향이 개입되지 않았는지를 검증하는 방법이다. 인과관계에서는 외생변수의 영향을 통제하는 것이 무엇보다 중요한데, 이를 위해 몇 가지 방법을 적용할 수 있다. 가장 보편적인 방법은 상관관계분석을 할 때 관심변수인 한 독립변수를 비롯하여 영향을 미칠 수 있는 관련 독립변수들을 모두 투입하여 관계의 정도를 보는 것이다. 이 방법은 다중공선성 문제를 검증하기 위해 적용하는 방법이기도 하다. 상관관계분석을 한 결과 독립변수 간에 높은 상관관계가 있다면, 외생변수가 영향을 미치고 있다고 봐야 한다. 예를 들어, 자녀교육비에 영향을 미치는 변수들 중 소득과 부모의 학력이 있는데 연구의 초점은 교육비와 소득 간의 인과관계를 검증하는 것이라고 가정하자. 두 독립변수인 부모의 학력과 소득 수준 간의 상관관계를 분석한 결과 높은 상관관계가 있는 것으로 나타났다면, 부모의 학력이란 외생변수가 소득과 교육비와의 관계에 얼마간 영향을 미치고 있다는 것을 시사한다.

(3) 개념의 대표성

변수 간에 인과관계가 타당성이 있으려면 관련 변수가 연구하고자 하는 개념을 잘 대표하고 있는지를 검증해야 한다. 소득이나 교육비 · 연령 · 학력 등과 같은 개념은 단위가 몇 원, 몇 세, 몇 학년 등 객관적 단위가 있어 변수화하는 것이 용이하다. 그러나 프로그램의 효과, 마음챙김, 가족응집력, 삶의 질, 박탈감, 중독, 사회통합, 욕구 등과 같은 개념은 조작적 정의를 통해 측정 가능한 수치로 전환해야 하는데 그 과정이 쉽지 않다. 쉽지 않은 만큼 다양한 형태의 오류가 개입될 수 있고, 조작화 과정에 그러한 오류가 개입된 것을 인지하지 못하고 간과할 수도 있다. 이와 같이 개념의 대표성에 문제가 있으면 인과 결과의 타당성을 인정할 수 없게 된다.

5. 추론통계분석 방법

1) 왜 추론통계가 중요한가

추론통계(inferential statistics)란 수집한 자료를 이용하여 모집단의 특성 또는 모수를 추리하고 예측하는 데 사용하는 분석 기법이다. 연구의 궁극적 목적은 우리가 관심 있고 알고 싶은 현상을 예측하고 설명하기 위해서이다. 그래서 기술통계도 중요하지만, 현상을 확률적으로 예측하고 설명할 수 있는 추론통계가 더 큰 비중을 차지하고 있다. 그러면 왜 추론통계라고 하는가? 선거 때마다 방송과 여론조사기관은 누가 당선될 것인지를 알아보기 위해 설문조사를 토대로 예측한다. 색채심리치료가 우울증 및 회복탄력성과 어떤 관계가 있는지를 알아보기 위해 미술치료 프로그램을 적용하여 자료를 수집하고 분석한 결과를 토대로 관련 프로그램의 효과를 예측할 수 있다. 물론 예측이 항상 맞지는 않고, 어디까지나 확률적으로 추론할 뿐이다. 이유는 모집단이 아니라 표본 자료를 분석하여 모집단 특성을 추론하기 때문이다.

일반적으로 추론통계를 적용하기 전에 먼저 기술통계가 선행되어야 한다. 표본조사를 통해 표본의 특성을 반영하는 통계량을 기술통계로 파악한 다음, 이를 토대로 추론통계를 적용하여 모집단 특성인 모수를 추정하게 된다. 기술통계는 집단의 특성을 기술하고 요약할 뿐, 분석 결과를 토대로 관련 집단의 특성이나 중재 프로그램의 효과를 추론할 수는 없다. 그러나 추론통계는 표본 자료로 가설 검증을 거쳐 관련 현상에 대한 인과관계를 확률적으로 예측한다. 그래서 추론통계로 변수 간 관계를 나타내는 통계치의 확률적 유의 수준을 확인하여 해석하고 설명한다.

기술통계와 추론통계의 근본적인 차이점은 분석 결과의 일반화(generalization) 여부에 있다. 현상에 대해 자료를 수집하여 분석하고 결과를 도출할 때 가장 이상적인 자료는 모집단 전체를 대상으로 수집한 것이다. 색채심리치료가 우울증 및 회복탄력성에 어떤 영향을 미치는지 알아보고자 할 경우, 몇십 명 정도의 적은 수를 대상으로 조사한 자료보다 모집단 전체를 대상으로 수집한 자료를 분석하면 더 신뢰할 수 있는 결과를 도출할 수 있을 뿐 아니라, 추론이 필요하지 않은 확정적인 결과를 얻을 수 있다. 그러나 모집단 전체를 대상으로 조사하기 때문에 시간과 비용이 많이 들고 또 모집단이 분명하지 않아 규모 파악이 어려울 때는 전체를 대상으로 조사한다는 것 자체가 불가능하다. 그래서 표본조사 자료로 추론통계 기법을 적용하여 모집단 모수를 추정한다.

2) 모수와 통계량

모집단은 연구 대상 전체 집단을 의미한다. 통계분석에서 모집단 자료의 중요성에도 불구하고 표본 자료를 적용하는 이유는 대부분의 모집단 분포가 완전하게 알려진 것이 별로 없기 때문이다. 연구 대상이 되는 모집단들은 다양하고, 어떤 모집단은 매우 추상적이다. 예를 들어, 미술치료사가 개발한 프로그램 A와 B가 있는데 프로그램 A를 적용했을 때와 B를 적용했을 때 대상자들에게 어떤 치료 효과가 있는지를 알고 싶다고 가정하자. 이 경우 모집단은 무엇인가? 이 사례에서 모집단은 대상자가 아니라 프로그램 A와 B를 적용했을 때의 모든 치료 효과이다. 모든 성인을 대상으로 프로그램을 적용하여 전수조사를 할 수도 있지만, 시간적·공간적 제약과 더불어 비용도 너무 많이 들기 때문에 불가능하다. 모집단 규모가 매우 크면 전체를 대상으로 자료를 수집하는 과정에 체계적 또는 비체계적 오류가 개입될 소지가 있다. 규모는 작지만 파악이 잘 안 되어 접근 자체가 어려운 모집단들도 있다. 예를 들어, 공황장애나 트라우마를 경험한 집단, 성폭력이나 성희롱, 알코올 중독 등을 경험한 집단을 대상으로 프로그램 효과를 검증하려고 해도 모집단 규모를 파악하기가 쉽지 않다. 이런 이유로 표본 자료를 분석하는 것이 일반적이고, 적은 비용과 시간으로 모집단을 조사하는 것과 같은 효과를 얻을 수 있다. 실제로 우리가 알고 있는 대부분의 통계 자료는 표본 자료를 분석한 것이다.

모수(parameter)는 모집단 특성을 나타내는 수치로, 평균, 분산, 표준편차 등이 있다. 연구에서 모수는 매우 중요하다. 연구자가 알고 싶고 추정하고자 하는 것은 모집단을 구성하는 특성을 반영하는 모수이기 때문이다. 즉, 연구자는 미술치료 프로그램에 참여한 전체 성인을 알고 싶은 것이 아니라 전체 성인을 대상으로 한 치료 효과의 평균이나 표준편차를 알고 싶고, 이를 토대로 모집단 모수를 추정하려는 것이다. 그러면 모수가 중요하다는 것은 알겠는데 어떻게 알 수 있는가? 그것은 모집단의 일부인 표본을 추출해서 모수를 추정할 수 있다. 그렇다면 어떤 표본이 모집단 모수를 추정할 수 있는 좋은 표본인가? 그것은 연구자의 의도나 편의성이 완전히 배제된 무작위(random)로 뽑힌 표본이다. 이러한 표본을 확률표본 또는 무작위표본이라고 하며, 통계량(statistic)은 표본을 대상으로 수집한 자료를 분석한 평균, 분산, 표준편차 등이다.

표본은 대표성과 적합성이 있어야 한다. 즉, 표본 자료가 모집단 분포를 반영할 수 있는 대표성과 모집단 특성을 내포한 적합성이 있어야 한다. 통계분석에서 모집단과 표본의 특성에 대표성과 적합성이 있는지는 모수와 통계량으로 파악할 수 있으며, 대표성과 적합성이 있는 자료는 추론통계를 통해 모집단 분포를 추정하고 결과를 일반화할 수 있다. [그림 10-7]은 모수와 통계량 간의 관계를 보여 준다. 표본은 모집단 일부이며, 이 일부의 표본을 무작위로 선정하여 수집한 자료를 분석한 후 모집단 전체의 모수를 추론한다. 모수와 통계량과의 관계를 이해한다면 모수에 대한 통계적 추정을 이해할 수 있다. 즉, 연구자가 표본 자료를 분석하여 얻은 통계량을 이용하여 모수를 추정할 수 있다.

표본이 무작위로 선정되면 모수와 통계량의 전반적인 분포가 비슷하여 표본이 모집단을 대표할 수 있게 된다. 그러나 좋은 표본도 모집단 특성을 완벽하게 반영하기가 쉽지 않으므로 실제 모수와 통계량 간에 약간의 차이는 날 수 있는데, 이를 표본오차(sampling error)라 한다. 표본의 대표성과 적합성을 위해 표본오차는 작을수록 바람직하다.

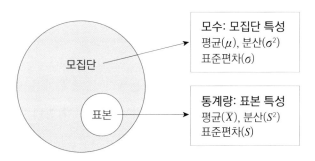

[그림 10-7] 모수와 통계량

출처: 정영숙(2006). 사회복지조사방법론, p. 256.

[그림 10-8]은 표본 결과로 모집단 특성을 추론하는 일반화 과정을 보여 준다. 모집단을 대상으로 전수조사를 하면 바로 모수를 알 수 있다. 그러나 전수조사가 아니고 표본조사를 하면 추론통계를 적용하여 파악된 통계량으로 모수를 추정하여 일반화하게 된다. 즉, 추론통계는 변수 간의 인과관계를 토대로 가설을 검증하고 결과를 토대로 모수를 추론한다. 통계치가 모집단을 잘 대표할 수 있으려면 표본의 구성 요소가 모집단의 구성 요소와 유사해야 한다. 예를 들어, 모집단 특성 중 종교나 학력이 중요한 요소라면 표본도 종교나 학력 분포가 모집단과 유사하게 선정되어야 한다.

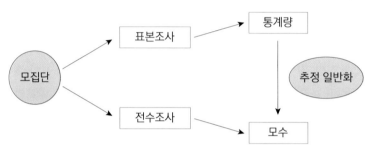

[그림 10-8] 추론 및 일반화 과정

출처: 정영숙(2006). 사회복지조사방법론, p. 256.

6. 모수통계와 비모수통계에 대한 이해

1) 모수통계

(1) 모수통계에 대한 이해

통계분석은 모수통계와 비모수통계로 구분된다. 모수통계를 이해하기 위해서는 우선 모수와 모집단에 대한 개념적 이해가 선행되어야 한다. 모집단이란 연구대상 전체 집단 또는 특성을 의미한다. 가장 바람직한 자료는 모집단 전체를 대상으로 한 전수조사이며, 모집단 규모가 적정하다면 전수조사가 이상적이다. 그러나 실질적으로 모집단 범위가 방대하거나 추상적이고 불확실하여 규모나 특성을 알 수 없는 모집단이 다수이다. 그래서 모집단 일부를 추출하는 표본조사를 하고 모수통계를 적용하여 통계량으로 모집단 모수를 추정한다. 모수통계(arametric statistics)는 모집단 특성이 정규분포를 이룬다는 가정하에 모집단에서 추출된 표본으로부터 모집단 특성을 추론하는 분석 방법이다. 여기서 추론 대상은 모집단의 특성을 반영하는 평균이나 분산과 같은 모수에 관한 수치이다.

모수통계에서 중요한 요건은 자료가 정규분포를 이루어야 하는 것이다. 중심극한정리(central limit theorem)에 의하면, 표본 크기가 증가할수록 표본의 통계량(평균과 표준편차)이 모집단 모수에 근접한다. 모수통계에서 중심극한정리가 중요한 의미를 지니는 이유는, 표본 크기가 증가하면 통계량과 모수 간의 차이를 나타내는 표준오차는 감소하고 표본분포가 정규분포에 수렴하기 때문이다. 또한 표본분포와 모집단 간의 관계를 증명함으로써 표본의 통계량으로 모집단 모수를 추정할 수 있는 근거를 제공한다(McLeod, 2019). 일반적으로 중심극한정리가 성립되기 위한 최소한의 표본 크기는 집단별로 30개 이상이어야 한다. 예를 들어, 연구에서 중요한 변수인 학력이 고졸 이하와 대졸 이상의 두 집단으로 구분된다면 표본 크기는 60개 이상이어야 한다. 만약 학력을 중졸 이하, 고졸, 대졸 이상으로 세 집단으로 분류한다면 표본 수는 더 많아야 한다. 각 집단에 최소 표본이 30개는 되어야 그 집단을 대표할 수 있다.

(2) 모수통계의 장점

모수통계의 장점을 살펴보면 다음과 같다(Frost, 2019). 첫째, 모수통계는 정규분포 모양에서 다소 벗어나 왼쪽 또는 오른쪽으로 치우친 비정규분포를 이루는 자료를 적용하여 신뢰할 수 있는 결과를 얻을 수 있다.

둘째, 모수통계는 집단 간에 분산이 달라도 신뢰할 수 있는 결과를 얻을 수 있다. 비모수통계 자료는 정규분포 조건은 충족하지 않아도 되지만 집단 간 분산은 같아야 한다. 왜냐하면 집단 간 분산이 다르면 비모수통계는 정확한 결과를 얻을 수 없기 때문이다. 그러나 모수통계는 집단 간에 분산이 달라도 독립표본 t-검정이나 일원배치 분산분석 같은 모수통계분석을 할 수 있다. 모수통계는 집단 간 분산이 다른 것을 고려할 필요가 없다.

셋째, 모수통계는 검증력이 강하다. 검증력(statistical power)이란 연구가설 또는 대립가설이 사실일 때 이를 채택할 확률을 의미한다. 실제로 미술치료 기법이 효과가 있다면 영가설을 기각하고 연구가설을 채택할 확률을 높이는 것이 모수통계의 강점이다.

2) 비모수통계

(1) 비모수통계에 대한 이해

비모수통계(nonparametric statistics)는 자료가 정규분포를 이루지 않거나 모집단에 대한 정보가 없거나 표본 크기가 작을 경우, 분포에 대한 기본 가정을 필요로 하지 않을 때 적용하는 통계 기법이다. 일반적으로 가설을 검증하는 연구자는 비모수통계보다 모수통계에 더 익숙해져 있다. 그러나 자료가 모수통계를 적용할 조건, 즉 정규분포 가정을 충족하지 못하거나 표본 크기가 작은 상태에서 모수통계를 적용하면 분석 결과에 적잖은 오류가 발생할 수 있다. 이런 오류는 연구자가 인지하지 못하는 경우가 다수이다. 따라서 모수통계의 기본 가정을 충족하지 못한 자료를 분석할 때는 비모수통계를 적용해야 하고, 모수분석을 함으로써 발생할 수 있는 오류를 줄이고 현상 및 실제와 부합된 결과를 도출할 수 있다. 비모수통계는 정규분포 조건이나 표본 크기 외에 변수가 명목척도이거나 서열척도일 경우에 적합한 방법이다.

비모수통계의 특징을 살펴보면, 실험 연구나 프로그램 개발 연구 등과 같이 다수의 표본을 선별하기 어려운 상황에 적합한 분석 방법이다. 명목척도나 질적 척도로 구성된 자료도 분석할 수 있으며, 비교적 쉽게 통계량을 구할 수 있고 분석 결과에 대한 해석과 이해가 간단하다. 그러나 모수통계보다 검증력이 약하다는 한계점이 있다. 검증력이 약하다는 것은 미술치료 효과분석에서 효과가 있을 것이라는 연구가설을 기각할 확률이 크다는 것을 나타낸다. 모든 연구자는 미술치료 효과가 있다면 통계분석이 그 효과를 충분히 규명할 수 있는 검증력을 갖기를 원한다. 이런 부분에서 비모수통계는 나름의 한계가 있다.

그러면 검증력을 높이기 위해 어떤 방법이 필요한가? 첫째, 신뢰 수준을 높여야 한다. 신뢰 수준은 모집단 모수를 포함할 구간의 비율을 나타내는데, 일반적인 신뢰 수준은 95%이다. 95%의 신뢰도는 그 구간에 모집단 모수(예: 평균)가 포함될 것으로 추정하는 범위이다. 분석 결과, 미술치료 프로그램이 효과가 있고 신뢰 수준이 95%(유의 수준 $\rho=0.05$)라면 한 모집단에서 선택한 100개의 표본 중 95개(95%)는 모집단 모수를 포함하는 신뢰구간에 있다는 것을 말해 준다. 만약 신뢰 수준을 90%(유의 수준 $\rho=0.10$)로 낮춘다면 오차 범위가 커진다. 따라서 비모수분석으로 검증력을 높이려면 신뢰 수준을 높이는 것이 바람직하다.

둘째, 검증력을 높이고 싶다면 표본 크기를 증가시켜야 한다. 표본 크기가 증가하면 통계치의 표준오차가 줄고 모수치 추정 확률이 높아지기 때문이다. 미술치료 프로그램 개발을 목적으로 특정 프로그램의 처치 효과를 확인할 때 몇 명의 표본이 필요한가? 표본 크기를 결정하는 기준은 모집단의 규모, 모집단 특성의 동질성 정도, 연구 목적·분석 방법, 변수의 종류와 범주의 수, 시간과 비용의 제약 등에 따라 다르다. 표본 크기는 표본의 대표성과 모수 추정의 신뢰도 및 정확도와 밀접한 관계가 있으므로 적합한 표본 크기를 확보할 필요가 있다. 일반적으로 표본 크기는 모집단 규모가 클수록, 변수의 종류와 범주의 수가 다양할수록, 모집단의 특성이 이질적일수록 커야 한다. 연구 목적과 표본 크기와의 관계는 모수 추정의 정확도에 따라 다르다. 즉, 연구 목적이 단순한 관계 검증을 넘어서 정확한 모수 추정이 요구될 때는 표본 크기가 커야 정확도가 높은 결과를 획득할 수 있다.

그러나 연구 대상에 따라 표본 추출이 쉽지 않은 사례도 있는데, 이런 경우라도 모집단을 대표할 수 있는 최소한의 표본 수를 확보해야 한다. 그렇지 않으면 표본오차가 발생한다. 표본 크기는 모집단 크기뿐 아니라 모집단의 동질성에 따라 달라진다. 모집단의 동질성을 고려하지 않을 경우, 일반 원칙은 모집단이 크면 클수록 표본 크기 또한 커야 한다. 그러나 모집단이 동질적이라면 적은 수의 표본이라도 대표성이 유지될 수 있지만, 이질적이라면 그 정도를 고려하여 표본 크기를 증가시켜야 한다. 모집단의 동질성 여부는 표본 크기에 중요한 요인으로 작용한다.

(2) 비모수통계의 장점

비모수통계는 검증력이 약하다는 단점이 있으나 자료에 내포된 한계를 적합한 방법으로 보완해서 결론을 도출할 수 있는 다양한 장점도 있는데, 이를 살펴보면 다음과 같다(Frost, 2019).

첫째, 비모수통계는 중앙치를 중심으로 분석한다. 즉, 변수의 실제 값보다 부호나 순위 등을 적용해야 할 경우가 많은데, 비모수통계는 평균이 아니고 중앙치를 적용한다. 부분적으로 극단치가 포함된 자료는 오히려 모수통계보다 비모수통계의 중앙치를 이용하면 더 신뢰성 있는 결과를 얻을 수 있다. 자료에 아주 높거나 아주 낮은 값이 일부 포함되어 있으면 평균을 높은 값으로 끌어올리거나 낮은 값으로 끌어내리므로, 평균이 대표치로서 의미가 상실되므로 중앙치가 기준이 되어야 한다. 일부 극단치로 인해 집단 간 평균은 차이가 날 수 있으나, 중앙치는 안정적인 속성이 있다. 예를 들어, 미술치료 효과분석에서 두 집단 모두 평균은 70 정도로 비슷하지만, 한 집단은 자료의 값들이 60~80의 범위에 있고 다른 한 집단은 30~90의 범위에 있다면, 어느 한쪽으로 치우친 분포를 이루는 경향이 있다. 미술치료 실험 자료를 분석해 보면 대부분의 효과 점수가 중간값에 밀집되어 있는데, 이런 분포에 효과가 아주 높거나 낮은 경향이 있는 일부 대상자가 표본에 포함되면 다수 대상자의 효과에는 변함이 없어도 평균은 증가한다. 그러나 빈도분포를 보면 평균이 증가해도 값들은 중앙치 주위에 모여 있다. 자료에 극단치가 포함되어 있을 때 모수통계와 비모수통계분석을 하면 완전히 다른 결과가 나타날 수도 있다. 이럴 때 연구자는 평균과 중앙치 중 어느 수치가 자료의 중심경향을 더 잘 반영하는지를 보고 결정해야 한다.

둘째, 비모수통계는 표본 크기가 작고 분포가 정규곡선이 아닐 때 적용할 수 있다. 표본 크기가 일정한 조건을 충족할 정도로 충분히 크지 않거나 자료가 정규분포를 이루는지 확실하지 않으면 비모수분석이 더 적합한 방법이다. 표본 크기가 작은데도 불구하고 정규성을 토대로 한 분석을 하면 검증력이 약해서 유용한 결과를 도출할 수 없다.

셋째, 비모수통계는 서열척도, 순위척도, 극단값 등이 포함된 자료를 분석할 수 있다. 모수통계는 등간척도나 비율척도와 같은 연속형 자료만 분석할 수 있지만, 부분적으로 극단값이 포함되어 있으면 그 값들의 영향을 크게 받는다. 그러나 비모수통계는 순서나 순위를 나타내는 자료가 대상이므로, 극단치가 있어도 평균이 아닌 중앙치를 적용해서 극단치의 영향을 받지 않는다. 만약 자료에 비정상적인 값들이 있다면 원칙적으로는 그 값들을 분석에서 제외해야 하지만, 경우에 따라 극단치로 보이는 값이 연구에서 나타날 수 있는 진정한 수치일 수 있으므로 극단치 배제와 관련된 결정을 할 때 신중해야 한다. 비모수통계를 적용할 때는 먼저 분석 방법의 기본 가정을 확인할 필요가 있는데, 이유는 다양한 방법은 각기 다른 유형의 자료를 분석할 수 있고 분석 방법에 따라 극단치를 처리하는 기능이 다르기 때문이다.

3) 모수통계와 비모수통계분석 방법에 대한 이해

(1) 통계분석 방법의 선택 기준

다수 연구자는 모수와 비모수 분석 중 선택 기준을 자료의 정규분포 여부로 간주하는 경향이 있다. 만약에 표본 크기가 작은 자료를 분석할 때 정규분포는 가장 우선적으로 고려해야 할 결정 요인이다. 그러나 분포 문제가 크게 중요하게 작용하지 않을 경우도 있는데, 그 이유는 어느 한쪽으로 치우친 비정규분포도 표본 크기가 적정하면 모수통계분석을 할 수 있고 또 비모수통계도 충족하기 쉽지 않은 가정들이 있기 때문이다. 모수통계를 적용할 수 없는 자료라고 해서 무조건 비모수통계를 적용할 수 있는 것은 아니므로, 통계분석 방법의 선택 기준을 명확히 이해하고 자료의 속성에 부합하는 방법을 선택해야 한다.

통계분석 방법을 선택하는 데 있어서 정규분포만큼 중요한 기준은 중심경향치이며, 평균이 더 나은 척도인지 아니면 중앙치가 더 나은 척도인지에 달려 있다 (Frost, 2019). 만약 표본이 충분히 크고 극단값이 별로 없어서 평균이 중심경향치로 더 바람직한 측정치라면 모수통계분석을 적용하는 것이 검증력 있는 결과를 얻을 수 있다. 그러나 자료에 극단값이 포함되어 평균보다 중앙치가 더 나은 측정치라면 표본 크기와 관계없이 비모수분석을 하는 것이 합리적이다. 모수통계가 검증력이 강한 결과를 산출한다는 것은 분석기준(정규성, 표본 크기, 집중경향치 등)을 충족할 때에 한해서이다. 그러나 기준을 충족하지 못하면 모수나 비모수 모두 현실과 괴리가 있는 분석 결과를 도출할 수 있다.

(2) 모수통계와 비모수통계에 대한 비교

모수통계와 비모수통계의 분석 방법, 분포, 변수의 척도, 중심경향치 등을 비교한 내용이 〈표 10-9〉에 요약되어 있다. 분석 방법부터 살펴보면 두 개의 상호 관련된 변수 간의 평균 차이가 통계적으로 유의미한지를 분석할 때의 모수통계는 대응표본 t-검정(paired sample t-test)이고, 비모수통계는 윌콕슨 부호-순위 검정(Wilcoxon signed-rank test)이다. 독립표본 t-검정은 '두 집단' 간 평균 차이를 검증하는 데 유용한 모수통계이며, 이에 부합되는 비모수통계는 맨-휘트니 검정(Mann-Whitney test)이다. 예를 들어, 집단미술치료 프로그램 적용 전과 후의 청소년의 공격적 행동 성향을 비교할 때는 대응표본 t-검정 또는 윌콕슨 부호-순위 검정을 적용할 수 있다. 그러나 집단미술치료가 우울 감소에 미치는 영향을 알아보기 위해 두 집단(실험집단 vs. 통제집단) 간 차이를 검증한다면 독립표본 t-검정이나 맨-휘트니 검정을 해야 한다.

변수 간의 상호 변화 관계를 분석할 때 모수통계는 Pearson, 비모수통계는 Spearman의 순위상관분석을 한다. 세 집단 이상 간의 평균 차이를 검증하는 모수통계는 일원배치 분산분석이고, 모수통계의 기본 가정을 충족하지 못할 때는 비모수분석인 Kruskal Wallis 검정을 적용한다. 모수통계인 반복측정 분산분석에 대체하는 비모수통계분석 방법은 프리더먼 검정(Friedman's ANOVA)이다. 통계분석 방법 외 분포 기준은, 모수통계는 정규분포를 가정하므로 자료의 정규성을 확인해야 하고, 비모수통계는 정규분포 가정과 상관없으므로 정규성을 검증할 필요가 없다. 변수의 척도는 모수통계의 경우 비율척도나 등간척도로 구성되어야 하고, 비모수통계는 명목척도 및 서열척도여야 한다. 자료의 대표성을 반영하는 중심경향치의 경우, 모수통계는 평균이고 비모수통계는 중앙치이다.

〈표 10-9〉 모수통계와 비모수통계에 대한 비교

구분	모수통계	비모수통계
통계분석 방법	대응표본 t-검정	윌콕슨 부호-순위 검정 Wilcoxon signed-rank test
	독립표본 t-검정	맨-휘트니 검정 Mann-Whitney test
	Pearson의 상관분석	Spearman의 순위상관분석
	일원배치 분산분석	Kruskal Wallis H test
	반복측정 분산분석	Friedman's ANOVA
분포	정규성 검정	정규성 검정 안 함
변수의 척도	비율, 등간	서열, 명목
중심경향치	평균	중앙치

참고문헌

이우구(2019). 노인의 감정 조절 능력이 자살 생각에 미치는 영향: 마음챙김의 매개 효과. 대구대학교 대학원 박사학위논문.

정영숙(2006). 사회복지조사방법론. 경기: 공동체.

Frost, J. (2019). Statistics by Jim 홈페이지. https://StatisticsbyJim.

Kline, R. B. (2015). *Principles and practice of structural equation modeling* (4th ed.). New York: Guilford Publications.

McLeod, S. A. (2019, July 10). What does effect size tell you? Simply Psychology: https://www.simplypsychology.org/effect-size.html

제**11**장

통계분석의 실제

1. 자료 입력과 편집

통계분석에 필요한 단계는 기본적으로 4단계이며, 상황에 따라 순서에 변동이 있을 수 있으나 자료를 입력하고 분석하는 과정은 같다.

[그림 11-1] 통계분석의 기본 단계

1) 자료 입력

통계분석의 첫 단계는 프로그램에 데이터를 입력하는 것이다. 데이터는 엑셀 등에 입력된 파일을 통계분석 프로그램으로 불러올 수 있지만, 가급적 직접 통계분석 프로그램에 입력하는 것이 번거로운 과정을 줄일 수 있다. 미술치료 영역에서 일반적으로 이용하는 프로그램은 SPSS/PC(Statistical Package for Social Science)이므로, 이 장에서 SPSS/PC 프로그램을 활용하여 설명하고자 한다.

(1) 데이터 입력 또는 파일 열기

통계분석을 하기 전에 데이터를 입력해야 하는데, 이를 위한 준비 작업이 열기이다. SPSS/PC 프로그램을 열면 제일 먼저 아래 화면이 뜬다.

- SPSS/PC 열기: 처음 SPSS/PC 프로그램을 열면 이와 같이 초기화면에서 작업 중인 데이터를 선택할 수 있는 화면이 나타나지만 지금은 처음 사용한다는 가정하에 화면 오른쪽 아래 **[닫기]** 버튼을 클릭한다.
- 데이터를 처음부터 입력해야 하는 빈 데이터 시트가 나타나면 데이터를 차례로 입력한다. 왼쪽 행에 있는 1, 2, 3… 등의 숫자는 표본 수를 나타낸다. 만약 20명의 대상자로부터 자료를 수집했다면 20개의 행에 데이터가 입력되어야 한다. 열에 열거된 변수는 설문지 또는 측정 도구에 포함된 변수의 수이다. 만약 변수가 50개이면 열에 50개의 데이터가 입력된다.

- 행 1에 집단 변수를 입력하는데, 숫자 1을 입력하고 Enter를 치면 그림과 같이 열의 이름이 임의 변수인 VAR00001로 바뀐다.
- 여기서 숫자 1을 입력했는데 셀에 1.00으로 나타나는 것은 변수의 소수 자리를 지정하지 않았기 때문에 임의로 소수 두 자리가 지정된 것이다. 소수 자리는 분석에 영향을 주지 않으므로 그대로 두어도 된다.
- 행 2에 값을 입력하고 Enter를 치면 VAR00002가 생성된다. 그리고 그다음 변수들도 같은 방식으로 입력한다. 모든 변수를 다 입력한 후 데이터 파일을 저장한다.
- **[저장하기]**: 데이터가 열린 상태에서 각 셀을 클릭하여 데이터를 수정 또는 편집할 수 있다. 기존 데이터를 편집하거나 새로운 데이터를 입력한 후 저장할 경우, 메뉴에서 **[파일(F) → 저장(S)]**을 누르거나 도구 탭에서 디스크 모양을 선택하면 바로 저장이 된다.
- **[다른 이름으로 저장]**: 이미 저장한 파일을 수정한 다음 다른 파일로 저장할 경우, **[파일(F) → 다른 이름으로 저장(A)]**을 선택한다. **[데이터를 다른 이름으로 저장]** 창이 열리면 **[저장위치(I)]**를 지정한 후 **[파일 이름(N)]**에 새로운 파일 이름을 쓰고 **[저장(S)]**을 누른다. 저장된 SPSS 데이터의 확장자는 "*.sav"이다.
- 모두 입력된 시트 형태는 다음에 설명한 데이터 시트 구조를 참고하면 된다.

- 작업 중에 '빈 데이터 시트 열기'가 필요한 경우에는 메뉴에서 **파일(F) → 새 파일(N) → 데이터(D)**를 차례로 선택한다.
- 다른 파일 유형 열기: SPSS/PC 형식으로 저장된 파일 이외에 엑셀(Excel) 등으로 저장된 파일도 열 수 있는데, 이런 경우 처음 SPSS/PC로 파일을 열 때 엑셀 이외의 프로그램으로 입력된 자료는 **[다른 파일 유형 열기]**에서 관련 파일을 찾아 열면 된다.

(2) 데이터 시트 구조

데이터 시트는 열(column), 행(row), 셀(cell) 등으로 구성되어 있으며 데이터 파일은 직사각형 형태로 구성되어 있다. 열은 변수를 의미한다. 예를 들어, 30개의 문항이 포함된 설문지로 조사한 경우, 각 문항은 변수이며 하나의 응답지에 포함된 응답이 30개의 열에 입력된다. 행은 케이스를 의미한다. 이는 설문조사에서 각 응답자가 응답한 설문지이며, 100명으로부터 응답지를 회수한 경우 케이스 수는 100개이다. 셀은 행과 열이 교차되는 부분이며 각 셀의 값은 해당 케이스의 변숫값이다. 셀에는 수치와 문자만 저장할 수 있다.

	🕾 검사시기	🕾 집단	🕾 성별	🕾 학년	🕾 친한친구수	🕾 심리치료경험	🕾 받은심리치료	✏ 사전전체	✏ 사후전체	✏ 추후
1	1.00	0	1	1	2	1	1	103	112	1
2	1.00	0	1	2	4	2	2	106	96	
3	1.00	0	2	3	3	3	3	112	105	1
4	1.00	0	2	4	2	4	4	118	107	1
5	1.00	0	1	5	2	1	1	91	97	
6	1.00	0	2	6	1	2	2	120	88	
7	1.00	0	1	2	2	3	3	117	97	
8	1.00	0	2	3	3	4	4	81	94	
9	1.00	0	1	4	4	1	1	109	94	
10	1.00	0	2	5	2	2	3	107	101	1
11	1.00	1	1	1	3	1	1	88	127	1
12	1.00	1	1	2	2	2	2	95	135	1
13	1.00	1	2	3	2	3	3	96	140	1

- 왼쪽 칸 1부터 20까지는 행 번호이며 표본 수를 나타낸다. 이 데이터는 20명을 대상으로 집단미술치료 프로그램을 적용한 것이다.

2) 변수 정의

SPSS에서 데이터 화면 하단에 2개의 버튼, 즉 [데이터 보기(D)]와 [변수 보기(V)]가 있다. 여기서 데이터 보기를 누르면 앞서 본 데이터 창이 뜨고 변수 보기를 누르면 다음 화면과 같이 데이터 편집기 창이 뜬다. 여기서 변수에 대한 다양한 정의를 할 수 있다. 편집기 창에는 이름, 유형, 너비, 소수점 이하 자리, 설명, 값, 결측값, 열, 맞춤, 측도, 역할 등의 10가지 선택 메뉴가 있다.

(1) 변수 이름

변수 이름을 보여 준다. 만약 데이터 입력 시 변수 이름을 지정하지 않으면 자동으로 VAR00001부터 할당된다. 변수 이름만 보고 무엇을 의미하는지 알 수 있도록 변수명을 입력하는 게 효율적이다. 예를 들어, VAR00001보다는 성별이라고 입력하는 것이 알아보기 쉽다.

(2) 변수 유형

변수 유형은 데이터를 표기하는 방식을 알려 준다. SPSS 프로그램은 변숫값을 숫자 형식으로 간주하지만 변수 형식을 바꿀 수도 있다. [유형]에서 [숫자]를 클릭하면 다양한 유형을 선택할 수 있다. 일반적으로 변수 유형은 크게 수정할 필요 없이 그대로 두고 분석하지만 특정 변수의 숫자나 콤마를 변경해야 할 경우에만 선택하면 된다.

- 숫자(N): 변숫값이 수치인 경우
- 콤마(C): 세 자리마다 콤마를 표기하는 경우(예: 2,543)
- 점(D): 세 자리마다 점을 표기하는 경우(예: 2.543)
- 지수 표기(S): 지수 형식으로 표기하는 경우(예: 2.5E+3)
- 날짜(A): 날짜 및 시간으로 표기하는 경우
- 달러(L): 미국 화폐를 접두어로 표기하는 경우(예: $2,543)

- 사용자 통화(U): 옵션 대화 상자에서 사용자 정의 통화 형식으로 표시된 숫자
- 문자(R): 문자, 숫자, 특수문자를 표기하는 경우

(3) 너비와 소수점 이하 자릿수

데이터를 입력하면 자동적으로 너비는 8, 소수점은 2자리로 정해져 있다. 만약 특정 변수의 너비를 넓히거나 소수점을 삭제하고 싶을 경우, [유형] 행에 있는 변수 숫자를 한 번 클릭하면 대화 상자가 나오고, 그 안에서 수정하고 확인을 누르면 된다.

(4) 레이블(변수 설명)

변수명으로 입력된 것이 무엇을 의미하는지를 구체적으로 설명할 때 사용한다. 예를 들어, 변수명을 '검사시기'라고 입력할 경우 이 변수가 구체적으로 무슨 내용을 담고 있는지 잘 모를 수 있다. 이럴 때 레이블 칸에 '자아존중감의 측정시기'라고 입력하고 검사 시기에 대한 값을 설정하면 설문지와 대조할 필요 없이 데이터 파일만으로 정보를 알 수 있다.

다음 두 개의 화면에 각 변수들의 레이블 입력 전후가 제시되어 있다. 입력 방법은 설명할 변수의 칸에 커서를 놓고 두 번 클릭하면 입력할 수 있는 모드로 전환된다. 입력을 완료한 다음 아래 한글에서와 같이 [편집] 바로 밑에 위치한 디스크 표시를 눌러 저장한다.

	이름	유형	너비	소수점이...	레이블	값	결측값	열	맞춤
1	검사시기	숫자	8	2		지정않음	지정않음	8	오른쪽
2	집단	숫자	11	0		지정않음	지정않음	11	오른쪽
3	성별	숫자	11	0		지정않음	지정않음	11	오른쪽
4	학년	숫자	11	0		지정않음	지정않음	11	오른쪽
5	친한친구수	숫자	11	0		지정않음	지정않음	11	오른쪽
6	심리치료경험	숫자	11	0		지정않음	지정않음	11	오른쪽
7	받은심리치료	숫자	11	0		지정않음	지정않음	11	오른쪽
8	사전전체	숫자	11	0		지정않음	지정않음	11	오른쪽
9	사후전체	숫자	11	0		지정않음	지정않음	11	오른쪽
10	추후전체	숫자	8	2		지정않음	지정않음	8	오른쪽

[레이블 및 값 입력 전]

*자아존중감-분석자료.sav [데이터세트1] - IBM SPSS Statistics Data Editor ― □ ×

파일(E)　편집(E)　보기(V)　데이터(D)　변환(T)　분석(A)　그래프(G)　유틸리티(U)　확장(X)　창(W)　도움말(H)

	이름	유형	너비	소수점이...	레이블	값	결측값	열	맞춤
1	검사시기	숫자	8	2	자아존중감의 측정시기	{1.00, 사전}...	지정않음	8	오른쪽
2	집단	숫자	11	0	실험집단과 통제집단의 구분	{0, 통제집단}...	지정않음	11	오른쪽
3	성별	숫자	11	0	실험대상자의 성별 구분	{1, 남자}...	지정않음	11	오른쪽
4	학년	숫자	11	0	실험대상자의 학년 구분	{1, 1학년}...	지정않음	11	오른쪽
5	친한친구수	숫자	11	0		{1, 1명}...	지정않음	11	오른쪽
6	심리치료경험	숫자	11	0		{1, 없음}...	지정않음	11	오른쪽
7	받은심리치료	숫자	11	0		{1, 없음}...	지정않음	11	오른쪽
8	사전전체	숫자	11	0	사전-전체	지정않음	지정않음	11	오른쪽
9	사후전체	숫자	11	0	사후-전체	지정않음	지정않음	11	오른쪽
10	추후전체	숫자	8	2	추후-전체	지정않음	지정않음	8	오른쪽

[레이블 및 값 입력 후]

(5) 변숫값

변숫값은 변수를 구성하고 있는 항목들에 대한 값을 의미한다. 예를 들어, 〈집단〉이란 변수는 두 그룹으로 구성되는데 1은 통제집단을 나타내고 2는 실험집단을 나타낼 경우, 【값】 밑에 있는 '숫자'를 선택하고 [...] 단추를 누르고 '변숫값' 란에 1변수의 값을 하나씩 입력할 수 있다.

- 기준값(A)에 1을 입력
- 설명(L)에 '실험집단' 입력
- 추가(A) 버튼 클릭
- 다시 기준값(A)에 0 입력
- 설명(L)에 '통제집단' 입력
- 추가(A) 버튼 클릭
- 확인 버튼 클릭

- 기준값(A)에 1을 입력
- 설명(L)에 '전혀 그렇지 않다' 입력
- 추가(A) 버튼 클릭
- 같은 방식으로 5까지 입력하고 추가(A) 버튼 클릭
- 확인 버튼 클릭

(6) 결측값

결측값은 설문에 응답하지 않아 데이터를 입력할 때 공백으로 처리된 것이다. 결측값 종류는 시스템 결측값과 사용자 결측값의 두 가지가 있다. 시스템 결측값은 응답치가 공백으로 처리된 경우, 이를 시스템 결측값이라고 한다. 사용자 결측값은 응답치가 구체적으로 어떻게 누락되었는가를 나타내기 위해 사용된다. 일반적인 기준은 9는 '잘 모르겠다'고 응답한 경우, 99는 '해당없음' 등으로 지정한다.

(7) 맞춤

맞춤은 편집창의 셀 안에서 자료의 정렬방식을 알려 주는데, 자동으로 오른쪽으로 지정되어 있다.

(8) 측도

측도는 변수의 척도를 결정하는 방식을 의미한다. 척도는 순서(O)와 명목(N)으로 구분되는데, 변수가 등간척도와 비율척도일 경우 사용한다. 순서척도는 서열척도를 지정하는 경우, 명목척도는 분류, 구분하는 경우에 사용되는 척도이다. 측도 선택은 지정하지 않고 그대로 두어도 상관없다.

3) 케이스 및 변수 삽입과 삭제

(1) 케이스 삽입 및 삭제

이미 입력된 파일에 새로운 케이스를 추가할 경우, 두 가지 방법이 있다.

첫째, 삽입하고자 하는 케이스 행 첫 칸에 마우스로 지정한 다음 [편집(E)] ⇒ [케이스 삽입(I)]을 누르면 마우스가 놓인 다음 칸에 새로운 행이 생긴다. 그러면 새로운 케이스의 변숫값들을 입력한다.

둘째, 제일 마지막에 입력된 데이터 다음 칸에 새로운 케이스의 변숫값들을 입력한다. 이때는 [편집(E)] ⇒ [케이스 삽입(I)]을 누를 필요 없이 바로 입력이 가능하다.

케이스를 삭제해야 할 경우, 삭제해야 할 케이스 제일 왼쪽 첫 줄에 커서를 두고 [편집(E)] ⇒ [지우기(E)]를 누르면 바로 삭제된다.

(2) 변수 삽입 및 삭제

새로운 변수를 삽입해야 할 경우, 커서를 삽입하고 싶은 위치 옆에 있는 변수의 첫 칸에 두고 [편집(E)] ⇒ [변수 삽입(I)]을 누른다. 그러면 새로운 변수를 삽입할 빈칸이 생긴다. 다른 방법은 스크롤바를 밀어서 제일 마지막 칸으로 옮긴 다음 입력된 데이터 다음 빈칸에 바로 새 변숫값을 입력한다.

변수를 삭제해야 할 경우, 삭제할 변수 첫 줄에 커서를 두고 [편집(E)] ⇒ [지우기(E)]를 누르면 바로 삭제된다.

4) 새로운 변수 만들기

데이터가 입력되어 있으면 변환(T) 메뉴에서 [변수 계산(C)]을 이용해서 새로운 변수를 만들 수 있다. 변수 계산에는 가감승제 기능이 포함되어 있다. 예를 들면, 월평균 소득을 12로 곱해서 연평균 소득을 구할 수 있고, 반대로 연평균 소득을 12로 나누어서 월평균 소득을 구할 수 있다.

한 개념을 측정하는 여러 항목을 모두 합해서 하나의 변수를 만들 수 있다. 만약 아동의 또래관계를 반영하는 문항이 10개라면 이 10문항을 모두 합해서 또래관계라는 변수 하나를 새로 만들 수 있다. 미술치료 프로그램이 또래관계에 미치는 효과를 검증하기 위해 프로그램 적용 전의 사전 또래 관계 10문항과 프로그램 적용 후의 또래관계 10문항을 [변수 계산(C)]을 이용해서 사전 합계 점수와 사후 합계 점수를 구할 수 있다. 단, 여기서 주의할 점은 10개의 항목들을 임의로 합산할 수는 없고, 신뢰성 검정을 통해 타당성이 확보되어야 한다.

(1) 변수 만드는 과정

새로운 변수를 만드는 방법은 다음과 같다.

변환(T) ⇒ 변수 계산(C)

처음 창이 뜨면 다음 그림에서와 같이 왼쪽의 대상변수(T)와 오른쪽의 숫자표현식(E)

이 모두 빈칸이다. 아래 창은 미술치료 프로그램이 청소년의 자아존중감에 미치는 영향을 분석하기 위해 미술치료 적용 전의 자아존중감 5문항과 미술치료 적용 후의 자아존중감 5문항을 합산하여 〈Before미술치료〉와 〈After미술치료〉 변수를 만들어 비교한다고 가정하자.

- 먼저, 대상변수(T) 칸에 새로운 이름인 〈Before미술치료〉를 입력한 후 Enter 키를 누른다.
- 왼쪽 [유형 및 설정] 안에 있는 항목들 중 합산하고자 하는 변수를 차례로 오른쪽 위에 위치한 숫자표현식(E)에 화살표를 이용하여 옮긴다. 그리고 항목과 항목 사이에 + 를 입력한다.
- 그리고 [확인]을 누르면 자아존중감을 반영하는 5개 문항이 합산된 〈Before미술치료〉 변수가 새로 만들어진다.
- 〈After미술치료〉 변수도 같은 방식으로 만들어서 비교하면 된다.

(2) 숫자표현식 입력 시 고려할 점

숫자표현식에 합산할 항목들을 입력할 때 고려할 점은 단순히 합산할 것인지 아니면 항목 수로 나누어 줄 것인지에 대한 것이다. 다음의 두 가지 산식으로 합산을 도출할 수 있다.

① 사전bdi001＋사전bdi002＋사전bdi003＋사전bdi004＋사전bdi005

② (사전bdi001＋사전bdi002＋사전bdi003＋사전bdi004＋사전bdi005)/5

항목별로 5점 척도라고 가정할 경우, 식 ①은 최솟값이 5점이고 최댓값이 25점이다. 단순 합산 점수가 필요할 경우에는 식 ①이 괜찮으나, 각 점수의 상대적 분포를 알고 싶다면 식 ②가 적합하다. 이유는 식 ②는 5개 항목을 합산한 후 항목 수로 나누었기 때문에 원래 5점 척도의 범위를 가지기 때문이다.

5) 데이터 변환: 코딩 변경

데이터 변환 메뉴에서 [변수 계산(C)]만큼 많이 이용하는 기능이 코딩 변경이다. 〈After 미술치료〉 변수를 구성하는 항목 5개 중 4개는 긍정적인 문항이고 1개는 부정적인 문항이라면, 5개의 항목을 합산하여 새로운 변수로 만들기 전에 1개의 부정적인 문항을 긍정적인 형식으로 바꾸어야 한다. 예를 들어, 정신 내적 미분화 척도를 구성하는 항목이 다음과 같이 4개라고 가정하자.

① 화가 나면 참을 수가 없다.
② 작은 일에도 화를 잘 내는 편이다.
③ 또래의 싸움에 잘 말려드는 편이다.
④ 내 감정을 잘 조절한다.

각 항목은 5점 리커트 척도로, 1점은 '매우 그렇다'를, 5점은 '전혀 그렇지 않다'를 나타낸다. 여기서 문항 ①～③까지는 부정적인 항목이고 문항 ④는 긍정적인 항목이다. 이런 경우, 항목별 척도를 일관되게 구성하기 위해 코딩 변경을 해야 한다. 즉, 문항 ①～③의 척도를 변경하거나 문항 ④를 변경한다.

(1) 변환 과정

기존에 입력된 데이터의 코드 방식을 변경하는 기능으로 변수의 값을 변경하거나 새로운 코딩 규칙에 의해 새로운 변수를 만들거나 추가할 수 있다. 코딩 변경을 위한 실행 과정은 다음과 같다.

> 변환(T) ⇒ 같은 변수로 코딩 변경(R)
>
> 변환(T) ⇒ 다른 변수로 코딩 변경(R)

   같은 변수 또는 다른 변수로의 코딩 변경 옵션 중 다른 변수로 코딩 변경을 선택하는 것이 안전하다. 같은 변수로 코딩 변경을 할 경우, 원래 입력한 데이터는 상실되기 때문이다. 다른 변수로의 코딩 변경을 선택하면 다음 창이 뜬다.

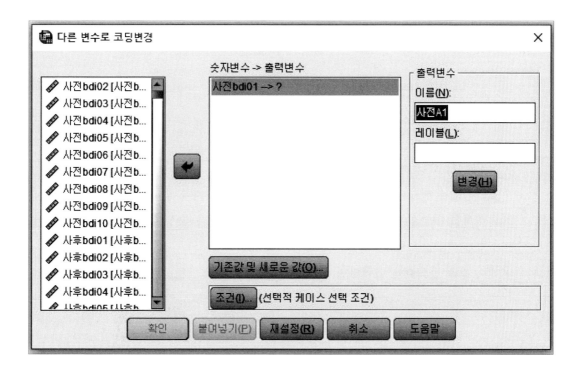

- 왼쪽에 있는 변수들 중 코딩 변경할 변수를 화살표를 이용하여 숫자변수(V) → 출력 변수 칸으로 옮긴다. 그러면 기존 변수명 옆에 → ?가 뜬다.
- 오른쪽 [출력변수] 이름(N) 아래 칸에 새로운 변수명을 입력한 다음 [바꾸기]를 누르면 기존 변수명 옆에 〈사전bdi01 → 사전A1〉 표시가 뜬다. 즉, 사전A1이라는 새로운 변수가 하나 생기는 것이다.
- 그리고 [기존값 및 새로운 값]을 클릭하면 아래 창이 뜬다.

- 이 창에서 코딩 변경을 한다.
- 5점 척도를 역코딩하기 위해 [값(V)] 칸에 변경할 숫자를 입력한다. 먼저, 값에 1을 입력하고 [기준값(A)]에 5를 입력하면 [추가] 명령어가 활성화된다. 그러면 [추가]를 누르면 [기준값 → 새로운값] 칸에 1 → 5가 입력된다.
- 계속 같은 방식으로 입력하면 다음 창과 같이 된다.

다른 변수로 코딩변경: 기존값 및 새로운 값 ✕

기존값

◉ 값(V):

[   ]

◉ 시스템 결측값(S)

◉ 시스템 또는 사용자 결측값(U)

◉ 범위(N):

[   ]

에서(T)

[   ]

◉ 최저값에서 다음 값까지 범위(G):

[   ]

◉ 다음 값에서 최고값까지 범위(E):

[   ]

◉ 기타 모든 값(O)

새로운 값

◉ 값(L): [   ]

◉ 시스템 결측값(Y)

◉ 기존값 복사(P)

기존값 --> 새로운 값(D):

추가(A)	1 --> 5
변경(C)	2 --> 4
제거(M)	3 --> 3
	4 --> 2
	5 --> 1

☐ 출력변수가 문자열임(B)   너비(W): [8]

■ 숫자형 문자를 숫자로 변환('5'->5)(M)

[계속(C)] [취소] [도움말]

- 모두 입력한 다음 [계속]을 누르면 〈사전bdi01〉 변수가 역코딩된 변수 〈사전A1〉이 새로 만들어진다.
- ◎ 범위(N)는 □에서 □까지로 입력한다. 예를 들어, 응답 범주가 5개인데 이를 3그룹(1,2=1, 3=2, 4,5=3)으로 묶을 경우, 첫째 칸에 1을, 둘째 칸에 2를 입력하고 기준값(A)에 1을 입력하면 1과 2를 1로 묶는 것이다. 다른 것도 같은 방법으로 묶고 [계속]을 누르면 3그룹으로 묶인 변수가 생성된다.

2. 빈도분석

빈도분석은 범주형 자료나 명목척도 자료의 특성을 살펴볼 때 적용한다. 예를 들면, 성별, 직업, 종교, 장애 유형, 프로그램명, 프로그램 참여 여부 등은 평균이나 표준편차 같은 통계치를 구할 수 없고 빈도나 백분율로 특성을 파악할 수 있다. 빈도분석은 기본 적으로 각 집단에 해당하는 빈도, 백분율, 유효백분율 및 누적백분율을 표시한다.

빈도분포의 개념

개념	내용
집단(class)	자료의 값을 몇 개의 등급으로 분산한 구간
빈도(frequency)	각 집단에 속하는 사례 수
퍼센트(percent)	전체 사례 중에서 각 집단의 빈도가 차지하는 비율
유효 퍼센트 (valid percent)	자료에서 무응답 사례를 제외한 합계에서 각 집단의 빈도가 차지하는 비율
누적 퍼센트 (cumu. percent)	각 집단에 속한 백분율과 상위 계급에 속한 모든 백분율을 포함한 백분율

1) 분석 과정

- SPSS/PC에서 데이터 창은 두 개로 구성되어 있다. 하나는 [데이터 보기(D)]이고 다른 하나는 [변수 보기]이다. [데이터 보기(D)]는 연구자가 입력한 숫자들로 구성된 창이고 [변수 보기(V)]는 다음 그림과 같이 변수 이름, 유형 등을 중심으로 보여 주는 창이다. 분석할 때는 어느 창을 열어 두고 해도 상관없다.
- 빈도분석을 위해 먼저 데이터 창 상단에 분석(A)을 클릭한다. 그런 다음 다음과 같은 순서로 클릭한다. 모든 분석은 [분석(A)]를 클릭하는 데서 시작된다.

분석(A) ⇒ 기술통계(E) ⇒ 빈도분석(F)

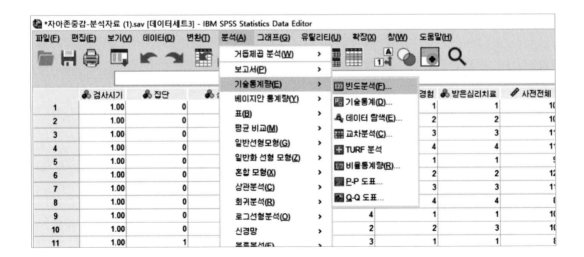

• 기술통계량 메뉴 → 빈도분석(F)을 클릭하면 다음과 같은 창이 뜬다.

- 왼쪽에 있는 변수 중 분석할 변수를 마우스로 클릭한 다음 중간에 있는 화살표를 누르면 변수(V) 상자로 옮겨진다.
- **[통계량(S)]**을 클릭하면 **[빈도분석 통계량]** 창이 뜬다.

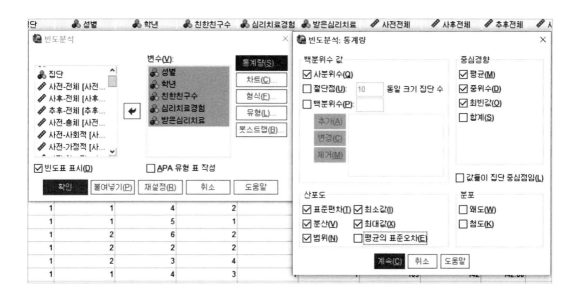

- **[빈도분석 통계량]** 창에서 필요한 통계량을 클릭한다.
- 중심경향을 알고 싶으면 평균(M), 중위수(D) 등을 선택하고, 분포를 알고 싶으면 왜도(W)와 첨도(K)를 선택한다.
- 빈도분석은 명목척도로 된 변수들의 빈도와 퍼센트를 알고자 할 때 적용하며, 어떤 통계량을 선택하지 않아도 출력 결과에 빈도, 퍼센트, 유효 퍼센트, 누적 퍼센트가 자동으로 출력된다.

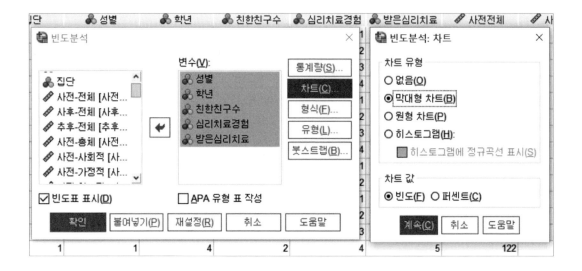

• 차트 옵션은 빈도의 표시를 차트로 보여 준다.

2) 분석 결과

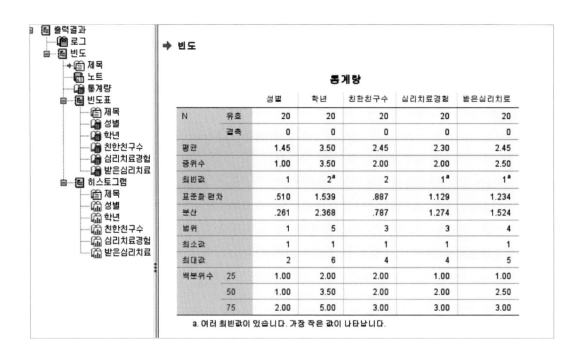

➡ 빈도

통계량

		성별	학년	친한친구수	심리치료경험	받은심리치료
N	유효	20	20	20	20	20
	결측	0	0	0	0	0
평균		1.45	3.50	2.45	2.30	2.45
중위수		1.00	3.50	2.00	2.00	2.50
최빈값		1	2[a]	2	1[a]	1[a]
표준화 편차		.510	1.539	.887	1.129	1.234
분산		.261	2.368	.787	1.274	1.524
범위		1	5	3	3	4
최소값		1	1	1	1	1
최대값		2	6	4	4	5
백분위수	25	1.00	2.00	2.00	1.00	1.00
	50	1.00	3.50	2.00	2.00	2.50
	75	2.00	5.00	3.00	3.00	3.00

a. 여러 최빈값이 있습니다. 가장 작은 값이 나타납니다.

• 해석할 때 중요한 점은 표에는 빈도와 유효 퍼센트를 모두 제시하되 본문에서 결과

를 해석할 때는 유효 퍼센트를 기준으로 해야 한다.

- 자아존중에 대한 빈도분석 결과를 살펴보면, N 항목에서 전체 표본 수는 20개이고 결측치(missing data: 무응답)는 없다.
- 평균(Mean)은 산술평균을 나타내며, 응답자의 친한 친구 수의 평균은 2.45명이다.
- 중위값(Median)은 중앙값을 의미하며, 학년은 3.5학년이 전체 응답자의 50%에 해당하는 중앙에 있는 값이다.
- 최빈값(Mode)은 동일 응답 항목에서 같은 선택을 가장 많이한 것을 표기하며, 친한 친구 수의 항목에서 친한 친구 수를 2명이라고 답한 응답자가 가장 많다.
- 표준화편차(Standard Deviation)는 각 평균을 구한 항목이 그 항목의 평균으로부터 떨어진 정도를 나타내며, 학년은 1.539이다.
- 분산(Variance)는 변량을 나타내며, 학년의 분산은 2.368이다.
- 범위(Range)는 최솟값과 최댓값 사이의 거리로, 학년의 범위는 5이다.
- 최솟값(Minimum)은 항목의 최솟값으로, 학년의 최솟값은 1이다.
- 최댓값(Maximum)은 항목의 최댓값으로, 학년의 최솟값은 6이다.
- 백분위수(Percentiles)는 백분위 중 사분위 편차의 값을 나타낸다.

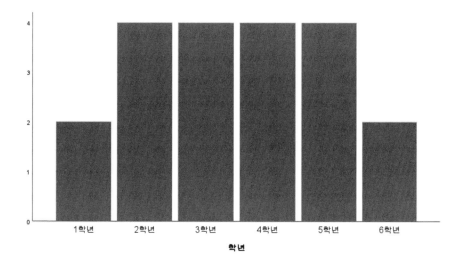

학년

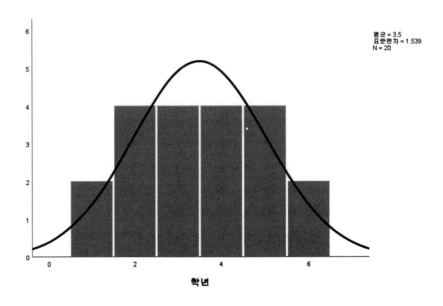

평균 = 3.5
표준편차 = 1.539
N = 20

학년

• 차트 옵션에서 막대형 차트, 히스토그램을 선택하면 이와 같이 학년별 응답자 수를 그래프로 표시한다.

3. 기술통계분석

기술통계분석은 연령, 소득 등의 연속형 변수와 미술치료 효과, 만족도 등의 5점 이상의 서열척도 자료를 분석할 때 적합하다. 기술통계분석에서는 평균과 분산 정도를 반영하는 표준편차를 산출한다.

1) 분석 과정

평균과 표준편차를 알아보기 위한 기술통계분석 과정은 다음과 같다.

분석(A) ⇒ 기술통계량(E) ⇒ 기술통계(D)

- **기술통계(D)**를 클릭하면 다음 창이 나타난다.

- 처음 창이 열렸을 때 [변수(V)] 박스는 비어 있다. 왼쪽 변수 박스에서 사전 전체 자존감과 사전 사회적·가정적·학교적 등 변수 4개를 오른쪽을 이동한다.
- [옵션(O)]을 클릭하면 [기술통계: 옵션] 창이 뜬다.
- 기술통계에는 평균, 표준편차, 최솟값, 최댓값이 필요한데, 이 옵션이 모두 자동으로 클릭되어 있다.
- 이 외 산포도의 범위(R)나 분포의 첨도(K), 왜도(W) 등을 알고 싶으면 마우스로 선택한 다음 [계속] 버튼을 클릭한다.

2) 분석 결과

- 사전조사된 전체 자아존중감 및 그 하위 요인에 대한 변인을 기술통계로 분석한 결과표가 제시되어 있다.
- 사전 전체 자아존중감 요인에서 분석에 투입된 표본 수는 20개이며, 각 문항의 합산 결과 최솟값은 81이고 최댓값은 145이며, 이들의 평균은 108.40이다.
- 하위 요인 중에서 평균을 비교하면 학교적 자아존중감이 23.70으로 가장 낮고, 가정적 자아존중감이 37.55로 가장 높다. 표준편차는 사회적 자아존중감이 6.886으로 하위 세 요인 중 가장 크므로, 사회적으로 느끼는 자아존중감은 응답자에 따른 정도의 차이가 가장 크다는 것을 말해 준다.

기술통계

기술통계량					
	N	최솟값	최댓값	평균	표준편차
사전-전체	20	81	145	108.40	14.259
사전-사회적	20	11	36	27.05	6.886
사전-가정적	20	27	45	37.55	5.094
사전-학교적	20	12	40	23.70	6.182
유효 N(목록별)	20				

4. 상관관계분석

　상관관계분석은 변수들 간에 상호 관련성 있는 변화가 있는지를 파악하고 변수들 간의 변화량이 어느 정도인지를 측정하는 방법이다. 다수 변수들이 독립적이라고 가정하지만 실제로 서로 독립적인 경우는 드물다. 변수는 속성을 설명해 주는 특성이 있는데, 이러한 특성들이 서로 유기적 관계를 갖고 있기 때문이다. 따라서 이 분석법은 상호 변화 관계가 있는 변수가 무엇인가를 파악하는 데 유용한 방법이다. 두 변수 간에 상호 변화 관계가 있을 때 상관관계가 있다고 하고, 관계 정도는 상관계수(r)로 알 수 있다.

　상관관계는 정규분포를 가정한 분석 방법이다. 관계의 정도는 상관계수로 측정되며 상관계수는 0과 +1 사이의 값을 갖는다. 0의 값은 두 변수가 전혀 관계가 없음을 나타내고 1의 값은 완전한 관계를 갖는다는 것을 의미한다. +와 −는 변인 간 관계의 방향을 나타낸다. 즉, +는 두 변인이 정적 관계를 가지고 있어 변인이 영향을 주거나 받아 변화하는 방향이 동일하고, −는 부적 관계를 가지고 있어 변화하는 방향이 서로 다르다는 것을 나타낸다. 상관관계의 정도를 해석하는 데 있어 일반적 해석 기준은 다음과 같다.

> $r > ±0.9$: 매우 높은 상관성
> $r = ±0.9 \sim ±0.7$: 높은 상관성
> $r = ±0.4 \sim ±0.7$: 비교적 높은 상관성
> $r = ±0.2 \sim ±0.4$: 낮은 상관성
> $r < ±0.2$: 관련성이 거의 없음

　피어슨 상관계수(Pearson correlation)는 변수 간의 상관관계 정도를 측정하는 방법 중 가장 보편적으로 사용되는 방법이다. 상관계수에는 단순히 두 변수 간의 상관관계를 표시하는 이변량 상관계수와, 특정 변수의 영향을 통제하고 두 변수 간의 순수한 상관관계를 보는 편상관계수가 있다.

1) 이변량 상관계수

이변량 상관계수는 두 변수 간의 상관관계를 측정하는 분석 방법이다. 이변량 상관
계수는 단순히 두 변수 간의 상관관계만을 측정하는 단순상관계수(simple correlation)
와 하나의 변수와 두 개 이상의 변수 간의 상관관계를 표시하는 다중상관계수(multiple
correlation)로 구분된다.

(1) 분석 과정

• 분석 목적: 인터넷에 대한 집착, 가상관계지향성, 일상적 장애 간에 상관관계가 있는
  지를 분석한다.

분석(A) ⇒ 상관분석(C) ⇒ 이변량 상관계수(B)

- **[이변량 상관계수]** 창이 열리면 왼쪽의 변수 상자에서 오른쪽 변수 상자로 해당 변수를 이동한다.
- 상관계수에서 Pearson과 유의성 검정의 양쪽, 유의한 상관계수 별 표시는 자동으로 선택되어 있다.
- **[확인]**을 클릭하면 분석 결과가 출력된다.

(2) 분석 결과

- 세 변수 간 모두 유의한 정적 상관이 있다. 집착은 가상관계지향성 및 일상적 장애와 정적 변화 관계가 있고, 가상관계지향성 역시 일상적 장애와 정적 관계가 있다.
- 변수 간 상호 변화 관계는 집착과 일상적 장애가 r = 0.697로 가장 높고, 그다음이 집착과 가상관계지향(r = 0.628)이며, 가상관계지향과 일상적 장애 간의 관계가 r = 0.453으로 다른 두 변수 간 관계에 비해 상대적으로 낮은 경향이 있는 것으로 나타났다. 이러한 상관관계는 모두 p < .01 수준에서 유의하다.
- 여기서 한 가지 주의할 점은 상관계수는 단순히 두 변수 간의 상호관계 유무만을 나타낼 뿐 원인과 결과를 구분하지 않기 때문에, 변수 간 변화의 시간적 우선순위를 알 수 없다는 점을 염두에 두고 상호변화 관계에 대해서만 해석해야 한다.

상관계수

		집착	가상관계지향	일상적 장애
집착	Pearson 상관계수	1	.628**	.697**
	유의확률 (양쪽)		.000	.000
	N	1457	1456	1455
가상관계지향	Pearson 상관계수	.628**	1	.453**
	유의확률 (양쪽)	.000		.000
	N	1456	1467	1465
일상적 장애	Pearson 상관계수	.697**	.453**	1
	유의확률 (양쪽)	.000	.000	
	N	1455	1465	1466

**. 상관계수는 0.01 수준(양쪽)에서 유의합니다.

(3) 표 만들기 및 해석하기

- 분석 목적: 청소년의 자아개념 간 변화 관계를 알아보기 위해 상관관계분석을 하였다.
- 표 만들기: 출력 결과에는 1을 중심으로 아래 위 모두 상관계수가 나타나 있으나, 양쪽 모두 계수가 같으므로 아래나 위 중 어느 한쪽만 제시하고 나머지 쪽은 삭제한다. 그리고 유의 수준은 p와 * 표시로 일관되게 통일한다.
- 해석: 청소년의 자아개념 간에는 모두 정적 상관이 있으며 $p < 0.01$ 수준에서 유의한 것으로 나타났다. 이러한 결과는 자아개념 간에는 상호 긍정적인 관계가 있다는 것을 말해 준다. 자아개념 중 사회적 자아와 학업성취 자아 간의 관계가 0.67로 가장 높고, 사회적 자아와 관계적 자아($r = 0.43$) 그리고 학업성위 자아와 관계적 자아($r = 0.44$) 간 관계가 상대적으로 낮은 경향이 있다.

청소년의 자아개념 간 상관관계

영역	정서적 자아	사회적 자아	학업·성취 자아	관계적 자아
정서적 자아	1			
사회적 자아	.523**	1		
학업·성취 자아	.537**	.673**	1	
관계적 자아	.541**	.439**	.446**	1

*$p < .05$, **$p < .01$

2) 편상관계수

편상관계수는 특정 변수의 영향을 통제하고 두 변수 간의 순수한 상관관계만을 나타내는 분석 방법이다. 예를 들어, 회복탄력성이란 변수의 영향을 통제하고 순수하게 미술치료 프로그램 효과와 정신건강 수준 간의 상관관계를 분석할 때 편상관관계분석이 적합한 방법이다. 이유는 일반적으로 회복탄력성이 높을수록 미술치료 프로그램의 효과뿐 아니라 정신건강 수준이 높아지는 정도가 상향할 것이기 때문이다. 이러한 회복탄력성의 영향을 통제하지 않고 분석할 경우, 표면적으로는 미술치료 프로그램 효과와 정신건강 수준 간에 비교적 높은 상관관계가 있는 것처럼 나타나지만, 실은 회복탄력성이란 변수가 내재적으로 영향을 미치고 있다.

(1) 분석 과정

- 분석 목적은 인터넷에 대한 집착과 가상관계지향 간의 상관관계를 분석하는데, 이 두 변수 간에 영향을 미칠 수 있는 부모자녀 관계는 통제한다.

분석(A) ⇒ 상관분석(C) ⇒ 편상관계수(R)

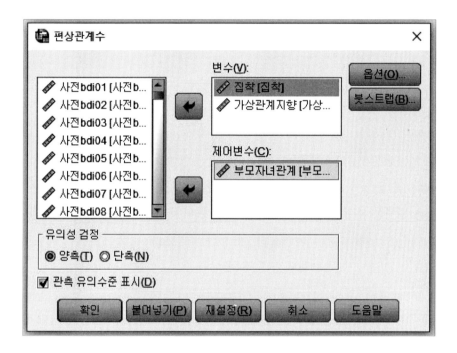

- **[편상관계수]** 창이 열리면 왼쪽의 변수 상자에서 상관관계를 분석할 두 변수, 즉 집착과 가상관계지향을 변수란에 입력하고, 정서적 자아는 제어변수(C)란에 입력한다.
- **[확인]**을 클릭하면 분석 결과가 출력된다.

(2) 분석 결과

- 앞서 이변량 상관관계분석에서는 인터넷에 대한 집착과 가상관계지향 간의 상관계수가 r=0.628이었으나, 부모자녀 관계를 통제한 경우 인터넷에 대한 집착과 가상관계지향 간의 편상관계수는 r=0.502로 낮아졌다. 이러한 결과는 부모자녀 관계가 인터넷에 대한 집착과 가상관계지향에 영향을 미치고 있다는 것을 반영한다. 즉, 부

모자녀 관계가 긍정적일수록 집착과 가상관계지향성을 낮추는 것으로 해석할 수 있다.

			상 관	
통제변수			집착	가상관계지향
정서적 자아	집착	상관	1.000	.502
		유의 수준(양측)	.	.000
		df	0	1439
	가상관계지향	상관	.502	1.000
		유의 수준(양측)	.000	.
		df	1439	0

(3) 표 만들기 및 해석하기

• 분석 목적: 가족친밀감의 영향을 통제하고 청소년의 자아개념 간 관계를 알아보기 위해 편상관관계분석을 하였다. 가족친밀감을 통제한 이유는 청소년의 자아가 가족 간 화목 및 응집력 등의 가족 환경과 밀접한 관계가 있기 때문이다. 따라서 가족친밀감을 통제한 후 순수하게 자아개념들 간에 어떤 관계가 있는지를 분석해 볼 필요가 있다.

• 표 만들기: 이변량 상관관계표와 달리 편상관관계분석표에는 통제변수가 제시되어 있다.

• 해석하기: 가족친밀감을 통제한 후의 상관관계는 통제 전의 이변량 상관관계와 뚜렷한 차이가 있다. 사회적 자아와 학업성취 자아 간 관계는 원래 0.673이었으나, 가족친밀감을 통제한 후에는 0.483으로 감소하였다. 특히 관계적 자아와 상관이 있는 자아는 모두 크게 감소하였다. 즉, 정서적 자아와는 상관관계가 0.541이었으나 0.280로 감소하였고, 사회적 자아와의 관계는 0.439이었으나 0.070으로 대폭 감소한 것으로 나타났다. 이러한 결과는 결국 청소년의 자아 중, 특히 관계적 자아는 가족친밀감과 밀접한 관계가 있고, 이러한 부분이 관계적 자아와 상관이 있는 다른 자아에도 더불어 영향을 미친다는 것을 말해 준다.

가족친밀감을 통제할 경우 청소년의 자아개념 간 상관관계

통제변수		정서적 자아	사회적 자아	학업성취 자아	관계적 자아
가족 친밀감	정서적 자아	1			
	사회적 자아	.519**	1		
	학업성취자아	.541**	.483**	1	
	관계적 자아	.280**	.070	.160**	1

$*p < .05, **p < .01$

5. 신뢰도 분석

신뢰도 분석(reliability test)은 측정하고자 하는 개념이 측정 대상자로부터 정확하고 일관되게 측정되었는지를 확인하는 것이다. 측정에서 하나의 요인을 측정하기 위해서는 다수의 문항이 사용되는데, 이때 이 문항들이 하나의 요인으로 수렴할 수 있는지를 살펴보는 것으로 내적 일관성을 확인하는 분석이다.

신뢰도 분석은 측정 도구 내의 항목 간의 일관성 · 응집력 · 동질성 정도를 나타낸다. 하나의 개념을 구성하는 데 항목들이 동질적인지, 그중 이질적 항목들이 있는지를 나타내는데, 만약 항목들이 동질적이지 못하면 개념을 구성하는 항목들이 일관성이 없는 것을 나타내므로, 이질성을 띤 항목들은 분석에서 제외해야 한다.

신뢰도는 크론바흐 알파(Cronbach α) 계수를 기준으로 측정하며, 일반적으로 항목 전체의 알파 계수가 0.6 이상이면 항목들이 동질적이므로 내적 일관성이 있는 것으로 볼 수 있다.

1) 분석 과정

• 분석 과정은 다음과 같다.

분석(A) ⇒ 척도분석(A) ⇒ 신뢰도 분석(R)

신뢰도와타당도.sav [데이터세트1] - IBM SPSS Statistics Data Editor

파일(F) 편집(E) 보기(V) 데이터(D) 변환(T) 분석(A) 그래프(G) 유틸리티(U) 확장(X) 창(W) 도움말(H)

	🎵 자기정서인식1	🎵 자기정서인식2	🎵		타인정서인식1	타인정서인식2	타인정서인식3
4	2	1			4	4	4
5	3	3			3	4	4
6	2	2			4	4	3
7	3	3			4	4	4
8	4	4			4	3	4
9	2	1			4	4	4
10	3	3			2	3	3
11	4	4			2	2	2
12	2	1			3	3	4
13	3	3			4	4	4
14	5	5			4	4	4
15	3	3			3	3	3
16	4	4					4
17	4	4					4
18	1	2					4
19	4	4					2
20	2	3					4
21	4	4					3

분석(A) 메뉴:
- 거듭제곱 분석(W)
- 보고서(P)
- 기술통계량(E)
- 베이지안 통계량(Y)
- 표(B)
- 평균 비교(M)
- 일반선형모형(G)
- 일반화 선형 모형(Z)
- 혼합 모형(X)
- 상관분석(C)
- 회귀분석(R)
- 로그선형분석(O)
- 신경망
- 분류분석(F)
- 차원 축소(D)
- 척도분석(A) ▶ 신뢰도 분석(R)...
  - 가중 카파(K)...
  - 다차원 확장(PREFSCAL)(U)...
  - 다차원척도법(PROXSCAL)...
  - 다차원척도법(ALSCAL)(M)...
- 비모수검정(N)
- 시계열 분석(T)
- 생존분석(S)
- 다중반응(U)
- 결측값 분석(V)...

- 항목(I)란에 분석하고자 하는 변수를 입력한다.
- 모형(M)에 '알파'는 자동으로 선택되어 있다.

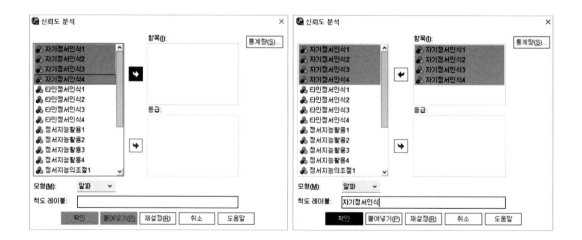

- 자기정서인식 요인에 해당하는 항목 4개를 선택하여 항목(I)으로 이동시킨다.

- 통계량(S) 버튼을 클릭하면 **[신뢰도 분석: 통계량]** 창이 열린다.

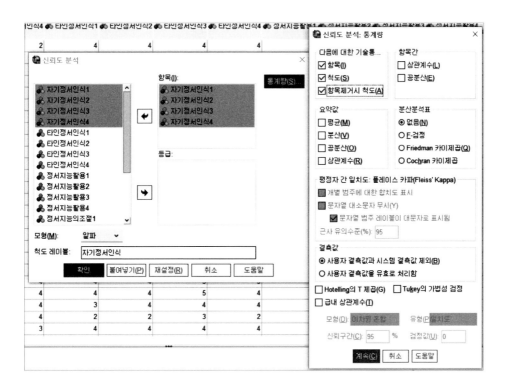

- 통계량 창에서 선택해야 할 필요가 있는 것은 '항목 제거 시 척도(A)'이다.
- '항목 제거 시 척도'를 선택하면 항목들 중 전체 신뢰도를 낮추는 항목이 무엇인지를 알 수 있다.
- '확인' 버튼을 클릭하면 신뢰도 분석 결과가 다음과 같이 나타난다.

척도: 자기정서인식

케이스 처리 요약

		N	%
케이스	유효	209	100.0
	제외됨[a]	0	.0
	전체	209	100.0

a. 목록별 삭제는 프로시저의 모든 변수를 기준으로 합니다.

항목 통계량

	평균	표준편차	N
자기정서인식1	3.43	1.007	209
자기정서인식2	3.46	.995	209
자기정서인식3	3.33	.942	209
자기정서인식4	3.42	1.007	209

신뢰도 통계량	
Cronbach의 알파	항목 수
.936	4

항목 총계 통계량				
	항목이 삭제된 경우 척도 평균	항목이 삭제된 경우 척도 분산	수정된 항목-전체 상관계수	항목이 삭제된 경우 Cronbach 알파
자기정서인식1	10.22	7.227	.898	.900
자기정서인식2	10.18	7.339	.886	.904
자기정서인식3	10.31	7.771	.847	.917
자기정서인식4	10.22	7.781	.768	.942

척도 통계량			
평균	분산	표준편차	항목 수
13.64	13.106	3.620	4

2) 분석 결과

- 신뢰도 통계량: 자기정서인식을 반영하는 4개 항목의 전체 신뢰도는 0.936으로 높게 나타나 항목 간의 일치도가 매우 안정적이라고 볼 수 있다.

신뢰도 통계량	
Cronbach의 알파	항목 수
.936	4

- 항목 총계 통계량: 관련 항목이 삭제된 경우의 평균, 분산, 상관관계 그리고 알파값을 보여 준다. 이 통계량은 신뢰도를 낮추는 항목이 있는지의 여부를 확인하기 위해 적용한다.
- 검증 결과, 자기정서인식4를 분석에서 삭제하면 신뢰도가 0.936에서 0.942까지 증가한다. 이런 형식으로 신뢰도가 0.6 이하(척도 개발 시에는 0.7)인 경우, 요인의 신뢰도를 높이기 위해 신뢰도를 낮게 만드는 항목을 삭제한 후 나머지 항목을 분석에 사용한다.
- 논문이나 보고서에는 척도 개발과 같은 특별한 목적이 있는 경우가 아니면 알파값만 제시하고 항목 총계 통계량은 제시하지 않는다.

6. 요인분석

1) 요인분석의 개념

요인분석(factor analysis)은 변수들 간의 상호작용을 바탕으로 속성이 유사한 변수들을 서로 관련이 있는 몇 개의 요인으로 추출하는 방법이다. 이 방법은 여러 변수에는 공통요인이 있으므로 이를 찾아내어 집단의 공통 특성이 무엇인가를 파악하는 것이다. 그리고 하나의 개념을 측정하기 위해 여러 개의 변수로 구성해야 할 경우, 관련 개념을 반영하는 하나의 요인으로 단순화할 수 있다. 다른 분석 방법과의 차이점은 독립변수와 종속변수를 지정하지 않고 변수들 간의 상호작용을 분석하는 데 있다.

요인분석은 변수 분산이 다른 모든 변수와 공유하는 공통 요인 분산(common factor variance)만을 분석 대상으로 삼는다. 분석 결과, 요인이 추출되면 요인적재값(factor loadings)을 기준으로 각 요인의 특성을 파악하여 요인별로 개념화한다. 요인 추출 모델은 다양하나 일반적으로 많이 이용되는 방식이 주성분 추출법(principle component analysis: PCA)으로, 요인 수와 정보의 손실을 최소화하는 장점이 있다. 요인분석은 다음과 같은 목적에 주로 이용된다.

- 여러 개의 변수를 특성이 유사한 몇 개의 요인으로 묶어 줌으로써 정보의 손실을 줄이고 한 요인으로 묶인 변수들의 특성을 파악하여 개념화할 수 있다.
- 여러 개의 변수 중 필요한 변수만을 선별하여 분석할 경우에 적용된다. 즉, 요인분석 결과, 요인으로 묶이지 않은 변수들을 제거하고 요인으로 묶이는 변수들만을 선별할 수 있다.
- 동일한 개념을 반영하는 변수들이 동일 요인으로 묶이는지 확인할 수 있다.
- 요인분석 결과, 도출된 요인들을 회귀분석에서 종속 또는 독립 변수로 활용할 수 있다.

2) 변수의 조건

요인분석에 사용되는 변수는 다음의 조건을 갖추어야 한다.

- 분석 대상 변수들은 연속형 자료여야 하므로 정규분포, 상호 독립성, 등분산성의 조건을 갖추어야 한다.
- 표본 수는 적어도 100개 이상이어야 하며, 분석 대상 변수 수의 3~4배 정도 표본이 요구된다.
- 요인분석에 사용된 변수들 모두가 상관성이 너무 높거나 낮은 경우는 적합하지 않다. 분석에 상관성이 높은 변수와 낮은 변수가 고루 포함되어야 공통 요인을 추출할 수 있다. 이유는 분석 결과 적어도 두 개 이상의 요인은 추출되어야 하기 때문이다.

3) 요인분석에 필요한 기본 용어

요인분석에 적용되는 용어는 다음과 같다.

- 요인(factor): 여러 변수 중 상관관계가 높은 변수끼리 묶여 새로이 변수가 형성된다.
- 요인적재값(factor loading): 변수들과 요인간의 상관관계를 반영하는 수치이다. 요인적재값이 절대값 0.4 이상이면 유의성이 있다고 보며, 적재량이 높을수록 높은 유의성을 나타낸다.
- 요인행렬(factor matrix): 각 요인에 대한 변수들의 요인적재값을 모은 행렬이다.
- 요인회전(factor rotation): 각 요인 속에 포함된 변수들의 특성을 뚜렷이 하여 요인들의 구조를 보다 명확히 한다. 회전 방식에는 베리멕스, 이쿼멕스, 쿼티멕스, 직접 오블리민, 프로멕스가 있는데, 이 중 선택한다.
  - 베리멕스(varimax): 각 요인의 적재량이 높은 변수의 수를 최소화하는 직교 회전 방법이다. 이 방법을 사용하면 요인 해석을 단순화할 수 있다.
  - 쿼티멕스(quartimax): 각 변수를 설명하는 데 필요한 요인 수를 최소화하는 회전 방법이다. 이 방법을 사용하면 변수 해석을 단순화할 수 있다.
  - 이쿼멕스(equimax): 요인을 단순화하는 베리멕스 방법과 변수를 단순화하는 쿼티

멕스 방법을 조합한 회전 방법이다.

- 프로멕스(promax): 요인이 상관되도록 하는 오블리크 회전이다. 이 방법을 사용하면 계산을 좀 더 빨리 할 수 있으므로 규모가 큰 데이터에 유용하다.
- 공통분산비(**communality**): 여러 요인에 의해 설명될 수 있는 한 변수의 분산 정도를 백분율로 나타낸 것인데, 이는 변수들의 요인적재값을 제곱하여 합한 값이다.
- 고윳값(**eigenvalue**): 요인별로 모든 변수의 요인적재값을 제곱하여 더한 값이다. 일반적으로 고윳값이 1 이상인 요인을 기준으로 최적 요인 수가 결정된다.

4) 분석 과정

- 변수: 정서지능 측정을 위한 16개의 문항과 심리적 소진 측정을 위한 4문항의 총 20개 문항으로 구성되어 있으며, 척도는 5점 리커트로 1점은 '전혀 그렇지 않다'를, 5점은 '매우 그렇다'를 반영한다.
- 분석 과정은 다음과 같다.

분석 ⇒ 차원 축소(D) ⇒ 요인분석(F)

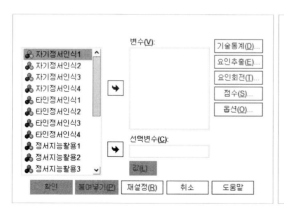

- [요인분석] 창이 뜨면 왼쪽 변수들 중 요인분석할 변수들을 오른쪽 변수(V)란으로 이동한다. 이 분석에서는 정서지능을 측정한 20개의 변수를 변수(V)란에 이동시켰다.
- 오른쪽 버튼 중 [기술통계(D)]를 클릭하면 다음 창이 뜬다.

- 통계량 중 초기 해법은 자동으로 체크되어 있다.
- 상관행렬 중 KMO와 Bartlett의 구형성 검정(K)을 체크한다.
- [계속]을 클릭하면 다시 [요인분석] 창이 열린다. 오른쪽 버튼 중 이번에는 [요인회전(T)]을 클릭하면 아래의 [요인분석: 요인 회전] 창이 열린다.

- 방법 중 하나를 선택한다. 이 분석에서는 베리멕스(V)를 선택한다.
- [계속]을 클릭하면 [요인분석] 창이 열리고 [요인점수(S)]를 클릭한다.

- [요인점수] 창에서 '변수로 저장'을 체크하면 자동으로 '회귀 분석(R)'이 선택된다.
- 변수로 저장을 선택하면 데이터 파일에 새로운 변수들이 생긴다. 변수 수는 요인분석 결과에 달려 있다. 만약 3개의 요인이 추출되면 3개의 변수가 생긴다. 이러한 변수를 회귀분석에 적용할 수 있다.

- 옵션에서는 결측값 지정 방식과 계수 출력 형식에 대한 사항을 선택할 수 있다.
- 결측값은 목록별 결측값 제외(L)가 자동으로 체크되어 있다. 계수 출력 방식에서 '크기순 정렬(S)'을 선택한다. 이는 요인적재값이 크기순으로 정렬되어 유의도가 높은 항목들을 한 눈에 볼 수 있다.
- [계속] 클릭 후 [요인분석] 창에서 [확인]을 클릭하면 분석 결과가 산출된다.

5) 분석 결과

- KMO(Kaiser-Meyer-Olkin)는 표본 수와 변수 수가 적합한지를 검증하는 통계량이다. KMO가 0.8보다 크면 적합하다고 볼 수 있다. 분석에서 KMO가 0.837이므로 표본 수와 변수 수가 적합한 것으로 나타났다.
- Bartlett 검정은 변수 간의 상관관계가 없다는 것을 의미하는 것으로, Bartlett 검정통계량이 0.05 이하이면 요인분석이 가능한 데이터 구조라는 것을 말해 준다. Bartlett 검정에서 유의확률이 0.000이므로 데이터 구조가 요인분석이 가능한 것으로 나타났다.

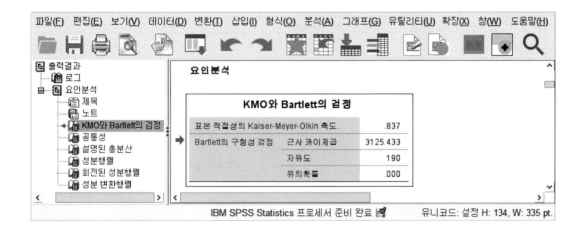

- 설명된 총분산: 변수 20개의 고윳값이 제시되어 있다. 고윳값은 요인이 설명해 주는 분산의 양을 나타내며 최적 요인 수를 결정하는 기준이 된다. 요인 수의 결정 기준은 1이며, 고윳값이 1 이상이면 여러 개의 변수가 하나의 요인으로 묶일 수 있음을 나타내고, 1 이하이면 하나의 요인으로서의 의미가 없음을 나타낸다.
- 고윳값(회전 제곱합 적재값의 합계)이 1 이상인 것이 5개(**성분**)이므로 요인이 5개로 묶인다는 것을 알 수 있다. 요인1의 고윳값은 6.494, 요인2는 3.142, 요인3은 2.632, 요인4는 1.707, 요인5는 1.168이다. 그다음 요인부터는 값이 1 이하이므로 요인에서 탈락된다. 이 분석에서 최적 요인 수는 5개이다.
- 요인1이 설명해 주는 분산(% 분산)은 32.471이며, 요인2는 15.709, 요인3은 13.162, 요인4는 8.537, 요인5는 5.840으로, 이들 5개의 요인이 설명해 주는 총분산(% 누적)은 75.719이다.

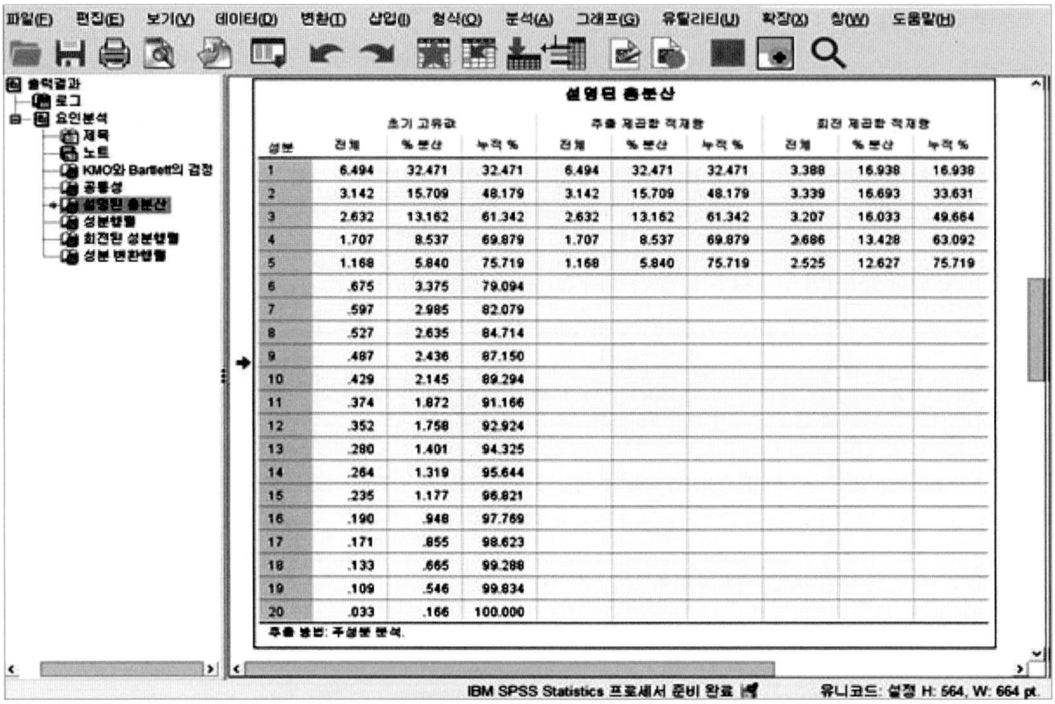

SPSS 화면 — 파일(F) 편집(E) 보기(V) 데이터(D) 변환(T) 삽입(I) 형식(O) 분석(A) 그래프(G) 유틸리티(U) 확장(X) 창(W) 도움말(H)

좌측 트리: 출력결과 / 로그 / 요인분석 / 제목 / 노트 / KMO와 Bartlett의 검정 / 공통성 / 설명된 총분산 / 성분행렬 / 회전된 성분행렬 / 성분 변환행렬

설명된 총분산

성분	초기 고유값 전체	% 분산	누적 %	추출 제곱합 적재량 전체	% 분산	누적 %	회전 제곱합 적재량 전체	% 분산	누적 %
1	6.494	32.471	32.471	6.494	32.471	32.471	3.388	16.938	16.938
2	3.142	15.709	48.179	3.142	15.709	48.179	3.339	16.693	33.631
3	2.632	13.162	61.342	2.632	13.162	61.342	3.207	16.033	49.664
4	1.707	8.537	69.879	1.707	8.537	69.879	2.686	13.428	63.092
5	1.168	5.840	75.719	1.168	5.840	75.719	2.525	12.627	75.719
6	.675	3.375	79.094						
7	.597	2.985	82.079						
8	.527	2.635	84.714						
9	.487	2.436	87.150						
10	.429	2.145	89.294						
11	.374	1.872	91.166						
12	.352	1.758	92.924						
13	.280	1.401	94.325						
14	.264	1.319	95.644						
15	.235	1.177	96.821						
16	.190	.948	97.769						
17	.171	.855	98.623						
18	.133	.665	99.288						
19	.109	.546	99.834						
20	.033	.166	100.000						

추출 방법: 주성분 분석.

IBM SPSS Statistics 프로세서 준비 완료   유니코드: 설정 H: 564, W: 664 pt.

- 회전된 성분 행렬: 베리멕스 방식으로 회전된 요인적재값이다. 요인적재값은 각 변수와 요인 간의 상관관계를 나타내며, 요인으로 묶일 변수를 선별하는 기준이 된다. 적재값이 높을수록 유의하며 한 요인에서 적재값이 높은 변수는 그 요인을 설명하고 구성하는 데 중요한 역할을 한다. 적재값 기준에 대한 견해차는 있으나 일반적으로 +0.4 이상이면 유의성이 있다고 판단하고, +0.5 이상이면 신뢰할 만한 적재값이라고 간주한다.

- 분석표 하단에 베리멕스 회전 방식에 의해 최적치를 구하기 위한 반복계산이 5회 실시되어 요인회전이 수렴되었음을 나타내고 있다.

- 적재값 기준을 0.5 이상으로 하여 수렴된 5개의 요인(성분)별 집단을 보면 요인1은 자기정서인식 1~4, 요인2는 심리소진 1~4, 요인3은 타인정서인식 1~4, 요인4는 정서지능의 조절 1~4, 요인5는 정서지능 활용 1~4로 적재되어 있다. 따라서 정서지능에 대한 5개의 하위 요인을 각 4개의 문항으로 구성하여 측정한 총 20개의 문항은 각각의 하위 요인에 정확히 수렴하고 있어 요인에 대한 측정 항목의 문항 구성 타당성이 확보되었음을 알 수 있다.

회전된 성분행렬^a

	성분				
	1	2	3	4	5
자기정서인식1	.938	.030	.001	.110	.067
자기정서인식2	.920	.059	-.048	.148	.105
자기정서인식3	.910	.054	.012	.072	.080
자기정서인식4	.850	.065	.078	.084	.090
타인정서인식1	.023	.094	.905	.083	.116
타인정서인식2	.032	.019	.870	.151	.023
타인정서인식3	.023	.045	.849	.118	.185
타인정서인식4	-.029	.076	.880	.072	.082
정서지능활용1	.104	.152	.097	.151	.764
정서지능활용2	.065	.082	.163	.167	.749
정서지능활용3	.122	.131	.039	.197	.730
정서지능활용4	.037	.146	.084	.203	.667
정서지능의조절1	.085	.162	.139	.761	.283
정서지능의조절2	.120	.190	.113	.786	.274
정서지능의조절3	.158	.242	.151	.679	.247
정서지능의조절4	.113	.221	.097	.802	.107
실리소진1	.111	.846	.049	.205	.172
실리소진2	.052	.815	.043	.263	.182
실리소진3	.033	.932	.065	.125	.112
실리소진4	.028	.907	.092	.179	.120

추출 방법: 주성분 분석.
회전 방법: 카이저 정규화가 있는 베리멕스.
a. 5 반복계산에서 요인회전이 수렴되었습니다.

IBM SPSS Statistics 프로세서 준비 완료　　유니코드: 설정 H: 605, W: 458 pt.

6) 표 만들기

- 변수: 정서지능의 특성을 규명하기 위해 요인분석을 적용하였다.
- 표에는 요인적재값(factor loadings), 아이겐값(eigen value), % 분산, 누적분산값을 제시한다.
- 요인추출법과 회전 방법은 표 아래에 나타나 있다.
- 아이겐값이 1 이상인 요인이 5개로 나타났다. 이들 5개 요인은 전체 분산의 75.71%(요인1의 32.471~요인5의 5.840)를 설명하고 있다.
- 정서지능 요인분석 결과는 정서지능에 대한 측정 결과 5개의 하위 요인별 측정 문항과 일치하는 5개의 성분으로 나타나 측정 문항의 조정은 필요 없음을 보여 주고 있다.

정서지능에 대한 요인분석 결과					
	성분				
	1	2	3	4	5
자기정서인식 1번 문항	**.938**	.030	.001	.110	.067
자기정서인식 2번 문항	**.920**	.059	-.048	.148	.105
자기정서인식 3번 문항	**.910**	.054	.012	.072	.080
자기정서인식 4번 문항	**.850**	.065	.078	.084	.090
타인정서인식 1번 문항	.023	.094	**.905**	.083	.116
타인정서인식 2번 문항	.032	.019	**.870**	.151	.023
타인정서인식 3번 문항	.023	.045	**.849**	.118	.185
타인정서인식 4번 문항	-.029	.076	**.880**	.072	.082
정서지능 활용 1번 문항	.104	.152	.097	.151	**.764**
정서지능 활용 2번 문항	.065	.082	.163	.167	**.749**
정서지능 활용 3번 문항	.122	.131	.039	.197	**.730**
정서지능 활용 4번 문항	.037	.146	.084	.203	**.667**
정서지능의 조절 1번 문항	.085	.162	.139	**.761**	.283
정서지능의 조절 2번 문항	.120	.190	.113	**.786**	.274
정서지능의 조절 3번 문항	.158	.242	.151	**.679**	.247
정서지능의 조절 4번 문항	.113	.221	.097	**.802**	.107
심리적 소진 1번 문항	.111	**.846**	.049	.205	.172
심리적 소진 2번 문항	.052	**.815**	.043	.263	.182
심리적 소진 3번 문항	.033	**.932**	.065	.125	.112
심리적 소진 4번 문항	.028	**.907**	.092	.179	.120
Eigen value	6.494	3.142	2.632	1.707	1.168
% 분산	32.471	15.709	13.162	8.537	5.840
누적분산(%)	32.471	48.179	61.342	69.879	75.719

요인 추출 방법: 주성분 분석
회전 방법: Kaiser 정규화가 있는 베리멕스

7. t-검정

t-검정은 특정 집단의 평균이 통계적으로 유의하게 차이가 있는지를 검증하는 방법이다. t-검정은 영가설이 옳다는 가정하에 두 집단으로부터 계산된 검정통계치를 근거로 p값을 계산하여 p값이 유의도보다 작으면 집단 내 또는 집단 간 평균 차이가 없다는 영가설을 기각하고 차이가 있다는 연구가설을 채택하며, p값이 유의도와 같거나 크면 영가설을 채택하게 된다. t-검정은 일표본, 독립표본, 대응표본으로 구분된다.

1) 일표본 t-검정

일표본은 하나의 모집단에서 추출된 단일표본의 평균에 대해 검증하는 것이다. 즉, 특정 집단의 평균치가 특정 값과 통계적으로 유의미한 차이가 있는지를 검증하는 분석 방법이다.

(1) 분석 과정

- 일표본에 관한 검증을 설명하기 위해 자아존중감 사전조사 자료를 이용하여 일반적으로 자아존중감에 대한 평균값이 '100'이라는 가정하에 분석을 진행한다.
- 다음과 같은 절차로 진행하면 아래의 창이 뜬다.

> 분석(A) ⇒ 평균비교(M) ⇒ 일표본 T−검정(S)

- [일표본 T-검정] 창이 열리면 분석하고자 하는 변수를 선택하고, 검정값에 100을 입력한다.
- 옵션(O)에는 자동적으로 95%(p=0.05)의 신뢰구간이 설정되어 있다.
- [확인]을 누르면 분석 결과가 나타난다.

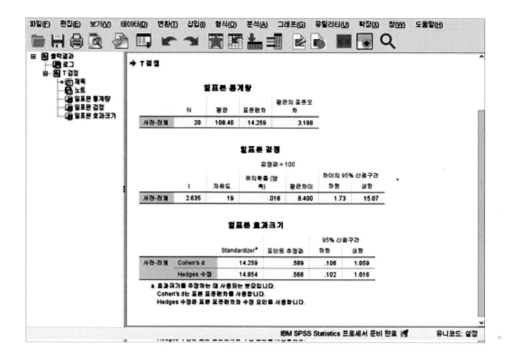

(2) 분석 결과

• 사전에 조사된 전체 자아존중감의 값이 일반적인 집단의 평균이 '100'이라는 가정하에 유의한 차이가 있는지를 살펴본 결과는 다음과 같다.

• 일표본통계량에서 분석에 사용된 표본의 개수는 20개이고, 평균은 108.40이다.

• 일표본검정 결과 t=2.635, 유의확률은 0.016(p<.05)으로 나타나, 이 집단의 자아존중감은 일반적인 집단의 자아존중감과는 유의한 차이가 있음을 보여 준다.

2) 독립표본 t-검정

독립표본 t-검정(independent-sample t-test)은 서로 독립된 두 집단 간의 평균이 통계적으로 유의미한 차이가 있는지를 검증하는 방법이다. 이 방법은 하나의 변수에 서로 독립된 두 집단이 존재하며, 이들 두 집단은 각각의 사례들을 포함하고 있다는 것을 전제한다.

(1) 분석 과정

• 분석 목적(가정): 미술치료를 실시하기 전 실험집단과 통제집단의 자아존중감에 유의
  미한 차이가 있는지를 확인한다.

• 아래의 절차를 거치면 **[독립표본 T-검정]** 창이 열린다.

분석(A) ⇒ 평균비교(M) ⇒ 독립표본 T-검정(S)

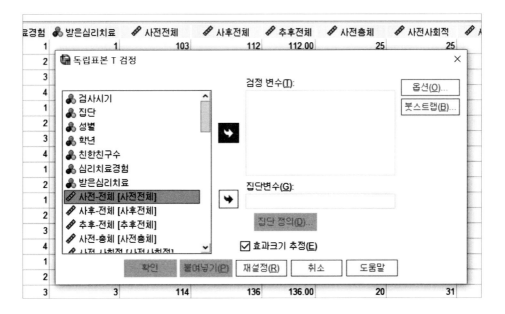

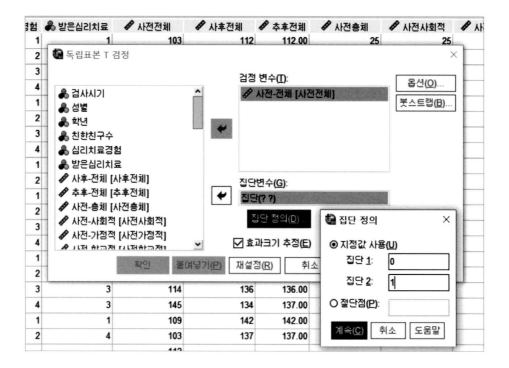

- [독립표본 T-검정] 창에는 검정변수(T)와 집단변수(G)에 각각 분석하고자 하는 변수를 입력한다. 여기서 검정변수(T)는 평균을 내는 변수이고, 집단변수(G)는 두 집단으로 구성된 변수이다.

- 여기서 평균을 구할 수 있는 검정변수는 집단미술치료 전의 두 집단에 대해 조사한 자아존중감이다.

- 분석을 위해, 먼저 왼쪽에 있는 변수 리스트에서 〈사전－전체〉 변수를 검정변수(T)로 이동시키고 집단변수(G)에 집단을 이동시킨다.

- 그러면 집단(? ?) 표시가 뜨는데 여기서 [집단정의(D)] 창을 클릭하면 바로 아래의 창이 열린다.

- 집단 1에 0(통제집단)의 값을, 집단 2에 1(실험집단)의 값을 입력하고 [계속]을 클릭한다.

- 그러면 [독립표본 T-검정] 창이 다시 나타나면 [확인] 버튼을 클릭한다.

(2) 분석 결과

- 집단통계량: 사전조사한 자아존중감이 통제집단은 106.40이고 실험집단은 110.40으

로 실험집단이 약간 더 높았다. 그러나 t값과 유의도를 확인하기 전까지 집단 간에 유의한 차이가 있다고 말할 수는 없다.

➡ **T-검정**

집단통계량

	집단	N	평균	표준편차	평균의 표준오차
사전-전체	통제집단	10	105.40	12.313	3.894
	실험집단	10	110.40	16.392	5.184

• 독립표본검정: 집단통계량으로 파악된 두 집단 간 자아존중감의 차이가 통계적으로 유의한지는 t-검정으로 파악할 수 있다.

독립표본검정

		Levene의 등분산 검정		평균의 동일성에 대한 T-검정					
		F	유의확률	t	자유도	유의확률 (양측)	평균 차이	표준오차 차이	차이의 95% 신뢰구간 하한	상한
사전-전체	등분산을 가정함	.646	.432	-.617	18	.545	-4.000	6.483	-17.621	9.621
	등분산을 가정하지 않음			-.617	16.703	.546	-4.000	6.483	-17.697	9.697

• 독립표본검정 결과를 해석할 때 주의할 점은 두 집단분산의 동일성 여부이다. 두 집단의 분산이 동일하다는 영가설과 동일하지 않다는 연구가설을 검증하기 위해 등분산 검증통계치를 이용한다. Levene의 등분산 검증은 F값과 유의도를 기준으로 한다.
  – F값이 유의하지 않으면(p > 0.05) 동일성이 인정되므로 '등분산 가정됨'
  – F값이 유의하면(p < 0.05) 동일성이 인정되지 않으므로 '등분산 가정되지 않음'
• 두 집단의 검증통계치인 F값의 유의확률이 0.432(F = .646)로 0.05보다 크기 때문에 '등분산을 가정함' 통계치를 기준으로 해석한다.
• 따라서 실험집단과 통제집단 간의 사전 자아존중감은 t = −.617, p = .545 (P > .05)로 나타나 두 집단의 사전 자아존중감 차이는 유의하지 않은 것으로 나타났다.
• 한 가지 언급할 사항은 t-검정 결과에서 t값에 마이너스(−)가 붙은 것은 아무 의미가 없다. 분석에서 t값과 평균차가 마이너스값이 붙는 것은 단순히 집단을 열거할

때 앞 집단(통제집단)이 뒤에 열거된 집단(실험집단)보다 값이 작을 때 나타난다.

(3) 표 만들기

• 실험집단과 통제집단의 사전 자아존중감에 대한 동질성을 확인하기 위해 독립 t−검정을 시행한 결과를 다음과 같이 표로 정리할 수 있다.

실험집단과 통제집단의 동질성 검정					
영역	실험집단(N=10)		통제집단(N=10)		t
	M	SD	M	SD	
자아존중감	110.40	16.392	106.40	12.313	-.617

*p < .05

• 실험집단과 통제집단의 사전 자아존중감에 대해 동질성 검정을 실시한 결과, t= −.617로 유의하지 않은 결과를 나타내어 두 집단의 사전 자아존중감은 동질하다고 판단된다.

3) 대응표본 t-검정

대응표본 t−검정(paired sample t−test)은 두 개의 상호 관련된 변수 간의 평균 차이가 통계적으로 유의미한지를 검증하는 방법이다. 독립표본 t−검정은 '두 집단' 간 평균 차이를 검증한 데 비해 대응표본 t−검정은 서로 다른 '두 변수' 간 평균 차이를 검증한다.

(1) 분석 과정

• 분석 목적: 실험집단의 집단미술치료가 자아존중감에 미치는 영향
• 두 변수: 실험집단의 사전 자아존중감 vs. 사후 자아존중감
• 아래의 절차를 거치면 [대응표본 T 검정] 창이 열린다.

분석(A) ⇒ 평균비교(M) ⇒ 대응표본 T−검정(P)

- 먼저, 실험집단의 사전과 사후 자아존중감의 차이를 알아보기 위해 케이스 선택 메
  뉴를 이용하여 실험집단(집단＝1)을 분석 케이스로 선택한다.

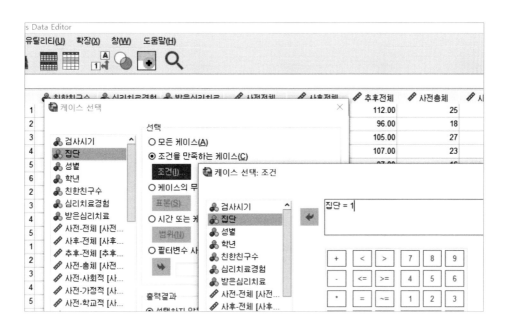

- 분석(A) 메뉴에서 평균비교 항목의 대응표본 T−검정(P) 메뉴를 선택한다.
- 대응표본 T−검정 창이 나타나면 왼쪽 창에서 사전−전체(자아존중감)와 사후−전체 (자아존중감)를 각각 또는 함께 묶어 오른쪽 대응변수(V) 창으로 이동시킨 후 **[확인]** 버튼을 누른다.

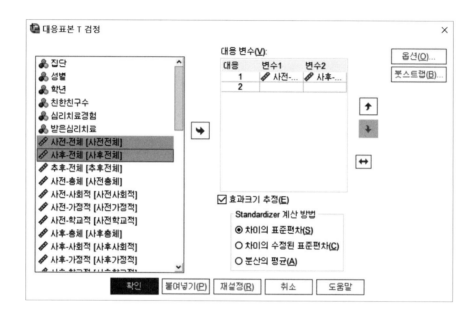

(2) 분석 결과

- 대응표본통계량: 집단미술치료 프로그램 적용 전과 후의 평균과 표준편차를 보여 준 다. 미술치료 적용 전의 자아존중감 평균은 110.40이었으나 미술치료 적용 후의 평 균은 135.00으로, 사후에는 자아존중감 평균이 증가하였다.

대응표본통계량

		평균	N	표준편차	평균의 표준오차
대응 1	사전-전체	110.40	10	16.392	5.104
	사후-전체	135.00	10	4.690	1.483

- 대응표본 상관계수: 미술치료 전과 후의 자아존중감 상관관계가 −0.043으로 나타났 는데, 이에 대한 유의확률이 0.905로 p < 0.05보다 크므로 두 변수 간 상관관계는 유

의하지 않다는 것을 말해 준다.

대응표본 상관계수		N	상관관계	유의확률
대응 1	사전-전체-사후-전체	10	-.043	.905

- 대응표본검정: 대응표본통계량에서 사전보다 사후의 자아존중감 평균이 높은 것으로 나타났는데, 이러한 차이가 통계적으로 유의미한지를 확인할 수 있다.

대응표본검정								
		대응차						유의확률
				평균의	차이의 95% 신뢰구간			
		평균	표준편차	표준오차	하한	상한	t	자유도	(양측)
대응 1 사전-전체-사후-전체		-24.600	17.245	5.453	-36.936	-12.264	-4.511	9	.001

- 평균 −24.600은 사전 평균에서 사후 평균을 뺀 값이다. 즉, 110.40−135.00의 결과 값이다.
- 사전과 사후의 자아존중감 차이가 통계적으로 유의미한지를 밝혀 주는 검증통계치 t값이 −4.511이며 자유도는 9이고, 이에 따른 유의확률인 p값은 .001이다. 이는 영가설이 옳다는 것을 전제로 한 유의도 0.05보다 작기 때문에 집단미술치료 전과 후의 자아존중감 차이가 통계적으로 유의하지 않다는 영가설을 기각하고, 이들 두 변수의 평균 차이가 통계적으로 유의하다는 연구가설을 뒷받침하고 있다.
- 해석하기: 집단미술치료 프로그램을 적용하기 전 실험집단의 자아존중감 평균은 110.40이었으나 프로그램 적용 후의 평균은 135.00으로 증가하였으며, 통계적으로 유의하였다(t=−4.511, p<.01). 따라서 실험집단에 적용된 집단미술치료는 자아존중감 향상에 영향을 미친다고 판단된다.

(3) 표 만들기
- 실험집단에 대한 사전과 사후 자아존중감의 변화를 확인하기 위해 대응 t−검정을 시행한 결과를 다음과 같이 표로 정리할 수 있다.

실험집단에 대한 사전과 사후 자아존중감 차이 검증					
영역	사전(N=10)		사후(N=10)		*t*
	M	SD	M	SD	
자아존중감	110.40	16.392	135.00	4.690	-4.511**

*p < .05, **p < .01

8. 비모수검정

통계분석 방법을 정할 때 먼저 데이터 특성을 알아야 적합한 방법을 적용할 수 있다. 데이터 특성 중 가장 분석하고자 하는 데이터가 등간이나 비율척도에 의해 측정되었고 측정된 데이터가 정규분포의 조건을 만족한다면 모수분석을 적용하지만, 표본의 수가 아주 적거나 명목이나 서열척도에 의해 수집된 데이터라면 모수분석법을 적용하는 데 제약이 따른다. 비모수분석은 모집단 분포에 대한 가정이 완화되어 있으므로, 가정이 만족되지 않음으로 인해 생기는 오류의 가능성이 적고 비교적 계산이 간편해서 이해하기 쉽다는 것이 장점이다.

대표적인 비모수분석 방법에는 맨-휘트니 U 검정(Mann-Whitney U-test)과 윌콕슨 부호-순위 검정(Wilcoxon signed rank test)이 있다. 맨-휘트니 U 검정은 2집단 평균비교로 모수분석의 t-test를 사용하지 못하는 조건에서 사용할 수 있고, 윌콕슨 부호-순위 검정은 대응변수의 크기를 비교하므로 모수분석의 대응표본 검정을 대체할 수 있다. 먼저 모수분석을 할 것인지 비모수분석을 할 것인지는 데이터의 정규성 검정으로 결정할 수 있다.

1) 정규성 검정

대부분의 분석 기법은 정규분포(normal distribution)를 가정하고 작동되므로, 자료가 정규성(normality)을 만족하는지의 여부를 확인해야 한다. 일반적으로 표본의 크기가 충분히 크다면 정규성을 크게 고려할 필요는 없다. 이유는 표본의 크기가 충분히 클 경우, 중앙집중한계정리(central limit theorem)에 의해 비정규성이 가정되기 때문이다(Conover, 1980). 그리고 표본의 크기가 작아도 데이터가 정규성을 만족한다면 모수분석을 적용할 수 있다.

표본의 크기에 대한 명확한 기준은 없고 모집단 수와 독립변수의 수 등이 기준으로 작용한다. 일반적으로 표본 수가 100개가 넘으면 어느 정도의 정규성은 확보된다고 본다. 그러나 표본 수가 100개가 넘어도 정규성을 검정해야 하는데, 이를 검정하는 방법으로 Kolmogorov-Smirnov test와 Shapiro-Wilk test가 있다. 표본 수가 100 이하라면 정규성을 가정하기 어려우므로, 정규성 검정을 실시하여 정규성을 확인하거나 비모수분석 기법을 적용해야 한다.

SPSS/PC 프로그램은 Kolmogorov-Smirnov test와 Shapiro-Wilk test 검정 결과를 같이 보여 준다. Kolmogorov-Smirnov test는 표본의 정규성을 검정하는 비모수적 검정법으로 표본의 수가 매우 적을 때 적용하며, Shapiro-Wilk test 표본의 정규성을 검정하는 모수적 검정법으로 표본의 크기가 충분할 때 적용한다.

정규성 검정은 p값이 0.05미만이면 정규성이 만족되지 않는 것이고, 0.05 이상이면 데이터가 정규분포를 이룬다고 가정한다.

(1) 분석 과정
- 변수: 표본의 수가 적어 정규성 가정이 어려운 자아존중감 자료를 이용하여 정규성을 확인하기 성별과 자아존중감 사전 및 사후 자료를 사용한다.
- 분석 과정은 다음과 같다.

분석(A) ⇒ 기술통계량(E) ⇒ 데이터 탐색(E)

- 종속변수(D)란에 평균을 비교할 수 있는 변수를 입력한다. 여기서 사전-전체와 사후-전체 자아존중감 데이터를 사용한다.

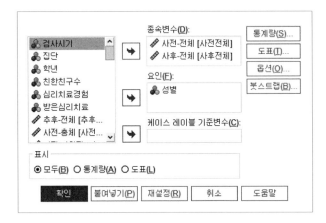

- 요인(F)란에는 성별을 입력한다.
- 오른쪽 버튼 중 [도표(T)]를 클릭하면 [데이터 탐색: 도표]가 열린다.

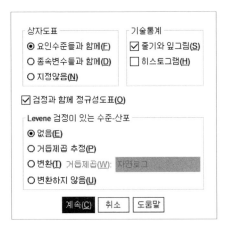

- [데이터 탐색: 도표] 창에서 '검정과 함께 정규성 도표(O)'를 선택한다.
- [계속] 클릭 후 [데이터 탐색] 창으로 다시 돌아가면 [확인]을 클릭한다.

(2) 분석 결과
- 정규성 검정: 다음 그림과 같이 Kolmogorov-Smirnov test는 남자와 여자 모두 사
  전 사후에 정규성이 확인되었지만(p > .05), Shapiro-Wilk test에서는 사후 남자 표
  본의 정규성이 충족되지 않는 것으로 나타났다(p < .05). 하지만 표본의 수를 고

려할 때, 충분한 표본의 크기가 필요한 Shapiro-Wilk test는 적용하기 어려우므로 Kolmogorov-Smirnov test 결과를 인용하여 t-test 같은 모수적 분석을 시행해도 된다는 결과를 보여 주고 있다.

파일(E)	편집(E)	보기(V)	삽입(I)	피벗(P)	형식(O)	도움말(H)	

정규성 검정

	성별	Kolmogorov-Smirnov[a]			Shapiro-Wilk		
		통계	자유도	CTT 유의확률	통계	자유도	CTT 유의확률
사전-전체	남자	.146	11	.200[*]	.969	11	.877
	여자	.220	9	.200[*]	.941	9	.591
사후-전체	남자	.229	11	.111	.839	11	.030
	여자	.242	9	.137	.877	9	.144

*. 이것은 참 유의성의 하한임니다.
a. Lilliefors 유의확률 수정

2) 맨–휘트니 U 검정

맨–휘트니 U(Mann-Whitney U) 검정은 서열척도로 구성된 변수들 간의 관계에 대한 순위합을 이용한 분석법이다. 맨–휘트니 U 검정은 정규성을 전제하는 모수통계 기법의 독립표본 t-test와 같은 분석 방법이다. 맨–휘트니 U 검정을 하기 위해서는 다음 조건이 갖추어져야 한다.

첫째, 두 표본이 서로 독립적이어야 한다.

둘째, 변수들은 서열척도 이상의 수준으로 구성되어야 한다.

(1) 분석 과정

- 변수: 검정변수(T)는 미술치료 전 실험집단과 통제집단의 자아존중감이며, 집단변수(G)는 집단(실험, 통제)이다.
- 분석 내용: 두 집단의 자아존중감은 차이 여부
- 분석 과정은 다음과 같다.

분석(A) ⇒ 비모수검정(N) ⇒ 레거시 대화 상자(L) ⇒ 독립2−표본(2)

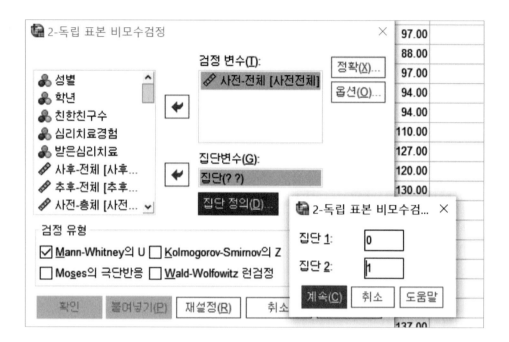

- **[독립2-표본 비모수검정]** 창에서 검정변수와 집단변수를 입력한다. 집단 정의 방법은 t−test 분석과 같다.
- 검정 유형에 Mann-Whitney의 U는 자동으로 선택되어 있다.
- **[옵션(O)]**에서 기술통계를 선택하면 평균, 표준편차, 최솟값, 최댓값을 보여 준다.

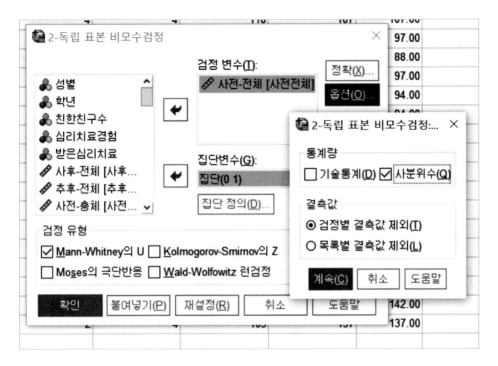

(2) 분석 결과

• 순위: 집단 구분에 따른 평균 순위와 순위 합을 보여 준다.

Mann-Whitney

		순위		
	집단	N	평균 순위	순위합
사전-전체	통제집단	10	9.95	99.50
	실험집단	10	11.05	110.50
	전체	20		

• 검정통계량: 집단에 따른 자아존중감의 차이가 있는지를 보여 준다. Z값의 유의확률을 나타내는 근사 유의확률 p = .677로 0.05 이상이므로 두 집단의 사전 자아존중감에는 차이가 유의하지 않은 것으로 나타났다. 따라서 두 집단의 사전 자아존중감은 차이가 없다고 판단된다(일반적으로 통계량이 유의할 경우에만 U값과 p값을 표기함).

검정통계량[a]

	사전-전체
Mann-Whitney의 U	44.500
Wilcoxon의 W	99.500
Z	-.416
근사 유의확률(양측)	.677
정확 유의확률 [2*(단측 유의확률)]	.684[b]

a. 집단변수: 집단
b. 등순위에 대해 수정된 사항이 없습니다.

3) 윌콕슨 부호-순위 검정

윌콕슨 부호-순위 검정은 데이터의 차이 증감뿐 아니라 순위도 측정할 수 있다. 모수 검정의 대응표본 t-test와 논리적으로 비슷하다. 윌콕슨 부호-순위 검정은 부호와 순위를 모두 고려해서 검증한다. 만약 미술치료 전·후의 효과가 차이가 없다는 영가설이 옳다면 + 순위의 합과 - 순위의 합은 서로 균형을 이루어야 한다.

(1) 분석 과정
- 변수: 실험집단에 미술치료 프로그램을 적용 후 자아존중감에 영향이 있었는지 통계적으로 검증한다.
- 영가설: 미술치료 영향이 없다.
- 연구가설: 미술치료 영향이 있다.
- 분석을 실시하기 전에 먼저, 분석에 정확한 데이터를 사용할 수 있도록 [데이터] 메뉴에서 [케이스 선택] → [조건] → 집단=1을 설정하여 실험집단을 분석 케이스로 투입할 수 있도록 설정한다.

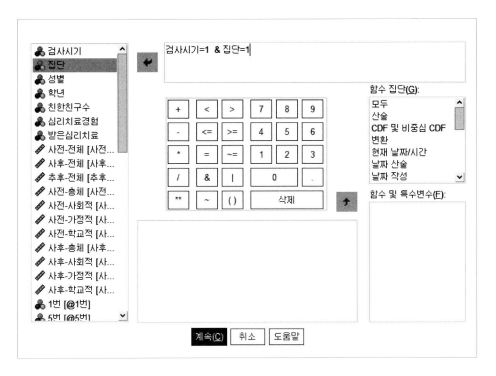

• 분석 과정은 다음과 같다.

분석(A) ⇒ 비모수검정(N) ⇒ 레거시 대화 상자(L) ⇒ 대응2-표본(L)

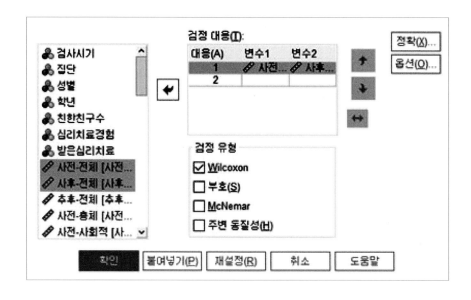

- [대응2-표본 비모수검정] 창이 열리면 변수1에는 '사전_전체', 변수2에는 '사후_전체'를 입력한다.
- 검정 유형에 Wilcoxon은 자동으로 선택되어 있다.

- [대응2-표본 비모수검정] 창에서 [옵션(O)]을 클릭하면 아래 창이 열린다.
- 통계량 란에서 기술통계(D)를 선택한다. 기술통계는 변수의 평균과 표준편차를 산출한다.
- [계속] 클릭 후 [대응2-표본 비모수검정] 창에서 [확인]을 클릭한다.

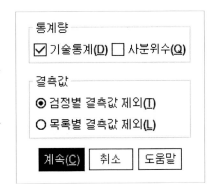

(2) 분석 결과

- 기술통계량: 실험집단 10명의 미술치료 프로그램 적용 전과 후의 자아존중감 평균과 표준편차를 보여 준다.

비모수검정

기술통계량

	N	평균	표준편차	최솟값	최댓값
사전-전체	10	110.40	16.392	88	145
사후-전체	10	135.00	4.690	127	142

- 미술치료 전의 자아존중감 평균은 110.40인 데 비해 미술치료 후에는 135.00으로 높아졌다. 이러한 차이가 유의한지의 여부는 검정통계량 Z값과 유의확률로 판단한다.
- 순위: 순위가 의미하는 것은 순위표 아래 각주에 표시되어 있다.
  - 음의 순위는 사전점수가 높은 경우이고, 양의 순위는 사후점수가 높은 경우이다.
  - 동률은 사전과 사후 점수가 같은 것을 의미한다.
  - 이 분석에서 10명의 대상자에게 미술치료 프로그램을 적용한 후 자아존중감이 높아진 사람은 9명이고, 1명은 낮아졌으며, 점수 변동이 없는 사람은 0명으로 나타났다.

월콕슨 부호-순위 검정

순위		N	평균 순위	순위합
사전-전체-사전-전체	음의 순위	1[a]	2.00	2.00
	양의 순위	9[b]	5.89	53.00
	등순위	0[c]		
	전체	10		

a. 사후-전체<사전-전체
b. 사후-전체>사전-전체
c. 사후-전체=사전-전체

- 검정통계량: 월콕슨 부호-순위 검정의 통계량 Z값과 유의확률이 나타나 있다. Z값 −2.599의 유의확률은 0.009로 미술치료 전과 후의 자아존중감은 유의한 차이가 있다고 결론 내릴 수 있다. 따라서 실험집단에 실시된 미술치료 프로그램은 자아존중감에 영향을 미쳤다($Z = -2.599$, $p < .01$).

검정통계량[a]

	사후-전체-사전-전체
Z	-2.599[b]
근사 유의확률(양측)	.009

a. 월콕슨 부호-순위 검정
b. 음의 순위를 기준으로

4) Kruskal-Wallis H 검정

Kruskal-Walis H 검정은 3개 이상의 집단 간 차이를 분석하며 모수통계 기법의 분산분석과 논리적으로 같다. 실험집단의 사전, 사후, 추후로 세 시기를 구분해서 자아존중감에 차이가 있는지를 검증할 경우, 비모수 분산분석인 Kruskal-Wallis H 검정한다고 가정한다.

- 모집단이 정규분포 가정을 충족할 때(모수통계분석)
  두 집단의 평균 차이 검정 → t-검정
  세 집단 이상의 평균 차이 검정 → F 검정(ANOVA)

- 모집단이 정규분포 가정을 충족하지 못할 때(비모수통계분석)

  두 집단의 평균 차이 검정 → Mann-Whitney U 검정

  세 집단 이상의 평균 차이 검정 → Kruskall-Wallis H 검정

(1) 분석 과정

- 변수: 검정변수(T)는 자아존중감 수준이고 집단변수(G)는 검사시기(사전, 사후, 추후)이다.
- 연구가설: 실험집단의 자아존중감은 시기에 따라 차이가 있다.
- 분석 과정은 다음과 같다. SPSS 프로그램 적용은 Mann-Whitney U 분석 과정과 같다. 차이점은 [독립2-표본(2)] 대신 [독립K-표본(K)]를 선택한다.
- 먼저, 분석에 사용될 실험집단의 자아존중감 자료를 선택하기 위해 케이스 선택 메뉴에서 [집단＝1]을 선택한다.

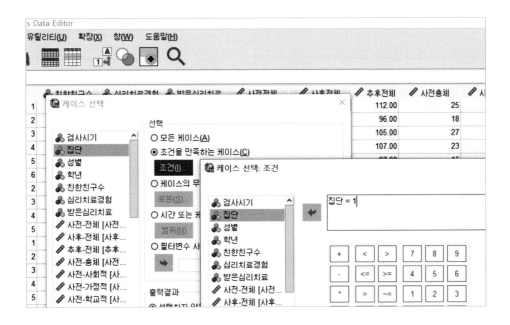

- 검정 유형에 'Kruskal-Wallis H'가 자동으로 선택되어 있다.

분석(A) ⇒ 비모수검정(N) ⇒ 레거시 대화 상자(L) ⇒ K－독립표본(K)

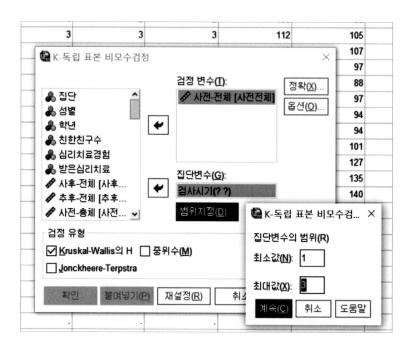

- 검정변수는 자아존중감(사전–전체[사전전체])으로 이 데이터에는 실험집단과 통제집단의 3시기에 대한 자아존중감 데이터가 모두 들어 있으며 케이스 선택에서 '집단=1'로 선택했기 때문에 실험집단의 데이터만 분석에 투입된다.
- 집단변수는 검사시기로 최솟값 1, 최댓값 3을 입력한다(1=사전, 2=사후, 3=추후).

(2) 분석 결과

- 기술통계: Kruskal-Wallis H 분석은 평균과 표준편차는 제시하지 않는다. 집단별 평균과 표준편차를 알고자 할 경우, 모수 분산분석을 통해 산출할 수 있다.

Kruskal-Wallis 검정

순위

	검사시기	N	평균 순위
사전-전체	사전	10	7.60
	사후	10	20.20
	추후	10	18.70
	전체	30	

검정통계량[a,b]

	사전-전체
Kruskal-Wallis의 H	12.255
자유도	2
근사 유의확률	.002

a. Kruskal-Wallis 검정
b. 집단변수: 검사시기

- Kruskal-Wallis 검정 순위에서 사전 평균순위는 7.60으로 사후(20.20)와 추후(18.70)에 비해 낮으며, 사후와 추후는 비슷한 것으로 나타났다.
- 검정통계량에서 Kruskal-Wallis H는 12.255이고 근사 유의확률은 0.002로 나타나 실험집단의 자아존중감은 각 조사 시기에 따른 통계적 유의성이 있는 것으로 나타났다.
- 시기에 따른 통계적 유의성을 확인하고 싶다면 시기를 사전－사후, 사후－추후, 사전－추후로 분리 후 각각의 분석을 실시하면 된다.

9. 분산분석

분산분석(analysis of variance: ANOVA)은 세 변수(종속변수) 이상에 대해 평균 차이를 검증하는 방법으로 독립변수의 효과를 분석하기 위해 사용하며, 미술치료에서 주로 집단은 독립변수이고 프로그램 효과는 종속변수에 해당한다.

1) 일원배치 분산분석

일원배치 분산분석(one-way ANOVA)은 세 개 이상 집단 간의 평균 차이를 비교하는 방법이다.

(1) 분석 과정
- 분석 목적: 통제집단에서 시기(사전, 사후, 추후)에 따른 자아존중감의 차이 확인
- 변수 투입: 종속변수＝사전－전체(이 변수에는 분산분석을 위해 실험집단과 통제집단의 사전, 사후, 추후 전체 자아존중감 자료가 입력되어 있다), 독립변수(요인분석)＝검사시기
- 먼저, 분석에 투입할 통제집단의 데이터를 [케이스 선택] 메뉴를 이용하여 선택한다.

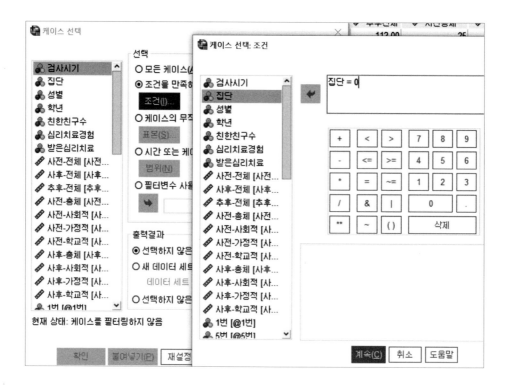

- 아래의 절차를 거치면 **[일원배치 분산분석]** 창이 열린다.

분석(A) ⇒ 평균비교(M) ⇒ 일원배치 분산분석(O)

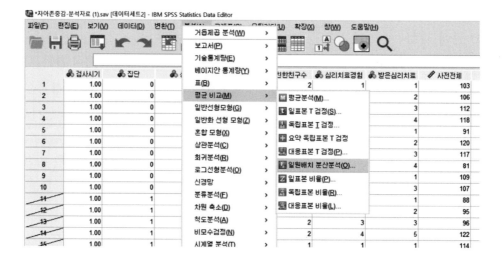

- 왼쪽 변수 상자에서 분석하고자 하는 변수, 즉 사전-전체 **[사전전체]** 변수를 종속변수(E)로 옮기고, 독립변수(요인)에는 검사시기 변수를 옮긴다.

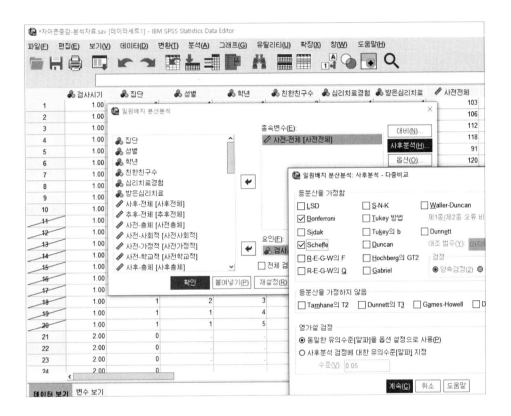

- 사후분석(H)을 클릭하면 **[일원배치 분산분석: 사후분석·다중비교]** 창이 뜬다.
- 다중비교를 하는 이유는 일원배치 분산분석에서 집단 간 평균 차이가 인정되더라도 모든 집단 간에 차이가 있다고 볼 수는 없다. 즉, 세 집단 중 어느 한 집단이 다른 집단과 평균 차이가 나면 F값이 유의하게 나타나기 때문이다. F값은 집단 간에 유의한 차이가 있는지 없는지만을 제시할 뿐 그 이상은 알려 주지 않는다. 따라서 분산분석에서 통계적 유의성($p < 0.05$)이 나타나면 어느 집단 간에 차이가 있는지를 추가 분석을 통해 확인해야 하는데, 이를 사후분석(Post Hoc Multiple Comparisons) 또는 다중비교(Multiple Comparisons)라고 한다.
- 다중비교 창에는 옵션이 다양하다. 보편적으로 가장 많이 사용되는 다중비교 방법은 Bonferroni, Tukey 방법, Scheffe, Duncan 등이다. 이 방법들 중 하나를 선택한

다. 이 분석에서는 출력 결과를 비교하기 위해 Scheffe와 Bonferroni를 선택한다.

- [계속]을 클릭하면 [일원배치 분산분석] 창이 뜬다. 여기서 [옵션(O)]을 클릭하면 아래 통계량 창이 뜬다.

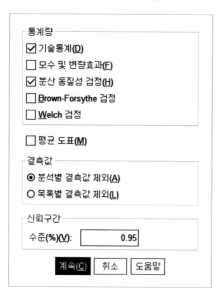

- 일원배치 분산분석에서 필요한 통계량은 기술통계 (D)이다. 기술통계(D)를 선택하지 않으면 평균과 표준편차가 출력되지 않는다.
- 이어서 [계속]을 클릭하면 처음에 열린 [일원배치 분산분석] 창이 뜬다.
- 그 창에서 [확인]을 누르면 분석 결과가 출력된다.

(2) 분석 결과

- 기술통계: 검사시기에 따른 통제집단의 자아존중감에 대한 통계량을 설명하고 있다.
- 사전검사에서 자아존중감 평균이 106.40, 사후에는 99.10, 추후에는 100.00으로 사후에 감소하였다가 추후에 다시 증가하였다.
- 검사시기의 평균 변화가 통계적으로 유의한 차이가 있는지를 검증해야 한다.
- 분산의 동질성 검정: 분산분석이 유용하기 위해서는 표본이 무작위로 추출되었으며 모집단은 동일한 분산을 가지고 있다는 가정을 충족해야 한다. 이러한 가정을 충족하는지를 알아보기 위해 Levene 통계량을 사용한다. Levene 통계량값이 0.886이고 $p=0.424$(기준 $p>.05$)로 분산의 동질성 가정을 충족하고 있다. 이러한 기본 가정이 충족되었기 때문에 이후의 결과 해석이 가능하다.

기술통계

사전-전체

	N	평균	표준편차	표준오차	평균의 95% 신뢰구간 하한	상한	최솟값	최댓값
사전	10	106.40	12.313	3.894	97.59	115.21	81	120
사후	10	99.10	7.156	2.263	93.98	104.22	88	112
추후	10	100.00	7.944	2.512	94.32	105.68	88	112
전체	30	101.83	9.667	1.765	98.22	105.44	81	120

분산의 동질성 검정

		Levene 통계량	df1	df2	CTT 유의확률
사전-전체	평균을 기준으로 합니다.	.886	2	27	.424
	중위수를 기준으로 합니다.	.801	2	27	.459
	자유도를 수정한 상태에서 중위수를 기준으로 합니다.	.801	2	22.131	.461
	절삭평균을 기준으로 합니다.	.798	2	27	.461

- 분산분석: 세 검사시기에 따른 집단 간의 F값이 1.787이고 유의확률이 0.187로 세 집단(시기) 간의 자아존중감에는 통계적 유의성이 없다. 따라서 통제집단의 시기에 따른 자아존중감의 통계 유의성은 없다($F = 1.787$, $p > .05$)고 결론 낼 수 있다.

ANOVA

사전-전체

	제곱합	자유도	평균제곱	F	CTT 유의확률
집단-간	316.867	2	158.433	1.787	.187
집단-내	2393.30	27	88.641		
전체	2710.17	29			

- 사후검정: 사후검정의 다중비교는 집단-간 차이가 있을 때 각 집단 간의 어떠한 차이가 있는지를 보여 준다. 하지만 이 결과에서 집단-간 차이가 없기 때문에 다중비교의 결과는 다음과 같이 Scheffe와 Bonferroni 분석법 모두 사전, 사후, 추후의 세 시기 비교에서 유의 수준($p < .05$) 기준을 충족시키지 못하고 있어 Scheffe 분석에서 세 시기가 동질적인 집합으로 표시된다.

사후검정

다중비교

종속변수: 사전-전체

	(I) 검사시기	(J) 검사시기	평균 차이(I-J)	표준오차	CTT 유의확률	95% 신뢰구간	
						하한	상한
Scheffe	사전	사후	7.300	4.210	.240	-3.61	18.21
		추후	6.400	4.210	.330	-4.51	17.31
	사후	사전	-7.300	4.210	.240	-18.21	3.61
		추후	-.900	4.210	.977	-11.81	10.01
	추후	사전	-6.400	4.210	.330	-17.31	4.51
		추후	9.00	4.210	.977	-10.01	11.81
Bonferroni	사전	사후	7.300	4.210	.283	-3.45	18.05
		추후	6.400	4.210	.420	-4.35	17.15
	사후	사전	-7.300	4.210	.283	-18.05	3.45
		추후	-.900	4.210	1.000	-11.65	9.85
	추후	사전	-6.400	4.210	.420	-17.15	4.35
		사후	.900	4.210	1.000	-9.85	11.65

동질적 부분집합

사전-전체

종속변수: 사전-전체

	검사시기	N	유의 수준=0.05에 대한 부분집합
			1
Scheffe[a]	사후	10	99.10
	추후	10	100.00
	사전	10	106.40
	CTT 유의확률		.240

동질적 부분집합에 있는 집단에 대한 평균이 표시됩니다.
a. 조화평균 표본 크기 10.000을(를) 사용합니다.

2) 반복측정 분산분석

반복측정 분산분석(Repeated measures ANOVA)은 시차를 두고 반복측정한 값이 유의한 차이가 있는지를 검증할 때 적용하며, 논리적으로 대응표본 t-test를 확장한 방법이다. 미술치료 분야에서 반복측정은 프로그램 적용 조건 또는 처치를 달리하거나 같은 변수의 값을 시간 경과에 따라 반복적으로 측정한 값이 유의한 차이가 있는지를 규명하고자 할 경우에 많이 적용되는 분석 방법이다.

(1) 분석 과정

- 분석 목적: 실험집단에 적용한 미술치료 프로그램이 효과가 있는지 통제집단과 비교하여 검증한다.
- 검증변수: 미술치료 프로그램 적용 전, 적용 후, 추후의 자아존중감 수준
- 집단변수: 미술치료 프로그램 참가 여부를 기준으로 한 실험집단 vs. 통제집단
- 아래의 과정을 거치면 [반복측정 ANOVA] 창이 열린다.

분석(A) ⇒ 일반선형모형(G) ⇒ 반복측정(R)

- [반복측정 요인정의] 창이 열리면 [개체-내 요인이름]에는 [요인1]이 입력되어 있다. 이 경우, [요인1]을 그대로 사용해도 되고 측정할 변수 이름을 새로 입력해도 된다. 예로, 측정시기에 따른 분석이므로 [요인1] → [시기]로 수정하였다.
- 수준의 수(L): 반복측정된 자료가 3개(프로그램 적용 전, 후, 추후)이므로 수준의 수(Number of Levels)를 3으로 지정하고 [추가(A)]를 클릭하면 [시기(3)]이 나타난다.
- [정의]를 클릭하면 다음의 [반복측도] 창이 열린다.
- [반복측도] 창이 나오면 [개체-내 변수(W) Within-subject factor]를 먼저 지정한다. 시간차를 두고 측정한 값이 미술치료 전, 후, 추후이므로 왼쪽 변수 리스트에 있는

3개의 측정값을 화살표를 이용하여 차례로 [개체-내 변수] 상자로 이동한다.

- [개체-간 요인(B) Between-subject factor]에는 집단변수를 지정한다. 여기서 집단변수는 미술치료 프로그램에 참가한 실험집단과 참가하지 않은 통제집단으로 구성된다.

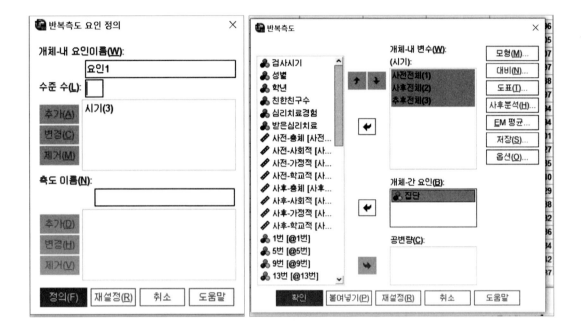

- 기술통계량을 얻기 위해 오른쪽 버튼 중 [옵션(O)]을 클릭한다.

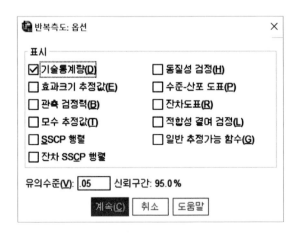

- **[반복측정: 옵션(O)]** 창이 열리면 **[표시]** 상자에서 **[기술통계량(D)]**을 클릭한다. 기술통계량은 평균과 표준편차를 보여 준다.
- **[계속]**을 클릭하면 **[반복측정]** 창으로 되돌아간다.
- 만약 분석 결과를 그림으로 보고 싶다면 **[도표(T)]** 버튼을 클릭한다.

- **[반복측정 프로파일 도표]** 창이 열리면 수평축 변수(H)와 선구분 변수(S)를 지정한다. 수평축 변수(H)는 시간차 변화를 알 수 있는 측정값을 입력한다.

(2) 분석 결과
- 기술통계량: 실험집단과 통제집단의 시기에 따른 평균과 표준편차를 보여 준다.

기술통계량				
집단		평균	표준오차	N
사전-전체	통제집단	106.40	12.313	10
	실험집단	110.40	16.392	10
	전체	108.40	14.259	20
사후-전체	통제집단	99.10	7.156	10
	실험집단	135.00	4.690	10
	전체	117.05	19.335	20
추후전체	통제집단	100.0000	7.94425	10
	실험집단	133.0000	6.68331	10
	전체	116.5000	18.37475	20

공분산 행렬에 대한 Box의 동일성 검정[a]	
Box의 M	7.026
F	.957
자유도 1	6
자유도 2	2347.472
유의확률	.453

여러 집단에서 종속변수의 관측 공분산 행렬이 동일한 영가설을 검정합니다.
a. Design: 절편 + 집단
　개체-내 계획: 시기

- 공분산 행렬에 대한 Box의 동일성 검정: 반복측정에 투입된 자료의 공분산 동일성을 검정한 결과이고, 유의확률이 .05 이상이면 공분산 동일성을 가정된다고 보며 이하의 분석 결과를 해석한다. 이 결과에서 p = .453으로 기준을 충족시키기 때문에 다음의 해석을 진행한다.

- [다변량 검정]에서 시기를 독립변수로 한 자아존중감이 Pillai의 트레이스, Wilks의 람다 등에서는 유의확률 .075로 유의성이 없으나 시기와 집단의 상호작용을 독립변수로 하였을 때는 유의확률이 .001로 유의하게 나타났다.

다변량 검정[a]							
효과		값	F	가설 자유도	오차 자유도	유의확률	부분에타제곱
시기	Pillai의 트레이스	.263	3.027[b]	2.000	17.000	.075	.263
	Wilks의 람다	.737	3.027[b]	2.000	17.000	.075	.263
	Hotelling의 트레이스	.356	3.027[b]	2.000	17.000	.075	.263
	Roy의 최대근	.356	3.027[b]	2.000	17.000	.075	.263
시기*집단	Pillai의 트레이스	.540	9.974[b]	2.000	17.000	.001	.540
	Wilks의 람다	.460	9.974[b]	2.000	17.000	.001	.540
	Hotelling의 트레이스	1.173	9.974[b]	2.000	17.000	.001	.540
	Roy의 최대근	1.173	9.974[b]	2.000	17.000	.001	.540

a. Design: 절편 + 집단
　개체-내 계획: 시기
b. 정확한 통계량

- 이러한 결과는 통제집단과 실험집단을 한 집단으로 하여 시기에 따른 차이가 있는지를 검정하였을 때는 통계적 유의성이 없었다. 이러한 결과는 두 집단 합산 평균이 시기에 따른 통계적 유의성을 나타내지 않을 만큼 두 집단 모두 평균의 변화량이 있

있음을 의미한다. 참고로 앞의 기술 통계량에서 각 시기별 두 집단의 평균을 합산 후 차이를 비교해 보도록 한다.

- 하지만 각 시기에 두 집단을 구분하여(시기와 집단의 상호작용 효과) 분석하였을 경우, 자아존중감은 통계적 유의성이 있다. 그렇지만 이 결과가 어떤 시기와 집단에서 통계적 유의성을 나타내는지는 알 수 없다.

- Mauchly의 구형성 검정: 반복측정 ANOVA를 실시할 때 분석 자료는 정규분포를 이루어야 한다는 것이 기본 전제이다. 따라서 분석 자료가 정규분포를 이루는지의 여부를 체크해야 한다(대응 짝의 차이의 분산이 동일한지 여부).

Mauchly의 구형성 검정[a]

측도: MEASURE_1

개체-내 효과	Mauchly의 W	근사 카이제곱	자유도	유의확률	엡실런[b]		
					Greenhouse-Geisser	Huynh-Feldt	하한
시기	.227	25.234	2	.000	.564	.609	.500

정규화된 변형 종속변수의 오차 공분산 행렬이 항등 행렬에 비례하는 영가설을 검정합니다.

a. Design: 절편 + 집단

　개체-내 계획: 시기

b. 유의성 평균 검정의 자유도를 조절할 때 사용할 수 있습니다. 수정된 검정은 개체 내 효과 검정표에 나타납니다.

- 반복측정 ANOVA에서 정규성 가정의 충족 여부를 구형성 검정 결과로 확인할 수 있다. 여기서 구형성 가정을 만족하면 일변량분석(구형성 가정) 결과를 기준으로 하고, 만족하지 않으면 수정된 일변량분석 결과인 Huynh-Feldt 또는 Greenhouse-Geisser 통계치를 기준으로 해야 한다.

- 정규성 여부는 구형성 검정에서 유의도(p)로 알 수 있으며, 판단 기준은 다음과 같다.

$$p > .05 \rightarrow 구형성\ 가정\ 만족(정규성)$$
$$p < .05 \rightarrow 구형성\ 가정\ 불만족(비정규성)$$

- 만약 p값이 0.05 커서 정규성 가정을 만족할 경우, 구형성 가정(Sphericity Assumed) 통계치를 기준으로 한다.

- 분석(Mauchly의 구형성 검정)에서 p＝.000(p＜.05)이므로 구형성 가정을 만족하지 못하고 있다. 따라서 Greenhouse-Geisser 또는 Huynh-Feldt 통계치를 기준으로 해야

한다.

- 개체−내 효과 검정: 앞의 Mauchly의 구형성 검정에서 구형성 기준을 충족시키지 못하였으므로 개체−내 효과 검정은 Greenhouse-Geisser의 값을 기준으로 해석한다. Greenhouse-Geisser의 p값이 .021로 나타나 시기에 따른 자아존중감에는 유의한 차이가 있음을 알 수 있다.

개체-내 효과 검정

측도: MEASURE_1

소스		제III유형 제곱합	자유도	평균제곱	F	유의확률	부분에타제곱
시기	구형성 가정	938.233	2	469.117	5.983	.006	0.249
	Greenhouse-Geisser	938.233	1.128	831.906	5.983	.021	0.249
	Huynh-Feldt	938.233	1.218	770.085	5.983	.018	0.249
	하한	938.233	1.000	938.233	5.983	.025	0.249
시기*집단	구형성 가정	3111.700	2	1555.850	19.843	.000	.524
	Greenhouse-Geisser	3111.700	1.128	2759.060	19.843	.000	.524
	Huynh-Feldt	3111.700	1.128	2554.027	19.843	.000	.524
	하한	3111.700	1.000	3111.700	19.843	.000	.524
오차(시기)	구형성 가정	2822.733	36	78.409			
	Greenhouse-Geisser	2822.733	20.301	139.047			
	Huynh-Feldt	2822.733	21.930	128.714			
	하한	2822.733	18.000	156.819			

- 상호작용 효과(시기*집단)도 p=.000으로 유의한 것으로 나타나 자아존중감의 변화 수준이 실험집단과 통제집단 간에 차이가 난다는 것을 보여 준다. 즉, 자아존중감은 시기(F=5.983, p<.05)와 시기 및 집단의 상호작용(F=19.843, p<.001)에서 통계적 유의성을 나타내었다.
- 개체−내 대비 검정: 다변량 일반선형모형의 통계량을 이용한 검정 결과로, 시기, 시기×집단에서 통계적으로 집단 간 차이가 있는지를 나타낸다. 결과와 같이 시기 및 시기와 집단의 상호작용에서 통계적으로 유의함을 보여 주고 있다.

개체-내 대비 검정

측도: MEASURE_1

소스	시기	제III유형 제곱합	자유도	평균제곱	F	유의확률	부분에타제곱
시기	선형	656.100	1	656.100	6.362	.021	.261
	이차	282.133	1	282.133	5.255	.034	.226
시기*집단	선형	2102.500	1	2102.500	20.386	.000	.531
	이차	1009.200	1	1009.200	18.798	.000	.511
오차(시기)	선형	1856.400	18	103.133			
	이차	966.333	18	53.685			

- 개체-간 효과 검정: 실험집단과 통제집단 간의 유의한 차이가 있는지에 대한 검정으로, 개체-간 검정의 경우 구형성 검정의 조건이 적용되지 않는다.

개체-간 효과 검정

측도: MEASURE_1
변환된 변수: 평균

소스	제III유형 제곱합	자유도	평균제곱	F	유의확률	부분에타제곱
절편	779532.017	1	779532.017	5419.759	.000	.997
집단	8857.350	1	8857.350	61.581	.000	.774
오차	2588.967	18	143.831			

- 결과에서 집단의 유의확률이 0.000으로 집단 간에는 통계적 유의성이 있음을 나타낸다. 즉, 집단 간의 자아존중감은 통계적 유의성이 있다($F = 61.581$, $p < .00$).
- 다음 그림은 실험집단과 통제집단 간의 자아존중감 변화 수준이 어느 정도 차이가 나는지를 시각적으로 보여 준다.

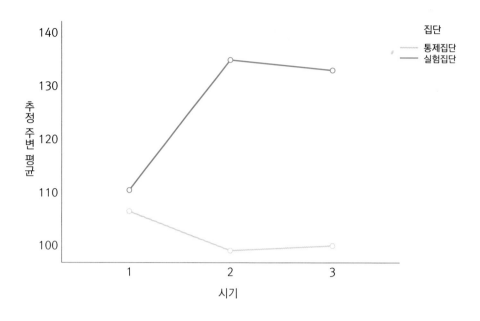

3) 단순 주 효과를 알아보기 위한 일변량분석

앞서 살펴본 반복측정 분산분석의 결과로 시기나 집단에서 통계적으로 유의한 차이가 있음은 확인할 수 있지만, 어떤 시기에 어떤 집단의 차이로 통계적 유의성이 발생했는지는 알 수 없다. 따라서 시기와 집단 또는 알아보고자 하는 한 요인을 기준으로 차이 여부를 확인하는 작업이 단순 주 효과분석이다.

(1) 분석 과정

- 분석 목적
  가. 실험집단과 통제집단이 미술치료 프로그램 적용 전과 후 및 사후에 통계적 차이가 있는지 검증한다.
  나. 시기에 따라 실험집단의 자아존중감이 통계적 차이가 있는지 검증한다.
  다. 시기에 따라 통제집단의 자아존중감이 통계적 차이가 있는지 검증한다.
- 검증변수: 미술치료 프로그램 적용 전, 적용 후, 추후의 자아존중감
- 집단변수: 미술치료 프로그램 참가 여부를 기준으로 한 실험집단 vs. 통제집단
- 케이스 선택: 사전, 사후, 추후의 3시기를 각각 분석하여야 하므로 케이스 선택 메뉴

를 이용하여, 먼저 검사시기＝1로 선택하여 분석한 후 결과를 확인하고 이후 검사시기＝2, 검사시기＝3의 차례대로 케이스를 선택하여 분석 작업을 진행한다.

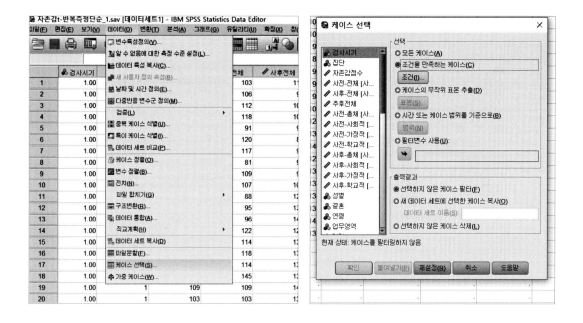

- 케이스 선택: 사전, 사후, 추후의 3시기를 각각 분석하여야 하므로 케이스 선택 메뉴를 이용하여, 먼저 검사시기＝1로 선택하여 분석한 후 결과를 확인하고 이후 검사시기＝2, 검사시기＝3의 차례대로 케이스를 선택하여 분석 작업을 진행한다.

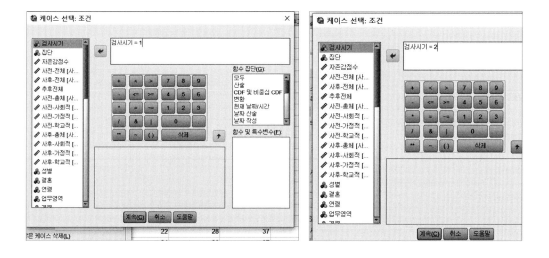

- 다음 과정을 거치면 [일변량 ANOVA] 창이 열린다.

분석(A) ⇒ 일반선형모형(G) ⇒ 일변량(U)

- 일변량분석 창이 나타나면 '종속변수'에는 자존감 점수를 '고정 요인'에는 집단변수를 할당한다.
- 옵션을 클릭하여 기술통계량, 동질성 검정, 효과크기 추정값을 선택한 후 [계속] 버튼을 클릭한다. 일변량분석 창으로 돌아오면 [확인] 버튼을 클릭한다.

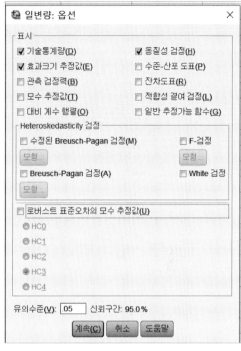

(2) 분석 결과

- 시기에 대한 분석: 사전(시기＝1로 케이스 선택) 실험집단과 통제집단 간의 자아존중감에 대한 분석 결과는 다음과 같이 통계적 유의성이 없는 것으로 나타났다. 즉, 사전에 두 집단 간의 자아존중감에는 통계적 차이가 없다.

개체-간 효과 검정

종속변수: 자존감 점수

소스	제III유형 제곱합	자유도	평균제곱	F	유의확률	부분에타제곱
수정된 모형	80.000ª	1	80.000	.381	.545	.021
절편	235011.200	1	235011.200	1118.273	.000	.984
집단	80.000	1	80.000	.381	.545	.021
오차	3782.800	18	210.156			
전체	238874.000	20				
수정된 합계	3862.800	19				

a. R제곱=.021(수정된 R제곱=-.034)

- 사후(시기＝2로 케이스 선택) 실험집단과 통제집단 간의 자아존중감에 대한 분석 결과는 다음과 같이 통계적 유의성이 있는 것으로 나타났다($F = 176.040$, $p < .00$).

개체-간 효과 검정

종속변수: 자존감 점수

소스	제Ⅲ유형 제곱합	자유도	평균제곱	F	유의확률	부분에타제곱
수정된 모형	6444.050[a]	1	6444.050	176.040	.000	.907
절편	274014.050	1	274014.050	7485.586	.000	.998
집단	6444.050	1	6444.050	176.040	.000	.907
오차	658.900	18	36.606			
전체	281117.000	20				
수정된 합계	7102.950	19				

a. R제곱＝.907(수정된 R제곱＝.902)

- 추후(시기＝3으로 케이스 선택) 실험집단과 통제집단 간의 자아존중감에 대한 분석 결과는 다음과 같이 통계적 유의성이 있는 것으로 나타났다($F = 101.041$, $p < .00$).

개체-간 효과 검정

종속변수: 자존감 점수

소스	제Ⅲ유형 제곱합	자유도	평균제곱	F	유의확률	부분에타제곱
수정된 모형	5445.000[a]	1	5445.000	101.041	.000	.849
절편	271445.000	1	271445.000	5037.124	.000	.996
집단	5445.000	1	5445.000	101.041	.000	.849
오차	970.000	18	53.889			
전체	277860.000	20				
수정된 합계	6415.000	19				

a. R제곱＝.849(수정된 R제곱＝.840)

- 이상과 같이 실험집단과 통제집단에 대한 3시기의 자아존중감 분석 결과, 사전에는 두 집단 간 차이가 없었지만 사후와 추후에는 집단 간에 차이가 있는 것으로 나타났다. 그러나 이러한 차이가 실험집단에 의한 것인지 통제집단에 의한 것인지를 확인하기 위해 각 집단별 시기에 따른 차이성을 확인해야 한다. 그러기 위해 케이스 선택 메뉴에서 케이스를 집단별로 선택하여 분석한다.
- 집단에 대한 분석: 케이스를 집단(실험집단＝1, 통제집단＝0)별로 선택하여 실험집단과

통제집단의 시기에 따른 자아존중감 차이를 살펴보자. 먼저, 집단=0을 선택하여 분석한 후 집단=1을 선택하여 분석하는 순서로 두 집단에 대해 각각 분석을 실시한다.

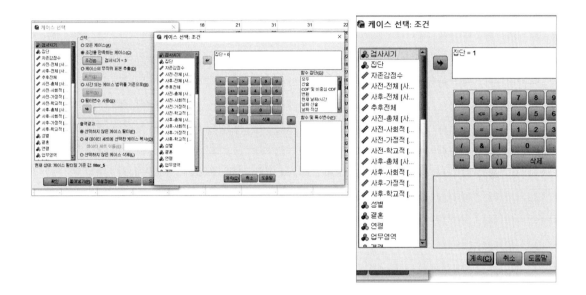

• 일변량분석 창에 종속변수는 그대로 자아존중감 점수를 사용하고 고정 요인은 검사시기를 입력한다. 검사시기는 3시기이므로 사후분석 버튼을 클릭하여 검사시기에 대한 사후분석을 실시한다. 사후분석은 Scheffe법을 선택하고 [계속] 버튼을 클릭한다.

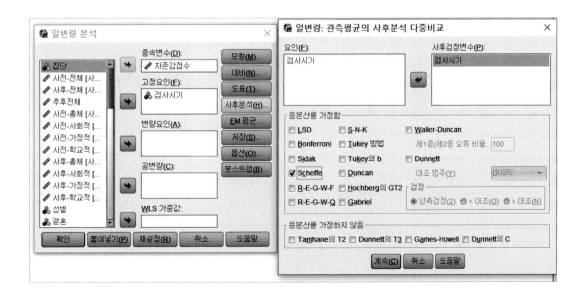

• 일변량분석 창에서 [확인] 버튼을 클릭하면 분석 결과가 나타난다. 다음은 통제집단
에 대한 분석 결과이다. 개체-간 효과 검정에서 검사시기의 F=1.787, p=.187로
통계적으로 유의하지 않음을 보여 준다. 즉, 통제집단은 사전, 사후, 추후의 자아존
중감이 통계적으로 차이가 없음을 나타낸다.

개체-간 효과 검정

종속변수: 자존감 점수

소스	제Ⅲ유형 제곱합	자유도	평균제곱	F	유의확률	부분에타제곱
수정된 모형	316.867ᵃ	2	158.433	1.787	.187	.117
절편	311100.833	1	311100.833	3509.682	.000	.992
집단	316.867	2	158.433	1.787	.187	.117
오차	2393.300	27	88.641			
전체	313811.000	30				
수정된 합계	2710.167	29				

a. R제곱=.117(수정된 R제곱=.052)

• 통제집단에 대한 개체-간 효과 검정의 결과, 시기에 따른 유의성이 없으므로 사후
분석은 동일 부분 집합으로 나타나 아래의 실험집단 결과에서 설명한다.
• 실험집단에 대한 분석 결과는 다음과 같다. 개체-간 효과 검정에서 검사시기의 F=
16.696, p=.000으로 통계적으로 유의함을 보여 준다. 즉, 실험집단은 사전, 사후,
추후의 자아존중감이 통계적으로 차이가 있음을 나타낸다.

개체-간 효과 검정

종속변수: 자존감 점수

소스	제Ⅲ유형 제곱합	자유도	평균제곱	F	유의확률	부분에타제곱
수정된 모형	3733.067ᵃ	2	1866.533	16.696	.000	.553
절편	477288.533	1	477288.533	4269.411	.000	.994
집단	3733.067	2	1866.533	16.696	.000	.553
오차	3018.400	27	111.793			
전체	484040.000	30				
수정된 합계	6751.467	29				

a. R제곱=.553(수정된 R제곱=.520)

• 실험집단은 사전, 사후, 추후에 자아존중감이 통계적으로 차이가 있으므로 각 시기

에 대한 사후분석이 필요하며, Scheffe법으로 분석한 결과는 다음과 같다.

사후검정
검사시기

다중비교

종속변수: 자존감 점수
Scheffe

(I) 검사시기	(J) 검사시기	평균 차이(I-J)	표준오차	유의확률	95% 신뢰구간 하한	95% 신뢰구간 상한
사전	사후	-24.60*	4.728	.000	-36.85	-12.35
	추후	-22.60*	4.728	.000	-34.85	-10.35
사후	사전	24.60*	4.728	.000	12.35	36.85
	추후	2.00	4.728	.915	-10.25	14.25
추후	사전	22.60*	4.728	.000	10.35	34.85
	사후	-2.00	4.728	.915	-14.25	10.25

관측평균을 기준으로 합니다.
오차항은 평균제곱(오차)=111.793입니다.
*.평균 차이는 .05 수준에서 유의합니다.

동질적 부분집합

자존감 점수

Scheffe[a,b]

검사시기	N	부분집합 1	부분집합 2
사전	10	110.40	
추후	10		135.00
사후	10		135.00
유의확률		1.000	.915

동질적 부분집합에 있는 집단에 대한 평균이 표시됩니다.
관측평균을 기준으로 합니다.
오차항은 평균제곱(오차)=111.793입니다.
a. 조화평균 표본 크기 10.000을(를) 사용합니다.
b. 유의 수준=.05.

- 검사시기의 다중비교에서 사후와 추후는 유의확률 p=.915로 차이가 없는 것으로 나타났고, 사전과 사후 및 사전과 추후는 통계적 차이가 있는 것으로 나타났다 (p<.05). 이에 대한 동질적 부분집합의 결과를 보면, 사전에 부분집합 1, 사후와 추후가 같은 부분집합 2로, 실험집단의 자아존중감은 사전에 비해 사후에 통계적으로 증가하여 추후까지 유지됨을 알 수 있다.

4) 표 만들기

- 실험집단과 통제집단의 사전, 사후, 추후에 대한 앞의 분석 결과를 논문에 제시하기 위한 표를 만드는 예시는 다음과 같다.
- 자료는 앞서 2) 반복측정분석에 나타난 기술통계값과 분석 결과를 사용하여 정리한다.
- 논문에 기술을 다음과 같이 한다.

자아존중감의 사전·사후·추후 점수의 평균(M)과 표준편차(SD)						
영역	사전		사후		추후	
	M	SD	M	SD	M	SD
통제집단(N=10)	106.40	12.313	99.10	7.156	100.00	7.944
실험집단(N=10)	110.40	16.392	135.00	4.690	133.00	6.683

- 전체 자아존중감 점수의 사전 · 사후 · 추후 평균값을 살펴보면 통제집단에서 사전 평균값(M=106.40, SD=12.313)에 비해 사후 평균값(M=99.10, SD=7.156)이 감소하였고, 추후 평균값(M=100.00, SD=7.944)도 감소하였다. 실험집단은 사전 평균값(M=110.40, SD=16.392)에 비해 사후 평균값(M=135.00, SD=4.690)이 증가하였고 추후 평균값(M=133.00, SD=6.683)도 증가하였다.
- 실험집단에 실시한 집단미술치료가 통계적으로 유의성을 나타내는지 알아보기 위해 반복측정 분산분석을 실시한 결과는 다음과 같다.

사회적 관심에 대한 반복측정 분산분석					
Source	SS	df	MS	F	
집단 내					
시기	938.23	1.12	831.90	5.98*	
시기 × 집단	3111.70	1.12	2759.06	19.84***	
오차	2822.73	20.30	78.40		
집단 간	집단	8857.35	1	8857.35	61.58***
	오차	2588.96	18	143.83	

*p < .05, **p < .01, ***p < .001

- 자아존중감에 대한 반복측정 분산분석 결과, 집단 내에서 측정시기에 따른 통계적 유의성이 있는 것으로 나타났으며(F=5.98, p < .05), 집단과 측정시기에 따른 상호작용 효과도 통계적 유의성이 있는 것으로 나타났다(F=19.84, p < .001). 그리고 집단 간에도 통계적 유의성이 있는 것으로 나타났다(F=61.58, p < .001).
- 집단미술치료 프로그램의 영향이 집단과 시기에 따라 미치는 주 효과와 상호작용의 효과를 구체적으로 알아보기 위하여 단순 주 효과 분석과 시기에 따른 집단 내 변화의 비교를 위한 사후분석을 실시하였으며, 결과는 다음과 같다.

자아존중감에 대한 단순 주 효과 분석

구분	SS	df	MS	F	scheffe
집단@사전	80.00	1	80.00	.38	
집단@사후	6444.05	1	6444.05	176.04***	
집단@추후	5445.00	1	5445.00	101.04***	
시기@통제집단	316.86	2	158.43	1.78	
시기@실험집단	3733.06	2	1866.53	16.69***	a<b=c

a=사전, b=사후, c=추후
*$p < .05$, **$p < .01$, ***$p < .001$

이 표의 결과와 같이 두 집단에 대한 단순 주 효과 분석에서 미술치료 프로그램을 실시 전 사전검사에서 통제집단과 실험집단의 자아존중감 점수는 통계적 유의성이 나타나지 않았으나 사후검사에서는 집단 간에 통계적 유의성이 있는 것으로 나타났고($F = 176.04$, $p < .001$), 추후검사에서도 집단 간에 통계적 유의성이 있는 것으로 나타났다($F = 101.04$, $p < .001$)

시기에 따른 단순 주 효과 분석에서 통제집단은 통계적 유의성이 없는 것으로 나타났다. 그러나 실험집단은 통계적 유의성이 있는 것으로 나타났다($F = 16.69$, $p < .001$). 유의성이 있는 실험집단에 대해 실시한 사후분석 결과, 사전검사에 대해 사후검사와 추후검사가 통계적 유의성을 나타내었으며 사후검사와 추후검사는 유의성이 나타나지 않았다.

따라서 통제집단에서는 프로그램 실시 전과 사후 및 추후에 자아존중감에 변화가 없었지만, 실험집단에서는 집단미술치료가 자아존중감에 영향을 미쳐 사후에 유의하게 증가하였으며 추후까지 유지된 것으로 볼 수 있다.

10. 교차분석(카이제곱검정)

빈도분석이 한 변수에 대한 분포를 분석하는 것이라면, 교차분석은 두 변수를 결합하여 빈도를 분석하는 것이다. 교차분석에 활용되는 자료는 명목척도나 서열척도이다. 교차분석은 두 변수가 상호 독립적인지 관련성이 있는지를 확인하는 방법이다.

교차분석의 검정통계치는 카이제곱(χ^2)값과 자유도이며, 변수 간의 교차 부분에 해당하는 기대빈도와 실제빈도 간의 차이에 의해서 계산되는 검정통계치이다. 한 가지 중요한 점은 카이제곱검정은 모든 셀의 기대빈도가 5 이상이어야 하며, 그 이하인 경우에는 오차 범위가 커진다는 의미이므로 해석상의 주의를 요한다.

분석 사례는 초등학생의 스마트폰 중독 위험성이 정신건강에 미치는 영향을 분석한 손은경(2014)의 논문에서 스마트폰 사용자의 일반군과 중독 위험군의 학교성적에 대한 교차분석을 시행한 것이다.

1) 분석 과정

• 분석 과정은 다음과 같다.

> 분석(A) ⇒ 기술통계량(E) ⇒ 교차분석(C)

• 왼쪽 자료 화면에서 학교성적을 행(O)에 넣고 진단(사용자군)을 열(C)에 넣는다.

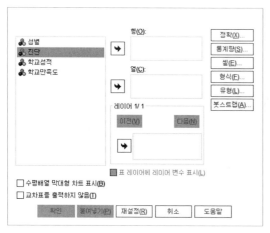 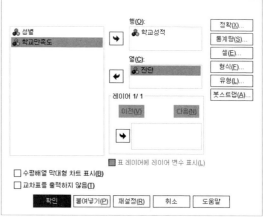

- **[통계량(S)]**을 클릭하면 **[교차분석-통계량]** 화면이 뜬다.
- **[교차분석: 통계량]** 창에는 다양한 옵션이 있다. 여기에서 필요한 통계량을 선택한다.
- 교차분석에서 가장 중요한 통계량은 카이제곱(H)이다.
- 카이제곱을 선택한 다음 **[계속]** 버튼을 클릭한다.

- 다시 **[교차분석]** 창으로 돌아간다.
- 여기서 다시 5개 버튼 중 **[셀(E)]** 버튼을 선택하면 **[교차분석-셀 출력]** 창이 뜬다.

- **[교차분석: 셀 출력]** 창에서 퍼센트 상자 안에는 행(R), 열(C), 전체(T)가 있다. 이 중 세 개를 다 선택해도 되고 필요한 것 중 하나만 선택해도 된다.
- 행(R)은 표의 가로 합이 100%이고, 열(C)은 세로 합이 100%이다. 전체(T)는 가로, 세로를 모두 고려한 100%이다.

- **[계속]** 버튼을 클릭하면 처음에 뜬 **[교차분석]** 창으로 돌아간다. 최종적으로 창 아래에 있는 **[확인]** 버튼을 누르면 출력 결과를 볼 수 있다.

2) 분석 결과

스마트폰 사용자의 일반군과 중독 위험군의 학교성적에 대한 교차분석을 시행한 결과는 다음과 같다.

- 교차표에서 빈도는 상위권 빈도는 해당 사례 수이고 기대빈도는 영가설이 참일 때 기대되는 빈도이다. 상위권 "학교성적 중 %"는 상위권 전체 87명 중 일반군이 81명으로 93.1%이고 위험군이 6명으로 6.9%이다. "진단 중 %"는 일반군은 일반군으로 진단된 638명 중 81명으로 12.7%, 위험군은 위험군으로 진단된 94명 중 6명으로 6.4%를 표시한 것이다.
- 카이제곱검정에서 각 셀의 기대빈도가 5 이상이 되어야 한다. 그렇지 않을 경우, 전체적인 해석은 주의를 요한다.
- 기대빈도: 원칙적으로 기대빈도는 5 이상이어야 한다. 그러나 코크란(Cochran, 1952)에 의하면, 자유도가 2 이상인 경우 기대빈도가 5 미만인 셀의 수가 전체의 20%를 넘지 않으면 교차표에서 구한 검정통계량은 카이제곱과 유사한 분포를 이룬다고 볼 수 있다. 그러나 기대빈도 5 미만인 셀이 20%를 넘으면 검정통계량은 카이제곱분포와 근사하지 않기 때문에 오차가 커진다. 따라서 기대빈도 5 이상의 원칙에 맞추는 것이 정확한 결과를 얻을 수 있으나, 만약 그렇지 못할 경우에 적합한 해결책은 변수의 수준을 합쳐서 셀의 수를 줄이는 것이다. 만일 질적인 변수라면 이항검정법을 사용한다.
- 카이제곱검정 결과는 다음과 같이 진단 구분에 따른 학교성적의 교차분석을 통계적으로 유의하였다($\chi^2 = 16.67$, $p < .01$).

| 파일(E) | 편집(E) | 보기(V) | 삽입(I) | 피벗(P) | 형식(O) | 도움말(H) |

SansSerif ∨ 12 ∨ A⁺ A⁺ B I U A ⌄ ⌄ ⌄

학교성적 · 진단 교차표

			진단		
			일반군	위험군	전체
학교성적	상위권	빈도	81	6	87
		기대빈도	75.8	11.2	87.0
		학교성적 중 %	93.1%	6.9%	100.0%
		진단 중 %	12.7%	6.4%	11.9%
		전체 중 %	11.1%	0.8%	11.9%
	중상위권	빈도	210	26	236
		기대빈도	205.7	30.3	236.0
		학교성적 중 %	89.0%	11.0%	100.0%
		진단 중 %	32.9%	27.7%	32.2%
		전체 중 %	28.7%	3.6%	32.2%
	중위권	빈도	288	41	329
		기대빈도	286.8	42.2	329.0
		학교성적 중 %	87.5%	12.5%	100.0%
		진단 중 %	45.1%	43.6%	44.9%
		전체 중 %	39.3%	5.6%	44.9%
	중하위권	빈도	45	15	60
		기대빈도	52.3	7.7	60.0
		학교성적 중 %	75.0%	25.0%	100.0%
		진단 중 %	7.1%	16.0%	8.2%
		전체 중 %	6.1%	2.0%	8.2%
	하위권	빈도	14	6	20
		기대빈도	17.4	2.6	20.0
		학교성적 중 %	70.0%	30.0%	100.0%
		진단 중 %	2.2%	6.4%	2.7%
		전체 중 %	1.9%	0.8%	2.7%
전체		빈도	638	94	732
		기대빈도	638.0	94.0	732.0
		학교성적 중 %	87.2%	12.8%	100.0%
		진단 중 %	100.0%	100.0%	100.0%
		전체 중 %	87.2%	12.8%	100.0%

카이제곱검정

	값	자유도	근사 유의확률(양측검정)
Pearson 카이제곱	16.677[a]	4	.002
우도비	14.512	4	.006
선형 대 선형 결합	12.493	1	<.001
유효 케이스 수	732		

a. 1셀(10%)은(는) 5보다 작은 기대빈도를 가지는 셀입니다. 최소 기대
빈도는 2.57입니다.

3) 표 만들기 및 해석하기

초등학생의 스마트폰 중독 위험성이 정신건강에 미치는 영향을 분석한 논문에서 교차분석한 결과를 표로 만들고 해석하는 것을 예로 들면 다음과 같다.

- 스마트폰 중독 척도를 적용하여 중독 여부를 분석한 결과, 성적은 집단 간에 유의한 차이가 있는 것으로 나타났다. 두 집단 모두 중위권 비율이 각각 45.1%와 43.6%로 가장 높았으며, 일반군은 상위권으로 올라갈수록 비율이 증가한 데 비해 위험군은 중하위권으로 내려갈수록 상대적 비율이 증가하는 경향이 있다.

스마트폰 사용자 일반군과 위험군의 학교성적 차이 분석

항목	구분	일반군	위험군	전체	χ^2
학교성적	상위권	81(12.7)	6(6.4)	87(11.9)	16.677**
	중상위권	210(32.9)	26(27.2)	236(32.2)	
	중위권	288(45.1)	41(43.6)	329(44.9)	
	중하위권	45(7.1)	15(16.0)	60(8.2)	
	하위권	14(2.2)	6(6.4)	20(2.7)	
합계		638(100.0)	94(100.0)	732(100.0)	

*$p < .05$, **$p < .01$, ***$p < .001$

참고문헌

손은경(2014). 초등학생의 스마트폰 중독 위험성이 정신건강에 미치는 영향. 대구대학교 대학원 박사학위논문.

Cochran, W. (1952). The χ^2 Test of Goodness of Fit. *The Annals of Mathematical Statistics, 23*(3), 315−345.

Conover, W. J. (1980). *Practical nonparametric statistics* (2nd ed.). New York: John Wiley and Sons Inc.

찾아보기

 **저자 소개**

정영숙(Chung, Young Sook)

미국 University of Illinois at Urbana-Champaign
    철학박사
현 대구대학교 명예교수
전 대구대학교 복지상담학과 교수
<저서>
행복한 삶과 가족(공저, 동아출판사, 2020)
SPSS를 활용한 미술치료자료분석(공저, 학지사, 2015)
사회복지조사방법론(도서출판 공동체, 2006) 외

최은영(Choi, Eun Yeong)

대구대학교 문학박사
현 대구대학교 재활심리학과 교수
    한국미술치료학회 고문, 수련감독임상미술심리
    상담사, 1급 재활심리사
<저서 및 역서>
미술심리치료(공저, 학지사, 2008)
SPSS를 활용한 미술치료자료분석(공저, 학지사, 2015)
마음챙김과 예술치료(공역, 학지사, 2018)
신경심리학과 예술(공역, 학지사, 2015) 외

서종수(Seo, Jong Soo)

대구대학교 철학박사
현 대구대학교 아동가정복지학과 조교수
전 한국건강가정진흥원 가족상담분과 교육위원 및
    자문위원
<논문>
생태체계적 관점에서 살펴본 노인의
    행복결정요인(한국정부학회, 2020) 외

이우구(Lee, Woo Koo)

대구대학교 철학박사
현 한기장복지재단 구미기독실버빌 팀장
    구미대학교 사회복지과 초빙교수
<저서>
사회복지정책론(공저, 지식공동체, 2019)
여성과 사회(공저, 공동체, 2020) 외

박지순(Park, Ji Soon)

대구대학교 재활심리학박사
현 동국대학교 경주캠퍼스 교수학습개발센터 연구교수
전 대구대학교/부산대학교 BK21+사업단 연구교수
<저서>
마음챙김과 예술치료(공역, 학지사, 2017) 외

서정훈(Seo, Jung hun)

대구대학교 재활심리학박사
현 서정심리상담센터 센터장
전 대구대학교 재활심리학과 강사
<논문>
심리치료사의 감성지능과 직무스트레스 및 심리적
    소진의 관계(한국재활심리학회, 2014) 외

미술치료 연구 방법
Research Method in Art Therapy

2022년 4월 25일 1판 1쇄 인쇄
2022년 4월 30일 1판 1쇄 발행

지은이 • 정영숙 · 최은영 · 서종수 · 이우구 · 박지순 · 서정훈
펴낸이 • 김진환
펴낸곳 • (주) **학지사**

04031 서울특별시 마포구 양화로 15길 20 마인드월드빌딩
대표전화 • 02)330-5114   팩스 • 02)324-2345
등록번호 • 제313-2006-000265호

홈페이지 • http://www.hakjisa.co.kr
페이스북 • https://www.facebook.com/hakjisabook

ISBN 978-89-997-2621-7 93180

정가 22,000원

출판 · 교육 · 미디어기업 **학지사**

간호보건의학출판 **학지사메디컬** www.hakjisamd.co.kr
심리검사연구소 **인싸이트** www.inpsyt.co.kr
학술논문서비스 **뉴논문** www.newnonmun.com
교육연수원 **카운피아** www.counpia.com